중동전쟁

일러두기

1. 지명과 인명은 국립국어원 외래어 표기법을 따르되, 아랍어 지명과 인명
   은 《개정판 바른 말글 사전》(한겨레출판, 2007)에 기재된 국립국어원의
   아랍어 표기법 시안을 따랐습니다. 아랍어 관사 알, 엘은 뒷말에 붙여 썼
   습니다.
2. 단행본은 《》, 그외 신문, 노래, 영화 제목 등은 〈〉으로 표기했습니다.

**임용한
시간순삭
전쟁사**

2

중동전쟁

전쟁이 끝나면 정치가 시작된다

임용한·조현영 지음

작가의 말

처음에 중동전쟁을 쓴다는 것이 만용처럼 느껴졌다. 네 번의 중동전쟁, 특히 '6일전쟁'과 '욤키푸르전쟁'에 대해서는 개설이나 회고록, 전역기가 이미 출간되어 있다. '그것을 짜깁기하고 요약하는 수준을 넘어선 책을 써낼 수 있을까?'라는 우려가 앞섰다.

그런데 〈토크멘터리 전쟁사〉에 출연하며 의외로 사람들이 중동전쟁에 관심이 높다는 사실, 그리고 중동의 오래된 갈등 구조와 복잡성에 대해 잘 알지 못하고, 편견이 심하다는 것을 알았다. 그보다 더 크게 흥미를 끌었던 점은 전쟁의 양상이었다. 20세기 후반에 이처럼 빠르고 강렬하고 집약적이며, 최첨단 미사일과 제트기부터 촌락, 부족민으로 구성된 민병대까지 동원된 전쟁이 있었던가?

그래서 용기를 내어 작업에 착수했다. 그러자 또 하나의 장벽이 등장했다. 이 전쟁의 배후에는 미국, 소련, 영국, 프랑스, 그 나라의 대통령과 서기장, 수상까지 너무 많은 나라와 사람, 이권, 갈등이 있다. 전쟁에 참전한 중동 국가도 이집트, 시리아, 요르단, 레바논, 이라크, 리비아, 사우디, 예멘

등 한두 국가가 아니며 그들의 사정 또한 복잡다단했다.

독자들의 반응도 걱정되었다. 중동전쟁에 관심을 가지는 사람은 이미 편을 정한 경우가 대부분이다. 이 난감함이 오히려 집필에 대한 욕구를 복돋워주었다. 이념과 종교, 냉전의 편향이 뒤섞인 복잡한 그물망을 그 편향성 때문에 희생되고 마는 인간의 이야기로 헤쳐나가기로 했다.

마지막으로 결정적인 난관이 기다리고 있었다. 전투와 전쟁의 막후에 관한 자료 중에서 이스라엘 측 기록이 분량이나 상세함에서 압도적이었다. 이스라엘은 병사들의 참전 경험까지 상세히 채록해둔 반면 시리아는 아직도 공식 전사를 내놓지 않았다. 이집트 측 기록도 나을 게 없다. 그나마 참전자 기록이 남아 있지만, 그나마도 이스라엘 측 사람이 아랍 측 참전자들을 인터뷰해 정리한 것이다.

최대한 노력했지만, 인위적으로, 혹은 공정한 틀로 분량을 할당하는 것은 불가능했다. 독자 여러분들에게 양해를 구한다. 다시금 느끼지만, 역사는 승자의 기록이 아니다. 기록을 남기는 자가 역사의 승자다.

분량의 압박에도 좋은 책을 만들기 위해 노력해주신 레드리버 팀에 감사드린다. 그리고 집필을 구실로 언제나 불성실한 남편과 아빠가 될 수밖에 없는 나를 참아주고 도와주는 아내와 아들, 딸에게도 고마움을 전한다.

차례

1부 제1, 제2차 중동전쟁
(1948년전쟁, 수에즈전쟁)

2부 제3, 4차 중동전쟁
(6일전쟁, 욤키푸르전쟁)

1 부

제1, 제2차 중동전쟁
(1948년전쟁, 수에즈전쟁)

"죽은 자는 순교자가 될 것이며,
 살아 있는 자는 싸우는 것을 기뻐할 것이다."
...
요르단 초대 국왕 압둘라 1세

1940년대의 팔레스타인

들끓는 용광로

1940년대 팔레스타인은 분출 직전의 용광로였다. 세계 대전이 한창이었고, 세계사에서 유례없이 복잡한 독립 투쟁과 종족 갈등, 가장 완고하고 타협이 어려운 종교 분쟁, 20세기를 뒤흔들 자원 전쟁이 동시에 태동하고 있었다. 그리고 이 투쟁을 주도할 전사들, 상처 입은 영웅들이 팔레스타인 땅으로 모여들고 있었다.

이집트의 나세르

1941년 11월, 에르빈 롬멜은 리비아 키레나이카에서 영국군 방어선을 돌파하고, 이탈리아인이 건축한 요새 투브루크를 향해 맹공을 퍼붓고 있었다. 11월 29일, 그는 아내에게 쓴 편지에 이렇게 적었다.

"전투는 잘 진행되고 있는 것 같소. 아마 오늘이 승부를 판가름하는 분수령이 될 것 같소. 나는 자신 있소."

결과적으로는 패배했지만, 이때의 자신감만은 진짜였다. 세상은 한 장군의 거침없는 진격에 경악했고, 영국군은 공황과 절망에 빠졌다. 롬멜은 눈을 가늘게 뜨고 북아프리카 해안선을 마주한 채 쭉 뻗어 있는 길을 바라보았다. 그와 군단이 달려가야 하는 길이었다. 그 길의 끝에 도달하는 날, 자신의 손으로 이 전쟁을 끝낼 것이다.

롬멜의 시선을 따라 동쪽으로 500킬로미터 떨어진 곳에 있는 한적한 이집트군 진지. 중위 가말 압델 나세르는 고요하고 황량한 사막을 바라보고 있었다. "아무것도 없어. 아무것도…." 나세르 중위는 마음 속으로 타는 분노를 삭이며 나직이 중얼거렸다.

롬멜의 등장으로 제2차 세계대전 역사상 가장 극적인 전투가 북아프리카에서 벌어지고 있었지만, 정작 그 땅의 주인인 이집트군은 할 일이 없었다. 전쟁이 발발하자마자 영국은 이집트 정예 사단의 무장을 해제하고 병력을 후방으로 돌렸다. 영국보다 수십 배는 오래된 역사를 가진 이집트 병사들은 영국군의 뒤치다꺼리나 하는 존재가 되고 말았다.

나세르도 임관 후 3년 넘게 나일강 남쪽의 오지로만 돌았다. 작년까지만 해도 그가 맡은 일은 아스완댐 건설 예정지구의 경비였다. 장교는 단 2명뿐이었고, 모닥불을 쬐는 것 말고는 할 일이 없었다. 1941년에 겨우 엘알라메인으로 배치받았지만, 그곳 역시 전선과는 동떨어진, 죽은 전장이었다. 1년 후에 엘알라메인에서 북아프리카 전선의 운명을 바꿀 대전투가 벌어진다는 사실을 미리 알았다면 나세르에게 조금 위로가 되었을지도 모른다. 하지만 당시에는 완전히 버려진, 한적하기 짝이 없는 곳이었다.

"영국은 우리를 언제까지 이따위로 대접할 건가?" 나세르는 오래전부터 영국의 이집트 지배를 증오했다. 조숙했던 그는 중학생 때 벌써 '청년이집트당Young Egypt'에 가담했다. 사관생도 시절이나 초임 장교 시절에도, 그는 혁명을 준비하고 꿈꿨다. 그러기 위해서는 실력을 길러야 했고, 전쟁은 좋은 기회였다. 그러나 영국은 전투 경험을 쌓을 기회를 교묘하게도 제공하지 않았다.

나세르에게 기발한 생각이 하나 떠올랐다. '적의 적은 우리 편이다. 영국을 몰아붙이고 있는 나치를 이용하면 어떨까?' 20대 청년 장교의 가슴이 벅차오르기 시작했다.

'나치의 도움을 받아 영국에 의해 해임된 이집트군 총참모총장 엘마스리를 독일로 망명시킨다. 절친인 사다트 중위가 독일과 접선하는 실무를 맡는다. 엘마스리의 망명이 성공하고, 나와 이집트군 장교가 봉기해서 독일에 가담하면, 영국군은 후방 전력을 잃고 롬멜과 이집트군 사이에서 이도저도 못 할 신세가 될 것이다.'

이런 발칙한 구상을 했던 청년, 그가 바로 중동전쟁의 이집트 쪽 주인공인 가말 압델 나세르였다.

폴란드의 유대인 베긴

1940년, 소련군이 점령한 폴란드의 빌나(현재 리투아니아 빌뉴스). 소련 비밀경찰이 유치장에서 20대 후반의 한 청년을 유심히 쳐다보고 있었다. 청년은 폴란드계 유대인이었다. 투옥 생활과 고문을 이겨내기에는 작고 야윈 체격이 위태로워 보였다. 그러나 형사는 그래 보인다는 데 동의하지 않았다. 청년의 눈빛은 고집과 투지로 가득했다. 전형적인 인텔리겐차(지식계급) 운동권의 눈이었다. 정치범, 운동권 청년을 많이 다뤄본 형사는 이런 눈빛과 표정에 익숙했다. 운동권은 어떤 말을 해도 신념을 꺾지 않는다. 타인은 공평과 정의의 이름으로 공격하고, 자신의 행동은 궤변과 상황 논리로 옹호한다. 강자의 오인 사격은 학살이고, 자신들의 테러는 정의다.

감옥에는 이런 청년들이 가득했다. 형사들은 이들을 고문하기도 하고, 이들과 밤새 토론을 벌이기도 했다. 40년 전에 바로 이런 청년들의 혁명으로 탄생한 나라, 소련의 형사와 사회주의 사상을 지닌 피점령국 청년들의 토론은 묘한 데자뷔를 빚어내기도 했다. 토론은 곧잘 이곳이 감옥이란 사실을 잊을 정도로 진지하게 진행되기도 했지만, 형사들이 마음먹기에 따라 청년들의 생명을 앗아갈 수도, 고문으로 불구를 만들어버릴 수도 있었다.

형사는 사냥감을 고르는 야수의 눈빛으로 이 청년을 바라봤다. 이 청년은 좀 특별했다. 죽은 사람 같은 표정이었지만 열정과 냉혹함이 함께 느껴졌다. 형사는 묘한 전율을 느꼈다. 형사의 눈이 자연스럽게 청년의 정보가 적힌 파일로 향했다.

메나헴 베긴

– 1913년 폴란드 브레스트리토프스크(현재 벨라루스 브레스트) 출생, 당시 브레스트는 나치 독일이 점령 중

– 바르샤바 법대 졸업

– 폴란드 시오니스트 민족주의 단체 베이타의 간부

베긴은 시베리아로 끌려갔지만, 소련과 폴란드 간의 협정이 체결된 덕분에 1년 만에 석방되었다. 베긴은 팔레스타인으로 가서 유대 국가 건설 운동에 합류하고 싶었다. 하지만 영국이 유대인의 이민을 막고 있었다. 그런데 베긴에게 운이 따랐다. 수용소에서 나온 후 자유 폴란드군에 입대했는데 그 부대가 중동으로 파견된 것이다. 그의 아내는 베긴이 수감된 동안 팔레스타인 이주에 성공했고, 작은 아파트에서 남편이 오기만 기다리고 있었다.

이렇게 세상에서 제일 위험한 유대인, 메나헴 베긴이 영국의 저지선을 뚫고 팔레스타인에 도착한다.

팔레스타인 유대인 다얀과 라빈

1941년 초의 어느 날, 팔레스타인 북부 도시 하이파 근처에 있는 키부츠◇ 라마. 눈이 크고 건장한 하가나(유대인 민병대) 소속 대위가 이곳을 방문했다. 입가에 야릇한 미소를 띠고 있는 대위는 표정이나 자세는 건들건들했지만, 명성이 자자한 야간 특수부대 출신이라고 했다.

◇ 유대인이 정착해 만든 집단농장의 한 형태. 공동 소유, 공동 육아, 공동 식사, 직접민주주의 등이 특징이다.

푸른 눈의 금발 소년이 대위 앞에 불려왔다. 눈에 띌 만큼 잘생긴 소년은 이제 막 고등학교를 졸업하고 진로를 고민하고 있었다. 엔지니어가 꿈이었던 소년은 미국의 공과대학으로 진학하려고 했지만, 사방에서 전쟁이 다가오는 시기에 홀로 고향을 떠나는 게 망설여졌다. 그는 교사와 상담하면서 이웃과 가족에게 좀 더 직접적으로 도움이 되는 일을 하고 싶다고 말했는데, 이 이야기가 대위의 귀에 들어간 모양이었다.

소년의 이름은 이츠하크 라빈. 부모는 러시아에서 태어난 사회주의자였지만 유대인 탄압과 공산주의에 환멸을 느끼고 미국으로 이주했다. 시온주의 운동이 한창일 때도 유대인들의 진정한 시온은 팔레스타인이 아니라 미국이었다. 1914년까지 팔레스타인으로 이주한 유대인은 6만여 명에 불과했다. 반면 러시아에서만 유대인 150만 명이 미국으로 이주했다.

열혈 시오니스트인 부모는 행복한 시온 미국을 버리고, 척박한 진짜 시온인 팔레스타인으로 이주했다. 소년의 아버지는 팔레스타인에 도착하자마자 제1차 세계대전에 참전했다. 오스만제국이 팔레스타인의 유대인 사회에 적대적인 정책을 펼쳤기 때문이다. 이때 영미권에서 참전한 유대인 병사는 4,500명 정도였다. 그들 중 94%가 전후에 고국으로 돌아갔지만, 라빈의 부모는 팔레스타인에 남았다.

열혈 시오니스트였던 부모 덕에 소년은 사브라Sabra가 되었다. 그를 찾아온 대위도 사브라였다. 사브라는 이스라엘에서 나는 선인장 품종의 이름인데, 팔레스타인에서 태어난 유대인을 뜻하기도 한다. 1930년대 이후로 나치의 학살을 피해 엄청나게 많은 유대인이 팔레스타인으로 몰려들었는데, 사브라들은 이들을 동정하면서도 경멸하는 경향이 있었다. 거친 정착촌에서 태어나 남녀가 함께 총을 들고 마을을 지켜온 사브라는 스스로 황야의 선인장처럼 강인한 존재라는 자부심이 강했다. 소년도 학생 시절에 이미 하가나에 가입해서 활동 중이었다.

대위는 소년에게 간단한 질문을 던졌다.

"총을 쏠 줄 아는가?, 수류탄은 던져본 적이 있나?"

"네."

"오토바이는 몰 줄 아나?"

"아니요."

"그거야 배우면 되지."

대위의 면접은 간단하게 끝났다. 질문은 형식일 뿐이었다. 잠깐의 인상으로 무엇을 알 수 있겠냐고 할 수도 있지만, 그건 평범한 사람의 경우다. 준마는 한눈에 드러나는 법이다.

이 대위는 바로 모세 다얀. 이스라엘의 두 전쟁 영웅은 그렇게 만났다. 직후에 두 사람은 '팔마'라고 불리는 유대인 정예 특공대에 가입하여 시리아에 주둔한 비시프랑스군과 싸웠다. 전투 중에 대위는 저격병의 총탄에 쌍안경이 깨져 한쪽 눈을 잃었다. 소년은 군인으로서 천부적인 재능을 증명하고 영원히 군에 남았다.

02 '떠돌이' 유대인의 역사

영원한 이방인들

　팔레스타인의 분쟁에는 길디긴 역사적 배경이 있다.

　팔레스타인, 성경에는 '가나안, 비옥한 초승달 지대, 젖과 꿀이 흐르는 땅'이라고 언급된 이곳은 이집트와 시리아 사이에 지중해 연안을 따라 가늘게 뻗어 있는 지대다. 젖과 꿀이 흐른다는 말은 '농사가 신통치 않아 유목으로 살아가는 지대'라는 뜻이기도 하다. 말처럼 비옥한 지대는 아니었다. 그렇다고 북부의 레바논과 시리아처럼 무역으로 부를 쌓는 도시도 없었다.

　그러나 보잘것없는 땅인 듯해도 중동사의 강력한 두 문명, 메소포타미아 문명과 이집트 문명을 연결하는 회랑이었다. 두 강대국이 팽팽하게 양강 구도를 이룰 때는 가나안이 두 세력의 접점이 되었다.

이 좁은 땅에서 다양한 민족이 각축을 벌였다. 그러다가 이집트를 탈출한 셈계의 히브리인이 고대 가나안 원주민을 몰아내고 도시를 세웠다. 이후 신비의 바다 민족 필리스티아인(블레셋)이 어느 날 갑자기 철기를 들고 등장했다.

히브리인의 왕국 이스라엘과 유다는 아시리아와 신바빌로니아왕국에 의해 멸망했다. 그 뒤로 유대인 자치령은 있었지만, 왕국은 완전히 소멸되었다. 이 땅은 필리스티아인의 이름을 따서 팔레스타인이라고 불리기 시작했다. 유대인은 나라를 잃고 세계 전역으로 흩어졌지만, 놀랍게도 유대인이라는 정체성은 그대로 유지했다.

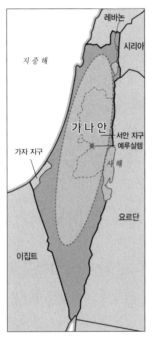

가나안 지역

유대인들은 이집트에서 유럽, 러시아까지 퍼졌고 수천 년간 박해의 대상이 되었다. '예수를 죽인 민족'이란 오명이 원인이었지만, 이슬람 세계에서도 박해당한 것을 보면 별나게 강력한 유대인들의 신념과 폐쇄성도 무시 못 할 요인이었던 것 같다.

유대인을 유대인으로 만든 특별한 조항은 바로 '토지 소유 금지'였다. 이것이 유대인을 영원한 이방인으로 만든 결정적인 요인이 된다.

사람을 그 땅에 묶어놓는 유일하고 견고한 끈은 토지 재산이다. 이 끈을 끊어보라. 그는 아무 곳에도 속하지 않게 된다. 그는 자신과 아무 이해관계도 없는 시민사회에 내동댕이쳐진 이방인으로 살아간다.◆

유별난 민족의 탄생

토지를 소유할 수 없으니 농사도 지을 수 없었던 유대인은 중세시대부터 도시로 몰려들었고, 상인, 수공업, 고리대금, 무역을 장악했다. 당시만 해도 산업의 중심은 농업이었다. 유대인은 별종이라고 여겼기에, 시민과 지배자 들은 사회적 제약을 받는 유대인에게 이런 도시 특화형 직업을 떠

◆ 토크빌, 이용재 옮김, 《앙시앵 레짐과 프랑스혁명》, 지식을 만드는 지식, 202쪽.

맡기는 것이 나쁘지 않다고 판단했다.

　중세 교황청은 고리대금을 사악한 직업이라고 규정 짓고 금지했다. 하지만 금융이란 사회에 없어서는 안 되는 요소였다. 교황청은 유대인을 '타락'했다고 여겼기에 유대인은 이 사악한 기능을 담당하는 데 적격이라 생각했다. 종교적 명분 외에도, 동족에게 맡기면 부를 축적하여 정치력을 가지고 권력에 도전할 힘을 얻겠지만, 유대인은 그럴 염려가 없었다. 여차하면 돈주머니를 뺏고 내칠 수 있다는 것도 큰 장점이었다.

　유대인의 금화 주머니는 비상시에는 만인을 위한 금고가 되었다. 근대까지도 빈번하게 발생했던 유대인 학살은 이런 이유 때문이었다. 기근에 시달리거나 공권력이 허약해지는 등 집단의 야성이 이성을 무력화하는 상황이 되면 유대인을 향한 집단 공격이 어김없이 시작되어 순식간에 들불처럼 번지곤 했다.

　이런 일이 계속되자 언제부터인가 도시마다 게토라는 유대인 거주지를 구축하는 것이 유행했다. 주민들의 폭력에서 유대인을 보호한다는 인도적 의미가 있었지만, 계획적이고 집단적인 폭력이 발생할 때면 게토는 순식간에 불바다가 되었다.

24

다만 모든 유대인이 도시에서 잘살았던 것은 아니다. 가난과 멸시 속에 사는 유대인이 훨씬 많았다. 유대인이 제일 많이 살았던 지역은 의외로 러시아였다. 19세기에 390만여 명의 유대인이 러시아에 거주했다. 이는 러시아 인구의 약 4%에 해당했는데, 이 중 95%가 게토에 갇혀 살았다. 러시아는 유대인 차별로도 악명 높았다. 유대인에게 차별적인 법 조항만 1,000여 페이지였다.

유대인은 일반 마을에 살 수 없다.

유대인은 농부에게 술을 팔 수 없다.

유대인은 러시아의 전통의상을 입을 수 없다.

유대인이 갈 수 있는 거리, 요양지를 제한한다.

경찰은 아무 때고 자의적으로 유대인 가옥을 수색하고 퇴거시킬 수 있다.

게토 밖에서 거주할 수 있는 직업은 퇴역 군인, 정비사, 양조업자, 벽돌공, 미장이, 담배 제조자, 정원사, 그리고 매춘부다.

…

그러나 이런 족쇄보다 더 무서운 것이 있다. 어떤 집단을 열등하고 사악한 집단으로 공식화하여 지정한다는 것은 그들에 대한 폭력을 암묵적으로 정당화하는 셈이 된다. 공식 차별 조항 하나하나는 언제든지 격발할 수 있는 뇌관이나 마찬가지였다.

긴 고난 끝에 근대가 시작되었다. 유대인들은 자신도 모르는 사이에 근대라는 세계에 특화된 인종이 되었음을 깨달았다. 1697년 런던 주식거래소 중개인 100명 중 20명이 유대인이었을 정도였다. 유대인은 빠르게 금융업을 장악해 나갔다. 금융, 즉 '돈'을 쥐고 있으니 정보력도 늘어났고 시장의 세계화에도 자연스레 선구적 역할을 하게 됐다.

18세기 프랑크푸르트에서 고물 장수로 시작한 마이어 암셸 로트실트는 금화를 노리는 이방인들로부터 유대인을 보호할 수 있는 기가 막힌 아이디어를 고안했다. 바로 국제금융과 신용이다. 타국 은행에서 예금하여 현금을 증서로 바꾸면 금화 주머니를 가지고 다니지 않아도 되었다. 나폴레옹전쟁 이후 유럽이 중상주의, 절대국가와 식민지 패권 전쟁의 시대로 돌입하면서 채권과 주식, 국제금융은 엄청난 수익을 내는 산업이 되었다. 몇몇 국가는 재정이 수십 배로 팽창한 반면, 빚더미에 앉는 국가들도 수두룩해졌다.

중세의 고리대금업자 샤일록은 근대부터 황제와 제후의 친구가 되었지만, 유대인들은 아직 국가가 없었기에 이런 방법만으로는 재산을 지키기 어려웠다. 따라서 유대인은 자신들만의 '지하 세계'를 만들어나갔다. 군수품 조달, 밀수, 비밀 조직, 정보기관의 전문가가 되었다. 고급 정보를 계속 조달해야 했기에 〈뉴욕타임스〉, 〈로이터 통신〉 등 언론사를 창설하기에 이르렀다.

산업혁명으로 산업화 시대가 도래하자 그 시대의 특징인 무역, 금융, 정보, 공학, 도시는 유대인에게 완전히 새로운 세계와 기회를 제공해주었다. 도시에서 만개한 문화예술계 인사, 의사, 변호사, 교수 같은 전문직, 언론, 심지어 밀수와 도시 갱단에까지 농부가 대다수였던 토착민보다 유대인들이 앞서서 뿌리를 내렸다.

러시아, 동유럽처럼 근대화가 늦었던 지역이나 항구, 무역도시 같은 곳일수록 산업화에 대한 적응력, 도시화의 속도는 토착민에 비해 유대인이 더 압도적이었다. 오스트리아에 살던 히틀러의 주치의도 유대인이었다. 주민 절반 이상이 유대인인 도시도 많았다. 1900년대 우크라이나 오데사의 유대인 인구는 17만 명으로 무려 도시 인구의 3분의 1을 차지했다. 메나헴 베긴의 고향인 폴란드 브레스트리토

프스크는 인구의 4분의 3이 유대인이었다. 근대 세계가 유대인을 위한 약속의 땅이었던 셈이다. 이렇게 유대인들은 간신히 낙원의 문턱에 도달한 듯했지만, 관습의 족쇄는 끈질겼다. 유대인들은 새로운 탈출구를 찾아야 했다.

19세기 말이 되자 유대인들이 팔레스타인에 하나둘씩 나타나기 시작했다. 오스만제국이 지배하던 팔레스타인은 제국 지배령 중에서도 가장 낙후하고 가난한 곳이었다. 유대인들은 아랍인 지주들에게 토지를 매입하고 자그마한 정착촌을 건설하기 시작했다. 오스만제국은 유대인의 토지 매매를 금지했지만, 유대인들은 관리를 매수하고 웃돈을 얹는 방식으로 토지를 매집했다. 로스차일드 같은 유대인 금융가들은 기금을 마련해서 이들의 정착을 지원했다.◊

이때만 해도 이 작은 변화가 일으킬 파장을 유대인들을 포함한 누구도 예상하지 못했다.

◊ 유대인 박해와 헤르츨의 이스라엘 건설과정은 폴 존슨, 김한성 옮김, 《유대인의 역사》, 포이에마; 데릭 윌슨, 이희영·신성성 옮김, 《로스차일드》, 동서문화사; 니얼 퍼거슨, 박지니 옮김, 《로스차일드 1, 2》, 21세기북스 등을 참조했다.

歷●史 역사 다시 보기

작은 국가를 이루었던 유대인 거주 구역 '게토'

게토라고 하면 흔히 '유대인들을 강제 격리한 곳'이라고 알고 있는데, 게토는 유대인이 자발적으로 모여 만든 공동체이기도 했다. 이렇게 모여 살다 보니 유대인들은 기존 지역 사회에 동화되기가 더욱 어려워졌다. 병원이나 학교에서도 유대인을 받아주지 않자, 게토 안에 병원, 학교 등 모든 기관이 생겨났다. 즉, 게토는 단순히 유대인 거주 구역이 아닌 '작은 국가'였던 것이다.

유대인들은 도시나 국가 운영에 참여할 길이 막혀 있었다. 이스라엘이 건국할 때 아랍인 중에는 "저들은 2000년 동안 군인, 공무원이 되어본 적이 없는 민족"이라고 말한 사람도 있었다. 하지만 이 평가는 틀렸다. 게토에서 활약했던 전문직과 지식인들은 게토에서의 운영 경험을 바탕으로 이스라엘 건국 후 결정적 역할을 했다. 이스라엘이 건국 후 국가적 기반을 탄탄히 할 수 있었던 것은 바로 이 게토 운영에서 배운 뛰어난 국가 운영 능력 덕분이었다.

03 팔레스타인이어야만 했던 이유

시온으로 돌아가자

1894년 파리에서 세기의 재판이 열렸다. 유대인 포병 대위 드레퓌스의 스파이 활동에 대한 재판으로 이후 역사에는 '드레퓌스 사건'이라 기록되었다. 오랜 세월 유럽인들은 유대인의 공직이나 군인으로 진출하지 못하게 막아왔다. 19세기 말이 되어서야 이런 차별이 허물어지기 시작했지만 법이 바뀐다고 마음까지 바꾸기는 쉽지 않다. 유대인 드레퓌스가 대위로 승진하자 유대인 혐오자들은 그에게 스파이 혐의를 씌웠다.

드레퓌스 사건은 유럽 지성계에 큰 충격을 줬다. 프랑스의 문호 에밀 졸라는 〈나는 고발한다 J'accuse〉라는 공개 선언문까지 써가며 군부의 음모를 비판했다. 그러나 법정은 결국 드레퓌스에게 종신형을 선고하고 남미 프랑스령 기아나의 섬에 가둬버렸다. 파장은 엄청났다. 정계와 지식인 사회에서 양심과 비양심의 충돌로 비화하여 프랑스 정치사를 바꾸어놓았다. 그러나 진짜 태풍은 방청석에서 일어났다.

방청석에서 재판을 지켜보던 오스트리아 신문의 파리 특파원 테오도르 헤르츨은 그저 부유한 유대인이었다. 은행가 가정에서 성장한 헤르츨은 주류 사회를 선망하면서도 예술을 사랑하는 보헤미안이었다. 부친이 파산했지만 백만장자 석유상의 딸과 결혼한 덕분에 계속 보헤미안으로 살아갈 수 있었다. 헤르츨의 직업은 기자였지만 형식적 감투에 불과했다. 진짜 꿈은 극작가였지만, 그렇다고 작품을 위해 밤새워 촛불과 씨름한 적도 없었다. 그저 멋진 극장 옆을 지나갈 때, "언젠가 여기 내 작품이 걸릴 거야"라며 떠벌리는 것이 전부였다.

이 철없는 보헤미안은 드레퓌스 사건으로 각성했다. "유대인은 이 사회에서 영원히 인정받을 수 없다." 헤르츨은 진지한 삶의 목표를 세웠다. "유대인을 위한 국가를 만들자!"

시오니즘의 태동

예루살렘에는 시온산이라고 불리는 작은 언덕이 있다. 나라를 잃은 유대인들에게 언제부터인가 시온은 본향, 고국을 의미하는 단어가 되었다. 여기서 '시온으로 돌아가자'라는 시오니즘이 생겨났다. 그렇다고 진짜 팔레스타인으로 돌아가자는 의미는 아니었다. 시온을 그리는 노래는 마음의 고향을 향한 망향가였고, 시오니즘은 유대인의 신과 율법, 일체성을 잃지 말자는 종교적 지주支柱였다.

형식적인 감투라고는 해도 기자 경험이 헤르츨에게 어떤 깨달음을 주긴 했던 모양이다. 그는 시오니즘을 실존하는 '유대인 국가 건설 운동'으로 바꿨다. 헤르츨은 자신이 만든 사명에 미친 듯이 빠져들었다. 그러나 보헤미안 기질은 바뀌지 않았다. 이 각성한 낭만주의자가 처음 몰두한 일은 새 유대인 국가의 모델로 삼을 만한 가장 아름다운 도시를 찾는 것이었다. 그가 찾은 모델은 베네치아였다.

헤르츨은 부유한 유대인들에게 자신이 만든 꿈의 도시를 펼쳐 보였다. 놀랍게도 반응은 신통치

1897년 스위스의 바젤에서 찍힌 테오도르 헤르츨.

않았다. 사업가들은 냉정한 현실주의자였기에, 부인의 재산으로 흥청망청 살아온 헤르츨의 놀이에 동조할 마음이 추호도 없었다.

"내가 거길 왜 가? 여기서도 행복한데! 베네치아? 여행을 가면 되지, 베네치아를 왜 만들어!"

그렇게 꿈의 도시는 망상으로 사라질 뻔했는데, 의외로 가난하고 핍박받던 유대인들에게서 호응이 왔다. 러시아, 동유럽에서 핍박받으며 힘든 삶을 살던 유대인들이 뜨거운 호응을 보인 것이다. 그렇다면 여기서 헤르츨의 선택은 무엇이었을까? 역시 유대인의 유연한 사고와 태도의 전환만큼은 알아줘야 한다. 헤르츨은 유대인들의 의중을 알게 된 순간 바로 이상향 놀이를 끝내고 현실주의자가 된다. 이 헤르츨의 두 번째 각성이 결과적으로 이스라엘 건국으로 이어졌다.

시온을 찾아 방황하던 헤르츨은 독일, 러시아의 황제를 찾아 협조를 구했다. 황제들이 의외로 그의 의견을 경청해 주었는데, 골치 아픈 유대인들을 몰아낼 수 있는 좋은 기회였기 때문이다. 러시아 황제는 단서를 달았다. "쓸 만한 애들은 놔두고 가게."

헤르츨을 구원한 나라는 영국이었다. 19세기 영국은 국제경제의 중심이자 국제금융의 맹주였던 만큼 유대인에 대한 대우가 다를 수밖에 없었다. 로트실트 가문은 영국으로 적을 옮겨 금융 황제 로스차일드 가문이 되었다. 또한 벤저민 디즈레일리는 유대인으로서 처음으로 영국 총리가 되었다(국교회로 개종하기는 했다).

헤르츨은 영국 정부와 로스차일드 가문에 지원을 호소하며 유대 국가 건설지를 물색했다. 아르헨티나, 우간다, 키프로스, 시나이반도의 알아리시 등 다양한 장소가 거론됐다. 헤르츨이 솔깃한 곳은 의외로 우간다였다. 만약 이스라엘이 우간다에 세워졌더라면 과연 어떤 일이 벌어졌을까?

유대 국가 재건을 구상한 사람은 헤르츨뿐만이 아니었다. 헤르츨이 인생의 목표를 바꾸기 전부터 팔레스타인과 예루살렘에 유대 국가를 복원해야 한다고 생각했던 사람들이 여럿 있었다. 로스차일드가는 팔레스타인에 정착촌을 건설하는 일에 특히 호의적이었고, 그들의 지원 아래 19세기부터 유대인들이 팔레스타인으로 이주했다.

헤르츨은 6차 세계 시온주의 회의에서 유대인이 안주할 유일한 땅은 팔레스타인이라고 선언했다.◊

◊ 폴 존슨, 《유대인의 역사》, 포이에마, 678쪽.

그 이후 헤르츨은 바로 사망했지만, 그의 노력은 꿈만 있을 뿐 산만하게 진행되던 유대 국가 건설 운동의 흐름을 바꾸었다.

歷●史 역사 다시 보기

헤르츨이 꿈꾼 신생 유대인 국가는 베네치아?

베네치아는 세상에서 가장 아름다운 도시는 아닐지 몰라도 분명 매혹적이고 생동감이 넘치는 도시다. 베네치아를 처음 방문하는 사람은 산타루치아역을 빠져나와 도시와 처음 대면하는 순간, 넋을 잃고 숨이 멎는 듯한 경험을 한다. 세상의 어떤 도시에서도 이런 경험을 하기는 어렵다.

관광객으로 가득한 국제도시, 넘치는 생동감, 게다가 당시 베네치아는 왕정이 아니라 삼권분립을 기반으로 한 독특한 공화정 체제를 가지고 있었다. 이런 점들이 부르주아였던 헤르츨의 기호에 딱 맞아떨어졌던 것이다. 헤르츨은 '뭐든 베네치아처럼'의 기치 아래 국가 건설의 이상향을 세우기 시작한다. 정치 체제뿐 아니라 산마르코 광장, 오페라하우스 등 아름다운 도시의 모습도 베네치아처럼! 그는 두바이 같은 이상적인 인공 도시를 꿈꿨다.

"이런 아름다운 도시를 만들어놓으면 주변 사람들도 우리를 침략자로 보지 않고 이상 세계를 만든 고마운 사람이라 여길 거야. 그리고 우리의 문명을 전파하자! 법과 이성과 계몽사상을 전파해서 아름다운 이상 국가를 만들자."

헤르츨 가문의 비극

헤르츨이 시온주의 운동에 전념한 기간은 10년에 불과했다. 10년 동안 그는 모든 체력과 재산을 쏟아붓고 1904년 44세로 세상을 떠났다. 재산은 바닥났고 가정은 파탄 상태였다. 부인은 그가 죽기 전에 도망쳤는데, 헤르츨이 죽고 3년 후에 사망했다. 자녀 1남 2녀 중 딸 폴린은 헤로인 중독으로 1930년에 사망했고 딸 트루데는 나치의 유대인 수용소에서 죽었다. 폴린이 죽은 후 아들 한스도 정신적으로 불안정한 모습을 보이자, 유대인 프로이트 박사가 한스의 보호자를 자처하고 나섰다. 프로이트는 정신분석학의 개척자이긴 하지만 허황된 이론을 내놓기 일쑤였다. 수제자인 융도 프로이트의 집요한 엉터리 해석에 질려 영원히 그를 떠났다. 불가항력이 있었는지 치료가 엉터리였는지 알 수 없지만, 한스도 자살로 생을 마쳤다. 헤르츨의 혈육이라고는 딸 트루데의 아들 슈테판만 남았는데, 그마저 1946년에 자살했다.

이스라엘의 아들은 죽었지만 그 영혼은 살아남았다. 이스라엘 정부는 예루살렘이 내려다보이는 서편 언덕에 헤르츨을 안장하고, 이곳을 '헤르츨언덕'이라고 명명했다. 헤르츨언덕은 이스라엘의 국립묘지가 되었다.

04 영국의 이중 계약

거대한 전쟁의 서막

헤르츨이 좀 더 살아남았다면 로스차일드가를 통해 이런 소식을 전해 들었을 것이다. 1917년 11월 2일, 영국 외무장관 벨푸어는 영국 유대인협회장 로스차일드에게 편지를 쓴다.

영국 정부는 팔레스타인에 유대 민족 국가를 수립하는 것을 적극적으로 찬성하며, 이러한 목적을 실현하기 위해 최선의 노력을 기울이겠습니다. 그로 인해 팔레스타인에 현존하고 있는 비유대인 사회의 시민권과 종교의 권리나, 다른 국가에서 유대인들이 누리는 권리가 전혀 침해되지 않을 것이라 믿습니다. 이 선언을 시오니스트 동맹에 전달하길 바랍니다.

이것이 유명한 밸푸어선언인데, 이 편지에는 중동 정세를 혼란에 빠트린 두 가지 교묘한 함정이 숨어 있었다.

첫째, 신생 유대인 국가에서 비유대인에 대한 합당한 대우를 필수 조건으로 설정하지 않고 '믿는다', 즉 기대한다는 정도로 표현한 것이다. 이 말은 영국이 이 문제를 전적으로 유대인 국가에 일임한다는 의미가 내포되어 있다.

두 번째, 영국이 밸푸어선언 이전에 아랍 국가들과 다른 약속을 해버렸다는 사실이다. 제1차 세계대전이 한창이던 1915년 10월, 이집트 주재 영국 고등판무관 맥마흔은 메카(이슬람 창시자 무함마드의 출생지이자 이슬람의 성지)의 지도자 후세인 빈 알리에게 전쟁이 끝나면 아랍인의 독립국가 건설을 지지하겠다고 약속하는 서한을 보냈다. 당연히 그 조건으로 전쟁에서 편을 들어달라고 했다. 말하자면 '우리 편을 들어주면 분리 독립시켜줄게'라는 조건부 약속이었다. 후세인은 1916년에 약속대로 반란을 일으켰다(이 반란은 '아라비아의 로렌스'의 활약상으로 서방 세계에서 유명해졌다).

맥마흔선언이 끝이 아니었다. 1916년 5월에 영국은 프랑스, 러시아가 메소포타미아, 팔레스타인, 시리아, 흑해 남동부를 각각 나눠서 차지하고 위임통치를 시행한다는 '사이크스-피코협정'을 체결했다.

밸푸어선언은 유대인의 승리로 여겨지지만, 정작 당시 시오니스트들은 불만이었다. 로스차일드가 밸푸어에게 보낸 선언 초안에 있던 유대인 이민의 무제한 보장과 유대인의 자치를 지원한다는 내용이 빠지고, 유대 국가 건설도 확정이 아닌 '찬성'으로 말이 바뀌었기 때문이다.

갈등의 전조

한편 영국은 중동 문제를 어떻게 처리할지를 두고 곤경에 빠졌다. 밸푸어선언을 포기할 수도, 그보다 더 중요한 중동 지역과 아랍인과의 유대를 포기할 수도 없었다. 영국은 이 딜레마를 해결하기 위해 '팔레스타인 위원회'란 것을 꾸려서 성지 예루살렘을 중립 구역으로 만들어 위임통치하고 유대 국가와 팔레스타인 국가를 동시에 설립하자는 안을 내놓았다.

영국인들은 이 제안이 공평하고 실현 가능한 방안이라고 생각했다. 그러나 그들의 순진한 희망은 금세 깨졌다. 유럽에서는 나치즘이 극성이었다. 수십만 명의 유대인이 나치의 마수에서 벗어나기 위해 발버둥을 쳤다. 1940년에는 팔레스타인의 유대인 인구가 45만 명으로 급증했다. 팔레스타인의 전체 인구도 늘어 약 100만 명이 되었다.

1939년 영국의 체임벌린 내각은 전쟁을 막기 위해 발버둥 치고 있었다. 체임벌린이 히틀러에게 체코를 양도하고 '우리 시대의 평화'라는 유명한 말을 남긴 시기였다. 영국은 만약을 대비해 병사 한 명이 아쉬운 상황이었지만, 1930년대 전후로 아랍인의 봉기와 저항이 극심해지는 바람에 팔레스타인에 너무 많은 군대를 주둔시키고 있었다. 그래서 영국의 팔레스타인 정책은 즉시 아랍 측으로 기울었다. 1939년 영국은 〈맥도날드 백서〉를 발간한다. 그 내용은 다음과 같았다.

1. 유대인 이민은 매년 1만 명으로 제한한다.

2. 유대인 인구는 아랍인의 3분의 1로 유지한다.

3. 유대인은 토지를 소유할 수 없다.

유대인들은 지금껏 자신들의 후원자라고 생각했던 영국의 배신에 큰 충격을 받았다. 건국 계획에도 차질이 생겼다. 벤구리온은 이스라엘을 건국하기 위해 최소 250만에서 300만 명의 인구를 생각하고 있었다.

하지만 영국도 사정이 복잡했다. 오늘날 전 세계에서 벌어지는 인종 갈등, 지역 갈등의 배경에는 영국의 식민지 정책이 관련된 경우가 많다. 영국이 책임을 면할 수는 없지만, 그들도 제국식 식민지 경영에서 발을 빼려고 할 즈음에야 자신들의 잘못을 깨달았다. 이미 엎질러진 물이었지만 적어도 한 가지, 가장 극단적인 방식은 당장 수정해야 했다.

대영제국 시절 해상 무역이 활성화되자 식민지 상인이나 노동자들이 다른 식민지에 집단 이주하는 경우가 생겼다. 식민지인에 의한 2차 식민은 아프리카, 남태평양, 동남아시아 곳곳에서 벌어졌다. 무슬림인 로힝야족은 미얀마로 집단 이주했다. 미얀마 수도 양곤의 경우 노동자의 대부분, 전 인구의 50%가 인도에서 온 외지인이었다. 그러다 보니 한 민족이 멀쩡하게 잘 살던 나라에 다른 민족이 들어가 토착민을 탄압하는 일이 비일비재하게 발생했다. 영국은 아차 싶어서, 그제야 외지인 이주를 제한했다.

중동에서는 더 현실적인 이유가 있었다. 중동에는 영국 입장에서는 목숨만큼 중요한 두 가지 보물이 있었다. 석유와 수에즈운하. 석유는 두말할 필요도 없고, 수에즈운하는 해상제국 영국의 대동맥이었다. 세계대전 중에 독일이 수에즈와 중동 유전을 장악하는 사태는 어떻게든 막아야 했다. 당연히 아랍인의 도움을 구할 수밖에 없었다.

유대인들은 격분했다. 토지를 소유할 수도 없고, 인구 규모도 3분의 1로 제한한다면 팔레스타인에서도 영원히 이 방인으로 살라는 말이었다. 하지만 영국은 아랑곳 않고 팔레스타인으로 필사의 탈출을 감행하는 유대인 운반선을 나포해 키프로스의 강제수용소로 보냈다.

2차대전이 터지자 북아프리카에서도 독일과 영국 사이에 전설적인 전쟁이 시작되었다. 유대인 소년 라빈이 다얀을 따라 팔마(팔마흐)에 가입하고 나세르가 엘알라메인 전선에 있던 1941년에, 팔레스타인의 지도자 아민 알후세이니는 '적의 적은 우리 편'이라는 논리에 따라 독일로 망명해 히틀러를 만났다. 팔레스타인 사회는 후세이니의 활약에 고무되었다.

아랍인의 반발과 공격도 격해졌다. 유대인 사회는 하가나라는 군사 단체를 설립했다. 영국은 자위 조직이라는 명분으로 하가나의 무장을 허락했다. 하지만 절대로 허락할 수 없는 단체가 있었다. 바로 이르군이다. 이르군은 공격적인 테러 조직이었다. 정식 명칭은 이르군 즈바이 레우미로 '민족 군사 조직'이란 뜻이다. '에첼'이라는 약칭으로도 불렸다. 이르군의 정신적 지주는 제브 야보틴스키였다. 헤르츨도 생전에 만난 적 있는 야보틴스키는 우크라니아 〈오데사 신문〉의 기자였다. 그는 국가는 힘과 정복으로만 유지될 수 있다고 믿는 과격한 현실주의자였다. 위대한 유대인이었던 아인슈타인은 유대인과 팔레스타인의 평화로운 공존을 지지하는 발언을 한 적이 있는데, 야보틴스키는 이렇게 받아쳤다.

유대인과 아랍인의 자발적인 의견 일치는 기대할 수 없다. 앞으로도 불가능하다. 계몽 민족(문화 민족)이든 원시 민족이든, 모든 민족은 자기 땅을 민족의 고향으로 이해하고 자신들을 유일한 소유주로 여긴다. 유대인이든 팔레스타인이든 그렇게 행동할 것이다.

歷●史 역사 다시 보기

이스라엘 대표 무장 조직

하가나

유대인의 자위를 목적으로 만든 무장 조직이 여럿 있었는데 가장 대표적인 단체가 하가나다. 팔레스타인에서 유대인과 아랍인 간에 갈등이 격화되면서 치안을 감당하기 힘들었던 영국은 유대인이 민병대를 조직하고 무기를 소지할 수 있게끔 허락했다. 이런 조직이 통합되면서 하가나로 발전했다.

중동전쟁이 발발하기 전 하가나 회원은 35만에 달했지만, 장부상의 숫자일 뿐이었다. 구성원 대부분은 중년 남자이거나 청소년이었다. 전투에 참전해본 대원은 거의 없었고, 지휘관들은 대대급 병력을 지휘해본 경험이 전무했다. 이스라엘 국방군을 창설할 때 6~7만 정도의 병력 중 절반이 하가나에서 왔는데, 벤구리온은 "그들은 좋은 시오니스트지만 아직 좋은 병사가 되지는 못했다"라고 말했다.

팔마

팔마는 '폭풍 부대'라는 의미로 팔마흐Palmach라고도 한다. 하가나와 달리 실전 경험을 갖춘 부대로 영국군 출신의 유대인으로 편성한 정예 특공대다. 이 부대의 창설자는 버마 전선에서 친디트 부대를 창설해 특수전 역사의 전설이 된 오드 찰스 윙게이트다. 윙게이트는 1936년에 팔레스타인에 왔는데, 아직 특수전 개념이 흐릿하던 당시에 유대인 게릴라 부대를 창설해 게릴라전을 가르쳤다. 그는 1941년에 버마 전선으로 떠났지만, 그가 뿌린 씨앗은 팔마로 계승되었다.

팔마는 2,000~3,000명 규모였지만 실전 능력을 갖춘 최정예부대였기에 중동전쟁 초기에 맹활약을 했다. 야간에 적진을 횡단하거나 멀리 레바논 국경까지 가서 특수 임무를 수행하고, 적진 후방에 침투해서 다리를 폭파하는 등의 임무는 팔마 대원만이 할 수 있는 것이었다.

이르군

하가나보다 강경한 단체가 이르군이었다. 1931년경에 창설된 이르군은 영국군과 아랍 민간인을 대상으로 납치, 살인, 폭파, 감금 등 무차별 테러를 감행했다.

레히(슈테른)

1940년 이르군의 활동조차 맘에 들지 않았던 초강경파는 아브라함 슈테른을 필두로 레히(이스라엘 자유의 전사들)를 조직했다. 이들은 워낙 악명이 높아서 '슈테른 갱단'이라고도 불렸다.

팔레스타인인 VS 유대인

다윗과 골리앗

예루살렘 아랍인 구역

예루살렘의 아랍인 구역에서 일하는 팔레스타인 소년 샤이히는 라디오 가게 앞에서 카랑카랑한 목소리의 중년 남자가 하는 연설을 듣고 있었다. 유대인을 몰아내고 팔레스타인의 자유를 쟁취해야 한다는 내용의 연설이었다. 그는 유대인들이 얼마나 악랄하고 위험하고 이웃에 대한 배려라고는 모르는 이기적인 세포로 구성된 존재인지 열변을 토했다. 이어서 그는 지금 유럽에서 벌어지고 있는 유대인 토벌책에 대해 설명했다.

끔찍한 이야기였다. 샤이히는 홀로코스트에 대해 알고 있었다. 서예루살렘에 있는 그의 마을 바로 옆에도 유대인 마을이 있었는데, 유대인들과 사이좋게 지냈다. 마을에서는 정기적으로 키부츠에 과일과 채소를 공급했고, 키부츠에서는 목공과 기술자를 파견해주기도 했다. 하지만 키부츠 사람과 친구가 되기는 힘들었다. 마을 청년 중에서는 그들을 싫어하는 사람도 있었고, 마을을 도와준다고 하면서 무장한 하가나 대원이 기술자 몇 명을 대동한 채 농민만이 사는 마을을 활보하는 것도 싫었다.

"우리도 저렇게 하면 안 돼?" 권총을 찬 하가나 대원을 보면서 어린 샤이히는 반쯤 부러운 마음에 형들에게 묻곤 했다. 마을의 형들이 대답했다. "영국 놈들이 우리에겐 저런 걸 허용하지 않아."

10대가 되자 샤이히는 촌장과 마을 어른들이 키부츠 사람들에게 하는 행동이 마음에 들지 않았다. 너무 저자세로 조심하는 것 같은 인상을 받았기 때문이다. 그러나 마을 주민들은 딱히 유대인에게 증오심을 품지는 않았다. 2년 전부터 구시가지인 동예루살렘에 있는 삼촌의 가게에서 일하면서 샤이히는 유대인에 대한 아랍인들의 들끓는 증오심을 알게 되었다. 삼촌의 가게에도 '위대한 무프티(고위 법학자라는 뜻, 알후세이니를 가리킨다)'의 사진이 걸려 있었다.

오늘 연설을 듣는 중에도 사람들은 열광하며 분노를 토했다. 독일의 유대인 박해 정책을 소개하자 "잘하고 있어!",

"유대인에게 죽음을!", "독일군이 여기로 와야 하는데!"라는 외침이 계속 튀어나왔다. 몇몇 사람은 표정이 어두웠다. 샤이히도 마음이 불편했다. "이게 옳은 일일까?" 어떤 이는 히틀러가 팔레스타인에 진주한다면 유대인에게 한 짓을 우리에게도 그대로 저지를 것이라고 말하는 사람도 있었다.

그 순간, 거리 북쪽에서 굉음이 일고 불길이 솟았다. 이어서 총성이 요란하게 울렸다. 사람들이 순식간에 흩어졌다. 얼른 주저앉았던 샤이히는 그곳이 삼촌의 가게가 있는 쪽이라는 사실을 깨달았다. 소년은 벌떡 일어나 달리기 시작했다. 조금 전에 라디오에서 들은 문구가 자신의 목소리로 튀어나오기 시작했다. "유대인 놈들, 세상의 악, 세균, 없어져야 할 종자들…!"

19세기 말 팔레스타인에 처음 시오니스트들이 나타났을 때, 순박한 팔레스타인 농부들은 손을 놓고 바라볼 수밖에 없었다. 팔레스타인은 아랍 지역 중에서도 가장 낙후되고 고립된 곳이었다. 그들도 고대 이스라엘이 멸망하기 전에 나라를 잃었다. 오스만제국 치하에 살고 있으면서, 독립에 대한 의지도 약했다.

20세기 초반까지 팔레스타인 사람들은 자신들의 운명

을 둘러싸고 주변에서 벌어지는 일을 전혀 몰랐다. 이를테면 1차대전 후 영국과 프랑스가 사이크스-피코협정을 맺어서 팔레스타인을 오스만제국에서 떼어내 분할하기로 한 일, 1917년 영국이 밸푸어선언을 발표하고 팔레스타인에 유대 국가를 세우기로 결정한 일 등을 듣지 못했다.

세상 밖에서 벌어지고 있는 일에 무지했기도 했지만, 팔레스타인 지역의 주권은 오스만제국에, 땅의 소유권은 아랍인 지주들에게 있었다. 가난한 팔레스타인 농부들은 대부분 아랍인 지주의 소작인으로 살았다.

조상 대대로 땅에 뿌리를 두고 살아가는 이 불쌍한 농부들은 자신들이 이 땅에 대해 법적 소유권이 없다는 사실을 몰랐다. 아니, 굳이 인식하려 하지 않았다. 수천 년 동안 이 땅에서 마을을 이루고 살았고, 등기상의 소유주가 누구든 땅을 갈고 소출을 먹는 사람은 자신들이었다. 이것이 농부의 마음이고 농부식의 소유권이었다.

그들이 경각심을 가지지 않았던 또 하나의 이유는 유대인들도 처음에는 팔레스타인으로 이주하길 꺼렸던 덕분이었다. 1914년까지 팔레스타인의 유대인 수는 8만 명에 불과했다. 전략적인 행동은 아니었지만, 결과적으로 이런 유대인의 비협조성이 팔레스타인 주민과 아랍 세계의 경각심을 늦추고, '이슬비에 옷이 젖는' 듯한 전술적 효과를 발휘했다.

20세기에 들어선 후에야 경각심이 싹텄다. 1차대전 후 팔레스타인은 사이크스−피코협정의 결과로 영국의 위임통치령이 되었다. 유대인과 아랍은 각각 밸푸어선언과 맥마흔선언을 근거로 이 결정에 격하게 반발했다.

안타깝게도 아랍민족주의는 시오니즘보다 30년은 늦게 개화했다. 오지인 팔레스타인의 자각은 더 늦었다. 1930년대가 되어서야 팔레스타인에 정치 단체가 결성되고, AHC(아랍고등위원회)가 결성되었다. 이슬람 고위 법학자이던 아민 알후세이니는 AHC의 위원장으로 추대되며 정치 지도자로 부상했다.

팔레스타인에 자각의 바람이 불기 시작했지만, 많은 팔레스타인, 특히 농촌 지역에서 건국은 낯선 일이었다. 무관심했다기보다는 자신의 삶과 행동에 어떤 변화가 일어날지, 어떻게 대응할지 알지 못했다. 이스라엘조차도 팔레스타인의 굼뜬 반응에 놀랐을 정도였다.

반면 유대인들은 1930년대에 이미 정예 특공대와 무장조직을 갖추고 있었다. 이르군에서는 1943년에 전설적인 지도자가 나타났다. 위험한 남자, 메나헴 베긴이다. 1947년 베긴은 1급 수배자가 되었다. 그를 체포하는 데 결정적인 첩보만 제공해도 무려 1만 파운드를 현상금으로 받을 수 있었다. 현재 화폐 가치로는 12억 원 정도다. 수배 전단지에 실린 베긴의 표정은 이르군 병사가 봐도 어둡고 침울했으며 무시무시한 인상이었다. 이르군에 대한 공포는 대단해서 영국인 출입 금지 구역이 생기고, "영국인은 4인 이상 뭉쳐서 다니라"는 지침도 내려졌다. 영국인 주거지 주변 가옥은 무작정 강제 철거와 격리가 이뤄졌다.

이르군 대원에 대한 처벌도 가혹해졌다. 거리에서 구호를 외치거나 전단을 붙이다가 발각된 이르군 대원은 폭력 행위를 하지 않았어도 무참하게 구타당했다. 범죄와 테러를 저지른 이르군은 채찍질 아니면 교수형감이었다. 가족에게 통보도 없었고 영국법이 규정한 최소한의 인도적 규정도 따르지 않은 채 교수형이 수시로 거행되었다.

하지만 베긴은 끄떡도 하지 않았다. "우리의 젊은이들은 희생, 고통, 피, 고난에 굴복하지 않을 것이다." 사실 이르군의 수는 몇백 명, 잘해야 1,000명 정도였지만, 그들이 몰고 온 공포감과 파장은 벤구리온과 하가나의 지휘관들까지도 골머리를 썩게 만들었다.

팔레스타인과 AHC도 가만있지 않았다. 양측 모두 조직을 갖추었으니 서로를 향한 테러와 정착촌 습격이 점점 늘었다. 카페에서 총을 난사하고, 시장에서 폭발물이 터지고, 달리는 버스에 수류탄이 날아들었다. 팔레스타인의 주요 도시는 아랍인 거주 지역과 유대인 지구가 나뉘어 있는 경우가 많았는데, 테러리스트들이 서로의 지역에 잠입해 공격했다. 영국인과 관공서도 표적이었다.

테러 전쟁에서도 유대인들이 우위를 보였다. 팔레스타인은 정치든 군사든 끝내 통일된 조직을 만들지 못했다. 팔레스타인에서 조직된 최대 군사 단체는 1945년에 무함마드 알하라위가 창설한 '알나자다'였다. '알나자다'는 이스라엘의 하가나와 비슷한 조직으로, 전성기에는 20여 개 지부에 8,000여 명의 회원을 거느렸다. 그러나 이들의 활동 혹은 훈련이란 퍼레이드나 아마추어 정찰 수준에 머물렀다.

반면 유대인은 전 세계에 뿌려놓은 디아스포라 덕분에 전문가도 많았고, 후원 조직도 막강했다. 영국군으로 복무하면서 부대에서 무기를 몰래 빼돌리거나, 외국에서 자금과 무기를 조직적으로 지원하기도 했다.

'폭력의 시대'의 가치관

세계대전이 지구를 뒤덮었던 1940년대의 가치관은 휴머니즘이 녹아든 현대의 그것과는 판이했다. 게다가 중동은 더 거칠었다. 또 서구인들이 보기에는 이 세상 것이 아닌 듯한 관습이 남아 있는 원주민 사회는 태고의 순박함과 이해할 수 없는 폭력성이 공존했다.

자칭 문명 세계에서 온 사람들은 혁명과 전쟁, 민주주의와 파시즘의 시대를 거치면서 더 나은 세상을 위한 폭력과 무리수를 질리도록 경험했다. 어떤 이들은 폭력을 증오했고, 어떤 이들은 폭력의 논리에 익숙해졌다. 세계대전 직후가 아니더라도 인간은 태초부터 이중적이고 이기적이었다. 그러나 전쟁 중 독일과 러시아에서 벌어진 대량학살과 증오의 경험을 통해 사람들은 더 빠르게 폭력에 물들었고, 더 유연하게 상황 논리에 굴복했다.

러시아에서 태어나 미국에서 자란 이스라엘의 3대 수상 골다 메이어는 이스라엘군이 휩쓸고 떠난 팔레스타인 마을의 참상을 목격한 순간, 부모님에게 들은 러시아에서의 유대인 학살 장면을 떠올렸다. 기분 나쁜 전율이 온몸을 타고 흘렀다. 아마 양심의 가책을 느꼈겠지만, 결국 그는 침묵한 채 그 자리를 떠났다.

06 이스라엘과 팔레스타인의 동시 독립

팔레스타인을 분할하라

1945년, 제2차 세계대전이 끝나자 세상이 급변했다. 아시아, 아프리카, 중동을 지배하던 '세 마리의 사자(영국 왕실의 상징)'는 급격히 노쇠했다. 발톱 빠진 사자는 더 이상 식민지를 움켜쥐고 있을 힘이 없었다. 팔레스타인에서도 영국의 철수가 기정사실이 되었고, '팔레스타인에 유대 국가를 세운다'는 시오니스트의 꿈이 눈앞에 다가오고 있었다. 독립은 기정사실이었지만, 이스라엘과 함께 팔레스타인에도 독립국가를 세워줄 것인지, 팔레스타인의 독립을 허락한다면 두 국가의 규모와 국경을 어떻게 할지를 두고 유엔에서 격론이 벌어졌다.

1. 유대인과 팔레스타인인은 각각 독립국가를 세운다.

2. 예루살렘은 중립지대로 하고 유엔이 통치, 감독한다.

11월 29일 총회에서 분리 독립안에 대한 찬반 투표가 진행됐다. 양쪽 모두에 독립국가의 꿈을 제공하는 바람에 눈치를 봐야 하는 영국은 기권했다. 아랍 국가들은 합심해서 반대표를 던졌지만 중과부적이었다. 유럽 국가 대부분과 미국, 심지어 소련까지 유엔의 분할 독립안에 찬성표를 던졌다. 유엔은 이스라엘의 건국을 인정했다. 따지고 보면 팔레스타인도 수천 년 만에 나라를 되찾는 격이니 타협의 여지가 있다고 생각했던 것 같다.

유엔 결의안의 탄생에는 유대인의 노력과 국제적 로비 능력을 무시할 수 없다. 미국은 나중에 분할

레바논
시리아
지중해
텔아비브
예루살렘
(중립지역)
가자
가자 지구
사 해
요르단
이집트

■ 팔레스타인
□ 이스라엘

유엔이 정한 팔레스타인 국경선

안을 선택한 것을 후회하고 신탁통치안을 검토했지만, 트루먼 대통령은 유대인 유권자들을 의식한 나머지 밀어붙이지 못했다.

또 나치즘과 홀로코스트의 충격도 무시할 수 없었다. 이는 18세기 이후 유럽인이 주도했다고 믿은 문명과 지성에 대한 완전한 배신이었다. 오랜 유대인 박해에 책임이 없는 유럽 국가는 없었다. 제3세계에서도 동정론이 강했다. 오늘날 우리도 그렇지만, 소수민족 박해가 발생하면 제3자의 입장에서는 동정 여론이 일어나게 마련이다. 인도의 네루 수상도 회고록에서 유대인의 고난을 배려해줘야 하지 않겠느냐고 말한 적이 있다.

전혀 다른 이유도 있었다. 전 유럽에서 골칫거리인 유대인을 차라리 팔레스타인에 뿌리내리게 해 지긋지긋한 고리를 끊자는 속셈도 없지 않았던 것이다. 홀로코스트를 증오하고 반성하면서도, 심지어 유대인들이 굴지의 영화사와 언론사를 모두 장악하고 있는 미국에서도 유대인 혐오는 여전했다. 말런 브랜도 주연으로 영화화되기도 했던 어윈 쇼의 소설 《젊은 사자들》은 2차대전 중 미군에서 벌어진 유대인 차별과 괴롭힘을 생생하게 묘사한다.

아랍연합군

아랍 국가들은 팔레스타인을 지원하기 위해 단결했다. 이라크, 사우디아라비아, 시리아, 레바논, 요르단, 이집트의 정상들은 팔레스타인 단독 국가 수립을 위해 재정적, 군사적으로 지원할 것을 합의했다. 오스만군 장교 출신인 파우지 알까우끄지Fawzi al-Qawuqji가 조직한 군사 단체 ALA(아랍자유군, Arab Liberation Army)가 탄생했다. 병사는 아랍인 지원자로 채웠다. 의외로 이라크 장교와 병사가 많이 가담했고, 이들의 활약이 컸다. 전성기에 ALA의 병력은 약 6,000명이었다.

팔레스타인 전사를 훈련시키기 위한 캠프도 개설됐다. 2차대전 중에 알후세이니와 히틀러가 뜻을 같이하면서 급조된 팔레스타인 훈련 캠프에 독일군 출신들이 투입됐다. 이집트에서 영국의 포로가 되었던 독일 장교나 병사가 개인적으로, 또는 이집트의 도움으로 수용소에서 탈출해 캠프에 합류하기도 했다. 독일군으로 복무한 경험이 있는 팔레스타인인도 있었다. 이집트군 장교들도 특별 장기 휴가를 받아 캠프에 합류했다.

결국 1947년 5월, 유대인 국가의 수립이 공식화되었다. 그리고 약 1년 후 팔레스타인 땅에서는 훗날 '중동전쟁'이라

명명된 전쟁이 발발했다. 공식적인 개전 일자는 1948년 5월 15일. 그러나 전쟁은 그 전부터 이미 시작된 셈이었다.

歷●史 역사 다시 보기

ALA 지도자 파우지 알까우끄지

뛰어난 장교이자 지휘관, 혁명가였던 알까우끄지. 그는 오스만제국령 레바논의 트리폴리에서 태어나 이스탄불 사관학교를 졸업했다. 재학 당시 오스만군의 3분의 1은 아랍인이었지만, 오스만 당국은 아랍인을 심하게 불신하고 장교들을 제국 각지로 분산시켜 배치했다. 그러자 아랍 출신들은 분노했고, 민족주의가 강력하게 퍼졌다. 알까우끄지는 이런 분위기에서 극렬한 민족주의자로 성장했다.

뛰어난 장교로 성장한 그는 1차대전에 대위로 참전해 훈장을 받았고, 동맹국인 독일에서 2급 철십자 훈장을 받았다. 1920년대부터는 위임통치에 저항하는 팔레스타인 반군에 참여해서 활동하다가, 독일로 망명해 독일 여자와 결혼했다. 독일이 그의 아들을 독살했다는 이야기도 있지만 알까우끄지는 무프티 후세이니와 함께 독일에 협조하면서 아랍 군대를 육성하려고 했다. 그러나 독일에 종속되기를 거부하고 독일군과 동등한 동맹군 자격을 얻기 위해 노력했다.

그는 1947년에 유럽을 떠나 다시 중동으로 왔다. 유엔이 분할 결의안을 채택하자 ALA를 조직하고 사령관을 맡았다. 그는 시리아와 아랍연맹군의 지원을 받았지만, 요르단, 팔레스타인, 이라크에 의해 계속 견제를 받았고 영국과도 관계가 좋지 못했다. 하지만 전술적 판단력이 있었고, 열악한 상황에서 다국적 군단을 훌륭하게 지휘했다. 혁명가답게 선전·선동에도 능했는데, 어쩔 수 없는 측면이 있지만 지나치게 과한 건 사실이었다. 자신의 실패를 인정하지 않고, 전과를 과장하며, 이스라엘의 전력도 과하게 포장했다. 이것이 아랍연맹이 그를 불신하는 원인이 된다.

도시 전쟁의 승자

이미 시작된 전쟁

이스라엘과 팔레스타인의 분할 독립을 제안한 유엔의 결의안은 화약고에 불을 붙인 셈이었다. 동시에 유엔이 그어준 국경선은 양측에 전략적, 전술적 사고와 목표를 부여했다. 영국의 위임통치가 끝나는 날이 다가왔지만 어느 쪽도 공존할 마음은 없었다. 양측의 지도자는 예정된 국경선이 그어지자마자 상대를 제압할 계획을 세웠다. 아직 국가의 실체가 없어 전쟁이란 명칭을 얻지는 못했지만, 결의안이 통과된 1947년 11월부터 중동전쟁은 이미 시작된 것이나 마찬가지였다.

양측의 목표는 전략 요충지를 장악하는 것이었다. 유엔이 그은 국경선은 유사 이래 이 세상에 존재한 적이 없는 형태였다. 지속 가능한 국경이라고 하기엔 현실성이 없었다. 관련 국가로서는 '현실성 있는 국경'으로 바꿔야 했다.

팔레스타인에는 아랍인과 유대인 거주지가 뒤섞여 있었는데, 이곳도 중요한 작전 목표가 되었다. 두 민족이 뒤섞여 있으면 그 지역을 온전히 지배할 수 없다. 그래서 양측 군대는 요충지를 차지하고 그 지역의 인구와 지배권을 확보하기 위해 총을 들었다.

첫 번째 전투는 도시 쟁탈전이었다. 그래서 이를 '도시 전쟁'이라고 한다. 격전이 벌어진 도시는 아크레, 하이파, 야파, 티베리아스 같은 지중해 항구도시와 예루살렘이었다. 이곳들은 십자군시대에도 요충지였던 도시들이다. 그중에서도 하이파는 팔레스타인 북부 지역에서 가장 크고 중요한 항구도시였다. 5월로 예정된 영국 통치의 종식을 앞두고, 아랍과 이스라엘 모두가 이 도시를 노렸다. 하이파에도 아랍인 지구와 유대인 지구가 공존하고 있었는데, 양측은 500~1,000명 정도의 무장 병력을 배치해두었다. 영국군이 항구를 떠나는 순간 격전에 돌입할 태세였다. 파괴와 테러는 이전부터 곳곳에서 터졌다. 도시 인구의 절반이 넘는 사람이 이미 전화戰禍를 피해 떠난 상태였다. 전쟁을 앞둔 하이파는 총성이 잠시 멈춘 스탈린그라드 같았다.

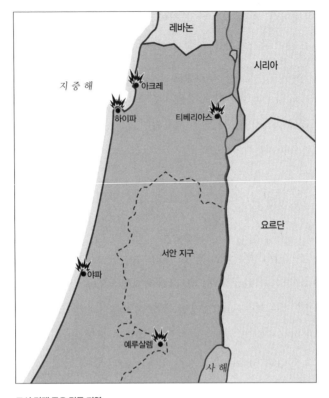

도시 전쟁 주요 전투 지역

개전을 2주 정도 남겨둔 4월 중순, 아랍 지구와 이스라엘 지구 사이에 있던 영국군이 아무 예고 없이 늦은 밤 항구로 철수했다. 영국군 부대장은 아랍군과 이스라엘군이 양쪽에서 위협해서 어쩔 수 없었다고 변명했다. 진상은 알 수 없지만, 어쨌든 기회를 먼저 포착한 쪽은 이스라엘이었다. 영국 군이 사라지자 양측이 조수처럼 밀려들었다. 그들은 중요하다고 생각되는 건물과 시설을 점거하고, 상대 진지에 총탄을 퍼부었다. 4월 21일부터 본격적인 시가전이 시작되었다. 양쪽 다 서툴고, 군 조직은 분열되어 있었다. 사제 박격포까지 동원되었다. 20세기 전쟁이라고 믿기 어려운 수준이었다.

그런 상황이었지만 전략적 판단력, 조직의 기동성, 리더십과 단결력 면에서 이스라엘이 앞섰다. 아랍인들은 여러 소규모 그룹으로 나뉘어 각자의 리더를 따르며 제멋대로 싸웠다.

21일 저녁, 이스라엘의 조직력과 준비성이 결정타를 날렸다. 이스라엘은 텔아비브에서 체코제 신형 소총을 수송해 하이파에 풀어놓았다. 게다가 이스라엘에는 사제 박격포(불발률이 엄청나긴 했지만)를 제작할 수 있는 기계공도 있었다.

전세가 기울자 이스라엘 측에는 민간인 자원병이 증가했다. 하가나는 아랍 민간인 지역에 사제 박격포를 날려 주민들, 특히 여자와 아이를 공황 상태로 몰아넣었다. 하가나는 불을 지르고, 건물을 폭파하고, 유대인의 잔혹함에 대한 온갖 살벌한 소문을 퍼날랐다. 겁에 질리고 절망한 아랍계 주민들은 항구로 달아났다. 이틀간의 전투에서 아랍인은 100명이 사망하고 200명이 다쳤다. 이스라엘의 손실은 그들의 20% 정도였다.

4월 22일, 도시에 남아 있던 아랍계 지도자들은 이스라엘군에 항복하고 도시를 떠났다. 이 전투의 빌미를 제공한 영국군 수비대장은 아랍계 주민의 잔류와 평화로운 공존을 요청했지만, 아랍 대표단은 이 제안을 거절했다. 하가나 대표는 기계적으로 아랍인의 자유의지를 존중하겠다고 대꾸했다.

이 전투에서 이스라엘은 인상적인 승리를 거두었다. 정예부대와 조직력 면에서는 이스라엘이 조금 앞섰지만, 병력, 무기, 훈련 수준은 엎치락뒤치락했다. 그러나 이스라엘은 적의 중요한 약점을 발견했다. 바로 시민들이었다. 어느 도시에서나 아랍 인구는 유대인에 비해 최소 3배 이상이었지만, 싸워서 도시를 지키기보다는 안전지대로 피신하려는 욕구가 훨씬 강했다. 유대인의 정신력이 더 강했다기보다는, 유대인들은 갈 곳이 없었고 아랍인들은 갈 곳이 있다는 것이 근본적인 차이였다. 가져갈 재산까지 있는 지역 지도층과 부유층은 제일 먼저 도시를 빠져나갔다.

팔레스타인군의 조직력은 이스라엘에 한참 못 미쳤고, 도시 전쟁 때의 주력은 팔레스타인군 장교가 아니라 알까우끄지가 이끄는 ALA였다. 1948년 알후사이니 하산 살라메는 팔레스타인 지원병과 게릴라를 총괄하는 중앙 지휘부를 간신히 수립했고, 훈련소를 설치하는 데 성공했다. 무프티 후세이니도 시리아 대통령을 만나 이들을 지원해주겠다는 약속을 얻어냈다.

불행하게도 ALA와 신생 팔레스타인 군사 지도부는 심하게 대립했다. 무프티 후세이니는 팔레스타인 군사 지도자로 자기 친족인 압드 알후세이니를 임명했다. ALA마저도 무프티파와 알까우끄지파로 나뉘었다. 팔레스타인 출신은 당연히 무프티를 지지했다. 이라크 출신은 지지 세력이 나뉘었고, 요르단과 시리아파는 알까우끄지를 지지했다. 이런 식의 파벌화는 ALA의 균열을 더욱 치명적으로 만들었다.

1948년 1월, 알까우끄지는 ALA 부대를 이끌고 요르단 진입을 시도한다. 무기와 군수를 지원해줄 나라가 요르단밖에 없었다. 그러나 다마스쿠스의 아랍연합군사령부가 해줄 수 있는 지원은 말뿐이었다. 요르단강에 있는 앨런비 다리◆를 건너려고 하자, 요르단군과 영국군이 그를 저지했다.

알까우끄지가 아랍의 대의명분을 들어 경계병을 설득하려고 시도했지만, 요르단 초병은 ALA가 뭔지도 모른다고 말했다. 거짓말이 아니었다. 3월까지 알까우끄지는 외교 채널을 통해 교섭을 시도했지만 쉽지 않았다. 시리아의 답변은 무력으로 강행 돌파를 해서라도 압둘라 국왕을 만나보라는 것이었다. 압둘라는 ALA를 지원해줄 마음이 전혀 없었다. 왕은 영국과의 군사협정 때문에 그들을 받아줄 수 없다고 말했다. 영국은 ALA를 괴뢰 무력 집단으로 간주했다.

북부 갈릴리 전선에서는 알까우끄지의 지배력이 견고했지만, 예루살렘을 기반으로 하는 남부 지역에서는 압드 알후세이니의 영향력이 압도적이었다. 양측은 전투 중에도 심하게 대립했다. 알까우끄지는 "예루살렘전투의 운명을 쥔 라트룬전투를 ALA가 도맡았지만, 이 지역의 팔레스타인 지도부는 총 한 자루, 보충병 한 명도 지원해주지 않았다"라며 불평했다. 압드 알후세이니가 알카스탈전투에서 어이없게 전사하자 ALA가 지휘권을 인수하려고 했지만, 결과는 더 큰 분열로 이어졌다.

팔레스타인보다 주변 아랍 국가들이 오히려 더 빨리 움

◊ 1차대전 중 중동지역 영국군 사령관이었던 에드먼드 앨런비의 이름을 딴 다리.

직였다. 미래의 전쟁을 대비해서 그들은 아랍연맹군사위원회를 조직하고 ALA와 협력을 논의했다. 회의의 결과, 팔레스타인을 알까우끄지, 알후세이니, 하산 살라메, 무명의 이집트인이 지휘하는 4개의 전투 구역으로 나누기로 했다. 이것이 성과인지 방해인지는 모르겠지만, 전쟁 전에 팔레스타인이 도달한 최선의 상태였다.

게다가 독일군과 이집트군 장교가 지도하는 훈련 캠프는 독일군의 명성과 달리 수준이 떨어져도 너무 떨어졌다. 장비의 부족과 알 수 없는 이유로 훈련은 제식훈련 같은 초보적인 수준에 머물렀다. 개인 화기 사용법도 제대로 터득하지 못한 병사도 많았다. 결코 정규군이라고는 할 수 없는 수준이었다.

이런 약점을 누구보다 잘 알았던 유대인들은 이를 철저하게 이용했다. 하이파에서 사제 박격포로 민간인 주거지역을 포격할 때처럼 주민들에게 공포를 불어넣는 심리전을 펼쳤고, 탄력적으로 병력을 운용했다. 솔직히 하가나나 팔마도 정규군이라고 하기엔 한참 못 미치기는 마찬가지였지만, 전쟁은 상대적인 것이다. 아랍군은 유리한 지역을 선점하고도 지키지 못하거나, 목표를 탈취한 뒤에 바로 이어진 이스라엘군의 탈환 작전에 허무하게 무너지는 경우가 많았다. 반면 이스라엘군은 소수 병력이라도 신속하게 반격을 시도했으며, 더 빠르고 끈질기게 지원이 쏟아졌다.

이 무렵 도시 외곽과 농촌 지역에서 벌이는 이스라엘군의 파괴 작전도 공포를 불어넣는 데 한몫했다. 유엔 분할선에 있는 전략 요충지들은 대부분 이스라엘의 손에 떨어졌다.

歷●史 역사 다시 보기

팔레스타인 정치권은 무얼 했나?

유대인들과 달리 팔레스타인은 정치적으로 조직되지 못했다. 정치 조직은 기껏해야 도시 단위로 형성되어 있었다. 알후세이니 같은 지도자가 부각되고 있었지만, 엄밀히 말하면 그는 국가적인 지도자가 아니라 분열된 팔레스타인을 하나의 국가로 통합하자며 광야에서 외치는 자에 불과했다. 실제로 민중은 알후세이니를 목소리로만 만날 수밖에 없었는데, 그때 그와 측근들은 독일에 있었기 때문이다.

국가의 결여는 팔레스타인의 전투력을 비효율적으로 만들었다. 인구는 훨씬 많고 도시를 실질적으로 지배하고 있었지만, 전투가 벌어지면 인근 도시에서 물자가 공급되지 않았다. 시골은 더 무심하거나 평온했다. 많은 아랍인 촌락이 오래된 관습을 유지하며 살아가고 있었다. 그들은 유대인과의 갈등이 가시화될수록 유대인 촌락과 유대를 맺거나 협력을 모색해서 안전을 보장받으려 했다.

08 도시 전쟁과 도로 전쟁 2

도로 전쟁의 승자

  아랍연합 측은 도시 전쟁에서 패배하고 나서야 한발 늦게 이스라엘의 약점을 찾아냈다. 이스라엘의 주요 도시들은 서로 떨어져 있었고, 정착촌은 차후의 영토 확보를 위해 바둑돌 두듯이 포석해놓는 바람에 위험하게 분산되어 있었다. 팔레스타인 부대와 ALA는 전력을 배치해 도로를 봉쇄하고 이스라엘 호송대를 습격해 도시와 정착촌을 고립시켰다.

  ALA는 호송대를 공격할 때 도로 후방의 다리를 끊어 지원 부대의 투입을 지연시키는 수법도 사용했다. 간혹 영국군이 나타나 곤경에 빠진 이스라엘 트럭을 구해주는 경우도 있었다. 이스라엘군에 "영국군은 공격하지 말라"라는 엄명도 떨어졌다. 알까우끄지는 "이스라엘을 위해 모든 전투에 영국군이 개입했다. 영국의 간섭만 없었더라면 우린 엄청난 승리를 거두었을 것이다"라고 말했다. 중립적인 기록에서는 "영국은 간섭을 포기하거나 중립을 지키려고 노력했다"라고 적고 있다. 무엇보다도 이미 떠날 날짜를 받아 놓은 영국군은 굳이 사상자까지 배출하면서 적을 만들 필요가 없었다.

갈릴리전투

1947년 3월, 생필품과 탄약을 가득 실은 이스라엘 트럭 대열이 정착촌을 향해 달리고 있었다. 장갑차 10대가 호송대를 호위하고, 무장한 하가나 병사들이 동승했다. 황량한 땅은 농경에도 전투에도 적합해 보이지 않았다. 하지만 파도처럼 펼쳐지는 구릉과 간간이 솟은 바위는 저격과 게릴라 전술에 최적의 조건이었다.

하가나는 봉쇄를 돌파하기 위한 전술을 고안하고 정예부대와 무기를 호송대에 우선 배정했다. 호송대는 봉쇄선에 도착하자 전투 태세를 갖추었다. 예상되는 저격 포인트를 사전에 제압하고, 무장 정찰대는 매복 예상 지점을 사전에 휩쓸었다. 몇 번의 총격을 받았지만, 호송대는 돌파하는 데 성공했다.

호송 책임자인 대대장은 하얀 머플러를 풀어서 흔들었

다. 정착촌 주민들은 크게 환호했다. 호송대는 모든 물자를 가져올 수 있는 만큼 있는 대로 챙겨 왔다. 화물을 하역한 후 호송대는 즉시 귀환했다. 괜히 정착촌에 머물다가 적에게 재정비할 시간을 줄 수 있기 때문이었다. 트럭이 출발지에 있다면 목표를 다른 곳으로 수정할 수도 있지만, 마을에 갇혀버리면 정착촌의 물자를 축내는 것 말고는 아무것도 할 수 없었다.

이날 아랍 지원 부대는 이스라엘의 전술을 예측하고 새로운 전술을 선보였다. 호송 물자가 아니라 귀환하는 호송 부대로 표적을 바꿨다. '호송대가 안전지대에 도착했다고 안도할 무렵 매복했던 아랍군이 발포한다'는 전략이었다. 하가나는 병사 수십 명이 사망하거나 부상을 입고 간신히 탈출했다.

이스라엘 사령부는 도로 수송 작전을 중단할 수밖에 없었다. 급박한 환자나 물품은 항공 수송으로 대체했다. 결국 이스라엘은 도로 전쟁에서 패배했다. 갈릴리 전역의 도로가 막히고 정착촌이 위기에 빠졌다. 하가나 사령부는 갈릴리를 구출해야 했지만, 병력을 더욱 절실히 필요로 하는 지역이 또 있었다. 바로 성도 예루살렘이다.

예루살렘은 매우 중요하면서도 위험한 고립 지역이었다. 텔아비브와는 도로 하나로만 연결되어 있었다. 유엔은 예루살렘을 중립 지역으로 정했지만, 벤구리온은 이스라엘의 수도는 예루살렘이어야만 한다고 결의했다. 아랍권 입장에서도 예루살렘은 절대 빼앗겨서는 안 되는 지역이었다.

텔아비브에서 예루살렘으로 오는 도로는 예루살렘 경계쯤에서 둘로 갈라진다. 하나는 가던 길을 따라 동예루살렘(구시가지)으로 달려가고, 다른 하나는 방향을 틀어 서예루살렘 쪽으로 서서히 하강해 들어간다. 이 갈림길에 둥근 언덕이 내려다보고 있다. 이 언덕에 '알카스탈'이라고 불리는 작은 아랍인 마을이 있었다. '카스탈'은 '성채城砦'라는 뜻으로 언덕 정상에 오래된 작은 보루가 있었다.

이 보루가 이 마을의 전술적 중요성을 대변해준다. 그런데 트럭과 대포와 박격포를 사용하게 된 1948년, 이 마을은 더 중요해졌다. 알카스탈 아래를 통과해 동예루살렘으로 향하는 도로는 여기서부터 오르막을 만난다. 현재는 고속도로가 시원하게 뚫려 있지만 지그재그로 난 옛 도로도 고스란히 남아 있다. 이 오르막을 힘겹게 기어오르는 차량이 있으면 카스탈 고지에서 치명적인 공격을 가할 수 있었다. 예루살렘을 봉쇄하려는 아랍군에게나, 예루살렘행 도로를 확보해야 하는 유대인에게나, 알카스탈은 양보할 수 없는 지점이었다.

알카스탈전투

팔마 대원 몇몇이 마을을 공격했다. 마을에는 팔레스타인 경비대 12명이 전부였다. 이런 소규모 습격은 팔마의 특기였다. 팔마는 가볍게 마을을 점령했고, 뒤이어 하가나 소속인 에치오니 여단 병력이 진주해 마을의 수비를 맡았다.

예루살렘의 팔레스타인 민병대와 이라크 지원병은 마을 탈환 작전을 시작했다. 압드 알후세이니가 지휘하는 팔레스타인 병사 약 1,000명은 그 어떤 팔레스타인 전투 조직보다도 강했다. 영국군 장갑차가 포격으로 전투를 중단시키려고 시도했지만, 어림도 없었다. 힘의 차이를 깨닫고 장갑차는 바로 도주했다. 팔마와 팔레스타인군은 저격병, 박격포와 기관총을 동원해 맹렬하게 싸웠다.

예루살렘 지역에 있는 독특한 둥근 언덕 지형은 시야가 트여 있어 수비하기에 좋다. 공격자에게 유일한 엄폐물은 바위 아래로 파놓은 도로, 단단한 흙벽돌로 지은 전통 가옥뿐이다. 도로와 가옥을 따라 밀고 들어오는 세력과 가옥을 폭파해서 기관총과 수류탄의 사계를 확보하려는 세력 사이에 난투극이 벌어졌다.

아랍군 지휘관은 다마스쿠스로 달려가 시리아군에게 포병 지원을 요청했다. 이와는 별도로 아랍 지원군 수백 명이 추가로 도착했다. 알카스탈의 하가나 수비대도 지원병을 요청했지만, 하가나와 팔마의 사령관은 언쟁만 벌였다. 겨우 경비행기 한 대가 날아와 수류탄을 투하했다.

팽팽하던 전황은 엉뚱한 사건 때문에 역전되었다. 4월 7일에서 8일 아침, 한 사나이가 알카스탈 마을 민가까지 접근해 어슬렁거리다가 하가나 초병에게 살해당한 것이다.

소지품을 확인해보니 예루살렘 지구 사령관 압드 알후세이니였다. 이 사고로 팔레스타인의 전투 조직 중에서 제일 강력한 집단의 유능한 사령관이 사망했다. 알후세이니가 전사했다는 소식이 전해지자, 그의 시신을 찾겠다며 사방에서 병사들이 몰려들었다. 1,000명이 넘는 병력이 알카스탈을 공격했다. 에치오니 부대는 탄약이 고갈되자 마을을 버리고 도주했다. 아랍인에게 잡힌 유대인 포로들은 그 자리에서 살해되었다.

그러나 다음 날 어이없는 일이 벌어졌다. 팔레스타인 병사들은 알후세이니의 장례식에 가느라 기껏 탈환한 알카스탈을 거의 비우고 만다. 유대인들은 마을을 즉시 탈환하고,

주민들이 돌아오지 못하도록 집을 파괴했다.

사령관의 죽음은 아랍인의 전투력을 일시적으로 불태웠지만, 바로 군의 조직력과 사기는 크게 떨어뜨렸다. 그가 죽자 팔레스타인 지도자와 ALA 부대장 간에 알력이 생겼고, 이는 끝내 해결되지 않았다. 일주일간 벌어진 알카스탈 전투에서 이스라엘은 75명, 아랍 국가는 90명이 전사했다.

예루살렘 통로 확보전

예루살렘 도로 전쟁에서 최고의 요충지는 라트룬이었다. 라트룬은 베이루트에서 예루살렘으로 가는 도로와 북쪽 라말라로 가는 도로의 교차점으로, 예루살렘행 도로는 여기서부터 협곡으로 진입한다. 라트룬은 도로를 관측하고 수송대를 십자포화망에 가둘 수 있는 곳이었다. 알까우끄지는 이곳이 예루살렘전투의 명운을 결정할 지점이라고 확신하고, 그의 자랑이던 포병대를 파견했다. 시리아군 중위가 지휘하는 이 포병대는 프랑스제 75밀리미터 야전포 4문, 미국제 105밀리미터 야전포 2문으로 구성되었는데, 알까우끄지의 회고에 따르면 이들은 전설적인 활약을 했다. 전과가 너무 뛰어나 독일제 88밀리미터 포를 보유했다는 소문이 돌았을 정도였다.

아랍군의 공격에 이스라엘 트럭은 상당한 피해를 감수해야 했다. 예루살렘에만 유대인 10만 명이 있어서 한 번 호송에 트럭 250~300대가 동원되었는데, 1948년 3월 한 달 동안 37번의 호송을 시도했고 70차례나 공격을 받았다. 5월에는 45번이나 시도했는데, 그중 37번만 목적지에 도착할 수 있었다.

예루살렘에 있는 팔레스타인 부대와 ALA는 그 어떤 부대보다도 강하고 끈질겼으며 조직적으로 싸웠다. 사령관 압드 알후세이니의 죽음, 그로 인해 벌어진 팔레스타인 부대와 ALA 지휘관 간의 갈등만 없었더라면 더 잘 싸웠을 것이다.

전황이 어렵게 돌아가자, 이스라엘 사령부는 북부에 있던 팔마 부대를 예루살렘 작전에 투입했다. 4월 중순에 이츠하크 라빈의 팔마 10여단(하렐 여단)이 예루살렘 전선에 도착했다. 이들은 샬티엘이 지휘하는 하가나 6여단(에치오니 여단)과 함께 예루살렘전투를 주도했다.

1947년 라빈은 겨우 24세에 팔마의 부사령관으로 승진했고, 이제는 하렐 여단의 여단장으로 예루살렘전투를 수행했다. 라빈 부대의 첫 임무는 아랍군의 철벽 거점이 된 라트룬에서 예루살렘으로 통하는 도로를 확보하는 것이었다.

이 작전은 대부분 비무장 상태인 도로 주변의 마을을 파괴하는 것이었고 라빈 부대는 첫 번째 임무를 깔끔히 수행했다. 저항하는 마을은 단 한 곳만 제외하고는 점령했다.

격전 지점에서는 ALA의 포병과 직접 대결하면서 공격과 방어를 반복하며 악전고투를 벌였다. 예루살렘으로 가는 통로를 두고 벌어진 전투는 5월 13일에야 종식되었다. 라빈의 하렐 여단은 누가 보아도 최고의 활약을 했다.

그러나 알까우끄지는 라트룬을 지켜냈다. 알까우끄지는 영국군이 방해하지 않고, 포탄이 고갈되지만 않았더라면, 국제적인 농간으로 자행된 잠깐의 휴전과 이를 이용한 예루살렘 보급선의 개통만 없었더라면, 예루살렘전투에서 완전한 승리를 거둘 수 있었을 것이라고 말했다.

歴●史 역사 다시 보기

이츠하크 라빈은 내성적인 투덜이였다?

라빈은 내성적인 성격이었다. 말수가 적고, 동료나 부하를 비난하거나 화를 내지 않았다. 그러나 사석에서는 의외로 불만이 많은 것으로 유명했다. 이런 사람이 최고의 전사가 될 수 있을까? 현대 기업이라면 이런 성격은 기피 대상 1호다. 하지만 면접관이 알렉산드로스나 카이사르, 나폴레옹이었다면 틀림없이 라빈을 발탁했을 것이다. 위대한 영웅 중에는 내성적이고 수줍어 보이는 사람이 많다. 그렇게 보이는 건 그들의 안목과 지력이 남다르기 때문이다.

나폴레옹도 쉴 새 없이 중얼거리고 투덜거렸다. 성격이 비뚤어져서가 아니라 분석과 통찰의 깊이와 속도가 달랐기 때문이다. 라빈도 마찬가지였다. 그는 놀랄 만한 통찰력과 분석력의 소유자였다. 부하들은 그를 '하모아크 하날리티'라고 불렀는데, '분석적인 두뇌'라는 뜻이었다. 멋없는 별명이지만, 이만큼 라빈을 정확하게 묘사하는 단어도 없었다.

범인凡人들은 천재의 투덜거림과 낙오자의 불평을 구분하지 못하는 경향이 있다. 그래서 단체나 조직에 처음 들어가는 사람에게는 말을 줄이고 절대로 불평을 늘어놓지 말라고 충고한다. 그런데 알렉산드로스나 나폴레옹 같은 인물이 무능한 상관의 뒤를 말없이 졸졸 따라가는 장면을 상상이나 할 수 있을까?

라빈의 예리한 두뇌는 전투 현장에서 부족한 점, 잘못된 점을 빠르게 찾아냈다. 위에서 내려오는 지시들, 특히 정치인들의 지시는 늘 형편없었다. 그래서 그는 투덜거렸고, 불평하면서 발전했다.

09 데이르 야신 마을의 만행

폭주하는 기관차

이번 작전의 목표는 아랍 마을을 파괴하고 마을 주민을 추방하는 것이다. 그래야 아랍 군대 전체에 경제적 부담을 안길 수 있다.

　－1948년 5월 6일 골라니 여단에 내려진 작전 명령◊

인종 청소 작전

알카스탈 마을 언덕의 남쪽에 비슷한 모양의 언덕이 하나 있다. 그 아래로 또 하나의 언덕이 있어서, 세 개의 둥근 언덕이 남북으로 나란히 붙어 있다. 해발 800미터인 두 번째 언덕에 채석장이 있는 '데이르 야신Deir Yassin'이란 아랍

◊　일란 파페, 유강은 옮김, 《팔레스타인 비극사》, 열린책들, 181쪽.

인 마을이 있었다.

　알카스탈이 팔마에게 함락되던 날, 데이르 야신 마을은 평온했다. 두 마을의 거리는 직선으로 1킬로미터에 불과했지만, 마을은 전쟁과는 상관이 없는 듯했다. 주민 약 600명이 살던 마을은 하가나와 불가침 협정을 맺었고, 그 약속을 믿었다.

　1948년 4월 9일 새벽 5시, 이르군 80명과 레히 40명이 마을로 밀어닥쳤다. 하가나는 평화협정 준수라는 명목으로 빠졌다. 후에 약간의 팔마 병력이 장갑차를 이끌고 가세했지만, 바로 철수 명령이 떨어졌다. 결국 데이르 야신 마을의 운명은 유대인 무장 집단 중에서도 제일 위험하면서 전투 경험이 부족한 이들의 손에 맡겨졌다. 그들은 마을을 비우고 떠나라고 경고했지만, 겨우 15분을 기다린 뒤 사격을 개시했다. 마을 사람들을 광장에 모아놓고 사살하기도 했고, 집에서 끌어내면서 가족을 차례로 사살했다. 노인, 여자, 젖먹이를 가리지 않았다. 이날 희생자의 수는 250명이거나 93명이란 설이 있는데, 수십 명이 더 죽고 덜 죽었다고 해서 이 범죄의 악랄함이 달라지는 건 아니다.

　데이르 야신 마을 언덕의 서북쪽 사면에 그 아래로 텔아비브에서 예루살렘으로 가는 1번 고속도로가 지나간다. 하지만 알카스탈만큼 전술적으로 좋은 위치는 아니다(마을 입구 쪽에 평탄한 지역이 있어 비행장 부지로 쓰려고 했다는 설도 있다). 이것이 야신 마을 사람들이 마음을 놓았던 또 하나의 이유인지도 모른다.

예루살렘 도로 전쟁은 도로 양측으로 파도치는 둥근 언덕에 위치한 마을과 주민에 대한 사망 선고였다. 순박한 주민들은 이 언덕의 전술적 중요성을 제대로 파악하지 못했다. 이스라엘에 우호적인 기록은 이렇게 말한다.

데이르 야신과 주변 마을을 공격할 때, 지휘관은 남자들을 죽이자는 제안을 거절했다. 여자와 어린이, 포로에 대한 가혹 행위를 금지하라는 명령을 내렸다. 확성기를 단 트럭을 투입했지만(이것은 베긴의 요구였다고 한다), 마을 도랑에서 전복되는 바람에 방송이 되지 않았다. 마을 주민들은 돌집에 잠복해 거센 총격을 퍼부었다. 이 총격으로 순식간에 이르군 지휘관과 병사 4명이 사망하고 수십 명이 부상을 입었다. 총 희생은 5명 사망, 31명 부상이었다. 전투 훈련을 받은 적이 없던 군인들은 눈이 뒤집혔고, 마구잡이로 집에 수류탄을 던지고 보이는 대로 사살했다. 아랍 언론은 이 사실을 과장해서 보도했는데 그것이 역으로 아랍인과 팔레스타인 마을에 공포를 불어넣었고, 인구 대이동을 촉발했다. 심지어 하가나도 이르군을 비방하기 위해 이 소문을 널리 퍼트렸다.

이 진술을 어디까지 믿을 수 있을까? 인간은 어떤 경우에도 그럴듯한 변명을 만들어내며, 아무리 명확한 사실도 100% 받아들여지지는 않는다는 교훈을 준다는 정도로 넘어가야 하겠다.

하가나는 데이르 야신에는 오지 않았지만, 협정을 맺지

공격으로 파괴된 데이르 야신 마을

않았던 다른 마을에서 주민을 몰아내고 집을 폭파했다. 모든 마을에서 데이르 야신만큼은 아니어도 약탈과 폭력이 자행되었다.

소문은 빨리 퍼진다. 도시의 골목에서 산촌까지 이스라엘군의 만행에 대한 소문이 순식간에 퍼졌다. 그도 그럴 것이 이스라엘군 스스로 이 소문을 퍼트리고, 차에 확성기를 달아 이 끔찍한 이야기를 방송했다.

처음에는 예루살렘 도로 근처로 국한되는 듯 보였던 아랍 주민 청소 작전은 북부 갈릴리 지역까지 조직적으로 전개되었다. 이때부터 이스라엘은 2개의 전선에서 싸웠다. 하나는 총과 대포로 싸우는 전쟁이었고, 또 하나는 공포와 충격으로 주민들을 몰아내는 전쟁이었다. 하가나는 전투 병력을 아끼기 위해 신병들과 이 작전을 위해 특별히 모집한 인력을 투입했는데, 이들은 금세 전문적이고 가혹한 약탈자로 변했다.

공포가 팔레스타인을 휩쓸었다. 아랍인들은 미친 듯이 탈주를 감행했다. 그들에게 고통을 더한 것은 종잡을 수 없는 이스라엘군의 행태였다. 하이파에서는 아랍 주민들이 썰물처럼 빠져나가자, 하가나 부대원들이 찾아와 주민들에게 머물러달라고 설득하고 약탈과 잔혹 행위를 일삼던 이르군 대원을 무력으로 쫓아냈다. 그러더니 며칠 후에는 하가나 부대가 몰려와 가져갈 수 있는 모든 것을 약탈해 갔다. 장교들이 약탈을 제지했다거나 정규군은 좀 덜했다는 기록도 있지만, 그것이 사실이라고 해도 달라지는 것은 없다.

데이르 야신은 아랍군에게도 폭력의 구호가 되었다. 아랍군에게 함락당한 유대인 마을, 키부츠, 포로에 대해 똑같은 보복이 뒤따랐다.

歷●史 역사 다시 보기

이스라엘 국립묘지의 비밀

지금 알카스탈에는 사람이 살지 않는다. 언덕 전체가 공동묘지가 되었고, 마을이 있던 자리에는 메디컬 센터가 들어섰다. 데이르 야신은 지명조차 사라졌다. 이 마을 동쪽 사면에 크파르 사울Kfar Shaul이란 유대인 마을이 있었는데, 이 마을이 확장되면서 데이르 야신까지 흡수해버렸다. 몇 겹의 도로가 빙빙 돌며 데이르 야신이 있던 언덕 전체를 둥글게 감싼다. 도로변에는 집들이 빽빽하다. 학살이 벌어진 자리에는 지금 사울 정신병원이 서 있다.

제일 아이러니한 것이 최남단에 있는 세 번째 언덕이다. 이 언덕은 바로 헤르츨언덕으로, 이스라엘은 이 언덕을 성역화해서 이스라엘의 국립묘지로 사용하고 있다. 이스라엘 유명 정치인, 전사자, 테러 희생자, 홀로코스트 희생자를 위한 공간이 별도로 조성되어 있다. 그곳에 누운 사람들은 북쪽의 두 언덕을 보면서 무슨 생각을 할까? 더욱 흥미로운 것은 북쪽의 두 언덕을 지나쳐서 피의 도로 너머에 있는 맞은편 언덕에는 9.11 희생자를 추모하는 기념비가 서 있다는 점이다.

9.11언덕과 헤르츨언덕, 테러 희생자 사이에 놓인 두 언덕에 팔 희생자를 위한 비가 세워지는 날, 팔레스타인과 이스라엘의 진정한 화해가 시작될 것이다.

영화 속 이스라엘 첩보 조직은 사실?

조용한 마을, 아랍 전통 결혼식 준비가 한창이다. 천막이 쳐지고 식기가 식탁에 놓인다. 신부는 한편에서 단장 중이고 이를 망원경으로 지켜보고 있는 이스라엘인이 있다. 그의 옆에는 최첨단 기술로 무장한 해커가 있고 아랍 마을의 정보를 실시간으로 해킹한다. 그리고 잠시 후 버튼을 누르자, 결혼식장이 폭파된다. 블록버스터 영화에 자주 등장하곤 하는 이 이스라엘의 조직적인 테러는 사실일까?

더하면 더했지 덜하진 않다. 그 시작은 건국 이전부터였다. 팔레스타인이 영국의 위임통치를 받던 시절부터 이스라엘은 60~70만 명에 달하는 팔레스타인인을 쫓아낼 계획으로 '비밀 첩보 조직'을 만들었다. 지금에야 첩보 조직에 익숙해서 "그게 뭐?"라고 반문할지 모르지만, 당시에는 불가능에 가까운 일이었다. 자기들도 영국 식민지이면서 독립운동이 아니라 같은 식민지인 팔레스타인 인종 청소를 목적으로 첩보 조직을 만든 셈이니 말이다. 물론 위임통치라고는 하지만 영국군이 암암리에 이스라엘을 지원한 것은 사실이다.

첩보 조직의 업무는 팔레스타인 모든 마을의 지도, 지형, 주민 구성, 항공사진 분석, 현장 답사까지 다양했다. 스파이를 보내 마을 위치가 어디고 인구가 몇 명이며 접근로가 어디인지까지 치밀하게 파악한다. 첩보원 양성 방법 또한 혀를 내두를 정도였는데, 영국 식민지였음에도 불구하고 영국의 눈을 피해 '아랍 스파이 마을'을 만들고 아랍어를 할 줄 아는 이스라엘인들을 그곳으로 파견해 아랍어로 생활하게끔 훈련을 시켰다. 또 첩보원이 파견되면 지형뿐만 아니라 마을 주민 중 누가 반이스라엘파이고 누가 친이스라엘파인지 성향을 파악해서, 그 마을을 점거할때 처단할 인물과 살려둘 인물의 목록까지 치밀하게 작성했다. 실제로 전쟁에 돌입했을 때 그 정보는 백발백중이었다.

판도라의 상자를 열다

순식간에 팔레스타인 주민 수십만 명이 난민이 되었다. 대부분은 오늘날 '요르단강 서안'이라고 불리는 팔레스타인 자치 구역으로 이주했다. 이 대이주로 인해 간신히 형성되려던 팔레스타인의 정치, 군사 조직은 치명타를 맞았다.

이젠 유엔 분할 결의안에 따라 팔레스타인이 독립한다고 해도 거대한 난민 국가가 탄생할 뿐이었다. 이 상태에서 팔레스타인을 대표하고 이끄는 정치 조직이 만들어진다고 해서 국가 기능을 제대로 수행할 수 있을까? 군대 역시 운동과 저항 수준에서 움직일 수는 있겠지만 과연 전쟁 수행이 가능할까?

팔레스타인의 애국 청년은 가능하다고 외칠 것이다. 그럴지도 모른다. 그러나 이웃 아랍 국가들조차도 믿거나 인정하지 않았다. 그들이 보기에 팔레스타인은 태어나자마자 타향에 버려진 신생아나 다름이 없었다. 아랍 국가들이 신생아를 돕기 위해 모였지만, 순식간에 이해관계가 복잡해졌다.

다른 왕국에서 쫓겨난 젖먹이 왕자가 망명하면, 국왕은 무슨 생각을 할까? 더욱이 5개 나라 국왕이 공동으로 왕자를 돌보게 된다면, "우리 군대를 동원해서 왕국을 찾아주고, 저 아이를 영리하고 잘 키워서 재건된 왕국을 다스리게 하자"라고 생각할까?

겉으로는 그렇게 말할지도 모른다. 하지만 후원자들은 신생아가 가진 재산과 자신의 몫, 혹은 그 아이에게 들어갈 양육비를 놓고 계산기를 두드렸다. 그러면서 강력한 후원자가 되겠다는 사람이 나서면 진의를 의심하고 막아섰다. 이런 복잡한 이해관계는 앞으로의 전쟁에서 아랍 세계에 치명적인 요소로 작용한다.

아랍의 공분

이스라엘의 만행은 아랍권 전체에 충격과 분노를 안겼다. 이집트, 시리아, 요르단 할 것 없이 주변국에서 민중들이 거리로 뛰어나와 이스라엘에 대한 분노와 응징, 구체적으로는 전쟁을 촉구했다. 이스라엘 입장에서는 엄청난 역풍이자 공포였다. 어떤 아랍 정치인은 "유대인은 아랍이라는 바다에 둘러싸인 물 한 방울에 불과하다"라고 말했다. 1950년 당시 아랍의 인구는 5천만 명, 이스라엘은 65만 명 정도였다.

이스라엘의 지도자들이 독립을 이루고 영토를 확보해야 한다는 눈앞의 욕망 때문에 성급하게 폭력을 행사해서 아랍의 단결을 촉진하고 더 큰 공포와 전쟁을 불러들인 것은 아닐까? 만약 이스라엘이 중동전쟁에서 패해 지도상에서 다시 사라졌다면, 역사가들은 빠짐없이 이 사실을 지적하고 역사의 교훈으로 기록할 것이다.

그럴듯하지만 이 가정은 시작부터 틀렸다. 이스라엘이 전 아랍권의 분노를 불러일으키리라는 사실을 예상하지 못했을 리가 없다. 또 아랍의 분노가 과연 아랍군의 단합과 공조라는 결과를 탄생시켰을까? 실제로는 그 반대였다. 여기서 잊어서는 안 될 중요한 사실이 있다. 아랍 국가들이 역사는 오래됐지만 오스만제국이나 서구 식민지에서 벗어난 지는 얼마 되지 않는, 근대 국가로 따지면 신생 국가나 다름이 없다는 점이다. 국민의 교육, 기술, 문화 수준은 더욱 그랬다.

정치는 안정되지 않았고, 군대는 준비되지 않았다. 그럼에도 인구와 영토, 오랜 자존심과 강력한 종교적 일체감으로 아랍 민중은 단합했다. 문화적·종교적 공통성을 믿었던 사람들은 함께 이스라엘을 응징하면 가볍게 승리할 수 있다고 확신했다.

이들은 거대한 감정의 격랑으로 인해 준비되지 않은 배를 파도 속에 밀어 넣었다. 각국의 지도자들은 정치적 안정이나 신뢰가 극히 부족했기에 이런 상황에서 융통성을 발휘할 수 없었다. 흔히 독재자들은 단합과 지지를 얻는 수단으로 전쟁을 사용한다고 말한다. 그러나 이는 쉽게 이길 수 있고 전쟁의 후유증을 최소화할 수 있을 때다. 게다가 그런 경우라고 해도 쉽게 전쟁을 일으키지는 않는다. 전쟁의 위기만 강조함으로써 정치적 이득을 얻는 경우가 더 많다.

팔레스타인 학살은 무슬림의 분노를 극도로 증폭시켜 정치인들이 조절할 수 있는 수위를 넘어버렸다. 모든 종교 지도자는 팔레스타인의 해방을 이슬람의 숭고한 종교적 의무라고 정의했다. 어이없게도 팔레스타인 학살은 아랍 국가들이 욕망과 정치, 전쟁을 통제할 수 없게 만들었다. 이것이 이스라엘에는 행운을, 아랍 국가에는 최악의 결과를 낳는다. 준비 안 된 전쟁에 민중의 감정과 정치가 개입했고, 전쟁 후에는 각국의 정치 지형을 파괴하고 흔들었다.

벤구리온의 회의실에 모였던 사람들은 이런 사정을 예측했던 것일까? 아니면 당장의 필요에 의해 저질러놓고 본 일이 의외의 열매를 맺었던 것일까? 소름 끼치는 가정이지만 전자라고 추정한다.

건국과 함께 시작된 제1차 중동전쟁

이스라엘을 삼등분하라

1948년 5월 14일 텔아비브

끔찍하게 더웠던 금요일 오후, 텔아비브 박물관에서 이스라엘 임시정부의 수반인 벤구리온이 마이크 앞에 섰다. 그의 뒤에는 헤르츨의 초상화가 걸려 있었다. 그 후 16분간 벤구리온은 과하다 싶을 정도로 울림이 없고 딱딱한 목소리로 선언서를 읽어나갔다.

"영국 위임통치의 마지막 날을 맞이하여 팔레스타인의 유대인, 그리고 시오니스트 구성원과 대표는 '자연적이고 역사적인 권리의 본성'에 따라, 그리고 유엔의 결의안에 따라… 이 자리에서 앞으로 이스라엘이라 불릴 유대 국가의 성립을 선포합니다."

그날은 안식일◆이었다. 영국의 철수를 하루 앞두고 건국 선언을 한 것은 바로 이 때문이었다. 모두가 예상한 사건이었지만, 하루 빠른 깜짝 쇼는 인상적인 성공을 거두었다. 환희와 감동이 텔아비브를 가득 채웠다. 텔아비브 거리에서는 사람들이 서로 손을 붙잡고 펄쩍펄쩍 뛰었고, 식당에서는 지나가는 사람들에게 공짜로 음식을 나눠줬다. 2,000여 년간 나라 없이 핍박받은 설움을 내려놓는 역사적인 순간이었다. 그러나 유대인이라고 해서 누구나 환호했던 것은 아니었다. 분노와 우울감을 느끼는 유대인들도 있었다.

라빈은 그 시각, 병영에서 병사들과 함께 있었다. 그는 벤구리온의 연설이 끝나기도 전에 TV를 껐다. 2대째 시오니스트인 라빈이 이스라엘 건국에 화가 났을 리는 없다.

라빈은 군인의 명예를 목숨처럼 생각하는 사람이었다. 군인의 최고 명예는 임무 수행이다. 임무는 죽음이라는 대가를 치르더라도 완수해야 한다고 정치인들은 쉽게 말한다. 정치적 야욕과 아마추어 전략으로 한 무리의 생명을 희생하더라도 장병을 위한 추도회에서 멋진 연설 한번으로

◆ 6일의 노동이 끝난 뒤 찾아오는 유대교와 기독교의 휴식일로 토요일이다.

마음의 짐을 벗어버린다. 덤으로 인기까지 올라간다.

반면 진정한 지휘관은 희생당한 젊은 영혼의 무게를 가슴에 안고 산다. 이스라엘의 독립선언은 전쟁을 부르는 선언이다. 국경에서는 전 아랍의 군대가 동시 침공을 준비하고 있다. 이스라엘로서는 피할 수 없는 선택이다. 이 공격의 파도를 자신과 병사들의 피로 막아내야 한다. 건국의 제물로 그들 전부가 사라질 수도 있다. 이것이 라빈이 우울한 이유였다.

근 한 달 동안 이어진 예루살렘 도로 전투가 바로 어제 끝났다는 사실도 감안해야 한다. 라빈의 하렐 여단은 가장 치열한 전투를 경험했고, 가장 많은 사상자를 냈다. 팔마는 엄선한 정예부대였지만, 전투가 지속되자 설익은 보충병을 받아야 했다. 그중에는 자신의 아버지처럼 해외에서 달려온 젊은 자원병도 있었다. 대부분은 소총만 간신히 쥔 채 부대에 배속되었다. 어떤 전투든 피를 흘리는 사람은 이런 미숙자들이었다.

아무리 숭고하거나 다급한 명분이 있다고 해도 준비되지 않은 병사를 전투에 투입하는 것은 범죄다. 이미 불만이 가득했는데, 겨우 하루만 휴식하고 '건국'이란 준비되지 않은 전쟁 선언문을 받아 든 것이다.

상황이 아무리 힘들어도 훌륭한 지휘관은 임무를 방치해서는 안 된다. 이스라엘은 7 대 1로 싸울 준비가 되어 있지 않았지만, 그렇다고 건국을 늦출 수는 없었다. 벤구리온이 14일에 기습적으로 건국 선언을 한 이유도 안식일은 핑계였고, 단 몇 시간이라도 이스라엘이 먼저 전쟁 준비에 돌입하기 위해서일 것이다. 가자에서 텔아비브까지는 100킬로미터, 웨스트뱅크(요르단강 서안 지구)에서 텔아비브까지는 80킬로미터에 불과하다. 한 시간이면 전쟁을 끝낼 수도 있다. 라빈이 이런 사정을 몰랐을 리 없다.

라빈에겐 또 하나의 고민이 있었다. 바로 팔레스타인 주민들에 대한 무자비한 명령이다. 지금까지 유대인은 피해자였지만, 이제부터는 가해자가 될 것이다. 이스라엘의 정치가들은 군인들에게 악마가 되라고 강요할 것이다. 사실 1947년부터 그랬다.

라빈은 금발을 휘날리며 이미 전장을 달리고 있었다.

기이한 국경선

5월 14일은 이스라엘에서는 건국 기념일이지만, 팔레스타인 사람들은 지금도 이날을 '나크바'라고 부른다. '나크바'는 재앙이라는 뜻이다.

팔레스타인의 해방은 모든 이슬람교도의 종교적 의무다.

― 이집트 이슬람 종교 지도부

외부의 강력한 지원이 없다면 유대인은 2년 안에 패배할 것이다. 그러나 그런 지원은 현실적으로 불가능하다.

― CIA, 〈팔레스타인 분할 결과에 대한 보고서〉, 1947년 11월

5월 15일, 650킬로미터쯤 되는 이스라엘 국경 전역에서 포성이 터졌다. 북쪽에서는 시리아, 레바논, 이라크군이, 동쪽에서는 요르단이, 남쪽에서는 이집트군이 이스라엘 침공을 시작했다. 아랍연합군은 사전에 다마스쿠스에서 모여 전략도 마련해놓았다. 작전의 목표는 한마디로 '단절'이었다.

유엔의 팔레스타인 영토 분할안에서 국경은 이스라엘을 무방비 상태로 만드는 것을 목적으로 조성되었다. 국가가 생존하려면 강이나 산 같은 적절한 방어 지형을 기준으로 국경이 형성되어야 한다. 그런데 이스라엘 영토는 전혀 그렇지 않았다. 가늘고 길쭉한 이스라엘의 가상 국경선은 국경의 모든 기준에서 벗어났다. 55쪽의 지도처럼 일단 국가

가 세 조각으로 나뉘었다. 1947~1948년 도로 전쟁에서 드러났듯이 세 지점은 거의 단절되어 있었다.

수도인 텔아비브가 위치한 중심 지역은 방어 자체가 어렵다. 너무 가늘고 측면이 길게 노출돼 있어서 조금만 힘을 가해도 부러질 모양새였다. 게다가 모든 국경에서 수도인 텔아비브까지의 거리가 너무 가까워서 어떤 군대라도 하루면 도달할 수 있는 거리였다. 오늘날 이스라엘과 중동 국가 간의 힘의 균형을 이해한다면 유엔의 조치는 이스라엘의 방어력을 해체해서 '앞으로 주변 국가들을 괴롭히지 말고 타협하며 조용히 살아라'라는 의도였다고 해석할 수도 있다.

그러나 1948년에 이스라엘이 강국이라고 생각한 사람은 아무도 없었다. 유엔의 팔레스타인 분할안이 총회에 상정되었을 때 CIA는 이스라엘이 잘해야 2년쯤 버틸 수 있다고 예측했다. 그나마 후하게 쳐준 것이었다. 5년 전에 중동에서 롬멜과 싸웠던 영국의 몽고메리 원수는 신생국 이스라엘의 생명을 1주일로 예상했다.

전쟁이 사실상 예고됐음에도 유엔은 이상하게도 이를 방지하는 데 너무 꾸물거렸다. 분할안이 통과된 뒤에도 신탁통치, 연방제 같은 수정안을 두고 회의만 거듭했다. 전쟁 방지를 위해 경비대 파견을 결정했지만, 파병을 위한 사전 조

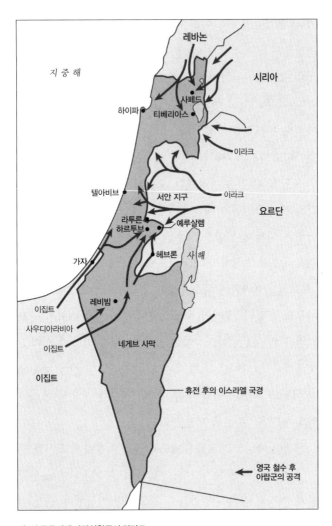

지중해

레바논

시리아

하이파 ● 티베리아스

사페드

이라크

텔아비브

서안 지구

이라크

요르단

라투른
하르투브

예루살렘

가자

헤브론

사 해

이집트

레비빔 ●

사우디아라비아

이집트

네게브 사막

휴전 후의 이스라엘 국경

이집트

영국 철수 후
아랍군의 공격

제1차 중동전쟁 아랍연합군의 진격로

사위원이 팔레스타인에 도착했을 때 이미 전쟁은 코앞에 와 있었다.

디아스포라들은 이스라엘을 보존하기 위해 열심히 움직이고 있었지만, 서방 세계가 이스라엘을 화끈하게 지원하기 위해 군수물자를 잔뜩 실은 화물선을 대기해놓은 상태도 아니었다.

1947년에 미국은 분할안에 찬성표를 던졌지만, 트루먼 대통령은 바로 분할안을 철회하고 신탁통치를 추진했다. 어쩌면 이것이 예고된 전쟁을 방지하려는 유일한 시도였지만, 유효하지는 않았다. 영국 위임통치 중에 테러로 이미 수천 명의 사상자가 발생했던 것을 보면, 영국군이 미군으로 바뀐다고 해서 달라질 것도 없었다.

진실은 알 수 없지만 분명한 사실은 딱 한 가지뿐이다. 1948년에는 우리가 생각하는 세계 질서는 아직 없었다. 저물어가는 제국 영국과 신흥 초강대국 미국과 소련은 자신의 힘을 정확히 알지 못했다. 냉전은 예고되어 있었지만, 철의 장막으로 나뉜 세계는 안팎으로 모두 미스터리였다. 세계대전이 토해놓은 신생국들의 운명도, 그곳에서 앞으로 벌어질, 아니, 이미 벌어지고 있는 새로운 갈등과 전쟁도 완전히 예측할 수 없는 세계였다.

영국은 식민지에서 발을 빼기 위해 행정 절차를 진행하는 것만으로도 버거웠다. 식민지마다 식민지, 자치령, 위임 통치 지역, 신생 독립국, 영연방 잔류 등 양상이 복잡했고, 나라마다 최종 목표와 일정, 권력 이양 방식, 국경 조정 문제로 아우성이었다. 그리고 거의 모든 지역에서 이런 갈등은 무력 충돌로 번졌다.

미국과 소련은 공통점이 있었다. 영토 밖의 세계를 다스려본 경험이 일천했던 것이다. 경험이 아예 없지는 않았지만, 현지 문제에 간섭하기에는 기초적인 지식이 부족한 지역이 너무 많았다. 더 심각한 문제는 이것이 유일한 공통점이었다는 사실이다. 두 제국은 모두 다인종 국가지만 통치와 구성 방식이 완전히 달랐다. 둘 다 인류의 희망이라는 새로운 체제를 대표하고 있었지만, '인류의 이상'이라는 전제에서 완벽히 양극단으로 갈렸다.

두 초보 제국 모두 막대한 자원과 생산력, 첨단 기술 보유국이었지만, 부를 생산하고 원조하는 방식도 완전히 달랐다. 가장 어려운 과제는 아시아, 아프리카, 중동의 신생국에서 자신들의 이념에 동조하고 협력하는 세력을 찾아내고 적절히 원조하는 것이었다.

1948년은 세계대전의 포성이 막 그치고, 새장 문이 갑자기 열린 세계였다. 새장 안의 새는 우주의 움직임을 고민하지 않는다. 그저 모두가 자신이 생각하는 하늘을 향해 날 뿐이었다.

이스라엘을 절단하라

아랍연합군이 마련한 전략은 유엔이 그어준 분할선을 따라 이스라엘을 잘라내고 중심을 찌르는 것이다. 북부의 4개국 군대는 잘라내는 작전을 맡았다. 북부 분할선은 요르단 국경에서 출발해서 예수의 고향 나사렛을 지나 해안 도시 하이파까지였다. 이 작전의 핵심은 하이파 선을 신속하게 절단하는 것이다. 절단과 함께 절단선이 모루가 되고, 나머지 군대가 망치가 된다. 어쩌면 망치와 모루보다는 와인 압착기가 더 적절한 표현일지도 모르겠다.

하이파 진군은 요르단군에 맡겼다. 적절한 선택이었다. 지리적 위치로나 역량으로나 아랍 해방의 지도자라는 명예와 의욕까지 고려했을 때 마땅히 요르단군이 맡아야 할 임무였다.

요르단의 압둘라 1세는 요르단군을 아랍연합군이라고 불렀다. 아버지와 유능한 동생 파이살의 꿈이었던 칼리프

(이슬람제국 주권자의 칭호)와 아랍 세계의 통일을 여전히 꿈꾸고 있었다. 1916년의 경험처럼 영국이 그 꿈을 지지해주리라 믿기가 꺼림칙했지만, 대영제국에서 브리튼왕국으로 돌아간 영국이 중동에 마지막으로 남겨둔 거점이 요르단이라는 사실에 기대를 걸어보기로 했다. 영국은 협조적이었다. 아랍연합군 사령관은 영국군 글로브 장군으로, 46명의 영국 장교들이 아랍연합군에서 복무 중이었다.

아랍연합군은 총 6,000명을 기계화 연대 4개로 조직했다. 연대는 2대대로 구성되고 대대별로 장갑차 12~14대씩 총 72대를 보유하고 있었다. 2개의 포병 중대는 25파운드 대포를 운용했다. 전쟁에 투입된 정규군은 4,000명이었다. 이와 별도로 베두인족으로 구성된 1,200명의 비정규군이 있었다. 당시 아랍군 수준에서 기계화 부대와 보병이 공조

국가	구성	병력(명)
이집트	4개 여단	5,500
요르단	3개 여단	6,000
시리아	–	3,000
레바논	–	1,000
이라크	3개 여단	3,000
ALA	–	2,000

아랍 각국의 참전 병력 구성

해 이스라엘 절단 작전을 시행할 수 있는 부대는 요르단군 뿐이었다.

북부 전선이 화려하다면 남부 전선은 간단하고 명확했다. 이집트군이 해안길을 따라 일직선으로 진격하는 것만으로 절단과 공격이 동시에 이뤄졌다. 남부에 펼쳐진 네게브 지구가 중앙부와 분리되고, 텔아비브로 진군하는 가장 빠르고 간편한 통로가 열린다. 이집트군은 병력 5,500명으로 3개 보병 여단과 경전차를 갖춘 1개 장갑 여단으로 구성되었다. 무기는 대부분 영국제였다. 보병은 영국제 소총과 브렌 경기관총으로 무장했다. 포병은 26파운드 포 65문을 운용했다. 장갑차는 100대, 전차는 순항전차 MK6 50대가 있었다. 이집트 공군은 200~250대의 항공기를 보유했으며, 그중 75대가 전투기였다. 서구의 기준으로 보면 빈약하기 그지없지만, 중동에서는 이라크와 함께 최강의 전력이었다.

한편 가자 지구에는 3개 대대 규모의 무슬림형제단과 팔레스타인인으로 구성된 열성적인 지원 부대가 주둔했다. 이집트군은 성심성의껏 그들을 훈련시키고 무기를 지원했다.

파라오의 군대

골리앗과 다윗

1948년 5월, 시나이반도의 항구도시 엘아리시는 갑자기 밀려든 군인과 수송 차량으로 북새통이었다. 시민들은 불편을 겪었지만 위대한 파라오 군대의 출정과 예고된 승리에 환호했다.

이집트군은 아랍 최고의 전력이었다. 보병, 포병, 기갑의 삼박자를 갖추고, 해군과 폭격기를 포함한 공중 전력까지 가졌다. 게다가 그들은 겨우 7~8년 전에 리처드 오코너, 롬멜이 선보인 전격전과 화려한 전술을 질리도록 경험한 군대였다.

이집트군의 계획은 엘아리시에 보급 거점을 마련하고, 칸유니스, 라파, 가자, 아슈켈론을 거쳐 텔아비브 교외인 야브나까지 진격하는 것이었다. 이는 아랍연합군의 브레인이라고 할 수 있는 아랍군사위원회의 계획이었다. 엘아리시에서 야브나까지는 120킬로미터 정도였고, 야브나에서 텔아비브 중심가까지는 20킬로미터였다.

이에 맞선 이스라엘 방어선은 뻥 뚫려 있었다. 흔히 알고 있는 "교활할 정도로 철저하고 치밀한 유대인"의 준비성은 당시 남부 전선에서는 찾아볼 수 없었다. 남부 전선에는 기바티, 네게브 2개 여단이 각각 해안길과 남부 네게브의 방어를 책임지고 있었다.

기바티의 해안길 구역은 주요 거점에 요새나 차단 시설이 전혀 없었다. 전쟁 전날까지 기바티의 병력 절반은 예루살렘 도로 전쟁이나 팔레스타인 촌락 소개 작전에 투입되어 있었다. 대대 절반은 기본 화기조차 없었다. 다행히 전쟁 직전에 체코에서 도착한 소총과 기관총을 수령했지만, 야전포는 없었다. 화력은 얼마 없는 대전차 무기와 경박격포뿐이었다.

팔마 소속인 네게브 여단은 겨우 800여 명에 불과했는데, 그나마 사막에 흩어져 있는 30여 개의 정착촌에 소대별로 분산되어 있었다. 여단장이 거느린 병력은 2개 중대에 불과했다.

이집트의 군사력과 이스라엘의 놀라운 태평함을 배합하면 2~3일이면 전쟁이 끝나야 했다. 오코너나 롬멜이라면 분명 그렇게 했을 것이다.

그런데 전쟁이 시작되자 아랍군사위원회에 놀라운 소식이 전해졌다.

"이집트군이 화려하게 진격했다. 폭격기가… 폭격했다. 그러나 이집트군의 진격이 아슈켈론에서 갑자기 끝났다. 정지한 이집트군은 1주일에서 10일 이상 꼼짝하지 않고 있다."

더 황당한 소식은 그다음이었다.

"첫날부터 이집트군은 절반이 남동부의 네게브로 방향을 틀었다. 텔아비브로 진격해야 할 알무아위 장군의 주력들이 해안길 주변의 키부츠를 사냥하기 위해 사방으로 분산하고 있다."

제일 황당한 소식은 겨우 1개 소대 병력이 지키는 키부츠 하나마다 1개 대대를 할당했는데도 단 한 곳의 키부츠도 함락하지 못했다는 것이었다. 무언가가 이상한 정도가 아니라, 단단히 잘못 돌아가고 있었다.

키부츠인 니림과 크파르다롬은 해안 진격로와 가까웠다.

주민들은 네게브의 오랜 유목민인 베두인족이 며칠 전부터 자취를 감추었음을 눈치채고 있었다. 그러자 나름대로 방어벽을 치고 지뢰도 매설해두었지만, 마을에 주둔 중인 병력은 고작 45명, 그중 12명이 여성이었다. 무기는 소총에 기관총 2정, 60밀리미터 박격포 1문이 전부였다. 포탄도 겨우 12발뿐이었다.

니림 공격을 맡은 부대는 가말 압델 나세르 소령이 참모장교로 있는 6대대였다. 나세르는 부대로 오는 중이어서 이 공격에 참여하지 못했다. 공격 1파는 보병 400~500명 정도를 투입했다. 25파운드 포병대, 2문의 80밀리미터 중박격포, 브렌 경기관총을 장착한 장갑차 20대, 2파운드 포나 6파운드 포를 장착한 전차 6대가 보병을 지원했다.

5월 15일, 전투가 벌어졌다. 누가 보아도 간단히 끝날 전투였다. 포격이 키부츠를 강타하는 동안 장갑차가 방어벽으로 다가왔고, 그 뒤로 보병이 느릿느릿 따라왔다. 그때 장갑차가 방어벽 앞에서 스스로 멈췄다. 아마도 지뢰나 방어벽 뒤에 있을지 모르는 대전차 화기의 공격이 두려웠던 것 같다. 그들은 자리를 잡고 보병이 근접하거나 추월하기를 기다렸다.

보병의 진격은 거짓말처럼 느렸다. 장갑차가 멈추자 더

느려졌고, 보병 대열 안에서 박격포탄이 작렬하기 시작했다. 니림이 가진 박격포탄은 12발뿐이었는데, 작렬하는 포탄은 그 이상인 것처럼 보였다. 대원 약 30~35명이 전사했는데, 알고 보니 그중 약 40%가 이집트군 박격포의 희생자였다. 부상자 수는 알려지지 않았지만 전력의 25~30%가 손실되었을 것이다. 결국 이집트군은 자신들의 박격포로 공격 대열을 무너뜨리고 공격을 중단했다.

그 후 이틀 동안 이집트군은 보병 공격은 포기하고 마을을 포격한다. 건물이 산산조각 났지만 그뿐이었다. 이집트군 포병은 탄막 포격 능력이 없었고, 보병과 경장갑 차량은 숙련도가 낮았다. 이스라엘군 전사자는 7명에 불과했다.

그렇다면 이스라엘 정부에서는 왜 니림에 소개령◊을 내리지 않았던 걸까? 이런 의문을 품었다면 벤구리온의 대답에 경악할지도 모르겠다. 실제로 군사 고문 이츠하크 사데는 벤구리온에게 정착촌 주민의 소개를 요청했는데, 돌아온 벤구리온의 대답은 이랬다. "시간을 버는 것이 중요합니다." 정착촌은 야수의 돌진을 저지하기 위해 길에 뿌려둔 먹이였던 것이다. 벤구리온의 계획대로 개전 첫날 새

◊ 공습에 대비하여 한곳에 집중된 주민이나 물자, 시설물 등을 분산시키는 명령.

벽, 먹잇감에 유혹된 이집트군이 키부츠로 달려들었지만, 결과는 처참했다.

다른 키부츠에서도 전투 양상은 비슷했다. 가장 격렬했고 이집트군이 선방했다고 할 수 있는 전투는 팔마 대원들이 사수하던 야드 모르드 전투였다. 5월 19일부터 23일까지 이집트군 1대대가 포병, 전차, 항공기까지 동원해서 마을에 파상 공세를 펼쳤다. 나세르의 친구 아메르가 1대대 소속으로 이 공격에 참여했다. 이집트군의 전투 방식은 비슷했지만, 이번에는 끈질겼다. 공격에 실패하면 다시 도전했다.

팔마 수비대 140명은 지원을 받으며 결사 항전했지만, 지속되는 전투로 수비대 절반이 사상하고 탄약과 물까지 떨어졌다. 그들은 더 이상 버틸 수 없었고 본부에 철수를 요청했다.

본부는 반격을 준비하고 있으니 수비대와 주민 모두 마을에서 대기하라고 제안했지만, 주민들은 거부했다. 본부에서는 야간에 장갑차를 보내 부상자를 빼냈다. 몸이 성한 병력은 도보로 탈출했다. 위험한 후퇴였지만, 이집트군은 팔마 부대의 후퇴를 전혀 눈치채지 못했다. 다음 날인 24일도 이집트군은 오후까지 계속 텅 빈 마을을 포격하다가 머뭇머뭇 마을로 진입했고 비로소 승리했다는 사실을 알았다. 이 전투에서 이집트군은 최대 600명 정도의 사상자를 냈다.

야드 모르드 전투는 가장 피해가 크고 영웅적인 전투였지만, 벤구리온의 반응은 의외였다. 그는 팔마 대원의 분전을 치하하기는커녕 이들이 키부츠를 포기했다고 비난했다.

파라오의 실패

그렇다면 다윗과 골리앗의 싸움처럼 보였던 전투에서 이집트군이 참패한 이유는 무엇이었을까? 우선, 이집트는 4월까지도 전쟁에 참여할지 말지 결정하지 못했다. 이건 이스라엘로서도 짜증나는 일이었다. 병력과 물자를 돌려 막아야 하는 이스라엘로서는 이집트의 태도를 알 수 없으니 남부 전선의 전략을 세울 수가 없었기 때문이다.

아랍 국가 모두가 부러워하던 이집트의 풍부한 전력과 세계대전의 경험은 절반이 허상이었다. 세계대전 중에 영국이 이집트군을 후방으로 돌렸기 때문에, 전쟁을 총괄하고 전선에서 전쟁을 운영해본 적이 없었다. 일선 지휘관들도 마찬가지였다. 치열한 전쟁을 직접 겪긴 했지만, 수동적으로만 움직일 수 있는 부품에 지나지 않았다.

사명감 있는 장교는 몇몇 있었지만, 병사들과의 소통은 부족했다. 나세르는 한 병사가 전쟁터가 아니라 이집트 남부에서 기동 훈련 중인 것으로 알고 있는 모습을 보고 기겁할 정도였다. 이집트 징병제도는 부패해서 힘 있거나 돈 있는 집안의 자식들은 군에 오지 않았다. 보급 체계도 엉망이었다. 이런 군대가 공격 정신을 발휘할 리 없었다. 키부츠 공격의 실패는 기갑, 보병, 포병의 연계가 형편없었던 탓도 있지만, 보병들의 사기가 부족했던 것도 한몫했다.

장비는 부실했고, 전차, 항공기 같은 고급 무기일수록 부품과 기술 부족으로 인해 실제 가용 대수는 절반 정도에 불과했다. 알아리시에 보급창을 세웠지만, 수송 차량이 부족했다. 임지에 막 도착한 나세르 대위는 전선에 있어야 할 장교들이 가게에서 우글거리는 것을 보고 의아하게 여겼다. 나세르보다 먼저 출발해 이미 전투를 겪은 친구 아메르는 1,000파운드를 주면서 돈이 필요할 것이라고 말했다. 보급이 엉망이었던 탓에 일선 병사에게 식량조차 제대로 배급되지 못했기 때문이다.

사령부는 소속 대대가 어디에 있는지도 몰랐기에 물어물어 찾아가야 했다. 제대로 된 명령, 보급품뿐만 아니라 작전 지도도 없었다. 그 무엇보다도 나세르를 분노하게 만든 것은 아무런 준비 없는 공격이었다. 오늘은 이곳, 내일은 저곳을 공격하라는 명령이 시도 때도 없이 떨어졌다. 한 지점을 공격하기 위해 대기하고 있는데, 그날 아침에야 다른 곳으로 이동해서 공격하라는 지시가 내려올 때도 있었다.

공격하려면 충분한 사전 정찰과 철저한 계획 수립이 필수다. 주변 지형을 파악하고, 적절한 지점에 공격 부대를 나누어 배치하고, 포대와 탄약, 예비대를 준비해야 한다. 이집트군에게는 이런 기본적인 준비조차 사치였다. 공격 목표인 키부츠로 가는 길도 몰라서 지나가던 팔레스타인 주민에게 물었다는 웃지 못할 에피소드가 있을 정도였다.

반면 이스라엘은 주변 지형을 철저히 파악하고 있었고 정확한 기습과 매복으로 이집트군을 괴롭혔다.

이것이 이집트군의 엉성한 공격, 협조 부족, 스스로 공격 기세를 꺾어버린 오폭의 이유를 설명해준다. 이것 말고도 이유는 많았다. 장교들의 능력 부족, 엉망인 조직과 군수 관리, 병사들의 전투 의욕 부족, 기술 부족, 전술 포격 능력 부족 등 다양했다.

나세르는 상황을 타개하기 위해 장교들을 모아놓고 사전 정찰의 중요성을 설파했다. 그러나 시간이 부족했다. 준비된 정찰 요원조차 없는 상황에서 시간을 단축하려면 중대장이 직접 나서는 수밖에 없었다.

　여단장 알무아위 장군은 이집트군의 부실을 알고 있었다. 그는 롬멜과 패튼의 전술을 알고 있었지만, 측면 공격과 후방 고립, 이스라엘 게릴라의 수송 차량 공격을 걱정했다.

　알무아위도 할 말이 있었다. 롬멜과 패튼에게는 신속한 보급 능력과 강력한 기갑부대, 손발이 맞는 항공 지원이 있었다. 이집트군의 어설픈 전쟁 준비 탓에 수송 트럭이 절대적으로 부족했다. 할 수 없이 민간 트럭을 빌려서 사용하는 형편이었다. 무엇보다도 공세로 나가려면 강력한 화력 지원이 필수적이었는데도, 이번 침공에는 장갑차 수준의 경갑 차량만 배치되었다.

　전쟁 결정과 병력 동원마저 늦었던 탓에 개전 후에 이집트 침공 부대가 공격선에 모두 집결하는 데는 10일 이상이 걸렸다. 게다가 이집트 5만 대군 중에서 침공에 동원한 병력은 겨우 5,500명뿐이었다. 이스라엘군보다 오히려 적었다. 길게 늘어진 보급선은 측면 공격에 극히 취약했다. 알무아위가 도로변의 키부츠를 측면과 수송대에 대한 직접적인 위협이라고 판단하고, 측면의 위협을 먼저 제거한 다음에 진격하기로 결정을 내렸던 것도 이해는 간다.

이집트 보병과 차량은 길을 몰라 헤맸다. 공군은 제멋대로 날아다니며 텔아비브의 버스 정류장이나 폭격하고 있었다. 이들은 독수리가 아니라 참새였다. 그나마 참새들을 모두 지상 지원으로 돌린다고 해도 지원 임무를 수행하기에는 전투기의 양과 질, 조종사의 역량, 모든 것이 수준 미달이었다. 실은 이집트 공군도 그 사실을 알았기에 텔아비브 상공을 날아다니며 국민의 사기를 진작하기 위한 폭탄 흩뿌리기 공격이나 해댔던 것 같다.

알무아위의 판단은 합리적이었지만, 결과적으로는 과민반응이기도 했다. 이스라엘군이 철도 습격, 수송부대 습격, 우물에 독약 풀기 같은 시도를 하긴 했지만, 장비와 인력 부족으로 이집트군에 아무런 타격도 줄 수 없었다.

하지만 이집트군은 이스라엘군의 전력을 언제나 과대평가하고 있었고, 편제상으로 겨우 2개 여단이 투입되었다는 사실에 불안감을 감추지 못했다. 결국 이집트군이 선택한 진로는 롬멜이나 오코너가 아니라 1차대전 중에 아랍 반란을 지원한 영국군 사령관 앨런비의 길이었다.

전략의 오류
더 깊이 파고들면, 이 사태의 궁극적인 원인에는 더 놀라운 비밀이 있다. 이집트는 처음부터 전쟁을 할 마음이 없었다. 아랍의 맹주처럼 이슬람의 단합과 성전을 선동하고 있었지만, 내심 전쟁을 할 능력이 없다는 것을 시인하고 있었다.

이집트의 원래 계획은 정규군의 침공이 아니라 국경에 모아둔 무슬림형제단과 팔레스타인 게릴라를 투입하는 것이었다. 참전을 주장한 사람은 젊은 국왕 파루크 1세뿐이었다. 국왕은 영국 울위치 군사학교에서 교육받았고, 1936년 26세의 나이에 즉위했다. 참신하고 젊은 마인드로 이집트를 이끌어주리라는 기대를 받았지만, 어느 틈에 칼리프의 망령에 사로잡혔다. 그 야망의 경쟁자는 과거의 파라오라면 거들떠보지도 않았을 트랜스요르단(요르단의 옛 이름)의 압둘라 1세였다.

이스라엘–팔레스타인 분쟁을 이용해 '아랍의 맹주'라는 지위를 되찾으려는 압둘라의 야심이 분명해지자, 이집트 국왕 파루크 1세는 수상 노크라시를 재촉했다. 국내에 비등한 반유대 여론도 무시할 수 없었다. 전쟁을 반대하던 노크라시는 결국 4월에 굴복했고, 개전 일주일 전에야 의회가 결정안을 통과시켰다.

전쟁 반대의 선봉장이었던 노크라시가 전쟁을 지휘하는

총책임자가 되었다. 즉, 사전에 아무런 준비가 없었다는 말이다. 개전 당일까지 군과 물자를 가자 지구에 보낼 시간도 부족했다.

벤구리온이 반나절이란 시간을 벌기 위해 건국 선언일까지 앞당겨버리는 바람에 노크라시는 제일 먼저 여론 통제에 착수해야 했다. 그는 이집트군이 생각처럼 잘 싸우지 못할 것이라고 처음부터 짐작했고, 여기에 맞춰서 대책을 준비했다. 그러다 보니 전쟁 준비도 제대로 하기 전에 언론 검열 제도부터 만들고, 반론을 제기할 언론인과 정치인을 수용할 강제수용소를 3군데나 마련했다. 결과적으로 여론 통제는 대성공을 거뒀지만, 전쟁은 더 엉망이 되었다.

마지막 비밀이 아직 하나 더 남아 있다. 바로 이집트군의 전략 목표였다. 이집트군은 처음부터 이스라엘 함락을 목표로 하지 않았다. 아랍군사위원회가 이집트에 할당한 목표는 이브나였고, 거기가 끝이었다. 그들이 이집트에 기대한 역할은 양동작전과 견제, 북부 작전을 진행하는 동안 이스라엘군의 절반을 남부에 붙들어두는 것이었다.

이 믿을 수 없는 계획의 이유는 밝혀지지 않았다. 파루크 1세와 똑같은 이유로 압둘라가 텔아비브를 함락하는 영광을 막으려고 했던 것일까? 이집트의 군사력의 실상을 알았기 때문일까? 그것도 아니면 이집트가 너무 늦게 참전을 결정했던 탓일까?

이유가 뭐든 이집트도 이 결정에 동의했다. 그들의 목표는 이스라엘의 함락이 아니라 팔레스타인 국경의 보존이었다. 그들이 정규군이 아닌 형제단과 팔레스타인 게릴라를 투입하려 했던 이유도 이 때문이었다. 이스라엘이 자행한 팔레스타인 주민 청소 작전은 이집트의 이런 생각에 명분을 부여했다.

결론적으로 이집트군의 이상한 행로와 지체는 부실한 능력과 잘못된 전략, 염불보다는 잿밥에 관심이 있던 정치 지도자들의 의도가 합쳐진 결과였다.

밀어붙였더라면 이집트는 영광을 볼 기회가 있었다. 이스라엘은 북부, 서부, 남부 중 남부 전선의 준비 상태가 제일 엉망이었다. 해안길은 무방비 상태였고, 요새화 작업도 개전하고 10일 후에나 착수할 수 있었다. 두 여단에게 적절한 방어 지침도 내려가지 않았고, 증원 부대 편성도 더뎠다. 이것이 벤구리온이 키부츠를 먹이로 내던진 이유였다.

이 부분에서는 이스라엘 내부의 정보도 엇갈린다. 남부 전선에 손을 쓸 수 없는 상태였다는 설도 있고, 이집트의 사정과 전략을 알고 모험을 했다는 설도 있다.

아무래도 후자일 가능성이 높다고 보이는데, 어쨌든 이스라엘의 배짱은 먹혔다. 키부츠 전투로 이스라엘은 10일 이상의 시간을 벌었고, 기바티와 네게브 여단을 효과적으로 증원했다. 벤구리온과 이스라엘 사령부는 20일경부터 이미 남부 전선에 대해서는 한시름 놓고 있었다. 남부 여단에 물자와 병력을 지원했지만 그건 일상적 수준이었다. 긴급 사태는 일어나지 않을 것이었다. 벌써 사령부에는 '가난하고 어쩔 줄 모르는 이집트 전사'를 조롱하는 분위기가 감돌았다. 이스라엘의 주력군은 예루살렘에 집중할 것이다.

이집트군은 5월 24일에 진격을 개시해 28일에는 아슈켈론과 텔아비브 중간인 아스도드의 다리 앞에 도착했다. 이스라엘군은 보이지도 않았지만 알무아위는 더 이상 진군하다가는 가느다란 장대가 저절로 부러져버릴 것이라고 생각했다. 5회에 걸친 키부츠 공격에서 이집트군은 자신감을 완전히 잃었다. 그는 이렇게 보고했다.

측면에 포진하고 있는 키부츠는 이집트군의 현재 장비로는 함락할 수 없을 정도로 강력하게 요새화되어 있습니다.

공중 전투

5월 29일, 이스라엘 영공에서 4기의 아비아Avia S-199가 출격했다. 그 전날까지 하늘은 이집트의 것이었다. 해외에 있는 유대인 조직들은 이스라엘에 무기를 공급하기 위해 모든 수단을 동원하고 있었는데, 놀라운 성과물 중 하나가 25기의 아비아였다. 아비아가 분해되어 이스라엘에 도착하자, 정비사들이 밤을 새워 전투기를 조립했다. 이날 출격한 4기는 첫 번째 조립품이었다.

하늘로 솟아오른 아비아는 이집트 공군의 스핏파이어와 조우했다. 이스라엘 조종사들은 대부분 대전 중에 연합군 (미군과 캐나다 출신이 많았다)에서 복무한 베테랑 조종사들이었는데, 체코제 전투기를 타고 영국제 항공기를 격추하는 희한한 상황이 벌어졌다.

최초의 공중전은 이스라엘의 완승이었다. 조종사의 능력과 전투 경험 면에서 이집트군 조종사는 상대가 되지 않았다. 이집트군 조종사들은 자기 땅에서 벌어졌던 전쟁에조차 참전해보지 못했다. 이날로 이집트는 제공권을 상실했다. 방해자가 없어지자, 아비아는 서슴없이 지상에 있는 표적을 공격했다.

아비아 S-199, 독일군 주력기 메서슈미트 B109의 파생형 기종이다.

6월 2일, 기바티와 네게브 여단이 반격을 개시했다. 이스라엘군의 전투력은 아직 엉성했고, 병력은 이집트군의 절반에 불과했다. 화력 지원, 통신, 뭐 하나 제대로 조직되지 않았다. 말 그대로 연습 수준이었다. 첫 공격은 패배했지만, 이스라엘은 포기하지 않았다. '공부하는 태도로 재차 도전하며, 손발이 따라오지 않아도 두뇌는 포기하지 않는다.' 이스라엘의 장점 중 하나가 여실히 드러나는 순간이었다.

전략적 의지는 더 확고부동했다. 수도에서 20킬로미터도 떨어지지 않은 곳에서 이스라엘의 공격이 실패했다는 보고에도 불구하고, 벤구리온은 "예루살렘이 첫째, 레바논이 둘째, 그다음이 남부"라는 원칙을 흔들림 없이 고수했다.

이집트군이 물러서기 시작했다. 이때부터는 비축된 포탄과 탄약도 모자랐다. 결국 이집트군의 진격 한계선은 아스도드가 되었는데, 이는 중동전쟁 30년 역사를 통틀어 최고의 기록이 되고 말았다.

13 요르단군의 돌발 행동

전쟁의 열쇠를 쥔 남자

"죽은 자는 순교자가 될 것이며, 살아 있는 자는 싸우는 것을 기뻐할 것이다." – 압둘라 1세

파라오의 군대를 전면전에 밀어 넣은 인물, 아랍연합 전체의 전쟁 플랜을 엉망으로 헤집어놓아 이 전쟁의 향방을 바꾸어버린 인물이 있었다. 바로 요르단의 국왕 압둘라 1세. 전쟁의 열쇠는 어이없게도 그가 이끄는 아랍연합군이 쥐고 있었다. 군의 능력과 명망은 충분히 그럴 만했다.

1947년 암만의 왕궁

요르단, 정확히는 트랜스요르단 하심 왕국의 국왕 압둘라 1세는 저녁 기도를 마치고 사그라지는 마지막 석양을

바라보고 있었다. '해는 이미 졌고 저 빛은 잔상에 불과하구나.' 압둘라 1세는 그런 상황을 되뇌는 자신이 싫었다. 빛나는 태양과도 같았던 하심 왕가의 운명을 마주하는 것 같았기 때문이다.

메카의 태수에 불과했던 그의 아버지 후세인은 1916년 오스만제국의 통치에 반발하는 아랍 반란을 선도했다. 아랍제국의 전성기에도 늘 소외되어 있던 보잘것없는 아랍 부족을 단합시켜 군대를 조직했고, 영국과 프랑스의 지원을 끌어냈다. 지난한 투쟁 끝에 하심 왕가는 새로운 아랍제국의 지도자가 되었다. 아버지 후세인은 하지(현재의 사우디아라비아)를 세우고, 칼리프를 자처했다.

동생 파이살 1세는 '아라비아의 로렌스'로 알려진 영국군 토마스 로렌스와 협력해 다마스쿠스를 점령하고 시리아 아랍 왕조의 왕이 되었다. 1920년 프랑스의 배신으로 시리아를 빼앗겼지만, 영국의 지원을 받아 고대 메소포타미아 시절부터 중동 지역의 패권국이었던 이라크의 왕이 되었다.

서구에서는 파이살을 영웅이라 여겼지만, 압둘라는 동생과 비교해서 자신이 부족하다고 생각하지 않았다. 반듯하고 지적이며 늘 미소를 띤 모습으로 주변 사람들을 밝고 유쾌하게 대했다. 제왕의 품위와 관용을 모두 갖춘 인물이었다. 로렌스는 그런 압둘라를 너무 반듯하다는 이유로 불안하게 여겼는데, 그의 평가에 따르면 압둘라는 혁명가가 아닌 수성의 군주였다.

압둘라는 동의하지 않았겠지만, 실제로 파이살은 혁명 군주가, 자신은 수성 군주가 되었다. 혁명 일선과 이를 홍보하는 과정에서 조금씩 동생에게 뒤처졌던 그는 간신히 트랜스요르단을 영지로 받았고, 1946년에야 왕으로 즉위했다.

아랍 혁명은 멋지게 성공하는 듯했지만, 칼리프 하심의 세계는 순식간에 파괴되었다. 완고하고 욕심만 많던 아버지 후세인 알리는 서툴게 서구와 적대하다가 1924년에 사우드란 토호 집안(현재의 사우디 왕가)에게 사우디아라비아를 빼앗겼다. 그 불모의 땅은 엄청난 양의 석유를 품고 있었고, 현재까지 중동의 패권을 좌지우지할 부를 생산하고 있다.

하심가에는 아직 이라크가 남아 있었지만, 아버지보다는 훨씬 영웅 답고 칼리프의 자질이 있던 동생 파이살은 1933년 48세로 급사했다. 그 아들인 가지 1세가 왕위를 계승했지만 1939년에 의문의 교통사고로 사망했다. 이 두 번의 죽음은 하심가의 두 번째 기둥을 무너트렸다.

압둘라는 가지 1세를 계승한 파이살 2세를 생각만 하면 화가 치밀었다. 무능한 파이살 2세는 혈육의 정도, 열사의 사막에서 싸우던 하심가의 패기도 없었다. 게다가 그를 보좌하는 인물들이란 압둘라의 3형제 중에서 제일 무능했던 첫째 후세인 빈 알리(아버지 후세인과 이름이 같다)의 후예들이다. 헤자즈 왕국(현재 사우디)을 잃은 하심의 후예들은 이라크로 망명했고, 동생과 조카가 죽자 섭정을 해서 이라크와 하심가의 연계를 망쳐놓았다. 심지어 2차대전 중에는 독일을 지원하다가 잠시 왕위를 잃기도 했다. "그놈이 잘하는 건 돈 자랑과 할리우드 영화배우들과 놀아나는 것뿐이지."

사막의 전사 중에서 생존자는 이제 자신밖에 남지 않았다. 하지만 그의 영지는 아랍 국가 중에서도 제일 작고 척박했다. 그는 메카에서 아랍 반란이 처음 시작되던 때를 떠올렸다. 메카는 요르단보다 더 작았고, 상대는 오스만제국이었다. 그래도 반란은 성공했다.

기회가 다시 오고 있었다. 창밖은 완전히 어두워졌고, 작은 등불만이 깜빡였다. 압둘라 1세의 입가에 결연한 미소가 떠올랐다. 이스라엘의 건국은 신이 점지한 선물인지도 모른다. 유대인들도 그렇게 생각하겠지만, 알라야말로 진정한 신이다. 무함마드와 하심가의 두 번째 영광이 시작될 것이다.

전쟁 개시일인 15일 자정, 압둘라 국왕은 직접 최선봉에서 권총을 뽑아 들고 출전 명령을 내렸다.

장갑차와 트럭에 시동을 걸고, 국경선인 요르단강을 가로지르는 앨런비 다리를 건넜다.

병사들은 곧 해방시킬 땅에 대한 감격에 가득 차 있었고 자신감이 넘쳤다. 아랍연합군이 향하는 곳은 아랍연합의 목표인 북쪽의 나사렛 – 하이파 라인이 아니라 요르단강 서안에 있는 도시 예리코였다. 겨우 8킬로미터 앞에 예리코가 있고, 25킬로미터를 더 가면 성도 예루살렘이다. 아랍연합군의 수뇌부는 경악했다.

압둘라의 행동은 아랍연합에는 배신이나 다름이 없었다. 전쟁의 틀과 목적 자체를 뒤틀어버렸다. 이집트군의 소심한 전격전은 양동작전의 의미마저 퇴색시켰고, 압둘라의 예리코 진격으로 북부 작전 자체가 무의미해졌다.

팔레스타인도 충격을 받았다. 요르단의 일방적인 진격은 팔레스타인 국가의 성립을 인정하지 않는다는 뜻이었고, 팔레스타인을 포함한 6개국이 참전한 성전의 목적 자체를 뒤엎는 행동이었다.

다마스쿠스에서 설립한 군사위원회의 최종 목표는 이스라엘 함락이 아니라 팔레스타인의 보호와 영역 확보였다.

즉, 이집트가 남부 이스라엘군을 붙들어두는 동안 나사렛 −하이파 라인을 절단해서 팔레스타인 영토가 되어야 하는 북부와 동갈릴리를 이스라엘의 위협에서 안전하게 분할시키는 것이 전쟁의 시작이자 최종 목표였던 것이다. 그후에는 신생아 팔레스타인을 보호하기 위해 아랍연합국 군대가 팔레스타인 영내에 주둔하며 군사 통치를 시행할 예정이었다.

이 계획안을 받았을 때 압둘라는 헛웃음을 지을 수밖에 없었다. 이 전쟁에서 핵심 역할은 요르단군이 담당하는데, 그렇게 되면 신생 팔레스타인이 요르단을 남북으로 감싸서 압둘라의 왕국을 가둬버리는 형국이 되는 것이다. 자신의 군단을 사용해서 자신의 시리아 왕국, 칼리프 하심가의 부활이란 야망을 포기하라고? 압둘라가 아니라 그 누구라도 자신의 야망을 막고, 나라를 영원한 약소국으로 만들기 위해 군대를 사용할 바보는 없을 것이다.

그는 자기만의 길을 가기로 했다. 압둘라의 아랍연합군(요르단군은 아랍연합군이란 명칭을 사용했다. 아랍의 맹주가 되려는 하심가의 야망이 투영된 호칭이다)은 서진해서 팔레스타인 영토를 석권하려 했다. 이것은 요르단을 확장하고 장기적으로는 시리아까지 넘볼 수 있는 발판이 될 것이다. 점점

소원해지던 이라크 왕가와의 끈이 끊어지기 전에 이 과업을 완수하고 싶었다. 그 핵심에 예루살렘 점령이 있었다.

예루살렘 공략전

예루살렘이 위험하다. 텔아비브는 숨을 죽이며 아랍연합군의 진로를 주시했다. 그런데 이때 기적이 발생한다. 앨런비 다리를 건넌 아랍연합군이 둘로 갈라지더니 한 부대가 북쪽으로 이동하기 시작했던 것이다. 북쪽으로 갈라진 부대는 영국 장군이자 요르단군 사령관을 맡은 존 글럽이 직접 지휘하고 있었는데, 그는 군단을 다시 둘로 나눠서 라말라와 훨씬 북쪽의 나블루스에 주둔시켰다. 글럽은 회고록에서 이렇게 말했다.

나는 예루살렘 공격에 반대했다. 구시가지에 가득한 유적으로 인해 포 사용이 금지되었다. 소총과 단검으로 백병전을 벌여야 하는 예루살렘이라는 수렁에 군대를 밀어 넣고 싶지 않았다.

글럽이 보기에 병력은 충분치 않았다. 중장갑 전차가 없었고, 요르단군의 경장갑차는 시가전에서 유용하지 않았다. 글럽의 의도는 이스라엘과 직접적인 교전을 피하고, 팔레스타인 영역을 확보하는 것이었다. 아랍군사위원회의 생각과 같았다. 압둘라는 격노했다. 영국의 비밀 지령을 받은 것인가? 아니면 주제를 모르는 영국인의 멍청한 행동인 건가? 어느 쪽이든 피고용인의 태도는 아니었다.

그러나 글럽은 적어도 팔레스타인을 요르단 영토로 확보하는 일에는 최선을 다했다. 그는 영국의 인맥을 이용해서 요르단이 팔레스타인을 점령하는 것이 최선임을 설득하려고 노력했다. 이 방법이 유대 국가와 다른 아랍 국가 사이의 무력 충돌을 줄일 수 있는 최선의 방법이며, 영국의 이익에

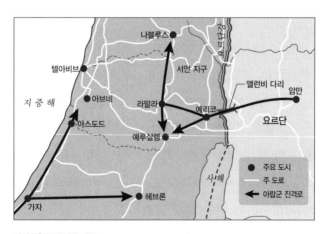

아랍연합군의 진군 경로

도 반하지 않는다는 것이 그의 주장이었다.

글럽은 압둘라의 독촉을 피하기 위해 일부러 전선에 나가 있었으며, 고의로 연락을 피했다. 그러나 아주 피할 수는 없었다. 글럽은 라말라에 본부를 둔 4여단 중 6대대만 예루살렘전투에 투입했다. 하지만 4여단은 신설 여단이라 전투력이 가장 약했고, 영국군 장교가 한 명도 없었다.

요르단의 돌발 행동으로 팔레스타인은 요르단의 군사 통치 지역이 되었다. 가족 격인 이라크군은 나블루스로 와서 팔레스타인 방어전에 합류했다. 시리아는 북부 작전을 포기하고, 만에 하나 발생할지 모르는 이스라엘의 레바논 침공을 방어하는 데 주력하기로 했다.

사태가 이렇게 진행되자, 레바논은 공세는커녕 방어로 전환했다. 이스라엘의 공격이 두려웠고, 레바논을 돕겠다는 시리아의 저의가 의심스러웠다. 레바논은 ALA에 지원을 호소했다. 그렇다고 북부 전선이 소강 상태인 것은 아니었다. 시리아는 최정예인 1여단을 투입했는데, 초반에는 성공을 거두었다. 벤구리온은 2개 여단의 여단장을 모두 경질했다. 전투는 일진일퇴를 거듭했다. 시리아군도 부실했지만, 이스라엘군의 조직력도 빈약했다. 너무 작은 영토에서 일어난 전쟁이라 작은 돌발 사태도 국가의 운명을 흔들 수 있었다.

그러나 시리아와 이라크군은 전략적 의지와 방향성을 잃었다. 이스라엘은 패전과 위기감이 몰려올 때마다 크게 심호흡을 하면서 지금 할 수 있는 일과 전략적 우선순위, 특히 예루살렘 전선의 중요성을 놓치지 않으려 했다. 결국 북부 전선은 교착 상태로 흘러갔다. 소모전 끝에 시리아군은 상당한 손실을 입었다. 우왕좌왕하던 이스라엘군이 공세적 방어 개념으로 레바논을 침공했지만, 시리아, 레바논, ALA 연합군은 이를 성공적으로 격퇴했다.

예루살렘 탈환 작전

성지 예루살렘을 사수하라

"이스라엘의 수도는 예루살렘이어야 한다."

벤구리온이 건국 이전부터 제창한 불변의 원칙이었다. 이스라엘은 어떤 전략적, 외교적 곤경이 따르더라도 이 원칙을 고수했다. 이 불굴의 노력은 현재까지도 진행형이다. 덕분에 피가 튀는 무리수도 무수히 자행했지만, '목적만 정하고 방법은 맡긴다'라는 임무형 전술◆의 완벽한 전형이 되기도 했다.

당시 예루살렘은 구시가지인 동예루살렘과 서쪽의 신시가지로 구획되어 있었다. 유대인 10만 명과 아랍인 6만 5,000명이 섞여 살고 있었는데, 아랍인과 유대인 구역은 복

◆ 임무를 달성하는 수단보다 그 결과를 강조하는 전술 형태. 19세기부터 독일계 국가 군대의 핵심 교리였다.

잡하게 얽혀 있었다. 앞서 살펴본 것처럼 성도 예루살렘은 아랍연합군이 진입하기 전부터 이미 전쟁터였다.

　예루살렘을 두고 이스라엘의 전략은 수시로 바뀌었다.

　　① 예루살렘으로 통하는 도로와 고립된 주민의 생명선을 확보 → ② 도로를 압박하는 아랍인 촌락을 소개하고, 중요한 요충지를 점거 → ③ 동예루살렘 점령

　이러한 전략의 변화는 이스라엘 정부가 아직 군부를 완전히 장악하지 못했던 탓이기도 했지만, 이스라엘 특유의 신속하고 놀라운 유연성의 결과이기도 했다. 사령관의 독단으로 휴전이 깨지고 부대 간 불화로 작전이 중구난방이 되고 외교가 엉망이 되는 상황이 발생해도, 이스라엘 정부는 사령관을 문책하거나 상황을 수습하지 않았다. 마구 화를 내면서도 책상을 싹 치우고, 현실적이고 유리한 상황으로 만들기 위해 뒤처리를 하고 전략을 새로 짰다.

　이런 이스라엘의 특징, 타협하는 구조는 외국의 입장에서 보면 뻔뻔하고 탐욕스럽기 그지없는 행동이지만 한편으로는 신기할 수밖에 없다. 예루살렘전투만 놓고 보면 모든 판단과 행동이 하나의 소실점에서 시작하기 때문이다.

요르단의 밀어내기 작전

5월 14일, 영국군이 예루살렘에서 철수하자마자 양측은 요충지를 먼저 점령하기 위해 뛰었다. 지난 반년간 지속된 도시 전쟁이 재현됐다. 전황은 유대인에게 유리했다. 이스라엘은 아직 구시가지를 침공하지 않았지만 압박하는 데 성공했고, 구시가지 내 유대인 거주지에 대한 보호를 보장받으려 했다. 이 말은 유대인의 안전을 휴전협정과 자신들의 양보로 보장받을 수도 있고, 부득이할 경우 침공으로 획득할 수도 있다는 말이 된다. 이것이 바로 목적은 억세지만 방법은 유연한 유대인의 협상법이다.

제1차 중동전쟁이 시작되자 하가나 사령관인 다비드 샬티엘은 구시가지에 있는 유대인 구역 보호를 명분으로 구시가지 점령을 시도했다. 하렐 여단장인 라빈은 반대했다. 정면 공격은 희생만 초래하고 성공 가능성도 낮다. 그는 구시가지의 배후를 끊어 아랍 세력을 고사시켜야 한다고 주장했지만, 샬티엘은 듣지 않았다.

5월 18일, 라빈 부대는 구시가 안으로 습격을 감행하여 시온산에 올랐지만 그게 끝이었다. 하가나 소속인 에치오니 여단은 소식이 없었다. 팔마 부대는 금세 고립되었다가 아랍군의 반격을 받고 시가 밖으로 쫓겨나고 말았다. 24명의 팔마 대원이 시온산으로 오르는 입구이자 유대인 구역의 입구인 시온 문에 도달했다. 그들은 10일간 이 문을 사수했지만, 결국 함락되고 말았다. 그렇게 이스라엘은 예루살렘을 손에 넣을 기회를 영영 놓치고 말았다. 이 실패는 라빈에게 평생의 한으로 남는다.

바로 이 상황에 요르단군이 예루살렘에 도착했다. 예루살렘의 유대인들은 샬티엘의 부탁에도 불구하고 5월 28일 요르단군에 항복했다. 그렇게 동예루살렘은 요르단의 손에 넘어갔다. 압둘라는 내친김에 텔아비브까지 점령해버리고 싶다는 욕망을 표출하기도 했다고 한다.

하지만 정말로 텔아비브 공격을 감행할 의지가 있었는지는 의문이다. 그는 아랍 국가의 그 누구보다 서방(특히 영국)과 친밀한 관계를 유지하고 있었고, 1916년처럼 그들의 도움이 절실했다. 서구를 자극하는 일은 가능한 한 피하려 했다.

결국 서예루살렘을 향해 공격을 개시했지만 샬티엘과 라빈이 차지하고 있는 서쪽으로 진출하는 것은 화염병까지 동원한 완강한 저항으로 인해 실패했다. 거리와 집, 방을 옮겨다니며 장갑차, 화염병, 기관단총과 수류탄이 난무하는 격렬한 시가전이 벌어졌다. 한 영국 여성은 시가전을 벌이는 하가나 대원이 10대 소녀인 것을 보고 경악을 금치 못했다.

요르단군과 아랍연합군의 전투력은 들쑥날쑥했으며 상황에 따라 달랐다. 그러나 요르단군은 조금씩 점령지를 넓혀갔다.

歷●史 역사 다시 보기

성지 예루살렘의 의미

기원전 1000년 이후, 다윗왕이 예루살렘을 옛 이스라엘왕국의 수도로 삼으면서 예루살렘은 유대교와 기독교의 성지가 됐다. 하지만 기원전 63년 로마에 의해 점령당했고, 638년 이후로는 줄곧 아랍이 차지하고 있었다. 그렇게 유대교와 기독교에는 '빼앗긴 성지'이자 반드시 되찾아야 할 지역으로 남고 만 것이다. 이렇게 아랍에 함락된 후부터 현재까지도 기독교와 이슬람교 세력의 쟁탈전이 끊이지 않는, 유대교와 기독교 그리고 이슬람교 모두의 성지가 바로 예루살렘이다. 예루살렘을 둘러싼 기독교와 이슬람교의 충돌은 중세 십자군전쟁의 원인이 되기도 했을 정도로 쟁탈전은 치열하고도 처절했다.

그런 예루살렘이 1차대전에서 오스만제국이 패하고 팔레스타인이 영국의 위임통치하에 들어가면서 팔레스타인의 수도가 되었고, 자연히 모두가 예루살렘을 노렸다. 예루살렘은 이스라엘과 아랍 양측 모두에게 절대 빼앗길 수 없는 절체절명의 요충지이자 대의명분의 중심에 선 도시, 그리고 마음의 고향인 '성지' 그 자체.

15 버마 도로

예루살렘으로 가는 길을 뚫어라

1948년 5월, 예루살렘에 있는 유대인 시민들의 상황은 최악으로 향하고 있었다. 예루살렘으로 오는 도로가 끊기면서 5월 기준으로 빵은 10일치뿐이었다. 연료는 이미 떨어졌다. 물은 있었지만 컵 단위로 배급받았다. 게다가 성지인 구시가와 달리 신시가는 포격도 받았다. 보병과 장갑차를 동원한 공격이 실패하자 요르단군도 시가 포격으로 전환했다. 무차별적 포격이었다. 잔혹해서가 아니라 정확성이 모자라서 거의 모든 건물이 포탄 세례를 받았다. 5월 15일부터 30일까지 300여 명이 죽고, 1,000여 명이 다쳤다.

압둘라가 예루살렘 점령에 사활을 걸고 있을 때, 벤구리온은 라트룬을 지나 예루살렘으로 통하는 도로를 뚫는 데

몰두했다. 현재도 1번 고속도로가 달리는 텔아비브에서 예루살렘으로 가는 직통로의 중간에 라트룬시가 있다. 도로 전쟁 시기부터 아랍해방군은 라트룬을 중시했고, 영국군이 철수하자마자 단단히 점거하고 있었다. 요르단은 즉시 2개 대대를 증원했다.

게다가 남쪽에서 갑자기 나타난 알아지즈의 이집트군이 베들레헴까지 진출했다. 이들은 키부츠 야드 모르데하이를 점령한 뒤, 브엘세바를 지나 네게브사막으로 사라졌다가 갑자기 헤브론에 나타났다. 여기서 요르단군과 합세한 그들은 베들레헴 근교에 도달했다.

라트룬 서쪽에는 이집트 알무아위가 있는 아스도드가 있었다. 라트룬을 중심으로 사방의 요르단군, 이집트군은 모두 30킬로미터 거리에 위치하고 있었다. 라트룬 – 예루살렘 전투는 자칫하면 사방에서 공격당할 수 있는 상황이었다.

샬티엘과 라빈은 여전히 어떤 작전이라도 수행할 것처럼 열정적이었지만, 벤구리온은 그들의 자신감에 회의적이었고 군벌화된 하가나와 팔마에 끌려가지 않으려고 했다.

벤구리온은 새로 편제한 7여단에 도로 개통 임무를 맡겼다. 당시 참모장 야딘은 반대였다. 7여단은 아직 능력이 안 되고, 작전 지역을 정찰조차 하지 못했다. 이럴 때 벤구리온이 쓰는 수법은 여단장에게 결정권을 넘기는 것이었다. "할 수 있겠나?", "할 수 있습니다!"

자신감과 달리 7여단은 라트룬 탈환에 실패했다. 요르단 정규군은 격이 달랐다. 충분한 정찰, 정확한 포진, 훈련과 팀워크, 유대인들은 지금까지 싸워온 적과는 수준이 다른 군대를 만나 무참하게 패했다. 벤구리온은 미군 출신인 미키 마커스 대령을 예루살렘 사령관으로 임명하고, 신생 7여단, 팔마 10여단, 하가나 6여단을 대령의 지휘하에 통합했다.

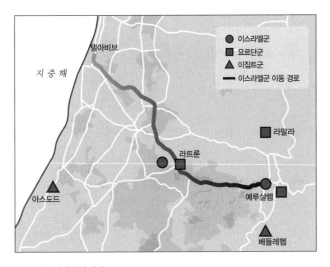

제1차 중동전쟁 병력 배치

라트룬 전선이 치열해지자, 요르단의 글럽은 아스도드에 주저앉아 있는 이집트 알무아위의 용도를 찾아냈다. 예루살렘에 대한 이스라엘의 압박을 늦추기 위해 진격을 요청했다. 앞서 살펴본 대로, 5월 28일에 알무아위는 약간 전진했지만 이스라엘의 반격에 마주했다.

요르단군은 이스라엘의 세 번째 공격도 격퇴했다. 이스라엘군은 조직적 공격에 서툴렀다. 라빈 부대는 손실도 제일 컸고 지칠 대로 지쳤다. 팔마의 전사들도 야간 이동과 습격 등에는 능했지만, 정규군 진지나 고지 공격에서는 마찬가지로 희생자만 늘 뿐이었다.

버마 도로를 뚫어라

라트룬 공략이 쉽지 않아 보이자 이스라엘은 불가능해 보이는 작전을 계획했다. 1번 도로는 라트룬 아래서 좁은 협곡을 따라 달리므로 그 아래로 수송대가 통과하기란 불가능하다. 그러자 5월 말부터 도로 남쪽의 고지대를 따라 아랍군의 시선과 포격이 보이지 않는 위치에 교묘하게 산악 도로를 뚫기 시작했다.

남녀노소 구분 없이 온 국민이 도로 공사에 투입됐다. 산길이 하나 뚫리면 그만큼 진군하고, 또 길이 조금 뚫리면 그만큼 진군하는 고된 작전이었다. 놀랍게도 전차 등의 기갑 장비를 모두 분해해 노새로 실어 나르며 길을 뚫었는데 이 것은 2차대전 당시 독일군이 그리스 침공에서 쓰던 방법이 었다. 이 도로는 2차대전 중 중국을 구하기 위해 버마에 건 설한 버마 공로를 모방해 '버마 도로'라고 명명했다.

24일간의 공사 끝에 도로가 개통되었다. 6월 11일, 첫 수 송 트럭이 예루살렘에 도착했다. 굶주렸던 시민들은 '이스 라엘 만세'를 외쳤다. 1차 휴전 후인 6월 말부터는 도로가 완전히 제 기능을 발휘해 하루에 100톤의 물자가 예루살렘 에 도착했다. 라트룬전투는 실패했지만, 공격의 목적은 달

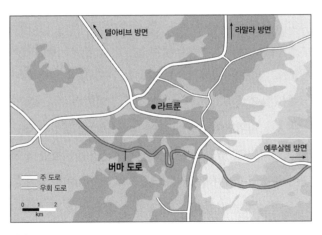

버마 도로

성한 셈이었다.

버마 도로 개통은 할리우드 영화로도 제작되었을 정도로 놀라운 사건이었지만, 역사적으로는 의문이 남는다. 글럽은 유능한 지휘관이었다. 이스라엘의 움직임을 정확히 예측했고, 부대의 배치와 이동에 능숙했다. 그런 그가 왜 1번 도로 남쪽 능선의 방어를 강화하거나 군을 적극적으로 운용하지 않았을까? 베들레헴에 이집트 여단이 있었고, 더 가까운 에치온도 아랍군이 장악하고 있었다. 글럽은 너무나 방어적이었다. 나폴레옹 시대부터 영국 지상군의 오랜 장기가 방어라고 하지만, 글럽은 한 수 빠른 포진으로 상대의 움직임을 저지하는 전술가 이상의 모습을 보이지 않고 방어전만 펼쳤다.

예루살렘 시가에 병력을 투입하지 않은 결정은 옳았다고 해도, 그가 좀 더 공세적으로 기동했다면 이스라엘은 예루살렘을 잃고 네게브 지역과 완전히 단절되었을 수도 있다.

유능한 지휘관이었던 글럽이 그럴 수밖에 없었던 데는 말 못 할 사정이 있었다. 바로 아랍연합군의 빈곤이었다. 전쟁이 시작되자마자 유엔 결의안 위반으로 서구 각국은 무기 금수 조치를 취했다. 온갖 비난을 받을 것이 뻔한 영국은 더 철저했다. 아랍 국가에서는 영국과 각별한 압둘라에게는 뭔가 수가 있을 것이라고 생각했지만 그렇지 않았다. 예비대도, 탄약 비축분도 없이 전력을 쏟아부은 덕분에 6월 2주 차가 되자 아랍연합군은 탄약이 바닥날 지경이었다. 글럽은 영국 정부에 재공급을 부탁했지만, 영국은 자신들이 공급하면 미국은 더 많은 양의 무기와 탄약을 이스라엘에 공급할 것이라는 이유로 거절했다. 다만 약간의 물자를 비밀리에 공급해주기는 했다.

다른 아랍 국가를 속이고 야심 차게 전쟁을 시작한 요르단 국왕 압둘라. 그 야심만큼 처음부터 전략도 모험적이어야 했다. 그러나 영국군 지휘관은 교과서적이고 알뜰하게 움직였다. 영국 정부와 교감이 있었을 수도 있지만, 그가 '고용된 전문가'였다는 사실도 무시할 수 없다. 압둘라에겐 처음부터 유능한 지휘관이 아니라 야성적인 지휘관이 필요했다.

16 알탈레나 사건

하나의 이스라엘군

이스라엘의 시간표

전쟁이 과열되자 유엔은 휴전을 제시했다. 1948년 6월 11일부터 7월 8일까지 1차 휴전에 들어갔다. 결정적 요인은 무기와 탄약 고갈이었다. 그러나 그 실상은 달랐다.

휴전 소식이 알려지자 이집트에서는 군중이 폭동을 일으켰다. 그간의 허위 보도 덕에 빛나는 승리를 거두고 있는 줄 알았던 대중들로서는 이 시점에 휴전하는 것을 이해할 수 없었다. 이집트 정부는 여론에 굴복했다. 병사들은 전장에서 굶주리며, 탄약 부족을 호소하고 있었다. 이 상황을 타개하기 위해 전쟁 예산을 대폭 늘렸다. 그러자 대중은 전쟁은 지지하면서도 예산 증액에는 반대했다.

시리아는 국내 여론을 의식한 정치적인 이유로, 사우디

아라비아는 전쟁터와 멀리 떨어져 있었기 때문에 휴전에 반대했다. 하지만 명분이 현실을 이겨낼 수는 없었다. 막상 팔레스타인에서 전쟁을 치르고 있는 나라는 요르단뿐이었다. 요르단은 포탄이 고갈되어 전쟁을 지속할 수 없었고, 요르단이 철수하면 이스라엘의 폭주를 막을 군대가 없었다.

유엔의 휴전 조건은 '현 상태에서 정지'였다. 요르단은 만족했다. 휴전이 되면 빈 총을 든 상태로도 팔레스타인과 동예루살렘을 지켜낼 수 있었다. 이스라엘은 다른 이유로 휴전에 찬성했다. 그들은 더 많은 군대를 소집해서 훈련 중이었다. 더 많은 무기와 지원병이 도착할 것이고, 더 많은 지역을 요새화할 수 있었다.

무기의 질도 달라졌다. 개전 전의 이스라엘은 3만 명의 병력을 보유했고, 그중 절반 정도가 무장했다. 개전 직전에야 간신히 경화기 정도로 무장을 완비했지만, 이후 전투를 치르며 징집하고 외국 지원병을 받아들였다. 1차 휴전이 시작될 때 병력은 6만 5,000명으로 늘었다. 이 중 4,000명이 외국에서 온 2차대전 참전 용사였다. 이런 베테랑의 경험도 유용했지만, 더 훌륭한 인력은 전투 지원 부대였다. 선원, 의사, 기술병, 물류, 통신 전문가, 정비사…. 중동 국가들은 늘 이런 지원 병력의 전문성이 떨어지는 바람에 가진 자원을 제대로 활용하지 못했다. 반대로 이스라엘은 적은 자원도 더 효과적으로 사용할 수 있는 능력을 갖추었고, 해외로부터 계속 수혈하고 있었다.

무기 공장도 더 빠르게 돌아갔다. 종전 때까지 이스라엘의 병력은 10만까지 늘었다. 인구의 20%를 징병했으며, 더 무섭고 빠르게 돌아가는 공장은 최소한의 화기를 늘어난 병력의 손에 들려주었다. 이제 무기 조달은 질적으로 변했다. 더 큰 야포, 중박격포, 중기관총, 전차와 전투기가 지급될 것이었다. 이미 중화기를 선적한 수송선들이 이스라엘로 떠났고, 무기 공장은 생산 품목을 소화기 위주에서 박격포, 수류탄, 기관총으로 전환했다.

유엔의 금수 조치에도 불구하고 이스라엘은 외국에서 계속 무기를 들여왔다. 반면 아랍군이 할 수 있는 것은 징병뿐이었다. 그나마 무기와 탄약, 조직력이 받쳐주질 못하니 숫자만 늘린 것에 불과했다.

중화기를 장착한 이스라엘군은 더 공격적인 작전을 펼칠 수 있었다. 벤구리온은 장담했다. "4~6주만 지나면 우리는 아랍 국가 전부를 물리칠 수 있는 작전을 구사할 수 있을 것이다." 이스라엘에서조차 믿지 못하는 사람이 있었지만, 벤구리온은 자신만만했다.

이것이 전후에 밝혀진 이스라엘의 놀라운 전쟁 시간표였다. 전쟁 직전 모두의 예상과 달리 벤구리온은 일기에 이렇게 썼다. "계산은 끝났다. 우리는 절대 질 수 없다."

벤구리온은 개전 초에 네게브 키부츠의 구원 요청을 묵살하고, 피로 시간을 벌라며 냉혹한 요구를 했다. 알고 보면 그것도 맹목적인 요구가 아니라, 사전에 계산된 이유 있는 요구였던 셈이다. 아슬아슬했던 고난의 시기는 끝났다. 이제부터 시간은 이스라엘의 편이었다.

그렇다고 이스라엘이 여유만만했던 것은 아니다. 전략적 헤게모니만 장악했을 뿐, 전투 현장은 여전히 위험하고 고통스러웠다. 지칠 대로 지쳐 있던 병사들에게 휴전은 단비와도 같았다.

맹장은 죽지 않는다

1차 휴전 중이던 6월 22일, 텔아비브의 프리쉬먼 해변. 지금은 해수욕장으로 사용되는 해변에 라빈이 하렐 여단 병사들과 함께 도착했다. 바다에는 한 척의 전차상륙함◆이 좌초되어 움직이지 않고 있었다. 해변에는 정렬한 이스라

◆ Landing Ship Tank. 상륙 작전용 함정으로 선수문船首門이 열려 선창이나 상갑판에 실은 병력, 전차, 물자를 양륙할 수 있다.

엘 군인과 군복을 입은 민간인과 뒤섞여 무질서하게 뭉쳐 있는 한 무리의 집단이 대치하고 있었다. 배에서는 낡은 확성기에서 계속 무어라고 시끄러운 소리를 내고 있었다.

6월 10일부로 휴전이 선포되었다. 짧은 휴식이었지만, 지칠 대로 지친 하렐 여단에겐 반가운 휴식이었다. 그러나 잠깐의 휴식도 용납할 수 없었던지 벤구리온이 라빈을 텔아비브로 호출했다. 벤구리온이 자신과 팔마를 별로 좋아하지 않는다는 사실은 알고 있었지만, 명령을 받은 라빈은 믿을 수 없었다.

라빈은 입술을 깨물었다. 배의 확성기에서는 "우리는 싸움을 원치 않는다"라고 반복해서 외치고 있었다. 그러나 싸움은 이미 벌어졌다. 라빈의 등 뒤로 텔아비브 도심에서 검은 연기가 치솟아 오르고 간간이 총성과 포성이 울렸다.

선상에서 어떤 인물이 정열적으로 소리치고 무언가를 지시하고 있었다. 얼굴은 알아볼 수 없었지만, 라빈은 그가 누구인지 알았다. 이르군의 지도자 메나헴 베긴이었다.

전차상륙함은 이탈리아제로, 이름은 알탈레나였다. 이 배에는 소총 5,500정, 브렌 경기관총 300정, 스판다우 기관총(아마도 체코제였을 것이다) 50정, 탄약 400만 개, 포탄 1만 개, 장갑 트랙 차량 4대, 이스라엘군에 입대하려는 해외 지원병 900명이 타고 있었다.

텔아비브로 오기 전에 알탈레나호는 텔아비브 북쪽 크파르비트킨 해변에 정박했다. 이르군 병사들은 부대를 탈영해 해변을 장악했다. 이들의 도움으로 대부분의 지원병들은 해변에 내려서 사라졌다. 무기도 일부 하역했다.

이스라엘 정부군이 공격해서 해안의 이르군을 제압했지만 배는 다시 시동을 걸고는 빠져나갔다. 얼마 후 이 배는 텔아비브 해변으로 왔다. 이스라엘군이 해변을 통제하자, 다시 이르군 병사와 지지자가 몰려들었다.

알탈레나호에 선적한 무기는 해외에 있던 이르군 조직원이 프랑스 육군에게서 공짜로 넘겨받은 것이었다. 휴전협정은 휴전기에 추가적인 무기나 해외 자원병의 입국을 금지하고 있었다. 알탈레나의 상륙은 명백한 협정 위반이었다. 그러나 이것이 이 소동의 본질은 아니었다.

하나의 이스라엘군

이스라엘을 건국하기 전, 벤구리온은 신생 국가의 군대는 이스라엘국방군IDF으로 통합해야 한다는 신념을 고수했다. IDF는 전쟁 중인 1948년 5월 26일에 창군했다. 전쟁 중이었으니 하가나와 팔마를 해산할 수는 없었지만, 해외에서 5만 명의 지원병이 쏟아져 들어오고 개전 초에 3만이었던 병력이 12월에는 10만까지 불어난 상황에서 신병들을 하가나와 팔마에 무한정 공급할 수도 없는 일이었다.

벤구리온은 하가나와 팔마 부대를 그대로 여단으로 편성해서 IDF에 편성했다. 자칫하면 군이 3개로 쪼개질 판이었다. 벤구리온은 하부의 사람과 조직은 그대로 두는 대신 상부 구조부터 통합했다. 하가나와 팔마 부대가 여단 명칭을 받고, 통합사령부에 소속되고, 다시 IDF에 소속되는 식이다. 예를 들면 예루살렘에는 하가나와 팔마 여단이 활동하고 있었는데, 예루살렘 통합사령부를 설치하고 미군 대령 출신인 미키 마커스에게 장군 지위를 주어 사령관으로 임명하는 방식이었다.

골치 아픈 단체는 이르군이었다. 하가나와 팔마는 공개적이고 정규군을 지향하는 조직이었지만, 이르군은 지하 조직이며 테러 단체였다. 그들의 지도자는 이스라엘 사람들이 보아도 무슨 일을 저지를지 모를 섬뜩한 인물, 베긴이었다.

벤구리온은 국방군 편성 과정에서 이르군을 제일 먼저 해산했다. 실제로 해산되지는 않았지만, 베긴 입장에서 이는 불공정한 처사였다. 베긴은 이르군이 국방군에 소속되는 것에 동의하면서도 하가나나 팔마처럼 여단으로 편성해달라고 요구했다. 기왕이면 예루살렘 전선에 참전하겠다고도 했다. 실제로 이르군은 독립적으로 활동하며 데이르야신 마을과 팔레스타인 소개 작전에서 선혈이 낭자한 활약을 했다.

벤구리온은 베긴의 제안을 거부했다. 이르군은 소멸되어야 했다. 그러자 베긴은 이르군 소유의 수송선 알탈레나호를 발진시켰다. "이 무기들은 IDF가 아닌 이르군에 배부될 것이고, 지원병들은 이르군의 조직원이 될 것이다."

베긴은 알탈레나의 무기와 지원병을 국방군에 양도하라는 명령을 계속 거부했다. 양도하더라도 이르군에 지급할 양을 남겨달라고 요구하기도 했다. 한마디로, 어떻게 해서든 이르군 여단을 만들겠다는 의도였다. 알탈레나호가 이스라엘에 도착하자 이르군 출신 병사들이 부대를 탈영해 해변으로 모여들었다. 텔아비브 거리에서는 방화와 폭동이 발생했다.

텔아비브 정가에서는 베긴이 쿠데타를 도모한다는 소문까지 돌았다. 베긴은 이를 강력하게 부인하지도 않았다. 팔레스타인에 온 뒤로 테러 조직을 이끌며 1급 수배자로 살아온 그는 '공포'를 수단으로 사용하는 데 너무 익숙했다.

벤구리온은 격노했다. 유대인이 유대인을 향하여 총을

쏘는 최후의 수단도 불사하기로 결심했다. 그는 이 마피아를 상대할 부대로 특전사를 선택했다. 라빈의 하렐 여단이었다.

오후 4시, 라빈은 신호를 보냈다. "발포하라." 먼저 경고의 뜻으로 총격이 시작되었다. 배에 있던 사람들은 정말 놀랐다. 이어 포탄이 날아왔다. 탄약과 포탄을 가득 실은 배를 향해서 말이다. 처음에 포탄은 배 주변에 떨어졌다. 선장은 진짜 포격하지는 않으리라 생각하고 백기를 게양했다. 그러나 포격은 중단되지 않았다. 물보라를 튀기며 폭탄이 배를 향해 점점 다가오더니, 한 발이 갑판을 뚫었다.

배가 화염에 휩싸였고, 이르군 대원들이 물로 뛰어들었다. 베긴은 상대의 강경함에 경악했지만, 체면을 잃지 않았다. 선장이 달려와 퇴선하라고 하자 베긴은 마지막에 내리겠다고 말했다. 사실 베긴은 수영을 못 했다. 선장이 구명정에 타라고 외치자, 그제야 수영을 못해도 구명정에 타는 방법이 있다는 사실을 깨달았다. 누군가 그에게 구명조끼를 입혔다. 어쨌든 주변인들이 보기에 베긴은 끝까지 침착했고, 배에서 아무 말도 하지 않았다. 리더로서 아무것도 할 수 없는 상황이 되었을 때는 주변 사람들의 존경에 의지하는 것이 최선이다. 이르군 대원들은 베긴의 행동에 아무런 의문도 품지 않았다. 구명정이 해변에 도착하자마자 이런 일에 도가 튼 이르군 조직원 덕분에 베긴은 거짓말처럼 시야에서 사라졌다.

이날의 전투로 19명이 사망하고 56명이 다쳤다. 베긴은 물에 젖은 몸을 이끌고 이르군 본부로 갔다. 그가 체포될 것을 우려한 사람들이 피신을 권유했다. "레닌도 숨어서 혁명을 지휘했습니다." 그러나 베긴은 이렇게 대답했다. "나는 레닌이 아니다."

훗날 라빈은 '동족을 향해 총을 쏘아야 했던' 이날이 인생에서 최악의 날이었다고 회고했다. 하지만 이 말은 최악의 임무였다는 의미이지, 이 조치가 잘못되었다는 뜻은 아니다. 라빈은 평생 전우와 부대에 대한 자부심과 소속감을 간직했던 사람이지만, 벤구리온의 '하나의 군대' 정책이 이스라엘을 위해 옳은 길이라는 사실은 인정했다. 팔마를 향한 애정도 국방 정책에 대한 반대가 아니라 유능한 특수부대에 대한 애착이었다.

이날의 패배자는 베긴이었지만, 놀랍게도 그는 패배하지 않았다. "나는 레닌이 아니다"라는 베긴의 말은 진심이었다. 이스라엘이 건국된 이상, 지하 조직은 존재할 이유가 없었다. 이르군을 이용해 혁명을 일으켜 정권을 장악한다면 이스라엘은 분열하고, 디아스포라는 등을 돌리고, 베긴 정권도 이스라엘과 함께 지도에서 사라질 것임을 그는 알고 있었다.

베긴은 이미 지하에서 지상으로 올라와 있었다. 단지 이르군으로 닦아놓은 조직 기반이 아쉬웠다. 그는 이르군도 테러 조직에서 합법적인 군사·정치 조직으로 바꾸고 싶었다. 하지만 벤구리온은 이를 용납하지 않았다. 지상으로 올라온 이르군은 도처에서 지긋지긋한 만행을 벌이고 있었다. 하가나도 적지 않게 만행을 저질렀지만, 이르군과는 비교가 되지 않았다.

알탈레나 사건은 '이르군의 지상 조직화는 용납할 수 없다'라는 벤구리온의 단호한 의사를 나타낸 철퇴였다. 베긴은 테러 단체의 수장답지 않은 유연한 자세로 즉시 한발 물러섰다. 팔마군은 전투 끝에 이르군 본부를 장악하고 주요 인사를 체포했지만 베긴을 추격하지는 않았다. 베긴은 라디오 마이크 앞에서 자신의 패배를 인정하는 방송을 하며 울먹였다. 이르군의 진정한 테러리스트들은 지도자의 나약함에 충격을 받았지만, 그 덕에 베긴은 벤구리온의 마지막 숙청을 피할 수 있었다.

어떤 이르군 대원이 벤구리온을 암살하겠다고 하자, 베

긴은 그를 죽이고 싶다면 나를 먼저 쏘아야 한다고 말했다. 베긴은 개별적으로 IDF에 입대해 신성한 의무를 다하라고 강경파 대원을 설득했다. 배낭을 벗어 던지고 간신히 맨몸으로 빠져나온 격이었지만, 베긴은 사살당하지 않고 지하 동굴에서 지상으로 나오는 데 성공했다.

측근들은 베긴의 체포를 걱정했지만, 벤구리온 역시 이르군의 불법화(해체령)로 만족했다. 그는 더 이상의 분열을 원하지 않았다. 신생 국가 이스라엘에 닥쳐온 최초의 분열 위기는 도저히 화합할 수 없었던 벤구리온과 베긴이라는 두 지도자 간의 이상한 교감에 의해 종료되었다.

전쟁사적 관점에서 볼 때 벤구리온의 IDF 정책은 이스라엘이 차후 30년간의 전쟁에서 승자로 살아남을 수 있었던 가장 중요한 요인이었다. 동시에 지도자로서 벤구리온의 뚝심과 신념, 융통성 있고 정확한 판단력의 정수를 보여준 정책이었다.

신생 국가가 태어나자마자 전쟁에 휩쓸리면 국가의 미래를 불구로 만들 수 있다. 전쟁은 필연적으로 군사 지도자의 인기를 높이고, 군부의 세력을 강화하고, 장기적인 군사 독재를 초래할 가능성을 높인다.

이스라엘도 이 과정을 피하지 못했다. 전쟁 영웅들은 총리 등 고위직으로 어김없이 승진했다. 그러나 군사 지도자가 총리가 되는 것과 군벌이 권력을 장악하는 것은 완전히 다른 이야기다.

전쟁 초기에는 IDF와 하가나, 팔마가 어정쩡하게 공존했다. 그러나 긴박한 전쟁 상황에서도 벤구리온은 단일 국방군에 대한 집념을 절대 꺾지 않았다. 그는 전문가를 기용해 군대의 질, 작전 수행 능력, 장교의 수준, 병사의 훈련도, 약탈과 비행까지 정보를 꼼꼼하게 수집했다.

하가나 조직은 형편없다, 대대장들의 보고가 상부로 전달되지도 않는다, 하가나 장교들은 전투가 중요한 줄만 알지 보급과 군수의 중요성을 모른다, 물류 관리 방법을 몰라서, 물자 관리와 전달은 부실하고 효과적이지 못하다, 우리 군은 아직 체계적인 작전 수행 능력이 부족하다, 하가나가 훈련 안 된 신병들을 주민 소개 작업에 투입하고 그런 용도로 신병을 모집하고 있다, 이들은 약탈을 시작하면 지휘관의 명령도 무시한다…

이런 자료는 협박용이라기보다 군 개혁의 근거로 이용되

었다. 개혁의 주체이자 귀결점은 당연히 IDF였다.

벤구리온은 하가나의 경험 부족을 지적하며 2차대전 참전 경력이 있는 해외 지원병의 역량을 높이 평가했다. 하가나 대원들은 이런 태도가 불만이었지만, 이 영감의 의도는 하가나와 팔마의 의존도를 어떻게든 낮추려는 조치였을 것이다. 실전 경력이 전혀 없는 법무관 출신 미키 마커스를 장군으로 승진시켜 하가나와 팔마의 최정예가 치열한 전투를 벌이고 있던 예루살렘 지구의 통합사령관으로 임명한 것도 대단한 모험이었다.

전투가 실패로 끝났다면 벤구리온의 간섭은 정치가 전쟁을 망친 가장 부적절한 사례로 남았을 것이다. 미키 마커스가 초병의 오인 사격으로 사망하는 바람에 이 갈등은 노골적으로 드러나지 않았는데, 마커스의 죽음이 오인 사격이 아니라 불만을 가진 세력이 암살했다는 설이 지금까지 떠돌고 있다.

마커스의 미스터리한 죽음처럼 제1차 중동전쟁은 긴박한 전황만큼이나 아슬아슬했다. 급조한 IDF는 제대로 통제되지 않았다. 적이 코앞에 다가왔는데, 여단에서는 무슨 일이 일어나는지, 어떻게 대응해야 하는지 통보를 받지 못한 적도 있었다. 명령이 내려와도 현장 지휘관의 재량이 우선인 경우도 적지 않았다.

이런 것들이 순수하게 '현장 지휘관의 적절한 판단'이었다면 좋았겠지만, 파벌, 불만, 독선에 의한 경우가 적지 않았다. 벤구리온은 이런 상황에서 끊임없이 타협해야 했다. 하지만 그는 거부할 것은 거부하고 양보할 것은 양보하고 어떤 것은 못 본 척하면서 가장 적절한 방식으로 한 걸음씩 접근했고, 결국 모든 것을 빠르게 삼켜나갔다.

1948년 6월 알탈레나 사건으로 이르군을 해산하고, 3개월 후에는 레히를 해산했다. 놀랍게도 전쟁 말기에는 냉정하게 팔마까지 해산해버렸다. 팔마의 영웅 라빈에게는 전우회 모임에도 참석하지 말라고 지시했는데, 군인 정신으로 무장한 라빈이 그런 지시를 들을 리가 없었다. 라빈은 1964년에 이스라엘 참모총장이 되는데, 전우회 참석 사건만 없었더라면 훨씬 빨리 그 자리의 주인이 되었을 거라는 설이 있다.

이스라엘 군부 내의 조직과 파벌 싸움은 다른 나라 같으면 내전이나 쿠데타가 발생하고도 남을 정도였다. 그러나 이르군의 사례에서 보듯이 이 갈등은 극적인 선에서 봉합되었다. 이런 갈등이 많은 군사 행동을 방해했지만, 패전에 이르게 하지는 않았다. 여기에는 더 이상 갈 곳이 없는 이스라엘의 특수한 상황, 상대적으로 낮은 아랍 군대의 수준도 한몫했다.

그러나 인간은 생각만큼 이성적이지 않아서 누가 보아도 막장인 상황에서 최악의 선택을 하는 경우가 허다하다. 상대가 약하면 방심한 나머지 엉뚱한 결정을 내리는 경우도 적지 않다. 이를 감안하면 이스라엘의 타협은 놀라운 것이었다. 또한 벤구리온의 끈질기면서도 유연하고, 강력하면서도 적절한 실천력은 높이 평가받아야 마땅하다.

북부 영토 사수 대작전

만약 우리가 (적의 수도에) 폭격을 가한다면 그들은 우리
를 존중할 것입니다. ― 벤구리온

갈릴리 탈환 작전

1948~1949년에 걸쳐 벌어진 제1차 중동전쟁은 중간에
각국의 복잡한 사정으로 두 번 정전되면서 3라운드로 구
분할 수 있다.

1라운드 : 이스라엘 건국 직후의 전투들(1948년 5월 15일~6
월 10일)
2라운드 : 1차 휴전 이후(7월 8일~7월 18일)
3라운드 : 2차 휴전 이후(10월 15일~1949년 3월 10일)

1차 휴전은 7월 8일에 깨졌다. 그리고 10일간의 전투가 시작됐다. 겨우 10일이라고 할지도 모르지만, 팔레스타인에서의 열흘은 신이 천지를 창조하고도 남는 시간이었다.

2차전에서 이스라엘의 목표는 갈릴리에서 ALA를 몰아내는 것이었다. ALA의 병력은 3,000~4,000명 정도였다. 이스라엘 입장에서 ALA는 전투력 이상으로 골치 아픈 군대였다. 중동전쟁은 외형상 유대인과 전 이슬람권의 전쟁이었다. 공식적으로는 팔레스타인을 포함해서 6개국만이 참전했지만, ALA를 통해 비참전국의 젊은이들이 전쟁에 뛰어들었다. 사우디아라비아, 예멘, 심지어 보스니아인도 있었다. 이라크는 소극적으로 개입했는데, ALA에 참여한 이라크인들은 위협적이었다. 그들의 희생이 늘고 전쟁이 길어지면, 어떤 형태로든 본국이 개입할 가능성이 높았다. ALA야말로 전 세계의 이슬람 국가를 지하드(성전)로 끌어들일 수 있는 도화선이었다.

ALA는 하이파―나사렛 구간의 팔레스타인 영토를 사수하길 원했다. 알까우끄지는 나사렛에 본부를 설치했다. 드디어 이스라엘군이 나사렛을 향해 진격을 시작했다. 이스라엘의 공세는 강력한 반면, ALA는 산만하게 흩어져 있었다. 아마도 갈릴리 주민 중에서 지원자를 모집하고 부족한

이스라엘 격전지(나사렛, 하이파, 아스도드, 가자, 라파)

레바논

갈릴리호수

지 중 해

하이파

나사렛

나블루스

요르단

텔아비브

라말라

아스도드

예루살렘

사 해

가자

헤브론

라파

이집트

보급을 충당하기 위해서였겠지만, 전투력의 측면에서 바람직한 조치는 아니었다.

이미 ALA의 사기는 상당히 저하되어 있었다. 알까우끄지의 회고에 의하면, 지원이 끊어지면서 탄약과 의복이 제대로 지급되지 않았다. 무엇보다도 중요한 군인들의 보수가 끊겼다. 집단 탈영이 발생했고, 주민들이 이런 모습을 목격했다. ALA를 간신히 붙들고 있는 것은 무프티 후세이니파의 결의와 이스라엘의 폭력에 대한 분노였다.

인간은 멀리 있는 폭력에는 공분하지만, 근접한 폭력에는 두려움을 느낀다. 주민들의 사기가 저하되는 상황에서 소수민족인 드루즈족이 팔레스타인에 등을 돌리고, 이스라엘에 가담했다. 이스라엘의 구르카족◇이라고 할 수 있는 드루즈족은 지금까지도 정예 대대를 유지하고 있다.

알까우끄지는 나사렛을 요새화하려고 했지만, ALA의 실상을 본 주민들이 협조를 거부했다. 나사렛은 거의 피를 보지 않고 함락되었다. 알까우끄지는 탈출해 난민들과 함께 레바논으로 들어갔다. 이 사건으로 ALA의 사기는 크게 저하됐다. 그래도 ALA는 7월 18일 2차 휴전 때까지 갈릴리

◇ 1차대전 영국 용병으로 활약한 네팔 부족 군대.

북단 지역을 지켜내는 데는 성공했다.

　7월 8일, 아스도드의 이집트군은 새로 보충된 수단 대대를 포함한 4개 대대로 야심 차게 공격을 시작했다. 이집트군은 이스라엘이 휴전을 이용해 남부 공세를 준비하고 있으며, 아스도드에서 해안을 따라 가자에서 라파로 이어지는 라인과 네게브의 이집트군 사이로 파고들어 양측을 절단하려는 의도를 간파했다. 솔직히 말하면 모를 수가 없는 상황이었다.

　이스라엘이 파고들기 전에 양측을 연결해야 했다. 사실 연결한다고 해도 취약한 형태가 되고 말겠지만, 절단만은 막아야 했다. 이집트군은 공격 부대를 둘로 나누었다. 한 부대는 베이트 다라스를 공격했는데, 더 치고 올라가서 아스도드 동쪽의 교차로 지대를 점령하려 했던 것 같다. 이 교차로를 확보하면 텔아비브와 예루살렘을 연결하는 1번 도로가 라트룬과 교차로 양쪽에서 위협받는다.

　한 부대는 좀 더 남쪽의 팔루자 교차로 지대로 치고 나갔다. 이곳을 장악하면 동쪽으로는 헤브론, 남쪽으로는 베르세바로 연결되는 도로를 통제할 수 있다. 이집트군의 동서를 연결하는 동시에 이스라엘군의 돌파를 저지하는 방어선을 구축하는 것이다.

나세르의 6대대와 수단 대대가 참여한 베이트 다라스 공격은 실패했다. 하지만 2대대와 9대대는 팔루자 교차로를 확보하는 데 성공했다. 이후 양측은 보기 드문 격렬한 공방전을 펼치며 밀고 밀리는 전투를 계속했다. 북쪽 지대에서 이집트의 공세는 실패했지만, 팔루자 교차로를 확보하는 데는 성공했다. 그리고 2차 휴전이 이뤄졌다.

평화의 심장을 쏘다

유엔은 휴전을 권유하면서 휴전을 감시하고 현지에서 양측을 중재할 인물을 찾았다. 폴케 베르나도테 백작은 2차 대전 중에 스웨덴 적십자사의 부단장으로 하인리히 힘러와 접촉해서 수많은 북유럽 포로를 나치 수용소에서 구출했다. 이때 유대인 수천 명을 구출해 이스라엘 정부에서 감사장까지 받은 적이 있었다.

그는 합리적이고 정의감에 불타는 용기 있는 사람이었다. 그는 팔레스타인과 이스라엘의 역사를 잘 알지도 못하고 유엔이 별다른 지원도 해주지 못하는 상황에서 이 임무를 받아들였다. 그는 자신의 사명이 '전쟁을 멈추는 것'이라고 받아들여 즉석에서 기꺼이 제안을 수락했다고 한다.

하지만 유대인들은 이러한 이상주의를 받아들일 마음이 전혀 없었다. 아랍인들은 서구인이 정치가와 유대인의 영향력에서 자유롭다고 믿지 않았다. 베르나도트는 동분서주하면서 이스라엘과 아랍인이 평화롭게 공존할 수 있는 세상을 만들기 위해 노력했다. 베르나도트가 고심 끝에 만든 중재안이 잘 시행된다면 가능할 것처럼도 보이기도 했다.

그의 방안은 서로의 절실한 욕구를 들어주고, 그 대가로 차선을 양보하는 것이었다. 예컨대 예루살렘은 요르단에 주어 아랍인의 영역으로 한다. 대신 유대인 지구에는 자치권을 준다. 요르단이 바다가 없는 국토를 아쉬워한다는 사실을 간파한 그는 하이파 항구와 리다 공항(현재 벤구리온 공항)을 자유항구, 자유시로 만들자고 주장했다. 팔레스타인 난민들은 고향으로 돌려보내고 재산을 보상해주자고 했다.

이스라엘에 서부 갈릴리를 주고, 대신 남부 네게브는 요르단에 준다. 이렇게 하면 요르단이 크게 성장하는데, 압둘라 왕에게는 그 대가로 이스라엘과 동맹을 체결할 것을 요구했다. 그는 이 전쟁이 사실상 이스라엘과 요르단의 전쟁이며, 요르단이 평화를 선언하면 다른 아랍 국가들은 전쟁을 지속하거나 일으키기가 힘들다고 보았던 것 같다.

어쩌면 그는 요르단이 영국과 동맹국이며 이스라엘의 건

국에 영국이 베푼 것을 감안해, 영국이란 공통 요소를 통해 두 나라가 화해할 수 있다고 생각했던 것 같다.

이집트의 불만? 역시 영국이 무마시켜줄 수 있지 않을까? 다시 가정해보자면 그는 중동 세계가 열강의 각축장이 될 것이라는 불길한 징조를 눈치챘던 것 같다(사실 별로 어려운 예측도 아니었다). 이스라엘과 아랍이 민족자결주의를 실행할 수 있다면 좋겠지만, 세계는 그들을 내버려두지 않을 것이다. 그렇다면 차라리 영국이 중재자 지위를 지키는 것이 미국과 소련의 개입으로 이 세계가 엉망으로 찢기는 것보다는 낫지 않을까?

이상주의자의 타협안은 이상주의의 길을 걸었다. 모두가 그의 제안을 거부했다. 이 전쟁 자체가 아랍과 이스라엘 모두가 '공존하는 세상'에 몸서리치면서 시작된 것이었다. 각자의 입장에서 보면, 베르나도트의 제안은 하나하나가 자국 영토에 뇌관을 심는 행위였다.

결국 사달이 났다. 9월 17일, 예루살렘에서 베르나도트가 탄 차량이 총격을 받았다. 그는 즉사했다. 암살 주체는 이스라엘에서도 최강경파인 레히였다. 홀로코스트에서 유대인을 구한 은인을 유대인이 암살했다는 사실에 세계는 충격을 받았다. 이스라엘 정치가 중 국제 정세에 제일 예민했던 사람, 국제 여론을 무시해서는 안 된다고 정치가들을 설득했던 사람은 벤구리온이었다. 그는 이 사건에 당황했지만 그야말로 그답게 처리했다. 레히와 이르군은 이미 해체되었지만, 예루살렘에서만은 예외로 모두 남아 있었다. 벤구리온은 즉시 레히 대원 200여 명을 체포하고, 두 테러 단체를 해체했다. 이렇게 해서 귀찮은 이상주의자와 위험한 테러 집단이 벤구리온의 시야에서 동시에 사라졌다.

궁극적으로 목적을 달성한 그는 1949년 총선을 앞두고 레히 대원을 석방했다. 배후를 끝까지 추궁하는 국제 여론에는 모르쇠로 일관했다. 레히의 창설자인 아브라함 슈테른은 1942년에 암살되었다. 이때의 지도자는 이츠하크 샤미르였는데, 그는 나중에 모사드에서 활약했고 1983년 이르군 지도자였던 메나헴 베긴의 뒤를 이어 이스라엘 총리가 된다.

3라운드, 이스라엘의 대공세

분노의 질주

완전한 승리

베르나도트가 암살되자, 휴전을 지속할 이유도 사라졌다. 3라운드는 10월 15일에 시작되어 장장 6개월간 이어졌다. 7월의 개전은 우발적이었지만, 3차 개전은 의도적이었다. 변신을 완료한 이스라엘은 휴전협정을 일방적으로 파기하고 전쟁을 재개했다.

4개월의 휴식기 동안 이스라엘군은 완전히 다른 군대가 되었다. 이제부터의 전쟁사에는 이스라엘 기갑부대, 공습, 구축함의 포격과 같은 단어가 거침없이 등장한다.

제1차 중동전쟁을 소재로 한 할리우드 영화에서(이 영화 제작비의 출처는 물론이고 배우들이 디아스포라 출신이라는 사실은 굳이 말할 필요도 없겠지만) 프랭크 시나트라가 미국 지원병 출신 조종사로 출연했다. 그가 정찰기에 오르려고 하자 정비병이 기관단총을 쥐어준다. "이걸로 뭘 하라고?" "없는 것보다는 낫지 않겠습니까." 비무장 정찰기로 용감하게 전선을 누비던 시나트라는 마침내 아랍 전투기에 포착된다. 그는 조종석 창문을 열고 특유의 시니컬한 표정으로 기관단총을 몇 발 쏘다가 격추되고 만다.

이것이 세계에 알려진 제1차 중동전쟁의 이미지다. 하지만 명백히 과장된 것이다. 지금까지 살펴본 대로 이스라엘의 대비 태세는 알려진 것보다 훨씬 철저했고, 아랍권의 전력은 훨씬 형편없었다. 그래도 전쟁 전반기만 놓고 보면 영화 같은 상황이 없지는 않았다. 하지만 전쟁 후반부는 완전히 다르다. 벤구리온은 전쟁을 재개하면서 이렇게 말했다.

"나블루스를 점령하고 카이로, 알렉산드리아, 다마스쿠스, 베이루트에 대한 강력한 공중 폭격만 감행된다면 우리는 완전한 승리를 거둘 것이라고 믿는다."

벤구리온이 말한 '완전한 승리'란 적이 전쟁을 꿈꿀 엄두를 다시는 내지 못할 치명적이고 확실한 승리였다. 이 목표를 위해 이스라엘 공군기가 하늘을 날아오르고, 땅과 바다에서는 전차와 구축함이 전진을 시작했다.

1948년 10월, 전쟁을 재개하면서 비로소 이스라엘은 남부 전선으로 전력을 모으기 시작했다. 기바티 여단과 알렉산드로니 여단(3여단)이 교대하고, 북부 전선에 있던 1여단 골라니, 최초의 기갑부대인 8여단이 남부로 이동했다. 4월부터 하루도 쉬지 않고 싸워온 라빈의 하렐 여단(10여단)도 지친 몸을 이끌고 예루살렘 남부 회랑으로 출동했다.

남부 전선의 책임자로 팔마 사령관 이갈 알론이 임명되었다. 지위로 보면 영전이지만, 알론은 분노에 차 있었다. 휴전기에 이르군과 레히를 성공적으로 해체한 벤구리온이 팔마에까지 구조 조정을 시도했기 때문이다. 알론은 항의의 뜻으로 사표를 썼다. 알론을 버릴 수도, 팔마를 방치할 수도 없었던 벤구리온은 최강의 적을 상대해야 하는 남부 사령관직에 알론을 임명하고 구조 조정을 이어갔다. 알론은 직책의 유혹이 아니라 이스라엘의 운명을 건 의무에 굴복할 수밖에 없었다.

벤구리온 입장에서는 알론을 버릴 수 없었다. 그동안 이스라엘군이 선전하기는 했지만, 전투의 규모가 소규모였던 데다 아랍군의 덕이 컸다. 이스라엘군 장교들은 대부분 경험이 부족하거나 잘해야 게릴라 지도자 출신이라 정규군을 이끌기에는 한없이 부족했다. 전투 감각이 뛰어난 장교라고 해도 단숨에 2배 이상 불어난 정규군을 운영하기에는 턱없이 부족했다. 전투는 규모가 커지면 경영이 된다. 따지고 보면 게릴라 지도자란 군수, 운영, 협력 같은 부분을 떼어놓고 싸우는 데 유능한 투사들이다.

경험 부족을 극복하는 유일한 방법은 천재성이다. 진짜 실력자는 이력서의 경력에는 없는 분야에서 능력을 발휘하는 사람이다. 이상한 말 같지만 주변에서도 흔히 벌어지는 일이다. 유능한 중대장이라고 해서 유능한 대대장이 되지는 않는다. 어떤 중대장도 대대장을 경험해본 적 없지만, 그중에서 몇몇은 유능한 대대장이 된다. 이갈 알론이 그런 인물이었다.

병력과 장비도 계속 보강되었다. 1948년 10월경이 되면 가자-라파, 베르셰바를 중심으로 1만 5,000명의 병력이 포진하고 있었다.

아랍의 전략

시리아는 변함없이 강경했다. 레바논은 확실하게 발을 뺐다. 이라크는 요르단이나 적당히 도와줄 요량이었다.

이스라엘의 전략적 타깃은 베트세안-나사렛-하이파

로 이어지는 갈릴리의 절단면을 돌파해 국경을 훨씬 위쪽으로 밀어 올리는 것이었다. 그렇게 하면 이스라엘은 머리 위에 드리워진 팔레스타인의 우산을 걷어낼 수 있다. 동시에 요르단이 점거하고 있는 팔레스타인 구역인 웨스트뱅크는 레바논, 시리아, 이라크와 단절된다. 한마디로 유엔 분할안에서는 이스라엘이 팔레스타인이란 노른자를 품은 흰자였는데, 이렇게 되면 팔레스타인이 흰자가 되는 것이다.

이 전략을 달성하기 위한 전술적 타깃은 ALA였다. 갈릴리 방어의 주력은 목소리만 큰 시리아군이 아니라 ALA였다. 병력은 3개 여단에 약 3,150명이었다. 시리아 주력군은 레바논에 주둔하며 레바논 방어에 주력하고 있었다. ALA도 본부는 레바논에 있었는데, 이스라엘이 갈릴리전투에서 승리하며 팔레스타인 촌락을 파괴하기 시작하자 레바논 정계가 뒤집혔다.

레바논은 중동 국가 중에서도 종교가 제일 복잡한 나라다. 특이하게도 최대 다수파는 마론파 기독교이며, 시아파, 수니파, 드루즈파, 동방정교회 등 다양한 종파가 섞여 있다. 레바논은 1944년에 프랑스로부터 독립했는데, 독립할 때부터 종파의 인구 비례에 따라 의원 수를 분할하는 내각제 중심의 연립 정권으로 출발했다.

문제는 이 균형이 너무 아슬아슬하다는 것이다. 이스라엘의 침공으로 팔레스타인 주민들이 난민화되자, 레바논의 기독교 세력은 긴장하지 않을 수 없었다. 25만 명에 달하는 북부 팔레스타인 주민들이 레바논으로 유입되면 레바논의 기독교계와 이슬람계 주민의 균형이 당장에 역전되고 말 것이기 때문이다.

이 걱정은 기우가 아니었다. 실제로 1970년대 팔레스타인 난민이 레바논으로 대거 밀려들면서 종파 간 균형이 파괴되었고, 현재까지도 지속되고 있는 레바논 내전의 중요한 원인이 되었다. 놀란 레바논은 최초의 지하드에서 노골적으로 발을 뺐다. 이때쯤에는 알까우끄지는 팔레스타인 지도부와는 물론 아랍군사위원회와도 사이가 벌어져 있었다. 진퇴양난에 처한 알까우끄지는 공세를 통해 자신의 입지를 강화하고, 시리아와 레바논의 전의를 되살리려고 했다. 그는 휴전협정을 무시하고 갈릴리 북부 레바논 국경 산악지대의 요충에 위치한 키부츠 마나라를 공격했다. 이 마을은 이스라엘 병사 12명이 지키고 있었다.

당시 이스라엘은 남부 전선의 이집트군을 몰아내기 위해 전력을 집중하고 있었다. 이스라엘군은 여단별로 전투력의 격차가 컸는데, 훗날 이스라엘군의 전설이 된 골라니 여단

(1여단)이 남부로 차출된 상태였다. 남은 부대는 훈련도가 낮았다. 알까우끄지에겐 더할 나위 없이 좋은 기회였다.

이스라엘 측 기록은 알까우끄지의 마나라 습격으로 인해 이스라엘이 휴전과 유엔의 분할 결의안과 완전히 결별하고, 갈릴리 북부 장악을 시도하게 되었다고 말한다. 이건 전형적으로 "쟤가 나를 먼저 쳤어요!" 식의 논리다.

알까우끄지는 공세로 전환할 여력도 없었다. 탄약은 떨어졌고, 군의 수준은 군대라기보다는 경비대에 가까웠다. 이 무렵에 작성한 아랍군 장교의 보고서는 편견이 첨가되었다고 해도 비관적이다. "ALA는 나쁜 정도가 아니라 매우 위험한 상태다. 게릴라전이나 가능한 상태이며, 솔직히 해체하는 편이 더 낫다고 보인다."

4개월의 휴전 동안 이집트군도 많이 변했다. 사령관 알무야위를 해임하고 아흐마드 푸아드 사디크 소장이 새로 부임했다. 무능한 알무아위에 대비되는 진짜 실력자는 따로 있었다. 나기브 중령은 알무아위의 명령을 무시할 정도로 전쟁 내내 알무아위와 대립했다. 이집트군 사령부는 정말 예외적으로 하급자의 승리를 선언했다. 무하마드 나기브는 중령에서 준장으로 승진하고, 전선의 중추라고 할 수 있는 해안길을 담당하는 10여단장이 되었다.

나기브 중령은 이번 전쟁에서 이집트군 최고의 영웅으로 떠오른 인재였다. 그는 전선에서 솔선수범해서 전투를 이끌며 이집트군의 불명예, 책임감 없는 장교와 의욕 없는 병사의 간극을 메꿨다. 그 대가로 6번이나 부상을 입었지만, 그는 불사신처럼 살아남았다.

나기브는 뼈와 혼까지 군인이었다. 그는 수단의 수도 하르툼에서 태어났다. 아버지는 수단 주둔 이집트군 장교로 전통적인 무인 가문 출신이고 어머니는 수단인이었다. 고대 이집트 왕국 시절부터 이집트와 수단의 관계는 중국과 북방 유목민의 관계 같았다. 역사적으로 누비아인, 에티오피아인, 구스인 등으로 등장하는 수단인들은 전성기 이집트에 종속되기는 했지만, 이집트 내에서 최강의 전투 용병으로 명성을 떨쳤다. 그리고 팔레스타인까지 진출한 아시리아가 이집트를 위협하기 시작했을 무렵에는 이집트를 정복하고 소위 '흑인 파라오'를 탄생시켰다.

그 뒤로 수천 년 동안 수단인은 이집트를 지배하지는 못했지만, 여전히 활기찬 전투 종족이었다. 나기브는 하르툼에 있는 고든기념대학에 진학했다. 수단 총독으로 재직하다가 1885년 마흐디 반란군에게 살해되었던 찰스 조지 고든을 기리는 대학이다. 수단인 입장에서는 식민 통치의 상처를 건드리는 명칭이지만, 어떤 면에서 보면 긍지라고 할 수도 있다. 찰스 고든은 스코틀랜드 태생으로 대영제국의 전성기를 상징하는 군인이었다. 청나라 말기 태평천국의 난 때 의용군을 이끌고 참전해 일약 스타가 되었고, 수단 반란을 진압하기 위해 자신만만하게 수단 총독으로 부임해서 하르툼 방어전을 이끌다가 하르툼이 함락되면서 반군에게 잡혀 효수되었다. 그는 반군에게 살해된 가장 유명한 영국 군인이자 최고위 인사였다.

승리의 맛

10월, 이스라엘은 해안길을 따라 가자 – 라파 라인과 예루살렘에서 베르셰바로 가는 두 루트로 동시에 공격을 시작했다. 첫 공격 목표는 팔루자와 예루살렘 남부 회랑을 위협하는 헤브론 돌출부였다.

헤브론 지구에서는 하렐 여단이 헤브론과 베들레헴 사이로 진출해 베르셰바로 연결되는 도로를 끊었다. 최전선인 헤브론 주둔군은 이집트 정규군이 아니라 대부분 무슬림형제단과 지원병이었다. 이런 허점들이 쌓여 이집트군은 더욱 허약해졌다. 포위될 위기에 처하자 이집트군 장교들이 먼저 도주했다. 전투는 싱겁게 끝났다. 하렐 여단은 보호자가 사라진 아랍 마을을 파괴하며 전진했다.

팔루자 공격은 알렉산드로니 여단의 임무였다. 아슈켈론 동쪽 17킬로미터 지점, 현재의 35번 고속도로와 40번 고속도로가 교차하는 지점이 있다. 당시에는 먼지 날리는 비포장도로였지만 도로선은 지금과 변함이 없었다. 남북으로 달리는 40번 도로는 베르셰바로 향하고, 동서로 달리는 35번 도로는 헤브론에 이른다. 이 교차로 사이에 지름 1.5킬로미터 정도인 타원형으로 야트막하게 솟은 둔덕이 있다. 이곳에 자리 잡은 마을이 아랍인 마을인 팔루자였다.

이스라엘 영토에 있던 다른 아랍 마을과 마찬가지로 팔루자도 파괴된 뒤에는 현재까지도 복구되지 않았다. 팔루자 언덕은 지금은 나무만 무성한 작은 숲이 되어 있다. 이 무덤 같은 숲에서 35번 도로를 따라 4킬로미터쯤 동쪽으로 가면 도로변에 이라크 알만시야라는 마을이 있었다. 이곳도 현재는 인적 없는 한적한 도로변이 되어 있는데, 이 두 촌락을 연결하는 지역이 팔루자 포켓Faluja pocket이라고 불린 이집트군 주둔지였다. 병력은 이집트와 수단인으로 구성된 약 4,000명의 대대였고, 사령관은 '검은 이리'라고 불린 수단인 사이드 타하 대령이었다.

주요 도로의 교차점임에도 불구하고, 당시에 이곳은 꽤 낙후한 지역이었다. 주변은 황량하고 가옥들은 초라했다. 장날이 되면 팔루자 주민들은 도로변 평지로 나와 좌판을 깔고 물건을 팔았다.

도로 전쟁 시기에 두 마을은 벌써 근처 유대인 공동체의 공격을 받았다. 주민 상당수가 떠났지만, 아직 일부 주민이 남아 있었다. 1948년 10월 하순 새벽 5시, 6대대 참모장교 나세르는 사방을 짓이기는 포격과 폭격의 굉음에 잠에서 깼다. 이스라엘군이 공격할 조짐이 보인다는 첩보를 이미 받아서 알고 있었다. 그러나 공격 개시 30분 후에 지평선에 모습을 드러낸 6대의 이스라엘군 전차는 예상치 못한 변수였다. "이스라엘군에게 전차가 있었어?" 머릿속에 이런 의문이 들었지만, 생각할 틈도 없었다. 여단장은 이스라엘을 상대하는 데는 필요 없다며 대전차포를 본부에 두라고 지시했었다.

다행히 여단장의 명령을 무시하고 대대에 대전차포 2문을 보유하고 있었다. 그들이 활약할 차례였다. 나세르 소령은 이스라엘 전차들이 마을의 집과 흙벽을 마구 파괴하며, 대전차포의 사거리 안으로 다가오는 것을 신중하게 지켜보았다.

'지금이야!' 나세르가 마음속으로 부르짖었다. 그러나 불을 뿜어야 할 대전차포가 묵묵부답이었다. 전령을 보냈더니 적의 박격포의 선제공격에 파괴되었다는 대답이 돌아왔다.

나세르는 전차를 파괴할 방법을 찾기 위해 포화 속을 이리 뛰고 저리 뛰었다. 절망적인 순간에 후방에 있던 이집트 포병의 지원으로 전차 3대가 파괴되었다. 사기가 오른 이집트군은 나머지 3대마저 격파했다. 극적인 승리였다. 나세르는 병사들의 헌신적인 분전에 감동을 받았다. 그들은 자신이 알던, 이스라엘군의 보고서에도 언급된 의지 없고 나약한 병사들이 아니었다. 마을 주민들도 모두 뛰쳐나와 이스라엘군에 항거했다.

이스라엘군은 패배했고, 나세르 대대는 최초의 승리를 맛보았다. 나세르는 전에 없던 투지와 헌신, 확고한 결의가 승리의 이유라고 말했다. 나세르의 회고는 감동적이고 그만큼 의도적이기도 하다. 그는 사이드 타하 대령의 활약상은 한마디도 언급하지 않았다.

이스라엘군은 이집트군 관찰 보고서를 수정했다. "이집트군은 즉각적인 판단과 능동적인 태도를 요구하는 전투에는 약하지만, 잘 준비된 고정 진지에서 수행하는 방어전에는 강하다." 이런 서술까지 추가했을지도 모른다. "병사들의 신뢰를 얻고 솔선수범하는 장교가 지휘하면 이집트 병사들도 전에 없던 능력을 발휘할 수 있다. 다행히 적에게 이런 장교는 매우 드물다."

거침없는 진군

팔루자 고립지대는 굳건히 버텼지만 이스라엘군은 팔루자 함락을 고집하지 않고 신속하게 전진했다. 팔레스타인처럼 좁은 지역에서 측면 방어를 무시하고 종심 깊숙이 파고드는 '사자의 전쟁'을 벌인다는 것은 쉬운 일이 아니다. 몇 달 전, 이집트군만 해도 길게 노출된 측면에 잔뜩 움츠러들었다. 군의 전력이 많이 다르기는 하지만, 아무튼 이스라엘군은 사자의 싸움법을 시연했다. 이스라엘군의 흔들림 없는 목표는 《구약성서》가 이스라엘의 남쪽 경계로 명시한 베르셰바였다. 이집트가 무려 5,000명의 병력을 배치한 도시는 팔루자의 분전에 비하면 어이없게도 10월 21일에 속절없이 함락되었다.

이스라엘군은 베르셰바로 진격하면서 주변의 아랍 촌락들을 철저하게 파괴하고 주민들을 몰아냈다. 진격과 파괴를 동시에 수행하는 달레Dale 작전은 모든 전선에서 한결같이 끈질기게 수행되었다. 팔레스타인 주민 추방과 거주지 파괴는 전쟁의 수단이 아니라 목적이었다. 주민을 몰아내기 위해 전쟁 승리가 필요했다.

가자-라파 지구의 전투는 한층 치열했다. 여기에는 이스라엘이 이집트군에 극히 드물다고 했던 훌륭한 장교 나기브가 있었다. 나기브는 86고지 전투에서 병사들을 이끌고 백병전을 이끌면서 이스라엘의 육탄 공격을 육탄으로 막아냈다. 그는 중상을 입었는데, 다들 사망한 줄 알았을 정도였다. 나기브의 승리는 이집트인에게 희망을 주었다. 그러나 팔루자의 포위는 풀릴 기약이 없었다. 이 기간에 나세르는 이스라엘군의 장교였던 코헨이란 인물을 만났다.

어느 날 갑자기 백기를 단 이스라엘 지프가 대담하게 이집트군 구역으로 들어왔다. 지프를 타고 온 이스라엘 장교는 중간 지점에서 협상 창구를 열자고 했다. 기사도 정신이라면 나세르도 거부하지 않았다. 사실은 나세르만이 아니고 타하 대령도 정식으로 휴전협상을 논의 중이었다.

나세르와 코헨은 대담한 만남을 가졌고, 상대 진영에 식사 초대를 받기도 했다. 나세르는 이스라엘군 병사의 시신을 정중하게 장례를 치러주었고, 포위를 풀고 나갈 때 그들을 매장한 위치를 알려주었다. 나중에 그곳을 찾을 수 없다는 연락이 오자, 직접 이스라엘군 영역으로 들어가 그곳을

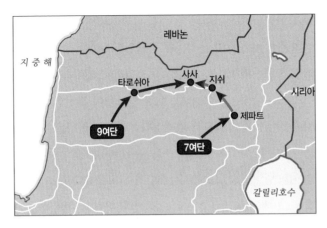

히람 작전

확인해주기도 했다. 이때 나세르가 만난 코헨이 사실 라빈
이었다는 설이 있다.

북부로 향하는 이스라엘의 작전명은 히람이었다. 히람
작전은 오늘날 지중해 연안 도시 나하리야에서 동부 갈릴
리 지역까지 연결된 89번 도로를 확보하는 것이었다. 9여
단은 타르시아를 점령한 뒤 현재의 도로선을 따라 동진한
다. 7여단은 제파트를 공략하고 서진해서 지쉬를 거쳐 사사
로 진격한다. 두 여단은 사사에서 합류할 예정인데, 이렇게
89번 도로를 확보한 뒤에 레바논 국경에 진입하면서까지
키부츠 마나라가 있는 갈릴리호수 북쪽 돌출 지점의 ALA

를 몰아붙일 예정이었다.

허약한 ALA와 그 못지않게 허약했던 시리아군은 이스라
엘군의 공습과 기갑부대의 엔진 소리까지 더해지자 무기를
버리고 도주하기 시작했다. ALA 병사들이 분전한 경우도
없지는 않았지만 결과는 완패였다. 7여단의 전과를 보면 적
군 500여 명 사상에 이스라엘군 사상자는 20명이었다.

10월 말에는 이스라엘은 갈릴리 전체를 석권했고, 생존
한 ALA 대원은 레바논으로 탈출했다. 아랍 최대의 풍운아
였던 알까우끄지의 모험도 여기서 끝났다. 이후 그는 시리
아와 레바논에서 살다가 1977년 87세를 일기로 베이루트
에서 사망했다.

19 이스라엘의 대승

치밀한 폭력

　남부 네게브사막 전투를 마지막으로 유엔이 제시한 휴전안을 쌍방이 수락하면서 제1차 중동전쟁은 종전된다. 그렇다면 종전 이후 팔레스타인 영토는 어떻게 분할됐을까?

　골란고원과 예루살렘 구시가지를 포함하여 요르단강 서안을 제외한 모든 영토가 이스라엘 손에 넘어왔다. 유엔 분할안에서 유대인 할당 지역은 56%였는데, 전쟁의 결과 이스라엘이 차지한 지역은 약 80%였다. 전쟁 전 벤구리온은 이스라엘의 유대인 인구가 80%는 되어야 한다는 목표를 세웠다. 인구와 지역이란 기준이 다르지만, 벤구리온은 목표를 달성했다. 그 수단은 말할 수 없이 비정했다. 이스라엘의 계산된 폭력은 대책 없는 폭력보다 더욱 무서웠다.

PLO의 탄생

제1차 중동전쟁의 최대 피해자는 바로 팔레스타인 땅에서 쫓겨난 팔레스타인인이었다. '팔레스타인 난민'은 이때 생겨난 것으로 무려 65만여 명이었다. 자신들이 전쟁을 일으킨 것도, 전쟁을 원한 것도, 전쟁을 주도한 것도 아닌데 아랍의 공격으로 인해 격렬한 전쟁이 벌어졌고 삶의 터전을 잃었다. 팔레스타인인에게는 이스라엘도, 주변 아랍국들도 모두 적이었다.

이들은 난민으로 전락해 주로 요르단, 시리아로 흩어진다. 국제기구의 원조도 없었다. 당시 유엔은 식량을 원조해주는 단체가 아니었고, 유럽 강대국들 역시 2차대전 후 재건하느라 바빴다. 미국 역시 '마셜 플랜' 시행으로 서유럽 부흥에 정신이 쏠려 있어서 아무도 팔레스타인에 신경 쓸 겨를이 없었다. 팔레스타인인들은 처참한 생활을 하다가 굶어 죽곤 했다.

그렇다면 이 전쟁을 일으킨 아랍 국가들이 책임을 져야 하는 게 아닐까? 하지만 도움은커녕 시리아, 요르단에서도 팔레스타인인은 핍박을 받았다. 모든 아랍 국가는 원칙이 있었다. "팔레스타인을 자국민으로 받아들일 수 없다." 자신들이 되레 위험해질 수 있고, 또 다른 전쟁의 불씨가 될

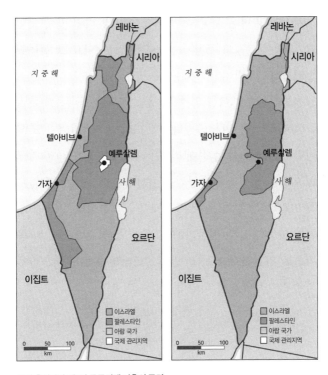

유엔 휴전안과 제1차 중동전쟁 이후의 국경

게 뻔했기 때문이다.

　유엔에서 "우리가 경제적으로 지원할 테니 시리아에 정착시키자"라고 제안했지만 시리아는 이 역시 거절했다. 시리아는 다부족 국가로 내전이 끊이지 않는 지역인데, 팔레스타인이라는 변수까지 받아들이기는 부담스러웠다.

자신들의 땅은 물론 주변 어디에도 발 디딜 곳이 없었다. 그제야 그들도 무장 조직을 만들었다. 바로 그 유명한 팔레스타인해방기구PLO다.

설상가상으로 아랍 국가들은 PLO를 이스라엘을 공격하는 무기로 사용했다. 그렇다고 PLO를 훈련시켜준 것도 아니다. 정규군으로는 절대 키워주지 않으면서 그들을 자극해 이스라엘에 게릴라 공격을 일삼게 했다. 시간이 흐를수록 PLO가 할 수 있는 것은 게릴라 공격뿐이었고, 점점 그들의 활동 방식은 '민간인 대상 테러' 등 이른바 묻지 마 공격으로 치달아갔다. 이러한 팔레스타인을 두고 이스라엘과 주변 아랍국들은 비밀 회담을 이어갔다.

이스라엘: 그들에게 국가 세워주면 안 된다!
요르단: 우리도 세워주기 싫어.
이스라엘, 요르단: 그럼 누가 먹을래?

전쟁이 남긴 쓸쓸한 뒷모습이었다.

20 나세르의 부상

이집트 새 주인의 도발

나세르의 혁명

1952년 7월 23일 밤, 누군가가 나세르의 집 대문을 다급하게 두드렸다. 나세르는 일순 망설였다. 문이 열리자마자 헌병이 들이닥칠 수도 있다는 불안감이 엄습했던 것이다.

"누구요?"

"소령님, 접니다!" 나세르의 혁명 조직의 일원이며 정보국에서 근무하는 대위가 사복 차림으로 서 있었다. 나세르를 보자마자 그는 다급하게 말했다.

"지금 당장 중단해야 합니다."

"무얼 말인가?"

"저들이 눈치챘습니다. 지금 파루크 국왕이 쿠데타 계획을 보고받고 참모총장과 협의 중이라고 합니다. 참모총장이 사단장들과 여단장들을 소집했답니다."

이때가 7월 23일 밤 8~9시. 쿠데타 결행 시간을 불과 두세 시간 앞두고 있었다. 자칫 계획이 수포로 돌아갈 위기의 순간, 나세르는 결단을 내렸다. "그들이 모여 있다면 일망타진할 기회가 아닌가?" 나세르의 심장은 급하게 뛰었다. "지금 당장 전 조직원을 결집해라. 총사령부 회의실을 급습한다."

이날 나세르가 이끄는 '자유장교단'의 쿠데타는 성공했다. 쿠데타의 성공으로 군주정이 폐지되고 제1차 중동전쟁의 영웅인 나기브가 대통령으로 선출됐다. 나세르는 혁명평의회 의장직에 오른다. 하지만 나기브와 나세르는 곧 권력투쟁에 돌입한다. 혁명을 주도했고 자유장교단이라는 탄탄한 조직을 이끌던 나세르는 1954년 2월, 나기브를 축출하고 가택에 연금했다. 결국 나세르는 1956년 6월, 이집트 대통령으로 취임한다.

나세르의 성공은 오랫동안 군 내부에 탄탄한 비밀 조직을 만들고 철저히 보안을 유지한 덕분이었다. 나세르의 기나긴 혁명 준비는 너무 조심스러웠고, 때론 아마추어 같은 부분도 있었다. 결정적으로 마지막 순간에 혁명 계획이 누설되기까지 했다. 그러나 결국 혁명은 성공했다. 이집트 정부는 쿠데타를 저지할 만한 시간이 충분했는데도 마지막 순간까지 회의만 거듭하는 관료적 대응으로 혁명군에 나라를 넘겨줬다.

그만큼 이집트는 낡고 부패했고 가난했다. 세상은 급변하고 있는데 이 나라는 천년의 잠에서 깨어나지 못했고 국왕은 무책임했다. 그래서 나기브, 나세르와 같은 제1차 중동전쟁의 젊은 영웅들이 혁명을 준비했던 것이다. 늙고 썩은 이집트에 극한의 분노와 무력감을 느끼던 대중, 엘리트, 신흥 중산층은 전쟁 영웅, 지식과 실천력을 갖춘 젊은 장교라면 잠자는 왕국을 깨울 수 있지 않을까 기대했다. 이것이 혁명이 성공한 진정한 배경이었다.

이집트의 주인이 된 나세르는 무기 유치를 시도했다. 할리우드 영화, 특히 서부극 광이었던 나세르는 미국의 원조를 기대했다. 훗날 나세르는 반미의 선봉장이 되지만, 1953년 혁명에 성공한 직후에 손을 내민 곳은 미국이었다. 미국의 답은 무엇이었을까?

무상으로 무기를 제공할 용의가 있지만, 대신 이집트가 미국의 동맹국이 되어야 하며 다른 미국 동맹국을 상대로 그 무기를 사용해서는 안 된다.

나세르는 단칼에 거절했다. 미국 무기로 이스라엘을 공격하지 말라는 말이었다. 쓸 수 없는 무기라면 그게 무슨 무기인가? 이번에는 소련에 접근한다. 소련도 처음에는 거절했지만 1955년, 저우언라이의 중재로 전차 230대, 최신형 전투기, 잠수함까지 무기를 제공했다. 그런데 공짜가 아니었다. 소련제 무기는 유럽제에 비해 가격이 쌌다고 생각하기 쉬운데 사실은 더 비쌌다. 여기에 이자 2.5%까지 챙겼다. 흐루쇼프는 할인가라고 말했지만, 훗날 장삿속도 있었다고 고백했다.

나세르는 누구에게도 종속될 마음이 없었고, 누구든 이용할 요량이었다. 그 기백 하나만은 대단했다. 그런 점에서 유고슬라비아의 티토◆를 존경했다. 그와 자주 이야기했고, 늘 찬양했다.

아스완댐 프로젝트

나세르는 내정에서도 파격적인 변화를 계획한다. 토지개혁을 단행하고, 국가 재정으로 사업을 일으키고, 일자리를

◆ 유고슬라비아의 정치가. 1953년 헌법 개정 후, 유고슬라비아 초대 대통령이 되었다. 1956년 소련을 방문해 공동 성명을 발표하고, 동서간 중립 지역 확립에 기여하고, 같은 해 네루, 나세르 등과 협의해 브리오니섬에서 중립 3국 회담을 개최하였다.

만들어 사회에 활력을 불어넣고자 했다. "혁명과 토지개혁, 농민에게 땅과 일자리를." 나세르는 이집트 국민의 영웅이자 희망이 되었다. 그러나 기대와 칭송만으로 사회를 바꿀 수 없다. 국민이 변치 않고 누워만 있다면 변화는 실현될 수 없고 기대는 다시 불평으로 바뀔 것이다. 국민과 나라를 깨워야 한다. 그러기 위해서는 가시적인 증거, 즉 '변화의 상징'이 필요하다. 나세르는 아스완댐◆을 떠올렸다.

20세기의 피라미드가 될 이 거대한 댐은 이집트인의 젖줄인 나일강을 다시 태어나게 할 것이다. 식수와 농업용수를 제공하던 이집트의 어머니가 이제 전기를 제공할 것이다. 집집마다 전기가 들어오고 거리에는 가로등이 늘어선다. 공장이 세워지고, 나일강의 물을 퍼 올리는 두레박이 전기모터로 바뀔 것이다. 이것이야말로 이집트를 깨우는 것이 아니고 무엇인가?

이 댐의 구상은 왕정시대부터 있었다. 다만 엄청난 비용 때문에 그 누구도 엄두를 내지 못했을 뿐이었다. 영국과 미국이 추산한 건설 비용은 1950년대 시세로 10~13억 달러, 공사 기간은 16~20년이었다. 이집트 농민의 연간 소득이 평

◆ 저수 용량 1,570억 톤, 높이 약 111미터, 길이 약 3,600미터의 댐으로, 우리나라 최대 댐인 소양강 댐 저수 용량의 54배다.

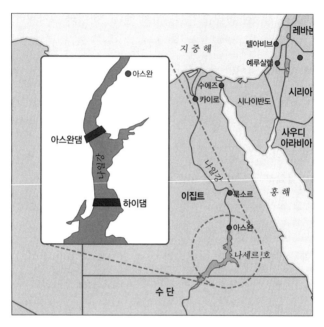

아스완댐의 위치

균 40달러였던 시절이다. 13억 달러는 전체 이집트 공무원의 10년치 연봉에 해당하는 엄청난 거액이었다. 이 거액을 어디에서 조달할 것인가?

소련과 관계를 텄다지만 댐 건설은 역시 미국이 도와줘야 할 것 같았다. 백악관은 솔깃했지만, 미국 의회도 장사꾼 집단이었다. 미국이 제안한 지원액은 1~2억 달러. 적지 않은 돈이지만, 나세르가 생각하는 이집트의 가치, 이집트가 이끌어갈 중동의 가치에 비하면 터무니없이 적었다.

무엇보다도 그 돈으로는 아스완댐을 건설할 수 없었다. 미국에 실망한 나세르는 소련으로 눈을 돌렸다. 흐루쇼프는 무기와 기술의 추가 지원을 약속했다. 그리고 이렇게 말했다.

"혁명을 지원하는 순수한 마음을 알아주시오."

나세르는 소련과 다시 손을 잡으면 미국이 몸 달아 하길 바랐다. 그는 양쪽에서 선심성 지원을 최대한 뽑아낼 심산이었다. 예상대로 다급해진 미국은 이집트로 특사를 파견했다. 하지만 거기까지였다. 국제시장에서 공개 입찰을 걸면 최고가를 받을 수 있으리라는 건 나세르의 순진한 생각이었다. 미국 특사가 전한 말은 "소련의 무기를 받지 마라", 이 한마디였다.

그게 다였다. 나세르는 미국과 소련이 동시에 몸이 달기를 바랐지만, 양측의 태도는 "이집트가 먼저 성의를 보여라"라는 수준이었다. 나세르는 절망하고 분노했다. 그리고 비장의 카드를 던졌다.

1956년 7월 26일, 이집트 혁명 4주년 기념식. 대통령 취임 한 달 후, 나세르가 연단에 섰다.

수에즈운하는 이집트의 희생에 의해 건설된 것이다. 그러나 외국의 부당한 지배하에 있었기에 이제까지 착취당했다. 운하를 국유화하면 이집트가 얻을 수익은 연간 1억 달러에 달할 것이다. 따라서 외국에 원조를 받지 않고도 아스완댐을 건설할 수 있고 경제적으로도 풍요로운 국가를 건설하게 될 것이다.

수에즈운하는 1869년 페르디낭 드 레셉스의 지휘 아래 전적으로 프랑스의 힘으로 건설되었다. 구경만 하던 영국은 운하가 완성되자 수에즈운하 주식회사의 주식 45%를 매입해 제1주주가 되었다. 이 구매 결정을 한 수상이 유대인 벤저민 디즈레일리였다. 로스차일드 가문은 이때도 막대한 자금을 지원했다. 그 결과 운하는 영국과 프랑스가 지분을 양분하고 공동 소유 및 경영하는 셈이 되었다. 디즈레일리와 로스차일드는 자신의 결정이 훗날 영국과 프랑스, 이스라엘을 묶는 지렛대가 될 줄은 생각조차 하지 못했을 것이다.

엄청난 선언이었다. 이집트 국민은 열광했다. 극비리에 진행된 이벤트였기에 충격과 놀라움은 더 극적이었다. 아메르에 이어 서열 3위였던 사다트조차도 이에 대해 미리 언질조차 받은 적이 없었다.

유럽의 분노, 수에즈를 사수하라

다우닝가 10번지 영국 수상 관저. 앤서니 이든의 육체와 정신은 고통에 짓눌려 있었다. 이든은 공식적인 처칠의 후계자로서 세 번이나 외무 장관을 역임한 역대급 경력의 소유자였다. 당시 영국의 외무 장관은 외교관이 아니었다.

19~20세기 영국의 외무 장관은 전 세계 3분의 2의 지역사地域史로 고통받아야 했다. 미국과 소련의 핵 대결부터 남태평양 작은 섬에서 벌어진 부족 갈등, 아프리카 초원의 동물 문제까지 그의 결재 책상에 올라왔다. 반 평짜리 마호가니 책상 위에서 요란스럽게 아우성을 치는 전지구적 문제들을 다루어야 했다. 대영제국 시절이었다면 외무 장관은 남자로서 도전해보고 싶은 업무였을지도 모르겠다. 하지만 이든의 시대에는 그렇지 않았다. 책상 위의 지구본은 여전히 바쁘게 돌아갔지만 더 이상 이든은 책임자가 아니라 자문역이었다. 수백 년 전통의 기업 임원이 인수 합병을 당해서 신임 회장을 따라 지구 방방곡곡을 돌아다니며 자문하는 격이었다.

"이들과 저들은 이런 묵은 갈등이 있습니다. 아, 저쪽을 지지하신다고요? 현명하시네요. 그건 좋은 선택이라고 생각합니다. 여기 국경은 1926년에 그은 겁니다. 그땐 여기가 정글이었고, 사람이 살지도 않았습니다. 지금은, 음… 도로가 뚫리고 양측에 군사 기지가 20개나 세워졌습니다. 이쪽에서 우라늄 광산이 발견되었고요. 앞으로 깨나 골치 아프겠습니다. 그러나 저라면 당분간 관망하고 섣불리 개입하지 않겠습니다. 당사자들의 문제는 당사자들에게 맡겨야지요. 소련요? 소련이 왜 여기 개입하겠습니까? 자기 땅에서 우라늄을 찾는 게 훨씬 저렴할 텐데요."

처칠은 이든에게 이런저런 뒤처리와 전쟁으로 얻은 엄청난 빚만 남겨놓고 떠났다. 빚더미 재정을 해결하기 위해 이든은 군비 축소를 강행했다. 영국에게 남은 것은 과거의 업보와 지식뿐이었다.

그는 아직 몰랐지만, 앞으로도 반세기 넘도록 영국 수상과 외무 장관은 전 세계에서 분쟁이 생길 때마다 TV 카메라와 마이크 앞에 서서 해결책을 추궁당하며 곤욕을 치를 터였다. 파견할 군대도, 관여할 능력도 없는데도 말이다. 명색이 승전국이라지만 영국의 경제는 침체됐고, 패전국인 독일이 더 빠르게 부흥해서 유럽의 부를 거머쥐는 광경을 보게 될 것이다.

우울한 시대 탓일까? 이든의 몸은 만신창이가 되었다. 암세포가 터져 나왔다. 수술도 소용이 없었다. 수에즈 사건이

터진 것은 이때였다. 영국에 있어서 사상 초유의 국유재산 강탈 사건이었다.

늙은 사자는 한숨을 쉬었다. 자신의 먹이를 이집트 자칼이 눈앞에서 물어 가고 있다. 이전이라면 엄두도 내지 못할 일이지만, 자칼 무리는 태연했다. "너는 여기까지 올 힘도 없을걸. 설사 달려온다고 해도 늙은 네가 우리를 당할 수 있을까?"

영원한 외무상 이든은 의자에 몸을 파묻었다. 집무실은 전임자와 현임자의 흡연으로 담배 냄새가 진하게 배어 있었다. 회색 연기 속에서 대영제국은 마지막 한숨을 내쉬고 있었다.

영국, 프랑스의 방어전

나세르가 수에즈운하 국유화를 선언하자 프랑스도 발칵 뒤집혔다. 2차대전 이전이었다면 영국과 프랑스는 당장 군대를 파견해 운하를 장악할 것이다. 아니, 솔직히 영국과 프랑스의 군사력이 무서워서 이집트가 그럴 엄두조차 내지 못했을 것이다. 그러나 지금은 사정이 다르다. 전쟁으로 영국은 빚더미에 앉았다. 미국에 무기 대금을 갚기 위해 군비를 축소해야 하는 상황이었다. 프랑스도 군비 축소를 논의 중이었고, 알제리 반란도 진압하지 못해 반군에게 밀리고 있었다. 그래도 수에즈의 중요성은 알제리에 비할 바가 아니었다. 수에즈는 유럽의 생명줄이다. 중동의 석유와 모든 원자재, 생필품이 수에즈를 통해 유럽으로 온다. 이 해상로가 막히면 아프리카 남단으로 우회해야 한다. 이때의 화물선 성능으로는 지금보다 훨씬 오래 항해해야 했다.

경제적 타격도 크지만 정치적인 문제가 더 컸다. 이집트가 수에즈를 국유화한다고 해서 이집트 마음대로 유럽을 주무르고 협박하지는 못할 것이다. 그러나 그 뒤에 신흥 강국 미국과 소련이 있다면 이야기는 달라진다. 2차대전은 세계 질서를 바꿔놓았다. 아니, 앞으로의 변화를 예고하고 있다. 세계의 3분의 2를 지배하던 대영제국의 몰락은 기정사실이었다. 그러나 전 재산을 내놓고 물러나고 싶지는 않았다.

프랑스도 마찬가지다. 미국과 소련이 이집트를 조종할 수 있다면, 아니, 지금 이집트와 급속히 가까워지고 있는 소련이 수에즈를 조였다 풀었다 한다면 유럽이 붉은 차르의 손아귀에서 놀아날 것이다. 그렇게 되면 새로운 냉전시대에 유럽은 꼭두각시로 전락할 수도 있다.

다급해진 영국과 프랑스는 미국을 설득했다. 결국은 모두에게 손해가 될 것이며, 소련만 이로워져서 서구권 전체를 위협에 빠뜨릴 것이라고 호소하는 수밖에 없었다.

　　나세르의 수에즈 국유화는 서방 측의 영향력과 권익을 아랍제국에서 모조리 축출하려는 계획적인 운동의 시작이다. 이것이 성공하면 사우디, 요르단, 시리아, 이라크에서 청년 장교들이 혁명을 준비할 수 있을 것이라고 믿고 있다. 새 정부는 소련의 위성국이 되지 않으면 이집트의 위성국이 되고, 석유 자원의 지배를 받고 말 것이다. 결국 소련의 영향을 받는 통일 아랍의 석유 지배권 아래 들어가게 된다. 나세르는 서유럽에 석유 공급을 거부할 수 있으며 우리는 그의 처분을 기다려야 하는 신세가 된다."

　　－ 영국 수상 이든이 미국 대통령 아이젠하워에게 보낸 메시지 中

　　연합군 사령관으로 영국에 주둔할 때 아이젠하워는 특유의 친화력으로 영국 정치인들과 잘 지냈다. 영국인들이 보기에 그는 품위 있는 귀족은 아니었지만, 최소한 호감 가는 미국인이었다. 하지만 독일계인 아이젠하워는 가진 것 없이 콧대만 높은 영국인들에게 속으로 진절머리를 냈다.

　　아이젠하워가 영국인들을 도울 필요는 없었다. 게다가

그는 지금 미국의 대통령이며, 과거에는 대영제국을 접수하려 했던 신흥 재벌이었다. 하지만 미국은 19세기 영국의 식민 지배 방식을 재현할 의도가 전혀 없었다. 그때의 영국의 방식과 식민 지배의 아픈 기억이 신흥 독립국가에서 사회주의를 확산하는 토양이 되고 있다는 사실을 잘 알고 있었다.

미국은 유럽의 귀족을 혐오하는, 건전하고 합리적이며 돈 많은 시민국가라는 사실을 보여줘야 했다. 아이젠하워는 그의 속내를 우회적으로 이렇게 표현한다. "우리는 절대로 중동에서 영국의 영향력을 손상시키고 싶지 않다. 현 상태를 유지하기를 원한다."

물론 앤서니 이든은 돈 많은 사촌의 말을 결코 신뢰하지 않았다. 아이젠하워는 영국이 괜히 자신들을 의심한다고 불평했지만, 수에즈 사태가 터지자 결국 미국은 본심을 드러냈다. 1956년 8월, 워싱턴에서 성명이 발표된다.

이집트의 수에즈운하 국유화는 국제법 위반이 아니다. 수에즈는 이집트의 영토다.

덧붙인 대안은 국제 회사를 설립해 중립적으로 운영하자

는 것이었다. 대신 회사는 이집트에 둔다. 즉, 이집트에 운하의 수익을 보장하는 대신 운하를 정치적으로 운영하는 것은 막겠다는 의미였다.

당시 수에즈운하를 통과하는 배의 절반이 미국 배였다. 유럽은 미국의 물자에 의존하는 상황이었다. 그러니 수에즈운하가 막혀도 미국이 손해 볼 일은 없다. 유럽에 풀어놓는 상품의 가격을 인상하면 그만이다. 그리고 무슨 일이 일어나든 이집트가 미국을 협박할 수 있겠는가? 미국은 이러나저러나 손해 볼 것이 없었다.

영국과 프랑스의 공분은 컸다. 수에즈도 수에즈였지만, 그들은 나세르가 중동에서 영향력을 키우고 중동의 패자로 부상하려는 노력을 방치할 수 없었다. 게다가 프랑스는 나세르가 알제리 반군을 지원하고 있다는 사실에 다시 분노했다. 결국 미국과 소련, 이집트의 예상을 깨고 두 나라는 전격적으로 파병을 결정한다.

21 아카바만 봉쇄와 카데시 작전

또 한 번의 도발

아카바만 봉쇄

같은 시간, 이집트는 또 하나의 뇌관을 터트린다. 이스라엘에 수에즈운하 접근을 금지하는 동시에 아카바만을 봉쇄했다. 이스라엘은 이집트가 수에즈운하를 차지하면 수에즈 통과는 포기할 셈이었다. 유럽과는 지중해가 열려 있고, 미국이나 동반구의 다른 국가들과는 아카바만을 통해서 교역할 수 있었다.

다만 이스라엘의 걱정거리는 영국과 프랑스가 수에즈에 발목이 잡혀 이집트, 나아가 중동 아랍 국가 전체에 굽실거리는 것이었다. 이스라엘 문제가 발생할 때마다 수에즈운하를 볼모로 잡혀 이스라엘에 지원을 끊고 등을 돌리라고 요구받을 것이 뻔했다.

이런 상황에서 이집트가 아카바만을 봉쇄했다니? 이스라엘의 생명줄을 끊겠다는 얘기나 다름없었다. 이스라엘은 놀라 펄쩍 뛰었다. 이집트가 영국, 프랑스, 이스라엘 공동의 적이 되었기 때문이었다. 실제로 영국과 프랑스는 즉시 이스라엘에 접근했다. 그들에겐 땅이 필요했다. 수에즈운하를 탈환한다고 해도, 이곳을 지키려면 사단 규모 이상의 주둔지가 필요했다. 그들이 아무리 강하다고 해도 적의 대지 안에 군대를 주둔시킬 수는 없다. 수에즈운하를 가시권에 둔 안전하고 단단한 후방이 필요했다. 그런 땅은 이스라엘뿐이었다.

사실상 수에즈운하는 이스라엘과 무관했다. 강대국과 대결을 벌이는 마당에 나세르는 왜 갑자기 이스라엘을 건드렸을까? 물론 수에즈운하 쟁탈전의 열쇠를 쥐고 있는 나라는 미국과 소련이었다. 그러나 이집트의 잠재적 가치만으로는 미국과 소련의 조바심을 끌어내기가 버거웠다.

미국은 중동에서 이집트의 주도력을 회의적으로 보는 듯했다. 소련도 목적은 중동이고, 중동에서 이집트의 잠재력을 높이 평가하는 듯하긴 했지만, 지원에는 한계가 있었다. 그렇다면 소련이 준 무기로 힘을 보여 중동에서의 리더십을 과시해 미국의 지원을 끌어내면 어떨까? 미국이 움직이면

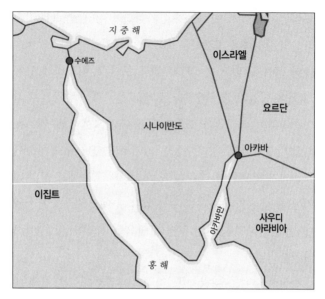

수에즈운하와 아카바만의 위치

소련도 더 경쟁적으로 움직일 것이다. 리더십을 발휘하는 방법, 중동의 국민과 젊은 장교들이 나세르를 동경하고 찬양하게 하는 방법은 이스라엘을 치는 것밖에 없었다.

이스라엘의 지독한 준비성

나세르의 펀치에 이스라엘은 마치 준비가 되었다는 듯 즉각 반응했다. 참모총장 모세 다얀은 바로 예비군 소집령을 내린다.

중동전쟁사를 살펴보면 어떤 상황에서건 이스라엘은 사전에 예측하고 이미 대비가 되어 있었다. 물론 그 예측이 항상 옳지는 않았다. 대응 방법에 대해서는 논란의 여지가 더 많다. 그러나 옳든 그르든 이스라엘은 결정과 행동 사이의 간극이 아주 짧았다.

모든 나라는 전쟁을 부담스러워한다. 패하면 정권이 흔들리고, 이겨도 승리감은 잠시이고 전쟁 뒷수습이라는 부담이 정권을 압박하기 때문이다. 이스라엘도 역시 내부적으로 이런 고민이 없지 않았지만, 이미 모든 시나리오가 준비돼 있다 보니 일이 터지면 마치 몸이 자동으로 반응하듯이 빠르게, 공격적으로 움직였다. 이런 과격한 태도 덕분에 때때로 있는 잘못된 판단은 잘 눈에 띄지 않았다. 또 지독하다는 비난은 받아도 한발 앞서는 판단력, 준비성에 모두를 놀라게 만들었다.

제1차 중동전쟁이 끝나자마자 벤구리온은 빠르게 군사제도를 혁신해 경제성장과 군사력 강화, 정치적 안정이란 세 마리 토끼(인류 역사상 절대 모순으로 보이는)를 동시에 잡았다.

제1차 중동전쟁이 종식되자, 벤구리온은 6~8년 동안은 전쟁이 없으리라 판단하고 바로 군축을 단행했다. 10만이 넘었던 군을 즉시 2만 7,000명으로 줄였다. 적대감으로 이글거리는 아랍이라는 바닷속에서 작은 물고기에 지나지 않는 이스라엘이 이런 판단을 내린다는 건 믿어지지 않지만, 벤구리온은 이스라엘이 군사 정부로 향하는 것을 막아야 했다. 독립 군벌인 이르군, 레히, 팔마는 완전히 해산했다.

벤구리온은 대신 예비군 동원 체제를 수립했다. 이스라엘의 예비군 체제는 지금까지도 지구에서 가장 잘 작동한다. 군사 핵심부와 징병제에 기초한 상비군을 두고, 65%를 예비군으로 돌렸다. 65%나 되는 예비군이 세계 최고 동원 체제로 움직이는 데는 비결이 있었다. 벤구리온은 나라를 병영으로 만드는 대신, 예비군이 된 시민들이 군에서 쌓은 유대와 인맥을 평생 활용하며 살 수 있는 사회를 만들었다. 중세 사회에서는 군대가 신분의 기준 중 하나였다. 그러나 이스라엘에서는 반대로 사회적 차이가 군에서는 녹아내리고, 군에서 쌓은 유대관계가 사회에서 우정과 상호 이해, 삶의 활력소가 되도록 했다.

제1차 중동전쟁 이후 이스라엘을 가장 괴롭힌 존재는 요르단 서안, 시리아, 가자 지구와 같은 팔레스타인 난민 지역에 기반을 둔 게릴라였다. 팔레스타인 난민들은 PLO를 결성했지만 정규군과 싸울 능력에는 한참 못 미쳤다. 그래서 PLO는 소위 '소프트 타깃'인 민간인에 대한 테러 행위를 지속했다. 도로에 매복하고 있다가 다가오는 통학 차량에 사격하는 식이었다. PLO의 공격으로 1950년대 초까지 1,200명 이상의 이스라엘인이 희생됐다.

이스라엘은 테러가 벌어질 때마다 격분했지만 PLO대로 억울한 면이 있었다. "우리가 죽인 민간인보다 너희가 죽인 민간인이 더 많다"라는 것이 PLO의 주장이었다. 게다가 아랍 국가들은 끊임없이 이들의 테러를 자국의 선전에 이용했다.

> "슬프다, 이스라엘이여. 아랍인들이 벌써 텔아비브로 들어가는 길을 찾아냈구나. 이제 유엔에 가서 불평하거나 항의해도 소용없다." – 아랍 방송 中

이스라엘은 이들의 테러에 대응하기 위해 '101부대'라는 특수부대를 창설해 과격하고 저돌적인 지휘관 아리엘 샤론 소령을 지휘관으로 앉힌다. 아리엘 샤론의 부모는 지금의 조지아공화국 출신으로, 인텔리겐차인 부모는 1922년에 러시아 공산정권의 박해를 피해 팔레스타인으로 이주했다. 샤론은 14세부터 하가나 활동에 참가했다. 이스라엘 독립전쟁기에 벌써 소수의 병력으로 치고 빠지며 다수의 적과 싸우는 대담한 지휘력을 발휘했다. 샤론 부대의 역할은 '보복'을 명분으로 그들을 똑같이 테러하는 것이었다. 이들은 국경을 넘나들며 팔레스타인 게릴라를 찾고 습격했지만, 민간인 마을을 파괴하고 주민을 살해하는 일도 서슴지 않았다. 악마로 여겨질 정도로 극악하게 활약했지만 PLO의 테러는 줄어들지 않았다.

소련과 이집트가 손을 잡자 이스라엘의 불안감도 더해갔다. 1955년 소련이 체코를 대리인으로 내세워 이집트에 미그 15기와 T-34 전차를 제공하자, 벤구리온은 즉시 참모총장 모세 다얀을 불러 이집트의 공격 가능성을 논의했다.

이스라엘 정보부는 이집트의 전력이 종이호랑이라고 보고했다. 북부 사령관이 되어 시리아 국경에 있던 라빈도 이에 동의했다. 그러나 벤구리온과 모세 다얀은 불안했다. 가자 지구의 이집트군 기지를 습격한 뒤에야 비로소 안도의 한숨이 내쉬었다. 모세 다얀은 이렇게 보고했다.

우리는 (이집트보다) 약하지 않습니다. 적은 여전히 장점과 단점을 모두 가지고 있습니다. 장점은 미그와 스탈린 전차를 가지고 있다는 것이고, 단점은 그들이 그것을 직접 조작해야 한다는 것입니다.

나세르의 자신감과 다르게 이스라엘은 이집트의 군사력을 전혀 두려워하지 않았다. 이런 시기에 이집트 군함이 아카바만을 봉쇄했다.

 역사 꿰뚫기

나세르의 변신

이집트군 장교 시절 나세르는 확실히 어두운 면이 있었다. 몇 겹의 껍질로 자신을 감싸고 자기 생각을 말하기 전에 상대가 먼저 속내를 드러내게 했다. 이런 기질은 혁명에 도움이 되었다. 이렇게 돌다리도 몇 번을 두드리고 건너던 그가 제3세계의 영웅이 된 후에는 명분과 환상에 빠지는 경향이 있었다. 그의 껍질은 여전히 두꺼웠지만, 그 속에는 여러 가지 빛이 현란하게 번뜩였다. 수에즈운하 국유화만으로도 세계를 뒤집어놓을 만한 극적인 이벤트였는데 아카바만까지 봉쇄했다. 아랍 세계를 향한 나세르의 사명감과 정치적 상상력은 한걸음 더 나가고 있었다.

카데시 작전

10월 27일, 다얀은 예비군 소집령을 내렸다. 48시간 만에 이스라엘군은 전진하기 시작했다. 이스라엘이 수에즈 침공에 붙인 작전명은 '카데시'였다. 기원전 1274년 이집트 파라오 람세스 2세의 시리아 침공 때 벌어졌던 카데시전투에서 따온 명칭으로 보인다. 레바논이나 시리아를 공격하는 것처럼 위장하려는 의도였다.

이스라엘 기갑부대는 잠든 시나이반도 안쪽을 깊숙이 달려 수에즈로 직행했다. 29일, 수에즈로 통하는 고갯길인 미트라 패스에 훗날 IDF 사령관이 되는 라파엘 에이탄 중령의 대대 병력 360명이 낙하했다. 본대인 여단도 번개같이 진격해서 합류했다. 이 여단의 지휘관이 바로 아리엘 샤론 대령이었다.

이스라엘군은 독일군 전격전과 독일의 동원 체제를 완벽하게 계승했다. 이들은 이집트군 본대가 도착하기도 전에 이집트군 신형 소련제 전차들을 궤멸시키고 단숨에 수에즈에 도달했다.

소련의 공산당 서기장이었던 흐루쇼프는 자신들의 전차가 무참하게 당했다는 소식에 큰 충격을 받는다. 이스라엘의 판단대로 이집트군은 장비 조작 훈련이 부족했다.

11월 2일, 이스라엘군이 전통의 해안길을 따라 가자 지구를 침공했다. 최종 목표는 라파였다. 이곳은 이집트-팔레스타인 혼성 여단과 팔레스타인 보병 여단이 방어하고 있었다. 이스라엘은 최정예인 1보병 여단과 27기갑 여단을 투입했다.

　가자 회랑은 전략적으로 워낙 중요한 지역으로, 이집트가 탄생한 이래 줄곧 이집트-팔레스타인을 연결하는 통로였다. 아시리아의 정복 군주들, 알렉산드로스 때부터 제1차 중동전쟁까지 모든 전쟁에서 가자는 격전지였다.

　이집트군은 방어선에 지뢰를 묻었다. 이집트군은 지뢰에 관한 한 숙련공이었다. 2차대전 당시 북아프리카 전역에서 지뢰의 효용을 증명한 사람이 롬멜이었다. 연합군이 지뢰 제거 작업에 인도군과 이집트군을 투입한 덕에 이는 이집트군의 특기가 되었다. 아이러니하게 이스라엘은 롬멜의 공격 전술을, 이집트군은 롬멜의 방어 전술을 사용하고 있었다.

　이스라엘군은 새벽 어둠을 틈타 보병을 투입해 육탄전으로 지뢰 제거 작업을 강행했다. 놀랍게도 병사들은 순식간에 진격로를 열었다. 그러나 지뢰 사이의 좁은 진격로를 통한 공격이 쉽지는 않았다. 이내 거친 백병전이 벌어졌다. 이집트 – 팔레스타인군은 용감하게 싸워 나기브의 승리를 재현했다. 급하게 전진하던 이스라엘군 전차가 길을 벗어나 지뢰에 의해 폭발하자 그 화염에 이스라엘군이 노출되었다. 이집트군 포병이 전차들을 공격하자, 결국 이스라엘군은 후퇴했다.

분노한 이스라엘군 지휘관은 보병 여단장을 소환해 모든 지뢰를 제거하라는 엄명을 내렸다. 놀랍게도 단 2시간 만에 지뢰밭이 사라졌다. 비로소 자유를 얻은 이스라엘군 전차는 종횡무진 이집트군 진지를 유린했다. 라파의 이집트 수비대는 전멸에 가까운 수준으로 격멸되었다.

지상전이 진행되는 동안, 시나이반도 상공에서는 양측 공군의 공중전이 벌어졌다. 그사이에 놀랍게 발전한 양측 공군은 제트 전투기로 무장했다. 이집트군 전투기는 미그 17과 영국제 뱀파이어였다. 이스라엘의 기종은 프랑스제 미스텔 전투기와 영국제 글로스터미티어였다.

공중전은 이스라엘의 압승으로 끝났다. 이집트군 전투기가 무려 168기나 격추되었다. 이스라엘군 손실은 단 3기였는데, 이것도 고장 등에 의한 추락으로 이집트군 조종사가 공중전으로 격파한 전투기는 한 대도 없었다.

위부터. 미그17, 뱀파이어,
미스텔, 글로스터미티어

상황이 이 지경이 됐는데도 이집트 언론은 "이집트가 이기고 있다"라며 허위 보도를 계속했다. 제1차 중동전쟁 때 나세르는 이집트의 허위 보도에 충격을 받았지만 자신이 대통령이 된 뒤에도 똑같았다. 전장에 있던 이집트 군인들조차 속을 정도였다는 이 허위 보도는 중동전쟁 내내 이집트와 아랍군의 발목을 잡았다.

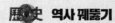 **歷史 역사 꿰뚫기**

이집트군의 장비 운용 미숙

이집트 해군에 '이브라힘 엘아왈'이라는 구축함(대함정, 대잠수함 공격을 주 임무로 하는 중대형 함정)이 있었다. 10월 31일, 이스라엘 하이파 항구를 포격하기 위해 출정한 이브라힘호는 프랑스 구축함과 이스라엘군의 포격에 후퇴했다. 이스라엘군이 도주하는 이브라힘호를 추격하기 시작하면서 도저히 빠져나갈 수 없다고 판단한 이집트군은 함정을 침몰시키기로 결정했다.

하지만 이집트군은 '침몰'조차 마음대로 할 수 없었다. 함정을 침몰시키려면 해수 유입 장치를 이용해야 하는데 그 장치가 어디 있는지 찾을 수 없었기 때문이다. 간신히 해수 유입 장치를 발견했지만 이번엔 밸브가 안 열렸다. 밸브가 고장 난 것이다. 결국 이 함정은 이스라엘에 나포되고 말았다.

수에즈를 사수하라

진격의 이스라엘

이스라엘은 수에즈까지 파죽지세로 진격했다. 각본에도 없던 상황에 영국과 프랑스는 당황했다. 자신들이 개입하기도 전에 전쟁이 끝나게 생겼으니 말이다. 이스라엘이 수에즈운하를 점거하면 다시 이스라엘에서 빌려야 하는 꼴이 되니 영국과 프랑스의 입장은 정말 곤란해진다. 발등에 불이 떨어진 영국과 프랑스는 가장 빨리 수에즈에 군을 투입하는 방법을 찾았다. 키프로스와 몰타에 있는 해병대? 그보다 빠른 방법은 공수부대였다.

1956년 11월 5일, 수에즈. 예정보다 6일 늦은 11월 5일에 영국과 프랑스가 참전하지만, 이미 시나이반도는 이스라엘 손아귀에 들어간 후였다. 영국, 프랑스 공수부대의 목표는 오로지 하나, 수에즈운하 확보였다.

공수부대 투입 시 가장 위험한 요소는 제공권이다. 공수부대를 태운 수송기가 격추될 위험도 크지만, 공수부대의 진짜 약점은 중화기가 없는 데다 보유한 탄약과 식량으로는 며칠밖에 버틸 수 없다는 것이다. 수송기로 보급을 유지하고 후속 보급선단과 차량이 도착할 수 있도록 버티기 위해서라도 제공권 장악은 필수다.

절체절명의 상황에서 영국과 프랑스가 그야말로 '뭔가'를 보여줬다. 아무리 몰락해가는 제국이라고 해도 2차대전을 치렀던 지혜와 경험은 일순간에 사라지지 않았다. 영국, 프랑스는 전에는 보지 못한 공중 전술을 제시한다.

"72시간 연속 공습, 로테이션 공격으로 목표물을 궤멸시켜라!"

이때 이집트 공군은 소련에서 공수해 온 폭격기 50기를 보유하고 있었다. 이 폭격기는 낙하한 공수부대원에게 커다란 위험 요소였지만, 영국-프랑스 공군은 선제공격으로 이집트 공군 전력을 초토화시켰다. 이집트 공군은 하늘에 떠보지도 못하고 속수무책으로 당했다. 결국 이집트 공군기지는 궤멸했다. 영국, 프랑스의 저력을 보여주는 인상적인 공격이었다. 그날 나세르는 집무실 옥상에서 근처에 있

는 알마자 비행장이 공습으로 파괴되는 광경을 지켜보아야
했다. 중동 최고의 전력이라 자부하던 나세르는 큰 충격을
받았다.

이집트 공군을 궤멸한 후 공수부대는 수에즈 점거에 나
섰다. 11월 5일 오전 8시, 영국군 낙하산 부대 600명이 포
트사이드 서쪽의 가밀 공항에 강하했다. 500명의 프랑스군
은 포트사이드 남쪽에 낙하해 교량을 점거했다. 1시 45분
에는 영국군 100명이 강하해 차량과 중장비를 내려놓았다.

500~600명이면 공항에서 잠깐 버틸 수 있는 중대 정도
의 병력이었다. 양군을 합쳐봐야 1개 연대도 안 되는 병력
으로 포트사이드 진입을 시도한 것이다.

시장은 휴전을 제안하며 이집트군이 도달하기를 기다렸
지만, 다음 날 해병 기동부대까지 포트사이드에 상륙해 시
가전 끝에 도시를 점거했다. 연합군의 계획은 12일까지 수
에즈운하를 완전히 점령하고 유엔의 동의를 얻어 국제연합
군의 감시 아래 두는 것이었다. 캐나다가 이미 총회에 이 제
안을 내놓았고, 영국 – 프랑스군은 그 자리에서 최초의 유
엔 수에즈 수비군으로 변신했다. 눈 가리고 아웅 하는 것 같
지만, 이것이 그들의 시나리오였다.

아카바만 사수 작전

1956년 11월 8일, 시나이반도. 이스라엘은 다른 곳에서 무슨 일이 벌어지든 자신들의 전쟁을 지속했다. 작전도를 보면 이스라엘군은 시나이반도의 북쪽에서 수에즈 사이 두 땅의 연결부를 향해 포크 모양으로 세 개의 작살을 찔러 넣었다. 이로써 이집트와 시나이반도의 연결부가 완전히 이스라엘 손에 들어갔다. 그 아래 남부 시나이반도의 이집트군은 완전히 고립됐다.

게다가 이스라엘의 전격전으로 본국으로 돌아가지 못한 이집트군은 남쪽 시나이광야로 흩어져 내려갔다. 이스라엘군은 이들을 추격하기 시작했다.

전쟁의 발발 원인이었던 아카바만은 이 단계에 와서야 작전의 대상이 됐다. 적이 손에 칼을 들고 있다고 해서 칼만 보고 있으면 이길 수 없다. 칼을 들어 올린 틈을 타 목이든 명치든 먼저 적의 급소를 쳐서 상대를 마비시키고, 힘이 빠진 손에서 칼을 빼앗아야 한다. 칼을 뽑을 때도 손목을 공격하는 법이 있고, 어깨를 제압하는 방법이 있다. 이스라엘군은 어깨를 택했다.

아카바항港은 좁은 협로의 맨 안쪽에 있고 요르단의 영토다. 이스라엘군의 목표는 아카바항이 아니라 아카바만의 봉쇄였다. 시나이반도는 역삼각형 형태인데, 최남단인 아카바만으로 들어가는 입구를 내려다보는 도시가 샤름엘셰이크다. 샤름 엘셰이크는 난공불락의 요새였다.

엘셰이크 요새는 바위산에 위치해서 이스라엘 측 공격로에서는 올라갈 방법이 없었다. 이때 이스라엘이 강구한 방법은 바위산을 깨면서 진격로를 개척하는 것이었다. 바위산을 깨서 진격로를 만들고 장갑차를 분해해 올린 후 다시 조립해 공격한다. 독일군이 그리스를 침공할 당시 쓰던 방법이었는데 이스라엘에 엔지니어가 많아서 이 방법을 차용할 수 있었던 것이다.

이스라엘인 90%가 도시에 살았지만, 알려진 것처럼 모두 금융업에 종사하는 것은 아니었다. 금융업 종사 인구는 극히 일부였고 3분의 1은 무역업, 3분의 1은 숙박업, 나머지는 기술자였는데, 이 기술자들이 현대로 오면서 엔지니어가 됐다. 게다가 동유럽, 특히 독일에서 훈련받은 엔지니어가 많았기 때문에 이스라엘군은 독일발 기술을 보유하고 있었다. 덕분에 그 험난한 바위산을 뚫고 공격하는 것이 가능했다. 이스라엘 공군의 근접 포격 지원에도 의외로 잘 버텨온 이집트군은 공수 여단까지 합세한 이스라엘군에 결국 샤름 엘셰이크를 내주고 만다.

소련의 핵 위협

이스라엘에 시나이반도를, 영국 – 프랑스 연합군에 수에
즈를 빼앗기고 이집트는 그야말로 쑥대밭이 된다. 하지만
이집트 뒤에는 소련이 있었다. 소련이 때마침 군사 개입을
시사하고 나섰다.

> 모든 유형의 근대적 대량 파괴 무기를 보유한 더 강력한
> 나라로부터 공격받을 경우, 영국과 프랑스의 입장은 과연
> 무엇인가? 우리는 침략자를 분쇄하고 동방에서 평화를 재
> 수립하기 위해 무력을 사용할 결의를 굳혔다.
>   – 소련 수상 니콜라이 불가닌

소련의 선언은 충격적이었다. '근대적 대량 파괴 무기'는
무엇을 의미할까? 원자폭탄이 아닌 수소폭탄을 의미했다.
수소폭탄은 히로시마에 투하됐던 원자폭탄보다 1,000배
이상의 파괴력을 가진 무기였다. 당시 영국은 원자폭탄만
보유하고 있었고 프랑스는 그마저도 없었다. 즉, 양측 모두
수소폭탄은 없었다. 만약 영국처럼 작은 나라가 소련과 핵
전쟁을 한다면? 소련에 피해를 입힐 수는 있겠지만 영국은
초토화될 수밖에 없다. 더군다나 핵 투발 시설은 없었던 영

국은 핵전쟁이 발발하면 폭격기를 사용해 원자탄을 떨어뜨려야 하는 상황이었다.

하지만 소련은 이미 미사일을 보유하고 있어서 미사일에 수소폭탄을 실어 발사할 수 있었다. 이 미사일은 독일에서 개발된 세계 최초 탄도 미사일이었는데, 독일 기술자들이 소련으로 넘어가 개발에 성공했던 것이다. 자칫하면 핵전쟁으로 이어질 수 있는 위험천만한 상황이었다. 결국 영국, 프랑스가 한발 물러섰고 '상호확증파괴전략'◆이 버티고 있어 실제 핵 사용의 움직임은 없었지만, 소련의 발언은 공식적으로 핵전쟁을 선포한 유일무이한 사례로 남았다. 영국은 이때 수소폭탄의 필요성을 절실히 깨달았다. 실제로 영국과 프랑스는 수에즈전쟁 이후 핵 개발에 들어갔다.

소련의 핵 협박을 억제할 초강대국은 미국뿐이었다. 하지만 미국도 이번에는 소련과 손을 잡을 요량이었다. 아마 이렇게 생각했을 거다. 영국과 프랑스가 이집트를 쳤으니 앞으로 소련의 영향력이 올라갈 것이다. 미국도 중동의 구원자로 보조를 맞추지 않으면 안 된다.

그렇다면 '흐루쇼프와 불가닌의 협박'으로 불리는 이 위

◆ MAD. 적이 핵 공격을 가할 경우 남아 있는 핵전력으로 상대편을 절멸시키는 보복 전략.

협은 어느 정도 효과가 있었을까? 우리가 아는 사실은 누구도 그때의 심정을 정직하게 고백하지 않았다는 것이다. 후루쇼프는 미국의 종전 제안은 형식적이고 자신들의 진심이 침략 전쟁을 종식했다고 말했다.

이든은 협박에 굴하지 않았고, "영국과 프랑스가 중동제국의 독립을 위협한 적이 없다. 우린 국제연합군에 중동을 양도하고 떠날 것이다. 당신들이야말로 독립국 헝가리에 대한 침략을 멈추라"라고 대꾸했다. 그 직전인 10월 23일, 소련군이 헝가리의 시민 봉기를 진압하기 위해 부다페스트로 진입한 데 대한 비난이었다. 당당했던 이든의 기상은 또 다른 고백으로 바람이 빠졌다.

"1주일간의 전쟁으로 벌써 영국은 1년 국방비의 16분의 1을 썼다."

이 금액은 버틸 만했지만, 파운드 투기가 발생한 게 문제였다. 물론 주범은 미국이었다. 이 사건에서도 알 수 있듯이, 영국과 프랑스는(어쩌면 이집트까지도) 사실상 미국만 쳐다보는 상황이었다.

23 제2차 중동전쟁의 결과

최종 승자, 나세르

　제2차 중동전쟁은 결과로 보면 이스라엘의 압승이었다. 그리고 수에즈운하는 영국과 프랑스의 품으로 돌아왔다. 그렇다면 이스라엘 영토가 3~4배 확장된 국경선으로 확정 됐을까? 국제 정세는 그렇게 녹록하지 않았다. 종전 이후 국제 정세는 영국과 프랑스에 불리하게 돌아갔다. 특히 미국의 분노가 컸는데, 참전 이전에 참전 사실을 통보해주길 바랐던 미국이 영국과 프랑스에 괘씸죄를 적용한 것이다. 아이젠하워는 11월 5일 영국과 프랑스에 즉각적인 철군을 요구했다. 또 미국은 유엔총회에 수에즈 문제를 제안했다. 미국의 안은 '수에즈 국제 회사를 설립해 중립적으로 운영하자'는 것이었다.

　중립적 운영 대 영국·프랑스 소유안. 투표의 결과는 충격적이었다. 미국 안에 절대적인 찬성표가 쏟아진 것이다. '영국·프랑스 소유안'에 대한 찬성표는 단 4표뿐이었다. 영국, 프랑스를 제외한 나머지 2표는 어디였을까? 영연방 국가들조차 모두 등을 돌리거나 기권한 상태에서 둘의 손을 들어준 이는 바로 호주와 뉴질랜드였다. '갈리폴리 동호회◆'의 끈끈한 전우애였다.

결국 12월 말에 영국과 프랑스는 철군을 완료하고, 이스라엘은 다음 해 3월에 물러난다. 벤구리온은 철군을 반대하는 강경론자들을 향해 이렇게 말했다.

"두려워할 것은 두려워해야 한다."

세계 정세는 '힘의 논리'에 의해 지배된다는 것을 다시금 보여준 사건이었다. 사실 미국과 소련은 세계 최강국으로 보였지만 아직 세계 곳곳에 영향력을 뻗치기 전이었다. 그럼에도 영국, 프랑스를 존중해주는 척 조심스레 접근했던 미국이 보기 좋게 이들을 눌러버린 것이다. 게다가 미국뿐만 아니라 그동안 영국, 프랑스의 제국주의에 당해왔던 많

◆ 1차대전 중 연합군은 독일군과 동맹국이던 터키를 통과하기 위해 갈리폴리반도에 상륙해 전투를 벌였다. 이 작전은 실패했지만, 호주-뉴질랜드 연합군은 독일군에 맞서 최후의 순간까지 싸웠다. 이때의 호주-뉴질랜드군을 안작Anzac이라 불렀고 현재 호주에서는 '안작의 날'을 한국의 현충일처럼 여긴다.

은 영연방 국가들조차 이때다 싶어 복수에 나섰다.

이집트의 슈퍼스타

하지만 국제 정세를 떠나 전쟁에서 승리한 것은 영국, 프랑스, 이스라엘이었다. 이집트는 전쟁에서 대패했다. 그렇다면 지도자였던 나세르는 퇴출 수순을 밟았을까? 간단히 말하자면 정반대였다. 오랫동안 주권을 잃고 서구 열강의 횡포에 침묵하던 나라가 영국과 프랑스에게서 수에즈를 되찾았으니, 나세르는 이집트에서 신화적 영웅이 된다.

이집트 국민들이 그의 얼굴만 봐도 열광하는 장면이 연출되었다. 제3세계에서도 나세르에 대한 평가가 달라졌다. 대중들에게는 멋있고 훌륭한 지도자로 평가받았지만, 다른 나라 지도자들의 평은 극과 극이었다.

독립적이며 지적이고 입가에 항상 웃음이 있다. 나는 개인적으로 좋아한다. ─ 소련 수상 흐루쇼프

똑똑하지 않은 선동꾼이다! ─ 오스트리아 총리 카를 레너

모든 독재자 가운데 가장 위험한 독재자는 과대망상에

사로잡힌 지도자다. 나세르는 히틀러와 똑같다.

　　－ 영국 수상 앤서니 이든

이렇게 굳이 인용할 것도 없이 나세르에 대한 평은 진영에 따라서도 갈렸다. 그렇다면 그와 가장 가까이 있었던 친구의 평은 어떨까? 18세 때 사관학교에서 만나 죽을 때까지 친구이자 동료 관계를 유지했던 사다트는 나세르를 "자신의 껍질 속에 단단히 파묻혀 있는 사람"이라고 묘사했다.

고지식하고 농담도 하지 않고 자신의 속을 드러내지 않는다. 자기 위신을 과하게 중시하고 의심이 많은 성격이다. 그는 무슨 수를 써서라도 자신이 의사를 드러내기 전에 상대가 수를 내놓게 만든다. 돌다리를 건너기 전에 천 번을 두드려보고 건널 정도로 과하게 신중하다.

이런 조심스럽고 비밀스러운 성격 덕에 나세르는 자유장교단이란 비밀 혁명 조직을 성공리에 운영할 수 있었다. 권력을 잡은 뒤에는 자기 의도를 감추고 2~3수 앞을 내다보며 부하들을 호령했다. 당연히 대중 조작과 정치적 연기에도 탁월했다.

혁명 직후, 나세르와 사다트를 포함한 8인의 혁명위원회가 조직됐다. 위원 8명은 혁명 정부의 정치 체제를 두고 토론을 벌였는데, 사다트를 포함한 7인은 독재를 주장했다. '민주제에서 1년 걸릴 일이 독재라면 하루에 할 수 있다'라는, 20세기 제3세계를 지배한 국가 주도 성장, 개발 독재의 논리였다. 독재론의 주창자는 사다트였다.

하지만 나세르는 결연히 반대했다. "독재는 독재일 뿐, 선량한 독재는 없다. 목적이 수단을 정당화할 수 없다." 결국 위원회는 표결했는데, 민주제 지지자는 나세르뿐이었다. 나세르는 즉시 사퇴했고, 나머지 위원들은 당혹스러워했다. 그들은 나세르를 찾아가 설득했고 그는 돌아왔다. 그는 결국 민주제를 앞세운 독재자가 되었다.

1956년 영토 분할

결국 1956년에 양측이 유엔의 휴전안을 받아들여 11월 23일 정전이 선언된다. 그렇다면 수에즈의 소유 및 운영권과 이스라엘 영토는 어떻게 정해졌을까?

UN의 휴전안

영국, 프랑스 : 수에즈운하에서 철수하는 대신 수에즈의

안전 운항을 보장

이스라엘 : 점령했던 시나이반도와 가자 지구(이후 유엔
통치령)에서 철수하는 대신 아카바만에서 정상적인 통행을
보장

2차대전 이후 냉전기의 시작과 함께 강대국 영국, 프랑
스, 미국, 소련이 얽혀 벌어진 제2차 중동전쟁. 그 정전과 함
께 세계의 패권은 영국, 프랑스로 대표되는 유럽에서 미국
과 소련으로 넘어가며 세계 정세의 판도가 바뀌고 있었다.
서독 수상 아데나워는 "유럽이 하나가 되어야 한다"라고
역설해 '유럽연합' 아이디어를 제공했고, 충격적이게도 프
랑스와 독일이 동맹을 맺기도 한다. 그렇게 세계 강대국의
패권 지도는 180도 개편되고 있었다.

이스라엘은 불만스럽기는 했지만 시나이반도에서 이집
트와 평화협정을 맺었고, 팔레스타인 지역의 게릴라 공격
도 어느 정도는 진정되었다. 이 협정은 이스라엘과 중동 지
역에 최소한 10년의 평화를 가져다주었다.

그사이에 나세르의 인기는 이집트를 넘어 아랍권 전역으
로 퍼졌다. 시리아, 이라크의 젊은 장교들은 나세르를 본받
고 싶어 했다. 나세르는 자신이 무언가 더 큰 일을 이룰 수

있을 것 같다는 확신에 심취했다.

이스라엘의 라빈은 두 가지의 모순된 명제를 확신했다. 전쟁은 반드시 일어날 것이고, 이스라엘은 이 전쟁에서 반드시 승리해야 한다. 그러나 이스라엘과 아랍의 갈등은 전쟁만으로는 절대로 풀 수 없을 것이다.

歷●史 역사 다시 보기

나세르의 매력

나세르는 우선 외모가 수려했다. 현재의 관점에서는 어떨지 몰라도 당시 중동에선 그랬다. 지금도 중동이나 인도에서는 그런 얼굴을 이른바 '귀족형 얼굴'이라며 선망한다. 180센티미터가 넘는 훤칠한 외모에 부드러운 미소를 가진 남자였다. 나세르에게 비판적이었던 여기자도 그가 한번 웃어주자 "그래도 매력은 있네"라고 했다는 기록이 있을 정도다.

여기에 더해, 이집트 왕가의 사치에 지친 사람들에게 검소함으로 어필했다. 논리적 사고보다는 감정으로 대중을 사로잡는 능력이 탁월했다. 전쟁에서는 대참패를 기록했지만, 패전으로 쑥대밭이 된 상황에서도 이슬람교 사원에 들어가 즉흥 연설을 시작하면 그의 다리를 붙잡고 울며 만세를 부르는 국민이 속출할 정도로 어마어마한 인기를 누렸다.

2부

제3, 4차 중동전쟁
(6일전쟁, 욤키푸르전쟁)

"건축물의 폐허나 희생자의 발자취에서는
승자도 패자도 나오지 않습니다.
항상 패자는 인간입니다."

...

사다트의 이스라엘 국회 연설 중

살라딘의 깃발 아래

아랍제국의 영광을 다시 한번

제2차 중동전쟁 이후 10년간, 나세르 대통령은 전성기를 영위했다. 이집트에서 그의 지위는 절대적이었다. 중동의 맹주로서 국제적 위상도 크게 상승해 중동의 정치 지형이 요동쳤다.

1958년 2월 22일, 이집트와 시리아가 통합하여 연합공화국을 세운다는 발표가 있었다. 초대 대통령은 물론 나세르였다. 이집트 국민은 환호했다. 찬반을 묻는 국민투표가 시행되었는데 개표 결과 찬성이 99%가 넘었다.

역사적으로 이집트의 팽창 한계선은 시리아였다. 그러나 모세나 람세스조차도 시리아를 완전히 석권한 적은 없었다. 중세 십자군전쟁의 영웅 살라딘만이 시리아와 이집트를 통합했다. 그는 지금의 이스라엘 땅에 있던 십자군왕국을 몰아내고 예루살렘을 수복했다. 나세르는 자신을 굳이 살라딘에 비유하지는 않았는데, 아마도 자존심 강한 나세르는 위대한 이집트의 영웅을 쿠르드족 출신의 족장과 비교하고 싶지는 않았을 것이다(게다가 살라딘은 이집트 입장에서는 침략자가 아닌가?).

이스라엘이 목에 가시처럼 중간에 박혀 있었지만, 이집트-시리아 연합은 중동사에 남을 대사건이었다. 이 사건은 나세르의 측근들도 예상치 못했을 정도로 전격적으로 시행되었다. 제안자는 신중한 나세르가 아니라 다급한 시리아였다. 시리아 국민당은 모든 것이 불안했다. 분열돼 있었고, 쿠데타는 시간문제였다. 결국 시리아 육군 사령관이 급하게 이집트로 와서 양국의 통합을 요청했다. 나세르가 반대했지만, 시리아는 3일간 그를 집요하게 설득했다. 나세르는 마지못해 동의했는데, 정말 그가 설득에 혹해 미지로의 모험을 받아들였을까?

나세르는 람세스를 뛰어넘는 파라오가 되는 길에 들어섰다. 즉시 북쪽에 있는 예멘이 가입 의사를 밝혔다. 나세르는 예멘을 별로 달가워하지 않았지만, 이 거친 나라의 가입이 상징하는 정치적 상징성은 충분히 인지하고 있었다.

이로써 역사상 가장 강력한 대對이스라엘 국경이 성립됐다. 그렇다면 요르단, 이라크, 레바논과 같은 주변국도 이 사태에 환호하며 합류했을까? 그렇지 않았다. 먼저 이라크가 즉시 긴장했다. 중동의 양대 강국 이라크와 이집트의 힘겨루기에는 4,000년의 역사가 있었다.

즉시 하심가의 의리가 발동해서 이라크와 요르단이 아랍연방공화국을 결성한다. 아랍 반란의 영웅 파이살 1세의 손자(이라크의 파이살 2세)와 조카(요르단의 후세인 1세)는 하심가의 혈육이란 점 외에는 성격과 능력에 공통점이 없었다. 요르단의 후세인은 아랍과 서방에서 모두 존경을 받았지만 정작 나라가 약했다. 힘 있는 이라크 왕 파이살 2세는 방탕해서, 나라보다는 할리우드 연예인에게 관심이 더 많았다. 그는 자신의 나라에서 무슨 일이 벌어지고 있는지조차 몰랐다.

7월, 후세인 1세가 레바논에서 벌어진 분쟁을 계기로 이라크에 군사 지원을 요청했다. 파이살 2세는 파병을 승인했다. 파병 부대 지휘관인 압드 알카림 카심 대령은 나세르 숭배자였다. 이미 이라크의 많은 장교가 나세르당에 가입되어 있었다. 카심은 나세르와 연락을 취하고 있었다. 나세르는 이들이 쿠데타를 준비하고 있다는 사실도 알고 있었다.

단지 거사 날짜만 모를 뿐이었다.

7월 14일, 카심은 파병 부대를 뒤로 돌려 바그다드로 향했다. 같은 나세르파인 무하마드 압델살람은 공항을 점령했다. 덕분에 카심은 손쉽게 근위대를 제압하고 수도를 장악했다. 파이살은 대피할 틈도 없었다. 파이살은 근위대에 저항하지 말라는 명령을 내렸다. 오전 8시, 혁명군 대위가 지휘하는 병사들이 왕궁으로 들이닥쳤다. 대위는 왕과 왕비, 황태자, 섭정을 맡았던 파이살의 삼촌 압드 알알리(파이살 1세의 큰형인 알리 빈 후세인의 장남)와 왕실 일가족, 하인들을 정원으로 끌어낸 뒤 등을 돌려 벽을 보고 서라고 명령했다. 이어 기관단총이 작렬했다. 생존자는 한 명도 없었다. 다음 날, 총리도 암살당했다. 이라크의 하심 왕가는 이렇게 생명을 다했고, 이라크공화국이 설립됐다.

여기까지 전개만 보면 나세르의 영향력이 더 커진 듯했다. 시리아와 이집트는 하나가 되었고, 이를 견제하려던 이라크는 나세르를 숭배하는 장교단에게 넘어갔다. 새로이 채색한 중동의 지도를 보면서 나세르는 믿을 수 없었다. 하나 된 아랍을 떠올리자 가슴이 벅차올랐다. 나세르의 포부는 아랍을 미, 소 어느 진영에도 속하지 않는 하나의 연방으로 만드는 것이었다. 그것은 세계에서 가장 강력하고 부유한 세력이 될 것이다. 나세르는 자신이 아랍을 넘어 이슬람 세계의 맹주, 아니, 제3세계의 지도자가 될 수도 있다고 믿었다.

아랍연합공화국이 탄생하자 미국과 소련의 태도가 즉시 바뀌었다. 소련은 질질 끌던 아스완댐 지원 자금 1억 달러를 약속했다. 댐이 완공될 때까지 기술과 인력 지원도 하기로 했다. 이 일로 나세르는 또다시 영웅의 자리를 굳혔다. "미국과 소련이란 강대국 사이에서 자신의 요구 사항을 받아내며 이처럼 멋진 실용 외교를 펼치는 지도자가 세상에 있었단 말인가!" 찬사에 열광이 더해졌다. 게다가 사회주의 제국의 새로운 강자로서 소련의 라이벌로 떠오르고 있는 중국은 당장 현실적인 지원은 해주지 못해도 나세르에게 우정 어린 격려와 자문을 아끼지 않았다. 특히 공산당 수상 저우언라이는 나세르를 각별하게 대했다.

인도의 네루 수상과 유고슬라비아의 티토 대통령은 소련, 미국과는 또 다른 입장에서 나세르에게 다정하게 다가왔다. 나세르에게도 진정한 롤모델은 흐루쇼프나 마오쩌둥, 저우언라이가 아니라 네루와 티토였다.

이것이 1958년의 상황이었다. 나세르는 외쳤다.

아랍 국가가 단결한다면 우리는 12일이면 이스라엘을 지도에서 지워버릴 수 있다.

거인 뒤의 균열들

아랍연합의 탄생을 보면서 이집트의 2인자 사다트는 불안을 느꼈다. 언제부터인가 두 사람은 성격이 정반대로 바뀌어 있었다. 단단한 어둠 속, 신비한 존재로 머물기를 좋아하던 나세르는 이제 빛났다. 정치적 암살까지도 서슴지 않던 이집트의 사무라이 사다트는 나세르의 그림자 뒤에서 조용히 그를 관망하며 부름이 있을 때만 나서는 닌자가 되어 있었다.

아랍연합이 탄생할 무렵, 사우디의 파이살 왕자가 사다트를 만났다. 그는 아랍연합이 실패할 것이라고 예언했다.

두 나라는 체제가 다르다. 사우디아라비아는 정치적으로 분열이 심하고 자본주의를 지향한다. 이집트는 오랫동안 중앙집권적 국가이고 사회주의를 지향한다.

이 말은 사우디아라비아가 그들의 무기인 달러로 이집트의 약점을 파고들겠다는 뜻이기도 했다. 파이살의 공작이 아니더라도 아랍 모든 나라가 거인의 탄생을 두려워했다.

이라크에서 카심의 쿠데타가 성공하자, 나세르는 아버지의 마음으로 즉시 소련에 이라크 혁명 정부를 지원해달라고 요청했다. 흐루쇼프는 거절했다. 오히려 그들은 아랍연합을 비방했다. 중동이 통합되는 건 자본주의뿐만이 아니라 사회주의 국가들도 역시 꺼렸다. 나세르는 분노하고 실망했지만, 내색하지 않고 소련은 자신들의 편이라고 대외적으로 선전했다.

1960년대에 나세르는 이집트, 시리아, 이라크 무기를 소련제로 표준화하고, 약한 공군력을 보완하기 위해 이라크 공군을 전진 배치하는 연합 작전 체제를 구상했다.

하지만 이 위대한 꿈에 또다시 균열이 생겼다. 이라크의 바트당이 더 이상 나세르를 존경하지 않았다. 쿠데타를 연발하던 시리아는 하피즈 아민이 정권을 잡더니 나세르를 비난하기 시작했다. "왜 시리아의 통치를 이집트인에게 맡겨야 하는가?" 1961년, 나세르는 눈치를 채고 최고 사령관인 아메르를 시리아로 보내 머물게 했다. 아민은 아메르의 군영을 포위하고 아메르를 체포한 뒤 강제 추방했다. 이로써 이집트와 시리아는 다시 결별했다.

사다트는 나세르가 현실과 멀어지기 시작했다고 말했다.

껍질 속에 틀어박히는 그의 성격과 이집트 하늘에 떠오른 태양신이라는 그의 위치가 그를 현실에서 더 멀어지게 만들었다는 것이다. 아랍연합은 정말 그런 사례였다. 한껏 기대했던 나세르주의자들의 연대는 연합 국가가 탄생하자 스스로를 파괴했고 더 확실하게 분열했다.

이집트는 기대했던 군사적 효과는 전혀 얻지 못하고 오히려 엄청난 손실을 보았다. 아랍연합공화국에 참여한 대가로 나세르는 사우디아라비아가 얽혀 있는 예맨 내전에 무려 7만의 병력을 파병해 개입했다. 사우디아라비아의 얄미운 행동에 복수하려는 마음도 있었다.

원래 계획대로라면 이집트군은 평생의 약점인 실전 경험을 습득하고, 아랍의 맹주이자 수호자로서 나세르의 능력과 힘을 만방에 떨쳐야 했다. 하지만 결과는 정반대였다. 예맨 전쟁은 이집트의 베트남전쟁이었다. 이집트군은 아무 성과도 내지 못한 채, 이집트가 보유한 외화의 절반을 소모했다.

게다가 사우디와 예맨의 전쟁에 개입하면서 간신히 복구한 미국 – 이집트 관계마저 파멸시켰다. 1965년, 미국은 이집트에 대한 자금 지원과 밀 수출을 끊었다.

나세르의 영광은 형편없이 추락했다. 이집트 군대는 예맨이라는 수렁에 빠졌다. 그러자 중동의 정세가 다시 꿈틀

했다. 이스라엘을 둘러싼 아랍 국가의 방정식에는 자동 제
어 장치가 부착된 것 같았다. 과도하면 흔들고, 추락하면 붙
들어주었다. 1966년, 이집트와 시리아는 다시 상호방위조
약을 맺었다.

나세르, 돌파구를 찾다

젊은 장교 나세르의 꿈은 이집트 개혁이었다. 빈곤과 낙
후한 산업, 부패는 세계에서 제일 오래되고 영광스러운 왕
국을 옥죄는 족쇄였다. 그가 일각의 비난처럼 권좌만이 목
표인 독재자였다고 해도, 권좌를 유지하기 위해서는 개혁
이란 과실이 필요하다는 사실을 알고 있었다. 아니, 본인은
자신의 권력과 독재도 개혁의 수단이자 열매 중 하나라고
생각했을 것이다. 적어도 오직 권력만을 위해 국민을 더 빈
곤하게 하거나 강압과 채찍만으로 권좌를 유지하려던 사람
은 아니었다. 그는 국민에게 사랑받고 국민이 의지하는 지
도자이길 원했다. 국민에게 버림받아 원망의 대상이 되는
상황은 자존심이 용납하지 않았다.

분명 나세르는 여기에서 출발했다. 미국과 소련 사이의
줄타기, 이스라엘과의 전쟁, 아랍 세계의 단결, 제3세계의
영웅은 모두 이집트 혁명에 종속된 목표이자 수단이었다.

영광의 아랍연합 시절, 나세르는 몇 가지 딜레마에 빠졌다. 제3세계의 영웅이 되면서 목표와 수단이 혼동되고, 우선순위가 뒤섞였다. 이스라엘 축출이라는 대의명분의 위력은 이집트 혁명, 아랍의 단결, 미국과 소련의 중동 정책 등이 지닌 비중을 충분히 뛰어넘었다.

그래도 나세르의 카리스마와 인기는 높았다. 특히 그는 가족 관리를 철저히 해서 관료들의 부패에 대해서는 거의 체념하고 살아가는 이집트인들에게 신화적인 존재였다. 그러나 이집트는 경제침체의 늪에 빠졌다. 아스완댐은 생각만큼 경제에 활력을 불어넣지 못했다. 인기는 밥그릇 문제를 이기지 못한다. 대중의 호감은 언제든지 분노로 바뀔 수 있다. 군부에서 쿠데타를 모의한다는 소문도 심심찮게 돌았다. 경제 난국을 타도하기 위해 상반된 주장들이 들려왔다. "더 사회주의적으로!" "아니, 더 자본주의적으로!"

혁명 초기에 나세르는 사회주의자가 아니었다. 하지만 권력은 견고해지는데 경제 정책은 성과를 내지 못하자, 국가권력을 이용해서 부유층을 억압하는 성향이 점차 강해졌다. 국가의 역할이 늘어나면서 그가 그토록 혐오했던 부패도 늘어갔다. 혁명이 새로운 권력을 만들고, 권력은 부패를 생산하는 전형적인 악순환이었다. 제1차 중동전쟁에서 나세르는 거짓 방송에 당할 만큼 당했고, "어떻게 정부가 국민을 속일 수 있어!"라며 분노했다. 그러나 자신이 정권을 잡자 더욱 심한 거짓 방송으로 일관했다. 심지어 기사, 방송 등 모든 언론을 직접 관리하고 통제했다. 이집트는 공장, 토지를 국유화하고 사회주의 노선으로 향했다. 나세르의 독재는 점점 무르익어 정권 말기에 이르러서는 자기애에 도취된 모습까지 보였다. 언론에 실린 자신의 기사를 보는 데만 5~6시간이 걸릴 정도였다. 점점 독재자의 말로로 치닫고 있었던 것이다.

자연히 아랍권의 인기도 떨어지고 있었다. 나세르가 자기 역할을 하지 않으면서 요구만 한다거나, 인기만 챙긴다고 불만을 가졌다. 아랍 맹주의 사명은 간명했다. 이스라엘을 몰아내는 것. 그렇다면 살라딘의 깃발만이 아랍을 단결시킬 수 있는 유일한 명분이었다.

이 명분을 살리는 훌륭한 방법이 있다면 PLO와 그들의 게릴라 활동에 대한 지원이었다. PLO는 끊임없이 이스라엘로 침투해 파괴와 테러 활동을 벌였다. 테러는 약한 자의 저항 수단이기도 하지만, 비난과 혐오도 피할 수 없었다. PLO를 지원해도, 지원을 줄여도 비난을 받았다. 지원을 줄이면 배신했다고 비난했고, 지원을 늘리면 PLO를 불편해

하는 요르단과 레바논은 국가를 전복시키려 한다며 의심했다. 아랍의 맹주가 테러리스트의 수령이 될 수도 있는 상황에서 나세르로서는 힘든 줄타기를 해야 했다.

이런 복잡한 문제의 해결책은 시원하게 이스라엘을 몰아내고 팔레스타인 땅을 회복하는 것이다. 아랍의 지도자들은 이집트를 향해 외쳤다. 당신은 무력을 사용할 의무와 명분이 있지 않은가? 이집트는 50만 대군을 보유하고 있고, 소련으로부터 지원받은 신형 무기를 소지하고 있지 않은가? 이런 요구가 나세르에게 부담으로 작용하기 시작했다. 나세르는 돌파구가 필요했다. 그러나 이집트군은 겉모양과 다르게 여전히 믿을 수 있는 상태가 아니었다.

마침내 나세르는 무력 사용을 결정하지만 확신과 결단이 부족할 수밖에 없었다. 전격적으로 전쟁을 시작하기보다는 1단계, 2단계로 압박 수위를 높여갔다. 결과론이지만 이것은 최악의 수가 되고 만다.

1966년 5월 30일, 나세르가 PLO를 선동해 왕좌를 노리고 있다고까지 생각했던 요르단 왕 후세인이 수도 카이로로 날아왔다. 나세르는 후세인을 영접하고 즉석에서 요르단―이집트 방위 협정을 맺었다. 아랍권에서는 늘 별났던 요르단은 미국, 이스라엘과 비밀스러운 관계를 유지하고 있었지만, 이번에는 선택의 여지가 없었다. 이스라엘이 침공하면 요르단강 서안, 팔레스타인 난민이 거주하고 있는 웨스트뱅크를 지켜야 했다.

歷●史 역사 다시 보기

냉전과 국제사회

> 미국이 개입한다면 나는 소련의 지원을 요청할 준비가 되어 있다.
>
> — 나세르

중동전쟁에 대한 흔한 오해가 여러 가지가 있다. '중동은 친서방 국가와 친소련 국가로 나뉜다. 서방 국가는 이스라엘을, 소련과 중국은 아랍권을 전적으로 지원한다. 아랍권은 이슬람 교리로 단합되어 있다. 이스라엘은 겁이 없고 항상 하나로 단결되어 있다. 아랍권은 이슬람 교리에 엄격하고, 적과 정치적 타협은 일절 하지 않는다⋯.'

석유는 사회주의나 자본주의 공장 모두에 필요하다. 무슬림이 지배하고, 왕정 국가나 독재 국가가 다수인 중동은 자본주의나 사회주의 국가 모두에게 낯설고 부담스러웠다. 친소련 국가로 분류되는 중동 국가들도 달러는 미국에 있다는 사실을 잊지 않았다. 나세르 때도 이집트 빵의 60%는 미국산 밀로 만들었다. 유럽 열강은 이스라엘보다 아랍권 국가와 더 오랜 인연이 있었다. 그들이 이스라엘을 돕지 않은 적은 없지만, 대놓고 돕지는 않았다.

미국은 이스라엘의 생명줄이지만 이스라엘이 무슨 짓을 하든 무턱대고 도와주는 키다리 아저씨는 아니었다. 이스라엘은 항상 안하무인으로 행동하는 것 같지만, 내부적으로는 서방 국가들의 동향을 살피며 자신들의 과격한 행동이 지원을 끊어버리는 결과를 낳지는 않을지 노심초사했다.

아랍 국가들은 이해관계가 복잡하고, 서방 및 소련 사회주의 국가와의 관계도 복잡했다. 이집트, 요르단 정도를 제외하고는 정변政變도 많아서 국제 관계는 시시각각으로 복잡하게 얽혔다. 어떤 경우는 1년마다 태도가 바뀌어서 이 책에서 일일이 설명하기 힘들 정도다. 중동의 외교 시계視界는 우리 생각처럼 단순한 것이 아니라 복잡하고 불안정했다.

1960년대 중동에서 명확한 사실은 이것뿐이었다. 미국은 중동에 군대를 보낼 능력도 없고, 또 한 번의 베트남전쟁이 일어날까 봐 두려워하고 있었다. 1967년, 미국은 베트남에서 굴욕을 맛보았다. 미국 국민은 철모를 쓴 키다리 아저씨를 더 이상 원치 않았다. 대통령 존슨은 국민에게 약속했다. "미국은 다시는 이런 전쟁에 젊은이의 피를 흘리지 않겠다." 약속은 지켜야 했다. 그런데 이스라엘이나 한국에서 전쟁이 발발하면?

대통령이 약속을 지키는 방법은 전쟁이 일어나지 않게 하는 것뿐이었다. 벤구리온이 은퇴하고 레비 에슈콜이 후임으로 선정되자 미국은 안도했다. 에슈콜은 전쟁을 일으킬 사람은 아니었다. 그러나 미국이 "두 번째 베트남은 없다"라고 선언하자 이스라엘은 즉시 핵무기 개발에 착수했다. 그들이 이룬 성취는 지금까지도 비밀이지만, 네게브사막에 자칭 '섬유 공장'을 짓고 무언가를 만들고 있었다.

미국은 당황했다. 벤구리온은 핵무기 개발을 강행할 사람이고(실제 핵 개발 프로젝트는 벤구리온이 시작했다) 에슈콜은 핵 개발을 저지할 능력이 없었다. 라빈은 핵 개발에 반대했다. 예상과 다르게 전통적인 군인들은 핵무기에 회의적이었다. 그들은 재래식 병력으로 힘을 과시하고 선제공격으로 단숨에 파괴하는 현실적 대안을 선호했다. 하지만 무슨 짓을 해도 이스라엘은 미국의 생각과는 반대로 나가고 있었다. 그렇다고 이스라엘 수상을 미국이 임명할 수도 없고, 이스라엘을 무장해제할 수도 없었다. 중동전쟁이 주는 교훈은 미국이 전지전능하지도 않고 모든 것을 알고 있지도 않다는 것이다.

소련은 언제나 그렇듯 위협적이지만, 그저 위협일 뿐이었다. 소련은 이집트에 무기를 지원하고, 우리가 뒤에 있으니 공세적으로 나가라고 이집트를 부추겼다. 그러나 전면전은 결사반대였다. 겉으로는 절대 드러내지 않았지만, 생각 이상으로 소련은 미국을 두려워했다. 어쩌면 미국의 힘을 제일 잘 알거나 제일 과대평가하는 나라가 소련이었다.

프랑스는 알제리전쟁에서 패하면서 진이 다 빠져버렸다. 영국은 수에즈 사태 때보다 더 노쇠해졌다. 서방 강대국들은 입장이 곤란했다. 군사적인 개입을 할 여력은 없고, 그렇다고 이스라엘의 멸망을 방치할 수도 없었다. 전에는 서방 사회에서 유대인의 영향력 때문이었다면, 지금은 노골적으로 소련에 기울어진 아랍 국가의 태도 때문이었다. 이스라엘은 이란과 함께 중동에서 친서방, 반공 국가의 유일한 보루처럼 여겨졌다.

당시 이스라엘과 아랍권 지도자들의 생각은 모순적이었다. "서방 국가는 전쟁을 방치하지 않겠지만, 군사 개입을 하지 못할 것이다. 이스라엘을 적극적으로 지원하지도 방치하지도 않을 것이며, 감히 아랍 국가를 방해하지도 못할 것이다." 미국과 소련은 서로 이집트와 이스라엘에 "선제공격을 하지 말라, 우리에게 군사 개입을 기대하지 말라"라고 으름장을 놓았다. 에슈콜은 걱정했고, 나세르는 오히려 안도했다.

그럼에도 불구하고 미국과 소련은 경쟁하듯이 자국 무기를 중동에 쏟아부었다. 케네디는 죽기 직전까지 이스라엘에 수백만 달러어치 무기를 제공했다. 존슨이 취임하자 에슈콜은 한때 한국군 주력이었던 M-48 전차와 스카이호크 전투기를 요구하며 외교전을 벌였다.

소련은 나세르가 이집트에서 공산당을 숙청하는 것을 보며 손해 보는 장사라는 생각을 하면서도 막대한 물량을 지원했다. 내부에서도 비판이 자자했지만, 흐루쇼프 이후에도 소련제 무기를 싣고 이집트로 향하는 화물선은 줄어들지 않았다. 반전이 있다면 미국, 영국, 프랑스 등 주요 서방 국가는 전쟁이 벌어지면 이스라엘이 충분히 승리할 것이라는 낙관적인 분석을 비밀리에 내리고 있었다는 사실이다. 정말 그렇게 확신했기에 군사 개입 불가를 외쳤던 것인지, 사실상 군사 개입이 곤란한 상황에서 위로라도 받고 싶었는지는 모를 일이지만….

　반면 소련은 핵무기만 아니라면 이집트가 충분히 영토를 지킬 능력이 있다고 보았다. 다만 이집트의 공격력에는 불안감이 있었고 이스라엘이 위기에 처하면 미국이 직접 개입할 것이라고 생각했다. 소련이 생각하는 최상의 시나리오는 이스라엘이 공격에 나섰다가 이집트의 요새와 소련이 제공한 무기에 막혀 굴욕을 당하는 것이었다. 소련은 미국이 절대 이런 전쟁에는 개입하지 않으리라 판단했다.

02 이스라엘의 선제공격

시리아 증후군

묵은 악순환

역사적으로 볼 때 이집트와 이스라엘은 우방이 될 수도, 침략자가 될 수도 있는 관계였다. 이스라엘은 상대적으로 약소국일 때 이집트를 두려워했고, 적대하기보다는 자신들의 보호자가 되어주기를 원했다. 물론 이것은 2,000년 전의 상황이다. 시온으로 돌아온, 유럽화된 유대인들이 이집트에 옛 감정을 그대로 가지고 있었는지는 알 수 없다.

그러나 예나 지금이나 변치 않는 감정선을 유지하는 나라가 있었다. 북쪽의 이웃 시리아다. 이스라엘과 시리아 간에는 마치 한국과 일본처럼 해묵은 적개심이 존재한다. 이 특이한 라이벌 의식은 《구약성서》에서도 만날 수 있고, 1950~1960년대 이스라엘과 시리아 국경에서도 확인할 수 있다. 특히 국경 지대에는 두 민족 사이의 증오가 충만했다. 이 증오는 심심찮게 무력 충돌로 발전했다. 그렇다 보니 두 나라의 국경 사이에는 비무장 지대가 설치되었고, 유엔감시단도 배치되었다. 유엔감시단이 없었더라면 이스라엘이 더 마구잡이로 행동했을 가능성이 크지만, 유엔감시단만으로 심심찮게 벌어지는 충돌을 막기에는 역부족이었다.

이집트는 이스라엘이 흔들기에는 너무 무거운 추였다. 시리아를 끊임없이 흔들고 압박해 이집트가 시리아군에 기대를 품지 못하게, 반대로는 시리아가 이집트에 손을 벌리지 못하게 해야만 했다.

다만 이스라엘군의 대응은 항상 도가 지나쳤다. 단순히 '적이 1발을 쏘면 우린 10발로 갚아준다'라는 보복 심리가 아니라 모든 것이 계획적인 행동이었다. 이스라엘은 갖은 방법을 동원해 도발하고, 시리아군이 미끼를 물면 가차 없이 목표를 실천했다. 마을을 붕괴시키고, 적의 군사 시설을 파괴했다. 교전이 확대되면 전차에 전투기까지 출동하는 경우도 있었다.

이스라엘의 이런 교묘한 행동을 가장 적극적으로 실현한 사람이 제2차 중동전쟁 기간에 북부 사령관으로 재직했던 라빈이었다. 라빈이 뿌린 씨앗은 그가 참모총장으로 임명된 후에도 계속되었다. 1964년 11월 13일, '갈릴리호수의 물'이라는 자원을 두고 양측이 대치했다. 갈릴리호수 전역은 이스라엘 소유였지만, 호수를 채우는 물은 북쪽 시리아와 레바논에서 흘러오고 있었다. 이런 상태에서 이스라엘이 네게브사막을 개발하기 위해 갈릴리호수의 물을 끌어 쓰는 계획을 세운 것이다. 갈릴리에 용수용 파이프를 설치하려고 하자 시리아와 레바논은 당연히 반대했다. 호수가 마른다는 명목이었지만 진짜 이유는 따로 있었다. 네게브사막이 개발되면 결국 이스라엘의 영역이 늘어나는 것과 같은 결과를 초래할 것이었다. 시리아군이 파이프 건설 사업에 훼방을 놓자, 이스라엘은 기다렸다는 듯이 전차와 포병을 동원해 반격했다. 이 대결에서는 험준한 골란고원을 차지하고 있는 시리아가 유리했다. 시리아가 이스라엘 정착촌을 포격하자, 이스라엘은 공군기를 출동시켜 시리아군 진지를 폭격했다.

　이때도 이스라엘 수상 에슈콜은 이 사건이 전쟁으로 비화하지 않을까 해서 주저했다. 그러나 라빈은 단호했다.

　아랍은 분열되어 있고, 소련은 중동의 전쟁에 개입하지 않을 것이다. 우리의 보복 조치가 전쟁으로 비화할 일은 없다.

이것이 라빈의 변함없는 신념이었다. 모세 다얀은 1967년 이전에 일어난 시리아와의 충돌 중 80%는 이스라엘이(그중에 상당수는 라빈이) 도발하고 유도한 것이라고 고백했다. 그런 의미에서 라빈은 말 그대로 시리아 국경의 문제아였다. 이런 과도한 태도는 이스라엘 정부와 IDF에서도 논란이 되었을 정도였다. 모세 다얀마저도 라빈에게 고의적인 충돌이 진짜 전쟁으로 비화할 수 있다고 주의를 주곤 했다.

전선에서 열세였던 시리아군은 팔레스타인 게릴라를 지원하는 방식으로 대응했다. 그러면 또 이스라엘이 보복하는 악순환이 반복되었다. 1966년에도 양측의 충돌은 격화되어 미국까지 나서서 뜯어말려야 했을 정도였다.

1966년 겨울, 시리아가 이집트와 상호방위협정을 맺자 시리아의 분위기는 고무됐다. 1967년 1월 16일, 다마스쿠스 라디오에서는 도발적인 방송이 흘러나온다.

더 이상 참을 수 없다. 이제부터는 우리도 방어만 할 게 아니라 공격적으로 나서겠다.

전쟁의 도화선

그야말로 이스라엘이 고대하던 바였다. 1967년 4월 7일에는 마침내 발화점을 넘었다. 4월 1일에 팔레스타인 게릴라가 이스라엘 키부츠의 급수 펌프를 폭파했다. 라빈은 즉시 트랙터로 도발을 시작했다. 7일에 또 이스라엘 트랙터가 비무장 지대로 접근했다. 보통은 기총소사나 위협사격으로 응수하던 시리아군이 이번에는 제대로 포격을 가해 트랙터를 파괴해버렸다. 드디어 제대로 본때를 보인 셈이었다. 내친김에 포대는 방향을 돌려 트랙터의 발원지인 이스라엘 정착촌을 두들기기 시작했다.

시리아군 포대는 이스라엘 전차포의 사정거리 밖에 있었다. 보고를 받은 라빈은 공군을 출동시켜야 한다며 에슈콜을 다그쳤다. 결국 이스라엘군의 미라주3 전투기가 출동해 포대와 시리아 마을을 폭격했다. 시리아도 지지 않고 미그21을 발진시켰다. 미그21은 1964년 '물의 전쟁'에서 이스라엘 공군에게 당한 뒤 절치부심해서 마련한 신예기였다.

회심의 출격이었지만 미그21조차 제공권을 탈환할 수 없었다. 이스라엘 조종사들은 공중전의 승리는 전투기의 성능만으로 결정되지 않는다는 사실을 증명했다. 편대 전술과 개인 역량에서 미라지 편대가 미그 편대를 압도했다.

미라주3(위), 미그21(아래)

골란고원 상공에서 미그 2기가 격추되었다.

공중전은 다마스쿠스 상공으로까지 번졌다. 하늘에 전투기만 무려 130기가 떠 있었다. 이 거대한 공중전은 단 30초 만에 미그 4기가 격추되면서 승부가 갈렸다. 다마스쿠스 시민들은 이스라엘 전투기들이 하늘을 가득 채우고 승리의 선회비행을 하는 광경을 지켜보아야 했다. 다마스쿠스 라디오에서는 이스라엘 전투기 5기를 격추했다고 보도했지만, 그것을 본 사람은 아무도 없었다.

국민의 사기는 올랐지만 모세 다얀은 라빈의 확고한 자신감이 불안했다. 그는 "전쟁을 일으키려는 것이냐?"라며 IDF 사령관을 힐책했다. IDF도 그럴 의도까지는 아니었던 것 같은데, 4월 7일의 전투는 정말로 제3차 중동전쟁, '6일전쟁'의 도화선이 되고 말았다.

하늘에서의 인상적인 승리 후 라빈은 더욱 도발했다. 이집트－시리아 방위동맹이 이스라엘에 심각한 위협이라고 판단했던 그는 국경 도발과 이스라엘 정착촌 포격을 구실로 시리아 정권의 타도를 요구하기에 이르렀다. 지난 10년간 끊임없이 정권이 바뀐 시리아 내부 사정을 염두에 둔 행동이었다.

수상 에슈콜은 라빈의 도발에 놀라 군사 행동 전에 외교적 수단이라는 걸 염두에 두라며 라빈을 심하게 질책했다. 하지만 이미 늦었다. 아랍권은 라빈에게 심하게 분노했다. 크렘린궁에서도 "우리들은 시리아나 아랍의 다른 친소련 정권을 라빈의 공개적인 위협에서 보호하겠다"라고 선언했다.

歷●史 역사 다시 보기

이스라엘의 간 큰 농부들

이스라엘-시리아의 충돌에서 정말 특별한 역할을 한 이들이 있었다. 이스라엘 민간인, 그중에도 농부들이었다. 시리아 농부들은 국경 근처에 얼씬도 하지 않았지만, 이스라엘 농부들은 증오로 가득한 국경으로 겁도 없이 트랙터를 몰고 나갔다. 그리고 경작을 빙자해 가능한 한 국경에 근접하고, 심지어 슬쩍슬쩍 국경선을 밀어 올렸다.

감시하던 시리아 병사들이 위협사격을 가해도 이스라엘 농부들은 포기하지 않았다. 외국에서 온 사람들은 이런 특이한 광경을 설명할 길이 없었다. 이런 간 큰 민간인들이 어떻게 있을 수 있단 말인가?

물론 이스라엘 농부들은 믿는 구석이 있었다. 그들은 이스라엘 포대가 당연히 대응할 것임을 알고 있었던 것이다. 실제로 시리아군이 대응할 때마다 훨씬 강력하게 시리아군 진지를 파괴했다. 그렇다고 해도 군인도 아닌 농부들이 대체 왜 고작 한 고랑의 땅을 위해 목숨을 거는지 명확히 설명하기 어렵다. 그들이 단지 소유지를 넓히겠다는 이기적인 욕구가 아니라 무언가 거대한 사명감 아래서 움직이는 것만은 분명해 보였다.

03 아랍의 총공세와 이스라엘의 공포

진짜 전쟁의 시작

1967년 5월 15일, 이스라엘 독립기념일. 이집트의 나세르 대통령은 이집트군 2개 사단을 시나이반도를 향해 진격시켰다. 이로써 시나이에만 10만의 이집트군과 소련의 최신형 전차인 T-54/55를 주축으로 전차 900대, 장갑차 1,000대가 포진했다.

북쪽에서는 시리아 6개 여단과 전차 300대가 국경에 집결했다. 동쪽의 요르단에는 7개 여단과 한때 한국군 주력 전차였던 미국제 M48 패튼, 영국제 A41 센추리언으로 구성된 270여 대의 전차가 있었다. 후방에 있던 예비 병력까지 모두 합치면 이들의 병력은 약 60만 명, 전차 5,400대, 항공기 900대였다. 이스라엘의 전력은 예비군 포함 총병력 27만 5,000명, 전차 800대, 항공기 200대였다.

위에서부터 차례로 T-54/55, M48 패튼, A41 센추리언

이스라엘 독립기념식 행사식장에서 수상 에슈콜과 참모총장 라빈은 이집트군의 시나이반도 진격에 대해 보고받았다. 그러나 라빈은 이것이 그저 위협이라고 생각했다.

5월 17일, 나세르는 이집트에서 유엔평화유지군의 철수를 요구했다. 그리고 8일 후인 5월 23일, 티란해협을 전격 봉쇄했다. 티란해협을 봉쇄하면 무엇보다도 이스라엘의 석유 공급이 끊어진다. 이것은 분명한 메시지였다. 이스라엘은 즉시 예비군 동원령을 내렸다. 제3차 중동전쟁의 시작이었다.

불안에 떠는 이스라엘의 영웅

티란해협 봉쇄가 있기 직전, IDF 참모총장에서 은퇴해 국회의원이었던 모세 다얀에게 특별한 손님이 방문했다. 현임 참모총장인 라빈이었다. 벤구리온의 눈 밖에 나서 오랫동안 참모총장 임용을 거부당했던 라빈은 벤구리온이 은퇴하고 1963년에 에슈콜이 수상이 되면서 겨우 참모총장으로 취임할 수 있었다.

다얀은 자신이 발굴한 애제자이자 후배인 라빈을 반갑게 맞았다. 성격도 다르고 의견 차이가 없지는 않았지만, 두 사람의 호흡과 서로를 향한 애정은 전 이스라엘군에서 최고였다. 20여 년 전 라마 키부츠에서 둘이 처음 만났을 때만 해도 두 사람이 차례로 참모총장 자리에 오를 줄 상상이나 했을까?

라빈이 찾아온 이유야 묻지 않아도 알 수 있었다. 늘 각오는 하고 있었지만, 그래도 절대로 일어나서는 안 된다고 여겼던 최악의 사태가 눈앞에 다가와 있었다.

아랍연합의 동시 침공이 임박했다. 이집트, 시리아, 요르단이 주동하고, PLO, 이라크, 사우디아라비아, 쿠웨이트에 알제리까지 가담할 수도 있었다. 제1차 중동전쟁도 주변의 5개국(이집트, 요르단, 시리아, 레바논, 이라크)에 이란, 팔레스타인까지 더한 7 대 1의 전쟁이었다. 그러나 1차는 진짜 전쟁이라고 할 수 없었다. 모든 참전국이 전쟁 준비가 되어 있지는 않았다. 하지만 지금은 다르다. 이집트는 최신형 소련제 무기로 무장하고 소련 군사 고문관에게 훈련을 받은 10만 군대를 거느리고 있으며, 나세르는 명실공히 중동의 맹주로 시리아와 이라크에 큰 영향력을 행사하고 있었다. 더 이상 제1차 중동전쟁 때와 같은 허술한 군대와 헝클어진 리더십, 형편없는 전략을 기대할 수 없었다.

대화의 주제는 예상대로였지만, 분위기는 충격적일만큼 심각했다. 라빈은 줄담배를 피워댔으며, 거의 신경증적인 반응과 불안감을 보였다. 다얀이 보기에도 심각해 보였다. 이스라엘 최고의 두뇌, 언제나 냉정하고 정확했던 두뇌가 녹아내리고 있었다. '라빈이 과연 이 전쟁에서 참모총장직을 수행할 수 있을까?'라는 의문마저 들었다. 차마 그렇게 단정하지는 못했지만, 확실한 것은 이런 라빈의 상태를 부하들이 알아서는 안 된다는 것이었다.

부하들은 속일 수 있었어도 아내마저 속일 수는 없었다. 라빈은 9일 동안 먹지도 자지도 못했다. 그러니 누가 봐도 폐인처럼 보였을 것이다. 오직 담배만이 그의 벗이었다. 라빈은 신경증과 니코틴 중독으로 항불안제를 복용해야 했다. 아내인 레아 여사도 라빈이 더 이상 총장직을 수행하기 힘든 수준이 아닐까, 병원에 입원시켜야 하는 것이 아닐까 걱정했다. 라빈도 공군 사령관 에드거 와이즈먼에게 자신의 자리를 제안하며 이렇게 고백했다.

내가 국가를 위험에 빠트렸어.

대체 무엇이 이스라엘 최고의 두뇌, 불과 얼마 전까지만 해도 선제공격을 주창하던 호전적인 라빈을 자멸 수준의 공포로 몰아넣었던 것일까? 한마디로 이스라엘이 지금껏 겪지 못했던 거대한 전쟁 위기였다. 아무리 이스라엘 군부가 이런 사태를 예견하고 대비했다지만, 결코 바라지는 않은 최악의 상황이었다. 여기에 정치적·국제적 상황, 라빈의 개인적인 사연까지 모두 최악의 상태로 이스라엘을 덮쳤다.

제2차 중동전쟁 이후 모세 다얀과 라빈은 이스라엘군의 정예화에 목숨을 걸었다. 초·중급 장교에 대한 체계적인 훈련 프로그램을 마련하고, 현역과 예비역에 대한 훈련 프로그램을 체계적이고 정교하게 다듬었다. 이때 만들어진 실전 같은 훈련 프로그램은 아직도 세계 최고 수준을 자랑한다. 다얀과 라빈의 목표와 그들이 군과 국민에게 요구하는 수준은 같았다.

이스라엘군은 전 아랍 국가의 동시 침공을 막아낼 수 있는 역량을 갖추어야 한다.

그 목표와 지난 노력이 위험한 시험대에 올랐다.

이스라엘의 영토는 여전히 좁다

수에즈 분쟁 이전부터 라빈은 주변 아랍 국가의 군사력을 과대평가해서는 안 되며, 이스라엘과 아랍 국가와의 관계는 전쟁으로는 결코 해결할 수 없다고 주장하던 사람이었다. 그의 논리를 따르면 과하게 공격적인 이스라엘의 태도는 이스라엘의 평화를 더 멀고 힘들게 할 것이고, 무력 충돌이 전쟁으로 비화하면 평화의 여신은 더 멀리 달아날 참이었다.

그런 라빈이 시리아 국경에서는 왜 그토록 도발하고, 전쟁의 원흉으로까지 지목받게 되었던 것일까? 라빈의 전기에서도 이 부분은 명확히 답해주고 있지 않다. 아마도 다음과 같은 추정이 가능할 것이다.

이스라엘의 미래에 대한 정책적, 역사적 견해와는 별도로 라빈은 군인이었고, 군인은 임무에 충실하다. 그는 전장에 정치의 논리가 개입하는 것을 극도로 혐오했던 만큼, 시리아 국경에서는 전장의 논리에 충실했던 것일 수도 있다.

두 번의 전쟁과 승리에도 불구하고, 이스라엘의 국경은 여전히 좁고 위험했다. 지난 전쟁에서 이스라엘은 완충지대를 얻으려고 했지만 실패했다. 남부에서는 제2차 중동전쟁 때 시나이반도를 점령하고도 국제적 압력으로 철수했다. 또 동쪽으로는 웨스트뱅크, 요르단과 거의 가슴을 맞대고 있는 수준이다. 북부에서도 이스라엘의 안전을 보장하는 요충지는 없다. 요충지는커녕 국경을 내려다보고 있는 험준한 골란고원은 이스라엘에는 끔찍한 부담이었다.

라빈은 이 문제를 늘 이스라엘의 심각한 군사적 약점으로 여겼다. 다얀을 방문했을 때도 이스라엘의 영토는 전쟁을 치르기에는 너무 좁다는 의견을 피력했었다.

전쟁이 아닌 대화와 양보로 평화를 얻어낸다고 해도 상대의 동의를 얻어내려면 힘이 뒷받침되어야 한다. 역사적으로 볼 때 국제적인 평화조약은 평화를 사랑하는 사람들 간의 악수에 의해 맺어지는 게 아니라 한쪽의 강요에 의한 경우가 더 많았다.

라빈은 이스라엘의 영토가 지닌 이 치명적인 약점이 평화조약의 걸림돌이라고 생각했을 수도 있다. 주변국들이 이스라엘 지도를 볼 때마다 단 한 번의 승리만 거둘 수 있다면 이스라엘을 지도에서 지워버릴 수 있다는 유혹을 느끼는 한, 주변국들은 이스라엘에 대한 증오를 거두지 않을 것이다.

이스라엘의 영토 문제가 새삼스러운 것은 아니었다. 1948년 독립 때부터 알고 있던 사실이었고, 이 문제에 대한 해답도 알고 있었다. 이러한 영토를 가진 국가가 승리하기 위해서는 기습적인 선제공격밖에는 방법이 없었다. 전쟁 시작 전에 적에게 최대한 큰 타격을 주려는 의도도 있지만, 그에 못지않게 중요한 이유가 이스라엘이 원하는 장소에서 전투를 치르기 위해서였다. 그래야 어떤 전쟁에서든 필연적으로 발생하는 예기치 못한 패배에서 이스라엘의 생명을 구할 수 있었다.

그래서 이스라엘 총참모부는 언제나 기습과 선제공격 시나리오를 마련해두고 있었다. 항우울제의 약효가 돌았는지 라빈이 조금 정신을 차려 의지를 회복했을 때, 두 번째 충격파가 그를 덮쳤다. 에슈콜과 내각 의원들이 군부에 선제공격을 자제하라는 강력한 메시지를 보낸 것이다. 이스라엘이 전 아랍권과 싸우기 위해서는 서방의 도움이 절실한데, 선제공격은 그들이 이스라엘을 지원할 명분을 빼앗는다는 것이었다.

라빈은 몹시 당황했다. '서방 국가의 도움을 받는다고? 선제공격 없이 이스라엘이 서방 국가의 도움이 올 때까지 버틸 수나 있을까?' 잘못하다간 제3차 중동전쟁을 촉발한 원흉일 뿐 아니라 이스라엘을 멸망시킨 역적이 될 판이었다.

에슈콜을 설득할 자신이 없었던 라빈은 5월 23일, 마지막 지푸라기라도 잡는 심정으로 은퇴한 벤구리온을 찾아갔다. 벤구리온이야말로 이스라엘의 국경 전략과 선제공격

전략을 창시하고 실천했던 사람이었다.

이스라엘 건국의 아버지라고 불리던 벤구리온이었지만, 81세가 된 그는 노욕만 가득한 정치인이 되어 있었다. 은퇴 후에 벤구리온은 에슈콜의 군사 정책을 노골적으로 비난했다. 서부 개척 시대에 쌍권총을 차고, 마을을 세우고, 시장과 보안관을 도맡아서 활약했던 이스라엘의 존 웨인은 후임으로 등장한 말쑥한 관료가 도무지 미덥지 않았다. 그는 다시 나서고 싶었지만 할 수 있는 일은 에슈콜의 전쟁 수행 능력에 대한 불안감을 가중시키는 것뿐이었다.

에슈콜은 훌륭한 관료였다. 건국 이래 최초로 겪는 이스라엘의 경기 침체를 해결해야 했고, 사막을 농토로 바꾸려 했다. 또한 그는 군사 정책에 결코 소홀하지 않았고, 아랍 국가들의 협박 때문에 미국과 유럽이 중단하고 있는 무기 수입을 재개하기 위해 애썼다.

그러나 조지 패튼식 유머를 빌면 에슈콜은 지나치게 훌륭한 관료였다. 관료가 전쟁을 치르기는 힘들다. 물론 전쟁을 막아야 하지만 그렇다고 두려워해서는 안 된다. 에슈콜은 평화는 평화로만 이룰 수 있다는 그의 신념이 깨어지는 순간이 두려웠고, 전쟁이 양산해내는 과부, 고아, 자녀를 잃은 부모의 심정을 떠안아야 하는 고통이 두려웠다.◇ 그래서 그는 이스라엘 국방부가 마련한 선제공격안을 강력하게 반대했다.

이런 에슈콜에게 지친 라빈은 예전의 존 웨인을 기대하며 벤구리온을 찾았지만, 갑자기 벤구리온이 에슈콜처럼 돌변했다. 이런 변신술이 벤구리온의 진짜 모습이었고 그의 발언은 비수처럼 꽂혔다.

나세르는 전쟁을 일으키지 않을 것이다. 시나이반도의 이집트군은 과시용에 불과하다. 이 사태의 책임은 라빈, 너의 호전적인 발언 때문이다.

여기까지는 며칠 전의 라빈의 생각과 같았다. 하지만 문제는 다음이었다. 늙은 정치인은 전혀 다른 해결책을 제시했다.

이집트를 더 이상 자극하지 말고 예비군 동원령을 취소하라. 만약 내 말을 듣지 않고 전쟁을 일으킨다면 이스라엘은 국제사회에서 외면당하고 홀로 싸우게 될 것이고, 승리

◊ 제러미 보엔, 김혜성 옮김, 《6일 전쟁》, 플래닛미디어, 142쪽.

할 수 없을 것이다. 이스라엘은 파멸할 것이며, 그 책임은 라빈, 너 혼자 져야 한다.

라빈은 두 배로 충격을 받았다. 비틀거리던 그는 이야기라도 나눌 사람을 물색했다. 그러다가 찾은 사람이 모세 다얀이었다. 다얀은 벤구리온보다는 정겹게 라빈을 맞았지만, 그간 라빈이 잘못된 강경책을 썼다는 지적을 빼놓지 않았다. 하지만 벤구리온과 달리 전쟁이 임박했음에 동의하고, 곧 진행될 나세르의 티란해협 봉쇄도 예측했다.

이렇게 도발적이기만 한 것처럼 보이던 라빈이 아랍 세력의 총공세에 극도로 당황한 모습을 보인 데는 그가 꾸준히 주도한 도발 전략이 진짜 전쟁의 원인이 되었다는 사실에 충격을 받았던 탓이 컸다. 어쩌면 정확하기로 정평이 난 그의 판단력에 흠집이 났다는 사실에 더 큰 충격을 받았는지도 모르겠다. 5월, 모든 징조가 전쟁을 말하고 있을 때도 라빈은 이집트와 시리아의 행동은 위협일 뿐 저들이 진짜 전쟁을 일으킬 거라고는 믿지 않으려고 했다.

라빈이 참모부가 선제공격을 준비하고 있다고 말하자, 다얀은 선제공격에 반대하지는 않지만 현 내각 지도부가 과연 받아들일지 의심스럽다고 말했다. 이 발언은 라빈이 이스라엘을 멸망시킨 사람이 되지 않으려면, 내각 안에 전쟁을 지지할 누군가가 필요하다는 의미였다. 물론 그 누군가는 다얀 자신이었다.

라빈은 다얀을 국방 장관으로 추천했다. 노동당 의원들은 이갈 알론을 지지했지만, 이제는 헤루트당 대표로 변신한 베긴이 다얀을 지지했다. 불안해진 대중들이 1956년 수에즈전쟁의 영웅 다얀을 어떤 지위로든 전쟁에 참여시켜야 한다고 요구하고 있었기 때문이다. 다얀은 성명을 발표하여, 자신은 어떤 지위든 맡을 준비가 되어 있으며 설사 라빈의 부하가 되더라도 괜찮다고 말한다.

드디어 6월 2일, 에슈콜은 모세 다얀을 국방 장관으로 임명했다. 내심 다얀이 정말로 남부 사령관으로 임명되어 자신의 휘하로 들어오는 게 아닌가 걱정했던 라빈은 안도의 한숨을 쉬었다.

하지만 불길한 한숨도 섞여 있었다. 통합정부안에 따라 베긴이 내각에 합류했기 때문이다.

다얀과 베긴의 웃지 못할 첫 출근

다얀이 국방 장관에 임명된 날, 내각에서는 한바탕 소동이 일었다. 전쟁을 코앞에 둔 상황에 신임 국방 장관의 행적이 모호했기 때문이다. 다얀도 자신의 장관 임명을 마음에 두고 있었다. 그렇다면 종일 전화기 앞에서 대기해야 정상이건만, 아무리 전화를 걸어도 받지 않았다. 결국 사람들을 풀어 그를 찾기 시작했다. 실종되기라도 한 것이었을까? 사실 측근들에게 다얀 찾기는 그다지 어려운 일이 아니었다. 다얀은 타고난 바람둥이였다. 수소문 끝에 그를 찾아낸 곳은 새 여자 친구의 아파트였다.

이렇게 다얀의 첫 출근은 웃음을 주었지만, 베긴의 출근은 긴장감이 감돌았다. 첫 내각 회의에 참석하던 날, 베긴은 마치 옛집에 돌아온 사람처럼 당당하게 들어왔다. 그는 예루살렘으로 함께 가자고 주장했다. 그리고 즉시 거북한 표정을 짓고 있는 인물을 발견했다. 1948년에 자신이 타고 있던 배를 침몰시켰던 라빈이었다. 베긴은 도리어 라빈에게 다가가 그를 껴안았다. 쇼맨십일 수도 있고, 쑥스러워서였을 수도 있다. 그는 이렇게 말했다. "헤루트당과 전 국민을 대표해서 우리는 당신이 자랑스럽습니다." 마치 수상이라도 된 듯한 말투였다. 하지만 라빈은 아무 말 없이 특유의 어색한, 혹은 민망한 듯한 미소만 지을 뿐이었다.

이스라엘 공군의 완벽한 기습

작전명 모케드

나세르를 파괴하는 것만이 이스라엘의 유일한 생존 옵션
이다. – 이츠하크 라빈

폭풍 전야

1967년 6월 4일 아침, 수에즈운하 근처에 있는 알만수라
공군 기지에 경보가 울렸다. 조종사와 요원들이 활주로로
달려 나왔다. 그러나 서두르는 사람은 없었다. 그들에겐 일
상이었다. 기지를 이륙한 미그 편대는 곧장 북동쪽으로 진
로를 잡았다. 아침 7시경이면 어김없이 이스라엘의 전투기
들이 지중해 상공을 향해 발진하곤 했다. 이집트 전투기들
이 대응 출격해 그들의 남쪽 하늘을 경계하는 것이 일과였
다. 이 일상이 벌써 2년째 반복되고 있었다. 이스라엘기가

회항하면 이집트기도 회항했다. 기지에 도착하는 시각은 8시 30분. 매일 칼같이 정확했다. 착륙해서 아침 식사를 하면 하루치 비행은 끝이다.

미그 조종사 마셀로는 착륙 장치를 내리고 활주로로 접근했다. 활주로 주변에 줄지어 있는 미그와 TU-16 폭격기 기체가 아침 햇살을 받아 반짝였다. 눈살이 찌푸려졌다. 저 비싼 기체들을 격납고도 없이 야지에 계류시키다니…. 방호 콘크리트 격납고 건설안이 몇 년 전에 제출됐고 예산이 배정되었다는 소문도 돌았지만, 정작 공사는 감감무소식이었다. "피라미드와 아스완댐을 만든 나라에서 콘크리트 격납고쯤이야 뭐가 문제인가?"라며 큰소리를 치던 사령관의 목소리가 귓가에 쟁쟁했다. 활주로가 하나뿐인 것도 눈에 거슬렸다. 적이 공격해 오면 이집트 조종사들은 버스를 기다리듯 활주로 앞에 줄을 서서 대기해야 한다. 울화가 치밀었지만, 그도 다른 조종사와 마찬가지로 이집트군의 장교였다. 대놓고 불만을 표출할 수는 없었다. 말을 한다고 해도 달라지는 일도 없을 것이다.

그날 오후, 이스라엘군 조종사들은 내일 아침 7시 20분까지 출격을 대기하라는 명령을 받았다. 무슨 뜻인지는 모두가 알고 있었지만, 극도로 보안을 지켜야 했기에 명령은 그것이 전부였다.

같은 시간, 텔아비브의 해수욕장에는 휴가차 온 수천 명의 군인이 해변을 메웠다. 같은 해변에는 일촉즉발의 전쟁 위기를 취재하기 위해 달려온 외신 기자들도 있었다. 그들은 해변에서 한가로이 일광욕하는 젊은 병사들을 보곤 며칠간 지속되던 비상 태세가 완화되었다고 생각했다. 안심한 기자들이 돌아가고 어둠이 덮이자, 병사들은 모두 자대로 복귀했다.

아무리 보안을 철저히 하고 눈속임을 한들 냄새를 맡을 사람은 알고 있었다. 요르단 국왕 후세인 1세는 개전 전날 이스라엘 공군이 병력 배치에 들어갔다는 정보를 받았다. 후세인 1세는 즉시 이집트에 통보했다. 그런데 이집트의 답신은 "이미 알고 있다"였다.

이스라엘 지도자들은 모두 두려운 밤을 보냈다. 생각 이상으로 이스라엘은 이 전쟁을 두려워했다. 미국의 지원 없이 혼자 치러야 하는 전쟁, 소련이 개입할지도 모르는 전쟁이었다. 에슈콜을 몰아세웠던 사람들에게도 밤이 되자 두려움이 찾아왔다. 다얀은 "에슈콜과 민간인 장관들의 주장대로 미국의 승낙을 받고 전쟁을 시작해야 했던 것이 아닐까?"라고 생각했다. 라빈도 비슷한 고민을 했다. 선제공격과 단독 공격을 반대한다고 하면서도 에슈콜을 전시 지도자로는 부적격이라고 비난했던 벤구리온 역시 자신이 너무 몰아세운 것이 아닐까 생각했다. 그러나 주사위는 이미 던져졌고, 돌이킬 수 없었다.

자신들이 내린 결정에 대해 최후까지 충실했던 사람은 정작 에슈콜이었다. 마지막 밤에 그는 소련 수상 알렉세이 코시긴과 미국 대통령 존슨에게 소련의 불개입을 호소하고, 이 전쟁은 이스라엘이 아닌 이집트가 먼저 시작했음을 밝히는 장문의 편지를 썼다.

이 책을 위해 자료를 수집하던 중에 에슈콜을 변호하고 그의 불운을 동정하는 설득력 있는 에세이를 읽은 적이 있다. 꽤 공감이 가는 이야기였다. 하지만 운명의 여신은 실망한 끝에 이미 방을 떠났다. 전쟁의 신은 에슈콜의 서재가 아닌 공군의 격납고에 신경을 쏟고 있었다.

전무후무한 미라주의 습격

"우리는 하루에 전투기 1,000기를 출격시킬 수 있다. 지상의 전투기 대부분을 파괴할 것이다." – 이스라엘 공군

사령관 모티 호드

운명의 6월 5일. 이날은 월요일이었다. 아침 7시부터 이스라엘 전역의 공군 기지가 바빠졌다. 7시 30분까지 200기의 전투기가 이륙했고, 이집트의 19개 비행장 중 9곳을 정확히 8시 45분에 강타할 예정이었다. 공격 부대의 출발지와 도착지가 각기 달라서 편대는 각기 25~45분 정도 비행할 예정이었다. 도착 예정 시간에 맞추어 편대별로 출발 시간이 조정되었다. 이스라엘은 3배나 많은 이집트 공군에게서 자신들의 영공을 방어할 전력은 거의 남겨두지 않았다. 격멸하느냐, 격멸당하느냐로 나뉘는 도박 같은 도전이었다.

정확한 타격을 위해 조종사들에게 무서운 명령들이 하달되었다.

① 활주로에서 이륙에 실패할 경우는 고장 난 기체가 활주로를 막아버리지 않도록 할 것.

이륙에 실패하면 활주로 끝까지 달려가 자살하라는 얘기였다.

② 비행 중 기체가 고장 났을 경우, 구조 신호를 보내지 말고 무선 침묵◆을 지킬 것. 낙하산으로 탈출한 뒤 해상 구조대가 발견하기를 기도할 것.

차마 그대로 추락해서 죽으라는 말은 할 수 없어서 가능성의 여지는 남겨두었지만, 전투기 대부분이 지중해 위를 날아야 했다. 해상 구조대가 발견할 가능성은 0%에 가까웠다.

이집트군은 레이더 기지 82개소를 설치해 이집트로 통하는 모든 하늘에 그물망을 깔았다. 하지만 레이더의 위치와 전파의 탐지 범위를 샅샅이 파악하고 있었던 이스라엘 항공기들은 지중해로 우회 비행하여 레이더 탐지를 피했다. 오직 이 목적을 위해 지난 2년간 지중해 상공을 날고 또 날았다. 그래도 모든 전파를 피할 수는 없었다. 지상에서 레이더망을 피하기 위해 이스라엘은 항공사진 등 모든 정보를 사전에 입수해 레이더 지형을 연구하고 사각지대를 찾아 침투로를 만들었다.

조종사들은 자신에게 할당된 지도와 지형을 번갈아 보면서 지시받은 비행로를 찾아 비행했다. 그것도 100미터

◆ 전파를 보낼 수 있는 무전기의 일부 또는 전부를 일정 기간 사용 못 하도록 하는 것.

이하, 때로는 15미터까지 강하하는 초저공 비행까지 감행했다.

이 한계를 넘어서면 미라주3을 개발한 프랑스 다소 사의 엔지니어들도 경악할 만한 비행이었다. 미라주의 삼각날개는 고속 비행용으로 저속과 저고도 비행에서는 안정성이 크게 떨어진다.

게다가 이스라엘 전투기들에는 에스코트가 없었다. 이스라엘은 거의 모든 전투기를 폭격 임무에 투여했다. 폭탄을 잔뜩 싣고 뒤뚱거리며 초저고도로 비행하는 미라주3이 이집트의 미그기에 탐지되면 칠면조 사냥을 모면할 수 없었다.

작전 상황실에 있던 다얀과 이스라엘군 수뇌부들은 심장이 타들어가다 못해 굳어버리는 느낌이었다. 이 미친 공격이 과연 성공할 수 있을까? 적에게 탐지되거나 도중에 조종 미숙이나 실수로 추락한다면, 모든 편대가 제시간에 정확하게 목표에 도달한다는 것이 실제로 가능할까? 일부가 길을 잃고 엉뚱한 곳에 도착한다면, 동시 공격에 실패한다면? 9곳 중 3분의 1이 제시간에 공격에 성공한다면 나머지 6곳과 남은 비행장 10곳에서는 경보가 울리고 이집트기들이 출격할 것이다. 폭격기들은 즉시 이스라엘 공군 기지나 도시를 폭격할 것이다. 에슈콜과 각료들, 희생자의 가족들은 즉시 군부에 책임을 돌리고 비난을 퍼붓겠지. 그다음은? 그들은 그 이상은 생각할 수 없었다.

8시 45분, 지중해 비행을 마친 이집트 조종사들은 식사를 하러 갔다. 밤새 근무한 레이더병은 교대 시간이었고 다른 요원들은 출근 시간이었다. 그렇다면 이집트군이 왜 이 시간을 교대 및 출근 시간으로 택한 것일까? 항공전의 철칙은 '해를 등지고 공격하라'다. 눈이 부시면 시야를 확보할 수 없기 때문이다. 그래서 보통은 '해가 뜰 때'가 바로 공격 시간이다. 이집트군은 당연히 이에 맞춰 모든 시스템을 갖춰놓고 있었다. 해가 뜰 때 선제공격할 테니 그 시간 이후에 교대하는 시스템이었다. 하지만 이스라엘은 이러한 이집트군의 허를 찔러 역발상의 작전을 수립한다. 해가 뜬 직후 교대 시간을 '제로아워(공격 개시 시간)'로 잡은 것이다.

목표물에 도달하기 직전, 이스라엘 전투기들이 급상승하며 기체를 공격 고도에 위치시켰다. 이스라엘 기체가 이집트 레이더와 창공에서 동시에 모습을 드러냈다. 이제부터는 공격과 반격의 싸움이었다.

그날따라 하늘은 맑았고, 가시거리는 최상이었다. 이스라엘기들은 다시 기수를 아래로 향하고, 목표를 향해 돌진했다. 조종사들은 최대한 목표물에 근접해서 목표물을 타격했다. 사막에서 훈련을 거듭한 그들의 기막힌 솜씨는 지금까지도 경탄의 대상이다. 4기씩 팀을 이룬 편대는 제일 먼저 활주로를 파괴했다. 활주로 파괴용으로 설계한 폭탄을 1번기와 2번기가 차례로 활주로 앞쪽에 투여했다. 명중이었다. 다음에는 중간에 2발, 다시 끝에 2발이 명중했다.

용감한 한 이집트군 사령관이 본부에 보고하기 위해 전화기를 들었다가 눈앞에서 펼쳐지는 이스라엘 전투기들의 묘기를 목도했다. 눈으로 보면서도 믿어지지가 않았다.

이날의 특수 폭탄은 프랑스산 뒤랑달이었다. 이 폭탄은 낮은 고도에서 투하할 수 있으며, 기체에서 분리된 즉시 자세를 잡아 수직으로 낙하해서 활주로에 박힌다. 그 후에 로켓이 터지며 활주로에 폭 5미터, 깊이 1.6미터의 구멍을 만든다. 이게 끝이 아니다. 첫 폭발 후에 지연 신관◊이 장착된 작은 폭탄들이 시간을 두고 계속 터져서 복구반의 접근을 막았다.

단숨에 기지를 불능으로 만든 이스라엘 기체들은 마음껏 상공을 휘저으며 본격적으로 제트기 사냥을 시작했다. 기

◊ 포탄이나 폭탄이 어떤 물체에 착탄한 후 일정한 시간이 지난 뒤에 폭발하도록 만들어진 도화관.

지에 노출된 채 늘어선 전투기와 폭격기, SAM2 미사일 기지, 대공포, 나머지 기지 시설이 차례로 먹잇감이 됐다. 이스라엘군의 공격은 무섭도록 정확했다. 초저공으로 접근해서 전투기 조종사의 얼굴을 볼 수 있을 정도였다. 단 한 번의 공격, 단 한 번의 기총소사로 영화처럼 목표물이 날아갔다.

몇몇 용감한 이집트군 조종사들은 미그기로 달려가 이륙을 시도했지만, 이스라엘 조종사들의 치밀하고 조직적인 공격과 감시망을 피할 수는 없었다. 그나마 활주로와 모든 시설이 파괴되면서 일말의 희망마저 사라졌다.

엄청난 충격을 받았지만, 폭염과 연기 속에서도 전의를 불태우는 전사들도 있었다. 1파가 물러나자 그들은 서둘러 살아남은 전투기와 방어 시스템을 둘러보았다. 이대로 당하고만 있을 수는 없었다. 그러나 곧 전의는 허무하게 꺾였다. 한 시간도 되지 않아 2파, 3파 공격이 쉬지 않고 밀어닥쳤다. 이집트군은 믿을 수가 없었다. 이 많은 항공기가 대체 어디에서 나타난 건가? 나세르를 포함한 몇몇 이들은 미군 6함대의 개입을 의심했다.

첫 번째 공격에서 이집트군은 전체 공군력의 절반을 잃었다. 그러나 이것은 시작에 불과했다. 이스라엘 공군은 피나는 훈련을 거쳐, 귀환한 항공기를 재정비하고 다시 이륙시키는 데 걸리는 시간을 8분으로 줄였다. 반면 이집트군은 8시간이었다. 이스라엘 조종사들은 10분간 휴식하고 다시 하늘로 날아올랐다.

이스라엘의 손실은 놀랄 정도로 적었다. 고장이나 조종사의 실수 외에 이집트군에 의해 격추당한 전투기는 없다시피 했다. 이스라엘군은 몰랐지만, 천사의 음성이 이집트군 통신망에 울려 퍼지고 있었다. "모든 대공포대와 미사일 기지는 발사를 금지한다." 이집트군 총사령관, 나세르의 절친인 아메르의 육성이었다. 마침 그 시간에 시나이반도로 비행 중이었던 아메르는 자신이 탄 비행기가 오인 사격을 받을까 두려워 발사 금지 명령을 내렸던 것이다. 그리고 두려움에 찬 아메르는 기체를 타고 90분 동안 하늘을 방황했다.

단 하루 만에, 아니, 개전 3시간도 채 지나지 않아서 이집트는 하늘을 빼앗겼다. 간신히 본부로 돌아온 아메르는 확신에 찬 어조로 명령을 하달했다. "즉시반격을 시행하도록." 그는 이미 이집트 공군이 존재하지 않는다는 사실을 몰랐던 것일까, 아니면 믿지 않으려고 했던 것일까?

시리아와 요르단도 공습을 받았다. 시리아군은 127대의 전투기 중 60기를 잃었다. 단 몇 기가 이스라엘을 공격했지만, 요격기와 대공포에 희생되었다. 이날로 시리아는 하늘을 포기했다.

요르단 공군은 영국에서 훈련받은 뛰어난 조종사들을 보유했다고 알려졌지만, 다른 아랍 국가처럼 정비, 운영 체제 등에 문제가 많았다. 이날 요르단은 29기를 잃었다. 이스라엘군은 멀리 이라크까지도 날아가 전투기 20기를 파괴했다.

이스라엘군의 손실은 단 26기였다. 이 기적에 가까운 작전의 작전명은 모케드Moked, '초점'이란 의미였다.

준비된 패배

이렇게 6월 5일, 이스라엘 공군은 세계 전쟁사에 유례없는 완벽한 기습을 성공시켰다. 어떤 이는 진주만과 비교하는데, 기습이란 측면에서 양자는 막상막하지만 전략 목표 달성을 놓고 보면 이스라엘의 완승이다. 진주만은 기습만 성공했지 태평양 함대를 마비시키는 전략적 목표를 놓쳤다. 반면 이스라엘은 이집트, 시리아, 요르단 공군을 궤멸시켰다.

물론 이스라엘의 철저한 준비와 조종사들의 실력을 칭찬

하지 않을 수 없다. 하지만 변하지 않는 전쟁사의 철칙이 있다. 대단한 승리는 적의 도움 없이는 절대로 불가능하다.

이집트는 실전 준비가 되어 있지 않았다. 전투기의 실제 가동률은 50% 이하였다. 실전 투입이 가능한 조종사는 전체 조종사의 3분의 1도 되지 않는 200명뿐이었고, 그나마 그들도 여기저기에 분산되어 있었다.

이런 사정은 요르단, 시리아도 마찬가지였다. 한 이집트 장교의 말을 빌리면, 이스라엘이 '사즉생'의 각오로 기습을 준비하며 필살기를 훈련하고 있을 때 이집트군은 공군, 육군 할 것 없이 퍼레이드나 준비하고 있었다.

가장 결정적인 실수는 나세르의 '세계적 지도자 병'이었다. 그는 아랍의 희망으로서 '이스라엘을 응징한 자'라는 이미지와 제3세계의 '온건하고 평화적인 영웅'이라는 이미지를 동시에 추구했다. 후자의 이미지는 제3세계인이 아니라 서방 세계를 염두에 둔 이미지였다. 나세르는 소련과 중국 등 공산권의 지원에는 한계가 있다는 것을 알고 있었다. 서방 세계의 자본과 시장은 이집트의 미래에 절대적으로 소중한 것이었다. 따라서 서방 세계의 경계를 낮추고 그들의 지원을 끌어내는 데 자신이 전쟁광, 침략자가 아니라는 이미지가 절대적으로 필요했다. 또한 지원이 있어야 이집트와 제3세계의 멘토가 되어 존경을 받을 수 있었다.

게다가 우방이라고 믿었던 소련조차 전쟁이 시작되면 절대 지원하지 않겠다고 온갖 으름장을 놓고 있었다. 막상 전쟁이 벌어지면 미국과 소련은 각자의 우방을 지원하지 않을 수 없을 것이다. 그렇다고 해도 지원의 명분을 확보하는 것은 중요했다.

나세르가 시나이의 전차에 시동을 걸어놓고서도 개전을 주저했던 데는 막상 전쟁을 벌일 자신이 없었다는 등의 여러 이유가 있었고, 이런 이유로 선제공격을 금지하고 있었다. 이집트 공군 조종사들은 이 점이 불만이었다. 전투기 폭격기가 지상에 방치된 상황에서 선제공격을 금지한다니….

이집트도 이스라엘의 선제공격 가능성을 알고 있었다. 공군 사령관이 나세르에게 이스라엘 선제공격 예상안을 보고하자, 나세르가 공군 사령관에게 물었다. "선제공격을 당하면 피해가 어느 정도인가?" 적어도 80%의 피해가 예상되는 상황이었지만, 이 사령관은 독재자 앞에서 차마 입이 떨어지질 않았다. 고민 끝에 그가 내놓은 말은 "20%입니다"였다.

나세르는 안타깝지만 그 정도면 자신의 명성, 전쟁의 명분, 반격 가능성을 보존할 수 있다고 생각했다. 소련의 지원

을 끌어내기도 쉬울 것이다. 그렇다면 20%의 손실은 충분
히 보상받을 수 있다.

歷 ● 史 역사 다시 보기

101부대의 람보

비밀스러운 특수부대의 활약은 대중 선전의 좋은 소재였다. 이 부대는 이후의 전쟁에서 유명한 전사를 많이 배출했는데, 메이어 하르지온Meir Har-Zion 대원은 대중매체를 통해 '이스라엘의 람보'가 되었다. 그의 에피소드가 101부대를 이해하는 데 가장 적절할 것이다.

1934년생인 하르지온은 이스라엘 출신으로 1953년에 101부대원이 되었다. 1954년에 101부대가 890공수 대대에 이속됨에 따라 그도 공수부대원이 되어 제2차 중동전쟁에서 싸웠다.

그를 유명하게 만든 것은 1955년에 벌어진 사건이었다. 남자 친구와 데이트를 하던 여동생이 베두인족에게 납치되어 살해당하는 사건이 벌어진다. 하르지온은 동료 3명과 함께 국경을 넘어가 6명의 베두인족을 죽였다. 그들은 여동생을 살해한 범인과 무관한 사람들이었다. 한 명은 살려주었는데, 마을

1955년 복수 작전 후 메이어 하르지온

에 돌아가 이들의 복수를 전하게 하기 위해서였다. 그와 동료들은 처벌받지 않고 석방되었다. 샤론은 이들의 행동을 정당한 복수라고 변호했다.

하르지온은 이 일로 전국적인 명사가 되었다. 부상으로 한쪽 팔을 사용할 수 없게 되고도 제3차와 제4차 중동전쟁에 모두 참전했으며, 그때마다 영화 같은 활약을 펼쳤다.

시나이 전격전

이집트의 자가당착

1960년대는 군사 위성에서 촬영한 사진이 지상에 도달하는 데도 3일 이상이 걸리던 시대였다. 개전 소식이 알려지자 세계는 긴장했고, 아랍이나 이스라엘의 지지자들은 이스라엘과 이집트 전투기들이 서로 적국의 도시를 폭격하거나 폭격당하는 장면을 상상했다. 그날 카이로 라디오는 어이없게도 이집트군이 이스라엘군에게 엄청난 피해를 입혔다고 보도했다.

'미그21도 갖고 있고 엄청나게 준비했으니 이번에는 해볼 만하다'라는 것이 당시 이집트 지배층들의 의견이었다. 훗날 나세르의 후임으로 대통령이 되는 나세르의 왼팔 사다트 국회의장은 개전 당일 아침 면도를 하고 있었다. 전쟁이 났다는 말에 그는 여유롭게 이렇게 말했다.

"이제 이스라엘에 한 수 가르쳐줄 때가 왔다."

그의 호기로운 자신감은 잠시 후 이집트 공군이 궤멸할 때까지도 계속됐다.

사다트: 어떻게 됐나?
부하 직원: 벌써 이스라엘 전투기 40기를 떨어뜨렸습니다.
사다트: 그럼 그렇지.

이집트의 거짓 보도는 제3차 중동전쟁 때까지도 이어졌고 아랍 주변국들은 의심 없이 이집트의 보도를 믿었다.

이집트는 이스라엘 전투기 86기를 격추했고, 시리아는 50기, 요르단은 23기, 레바논은 2기를 격추해 이스라엘 전투기를 총 161기 격추했다고 보도했다.

이집트의 허위, 과장 보도는 이미 널리 알려져 있었지만, 세계인들은 상식선에서 상황을 절충해서 이해했다. 한국도 예외가 아니었다. 다음은 실제 우리나라 유력 일간 신문에 게재된 기사인데, 이집트군이 이스라엘 수도 텔아비브를

〈동아일보〉 1967년 6월 6일 신문 1면에 실린 제3차 중동전쟁 상황도

공격하고 있고 이스라엘 공군은 이집트를 폭격하고 있다.

즉, 저 기사를 자세히 보면 한국 언론이 이집트의 과장 보도를 알고 있었음이 드러난다. 그런데도 우리 국민들, 아니, 전 세계인은 이렇게 생각했다. "최신형 소련제 무기를 지원받은 이집트인데 이스라엘과 싸우면 서로 폭격했겠지. 설마 이집트군이 일방적으로 궤멸했겠어?" 게다가 사진에 따르면 바다에 함대들이 보이는데 영국, 프랑스, 미국, 소련 함대가 총집합해 있다. 와 있지도 않았던 세계 강대국들의 함대가 그려져 있는 것을 보면, 어쩌면 세계는 이스라엘과 아랍의 문제에 관심이 있었던 것이 아니라 세계대전으로 확대되는 것을 우려했는지도 모른다.

'탈'의 거침없는 진격

우리의 목표는 적의 주력 부대를 파괴하는 것입니다. 우
리 군대는 엄청난 능력이 있고 그것을 해낼 수 있습니다.
— 이집트 총사령관 아메르

이집트 제트기는 20분이면 목적지에 도달할 수 있었다.
하지만 육군은 20시간 이상이 걸렸다. 그것도 적의 눈에 띄
지 않도록 야간에 이동해야 했다. 아침 8시 개전 시간에 맞
추기 위해 보병과 기갑부대는 밤을 새워 이동했다.

치열한 격전이 예고된 전쟁의 주 무대는 가자에서 엘아
리시로 이어지는 해안길이었다. 인류가 기억하는 한, 그 이
전 시대부터 이 길은 이집트와 메소포타미아를 이어주는
통로였다. 해안길은 세계 전사戰史상 가장 많은 전쟁이 일
어난 도로이기도 했다. 지중해권의 모든 제국, 정복자가 이
길을 지나갔다. 레바논의 티레에서 가자로 이어지는 어느
도로변에 수령이 5,000년 정도 되는 고목이나 바위가 남아
있다면 작가들은 그를 의인화해서 람세스, 솔로몬, 센나케

립, 알렉산드로스, 카이사르, 십자군과 살라딘, 바이바르스, 나폴레옹을 목격했던 이야기를 들려줄 것이다.

1967년, 이 길에 있던 모든 이는 자신들의 운명에 닥칠 포성을 각오하고 있었다. 이집트군은 가자－칸유니스－라파－엘아리시로 이어지는 도로에 겹겹이 방어선을 구축하

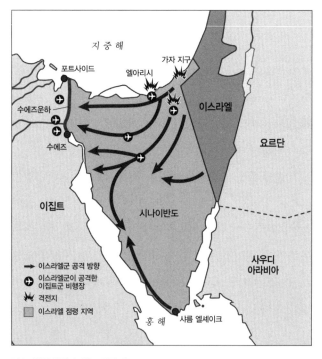

이스라엘군의 시나이반도 진격 경로

292

고 지뢰, 벙커와 콘크리트 포대로 방어를 강화했다. 팔레스타인 부대도 수비대의 한 축을 담당하고 있었다. 그들은 그 어떤 이집트군보다도 전의가 높았다.

시나이전쟁을 치를 부대는 탈, 샤론, 아브라함 요페가 각각 지휘하는 이스라엘 공격 부대였디. 해안길 돌파를 맡은 부대는 탈의 사단이었다. 이 부대는 이스라엘군 최정예라는 7기갑 여단을 포함한 2개 기갑 여단, 1개 공수 여단, 2개 독립 대대로 구성되었다. 전차는 300대, 장갑차 100대, 포는 50기였다.

샤론은 1개 기갑 여단, 1개 공수 여단, 1개 보병 여단을 이끌고 해안길 남쪽에 버티고 있는 엘아게일라 요새 지대를 점령하고, 해안길과 평행하게 남쪽 내륙을 달려 미트라언덕에 이르는 축선을 맡았다. 전차 200대, 장갑차 100대, 대포 100문에 공수부대를 위한 헬기도 있었다.

아브라함 요페 준장의 사단은 동원 예비군으로 구성된 부대였다. 이 사단의 임무는 전차 200대, 장갑차 100대를 보유한 2개 기갑 여단을 이끌고 탈과 샤론의 사이, 지뢰와 모래언덕으로 가득한 무인 지대를 달리는 것이었다. 표현이 이상하지만 일단 이곳을 달리는 것이 1차 과업이었다.

이스라엘 삼지창의 우익인 탈 사단은 이집트군의 3중, 4중 방어선을 통과해야 했다. 탈은 이스라엘식 전차전의 신봉자였다. 구데리안과 패튼의 전격전에서는 보병과 전차의 협력이 필수였다. 탈은 시나이의 고약한 지형에서 속도전을 수행하기 위해서는 전차가 더 빠르고 주도적인 역할을 해야 한다고 생각했다. 자신들이 상대하는 부대가 유럽의 강군이 아니라 사기와 실력이 형편없는 이집트와 아랍의 군대라는 점도 감안했다.

탈은 시험대 앞에 섰다. 탈의 구상은 단숨에 이 방어 지대를 무력화하고 통과하는 것이었다. 그렇다고 4중의 방어벽을 닥치는 대로 부수고 지나갈 마음은 없었다. 선택한 요충지에 빠르고 집중적으로 공격을 퍼붓고, 두 개의 창을 이용해 정면과 우회하여 공격한 뒤, 과거 독일군의 전격전을 모델로 삼아 일단 돌파한 지역은 뒤돌아보지 않고 후퇴하는 적병을 앞질러 달려가는 신속한 전진을 시도했다.

정면 돌파는 7기갑 여단이, 우회 공격은 60기갑 여단이 맡았다. 두 사단은 가자를 무시하고 진격한 뒤 칸유니스를 점령하고, 가장 위험한 지역인 라파를 공략할 예정이었다. 물론 라파도 정면에서 공격하지는 않을 것이다.

여기서 탈은 보병을 더 특수하게 사용했다. 탈은 두 여단이 칸유니스를 지나는 동안 공수 여단을 라파에 투입했다. 라파엘이 지휘하는 공수 여단이 라파를 흔들어놓는 동안 7여단은 라파를 비껴서, 60여단은 이집트군이 통과할 수 없다고 생각하는 남쪽 사막지대로 돌아서 라파를 공략할 것이었다.

처음 센추리언과 패튼 전차를 앞세운 7여단이 국경을 넘어서자, 도로를 행군하던 이집트 병사들이 손을 흔들었다. 그들은 이스라엘군이 이런 식으로 공격해 올지도 몰랐고, 자국의 소련 전차와 이스라엘군 전차를 구분할 줄도 몰랐다.

물론 이런 즐거움은 오래가지 않았다. 얼마 후 이들은 이스라엘 전차를 알아보는 팔레스타인 포대와 조우했다. 팔레스타인 병사들은 투지와 정신 무장만큼은 확실했다. 그들은 무장이 월등한 이집트 병사들보다 훨씬 더 강력하게 저항했다.

역부족

아무리 쉬워 보이는 전투도 피와 희생 없이 승리할 수는 없다. 이스라엘군이 통과한 후에도 가자에서는 계속 시가전이 지속되었다. 칸유니스나 라파에서도 이스라엘군은 다양하고 강력한 저항에 부딪혔다. 이스라엘군은 희생을 치르면서도 쉴 새 없이 밀고 나갔다.

탈이 모든 부대원에게 주입한 신조는 이것이었다.

오늘 하루가 전쟁의 승부를 결정한다. 어떤 희생을 치르더라도 임무를 달성하라.

7여단은 30여 킬로미터를 4시간 만에 주파해 칸유니스에 도착했다. 라파에서 다시 큰 전투가 벌어졌지만, 이집트군이 전차가 갈 수 없는 길이라고 생각해서 사막을 모래와 지뢰에 맡겨둔 채 방치한 것이 치명타가 되었다.

칸유니스와 라파 시가로 진입하자, 이집트군은 트럭으로 도로를 차단하고 시가전을 벌이면서 이스라엘군을 저지하려고 했다. 건물과 사람, 교차로를 육탄으로 돌파해야 하는 시가전은 어떤 군대라도 힘든 싸움이다. 이스라엘 전차들도 고통을 받았다. 보병의 지원 없이 전차로 밀고 나가는 전투였다. 참호를 밟고 넘어가거나 초근접 전투를 치를 때면 전차의 무장, 대포, 기관총은 무용지물이었다. 전차장들이 해치 밖으로 몸을 내밀고, 참호를 향해 우지 기관단총을 휘두르고, 수류탄을 던져 넣었다.

전차의 좁은 공간을 감안하면 우지 기관단총은 매력적인 무기였지만, 격렬한 전투를 치르면서 전차장들은 무기란 내 몸이 편한 것보다 살상력이 우선이라는 진리를 깨달았다. 그들은 즉시 이집트군이 버린 AK47을 노획해 사용하기 시작했다. 사령부에서 이 사실을 알고 강경한 지시가 내려왔다. "AK는 안 된다. 우지를 사용하라." 무기 수출에 영향을 줄 수 있다는 이유였다. 정말 유대인다운 발상이었다.

시가지에서 용감하게 싸운 이집트 병사도 많았다. 전차에 손상을 입힐 수 없다는 사실을 알면서도 근접해서 수류탄을 던지고 저항하는 병사도 있었다. 전차장들은 보병 역할까지 하느라 녹초가 되었지만, 이스라엘 여단의 진격은 예상보다 지체되지 않았다. 지휘관들의 적절한 우회 기동과 압도적인 전차 전력 덕분이었다. 트럭으로는 전차의 진

우지 기관단총 이스라엘의 현역 군인 개발자 우지엘 갈Uziel Gal의 이름을 땄다. 권총처럼 대용량 탄창을 손잡이에 끼워 사용하는 구조다.

로를 막을 수 없었고, 수류탄으로는 전차의 장갑을 파괴할 수 없었다.

이날 저녁 무렵, 이스라엘군은 엘아리시 외곽에 도착했다. 이집트군은 병사 2,000명과 전차 40대를 잃고 후퇴했다. 도로에는 이집트군 수천 명이 후퇴하고 있었고, 불타는 전차와 포대가 어둠을 밝히고 있었다. 단 하루 만에 65킬로미터에 걸친 이집트의 4중 방어선이 붕괴된 것이다.

이스라엘군의 진격은 보급 때문에 멈췄다. 너무 빠른 진격에 보급이 따라주질 못했던 것이다.

이스라엘의 승리에는 이번에도 이집트군의 도움이 있었다. 가자―라파 방어선에 배치된 이집트군은 병력과 장비 면에서 지난 전쟁 때보다 훨씬 증강된 것 같지만, 내부 상황을 들여다보면 이전과 다르지 않았다. 전쟁 영웅 나세르와 이집트의 무능과 부조리에 분노했던 젊은 장교 그룹은 이집트군의 무장과 외형을 바꿔놓는 데는 성공했지만, 내실은 바꾸지 못했다. 훈련되지 않은 병사, 무기가 없는 병사, 편제를 모두 채우지 못한 기갑, 포병, 수송부대가 너무나 많았다. 많은 정도가 아니라 모든 부대가 그런 상황이었다.

게다가 이집트의 진짜 정예군은 예멘에 있었다. 사실상 양면 전쟁을 치르고 있는 셈이었다.

해안길에서 탈 사단이 놀라운 성공을 거두는 동안, 해안에서 15킬로미터쯤 안쪽의 내륙에서는 두 번째 전투가 시작되고 있었다. 엘아게일라를 지나는 도로는 해안길과 평행으로 해안길 남쪽에서 시나이를 관통하는 두 번째 도로였다. 전형적인 사막과 바위언덕 지형인 이곳을 이집트군은 철저하게 요새화했다. 그 중심에 움카타프 언덕이 있었다.

300야드에 걸쳐 펼쳐진 지뢰밭 뒤로는 콘크리트 요새로 이뤄진 참호가 세 겹으로 쌓여 있었고, 각 참호의 길이는 3마일이나 됐다. 또한 이곳에는 제2사단 병력 1만 6,000명이 배치돼 있었다. 이집트군은 전차와 자주포 90기, 중포 연대 6개도 이곳에 몰래 배치해놓았다.◇

이집트군은 자신 있었다. 1956년 제2차 중동전쟁 때도 이집트군은 이곳을 사수한 전력이 있었다. 삼지창의 단점은 하나의 창날이라도 뼈에 걸리면 더 깊게 찌를 수 없다는 것이다. 이스라엘군이 가자 – 라파 축선 돌파에 성공한다고 해도 엘아게일라 방어선이 굳건하면 이스라엘군은 측면을

◇ 제레미 보엔, 《6일 전쟁》, 222쪽.

위협받고 전진을 중단할 수밖에 없다.

엘아게일라를 방어하는 이집트군 2사단의 지휘관은 사디 나기브 소장이었다. 이집트군 지휘관의 경력과 실력에 관한 정보는 구하기 힘들지만, 그는 아메르의 측근이자 술친구였다. 능력만 있다면야 친동생이라고 해도 상관없지만, 능력보다는 관계가 우선이었다는 지적이 있다.

호전적인 사나이

이스라엘 지휘관은 호전적인(사실 과하게 호전적이었고 종잡을 수 없는 능력의 소유자였다) 아리엘 샤론이었다. 이스라엘 장성 중에는 샤론에게 엘아게일라 공격을 맡기는 것을 불안해한 사람도 많았을 것이다. 샤론은 정규군 지휘관으로서는 인성이나 경력 면에서 모두 부적합해 보였다.

14세 때부터 유대인 저항 단체에 들어가 활약했던 샤론은 1948년전쟁 때는 소대장으로서 불굴의 용기로 명성을 얻었다. 열세한 상황에서도 두려움이 없었고, 전투에서 부상을 입고도 후송을 거부했다.

제1차 중동전쟁 이후 팔레스타인 게릴라로 고통받던 이스라엘은 '이에는 이, 창에는 창'이라는 방침으로 1953년에 101부대라는 특수부대를 창설했다. 벤구리온은 이 부대의

아리엘 샤론

지휘관으로 샤론을 지목했다.

101부대의 임무는 국경 바깥까지 게릴라 부대를 추적해 소탕하고, 똑같은 방식으로(실제로는 그 몇 배로) 보복하는 것이었다. 당연하지만 101부대는 명성과 악명을 동시에 얻었다. 웨스트뱅크에 있는 퀴비야 마을을 침공해 주민 42명을 학살한 사건이 최악이었다.

샤론은 이런 특수부대의 지휘관에 딱 어울리는 인물이었다. 대담하고 거칠고 무자비하고 제멋대로였지만, 놀라운 전투 감각과 탁월한 지력의 소유자였다. 특수부대 지휘관은 모든 작전과 명령을 자신이 직접 고안하고 지시해야 해서 그가 적격이었다. 그는 집을 짓는다면 반드시 직접 만든 설계도를 들고 작업해야 하는 사람이었다.

그러나 샤론은 영화 속 주인공과는 달랐다. 주인공들은 대부분 자신을 드러내지 않고 음지에서 살아야 하는 자신의 숙명을 고분고분 받아들이지만, 그는 반대였다. 그는 불타는 야심의 소유자였고, 아무리 무서운 정예라고 해도 한 줌밖에 안 되는 병력에 만족하지 않았다.

그는 특수부대에서 명성을 쌓고 1956년에는 공수부대장으로 미트라전투에 참전했고, 이후 갑자기 기갑 사단장이 되었다. 병과를 가리지 않고 이동이 자유롭다는 이스라엘군의 전통을 감안하더라도 희한한 인사였다. 그의 비타협적인 성격과 국경 너머에서 저지른 악행 때문에 특수부대조차 그를 용납할 수 없었다는 설도 있지만, 아무튼 샤론은 이스라엘군 내부에서도 전문성과 경력을 중요시하는 기갑으로 옮겼다.

다얀과 라빈은 샤론이 전쟁에서는 유용한 인물이라는 건 인정했다. "좋은 말의 고삐를 죄는 것이 게으른 소를 때리는 것보다 낫다." 그런데 이 좋은 말을 다룰 사람이 없다는 게 문제였다. 시나이반도 전쟁을 준비하면서 남부 사령관 가비쉬 장군은 샤론을 후방 대기 사단으로 배정했다. 샤론은 반발하는 정도가 아니라 제멋대로 공격 계획을 수립했다. 화가 난 가비쉬는 샤론에게 전역시켜버리겠다고 위협했다.

이런 행동을 용납하는 군대는 세상 어디에도 없다. 그러자 샤론은 대놓고 하극상을 저질렀다. 라빈에게 직접 전화를 걸어 자신의 계획을 설명하고 동의를 구했던 것이다. 라빈은 이런 식으로 하극상을 저지르면 지휘권을 박탈하겠다고 말했다. 라빈은 이 방법으로 샤론에게 고삐를 채우는 데 성공했는데, 얼마 뒤 엘아게일라 공격 임무가 샤론에게 떨어졌다. 라빈의 뒷공작이 분명했다.

샤론은 기갑부대에서 아웃사이더였지만, 구데리안의 기갑부대에 느닷없이 들어온 롬멜이 천재성을 발휘했듯이 상상력과 유연성 면에서 기존의 지휘관을 앞서나갔다. 어쩌면 샤론의 군 경력에서 가장 빛나는 전투이자 일생의 전환점이 되었던 전투가 엘아게일라와 움카타프 공략전일 것이다.

난공불락의 요새란 없지만, 시간이 문제였다. 시간에 쫓기는 부대가 야포와 기관총의 십자화망에 뛰어드는 것만큼 어리석은 행동도 없다. 최악의 희생을 초래할 수도 있는 요새 공격을 앞두고도 샤론은 자신만만했다. 샤론의 사단은 엘아게일라를 함락하기 위해 수없이 모의 훈련을 해왔다.

난공불락의 요새에 맞선 샤론의 한 수는 포탄 난사와 기습, 숨 돌릴 틈 없는 연속 공격이었다. 기갑부대는 이집트군이 통과할 수 없다고 믿는 북쪽에서 습격한다. 서쪽에서도 전차를 투입해 요새의 시선을 묶어놓는다. 포격과 기습으로 혼을 빼놓고 보병이 3중 참호로 쇄도하며, 참호 후방에 헬기로 공수부대를 투입한다.

이건 전술적 아이디어의 차원을 넘어서 공격 부대의 기술(이를 능력보다 기술이라고 표현하고 싶다)과 과단성의 문제였다. 누구나 아이디어는 낼 수 있다. 그러나 이런 정교하고 대담한 작전이 실현 가능할까? 투석기로 성을 공격할 때부터 이상적인 공격 전술은 투석기가 성벽을 때리며 수비대를 묶어놓는 동안, 보병이 성벽에 접근하는 것이다. 보병이 성벽에 근접하면 포격을 중단해야 하는데, 이때 포격 중단 시점과 보병의 등성登城 사이의 간극을 최대한 좁히는 것이 성공과 실패, 시신의 수를 결정하는 요인이었다.

투석기가 대포로 바뀌고 관측 장비와 조준기가 발달한 이후에도, 엄호와 돌격 사이의 간격을 줄이는 데는 한계가 있었다. 아무리 치열하게 포격을 가해도 포격이 중단된 순간, 적 수비대가 대피호에서 빠져나와 기관총의 방아쇠를 당기기 전에 아군의 공격 부대가 참호에 돌입하는 건 불가능했다.

이를 해결하기 위해 샤론은 엄청난 훈련과 함께 야간 공격을 택했다. 공격 직전에 남부 사령관 가비쉬가 공군 지원이 불가능하다며 작전을 24시간 연기하자고 제안했지만 샤론은 듣지 않았다.

6월 5일 밤 10시, 이스라엘 포대가 불을 뿜었다. 20분간 6,000발의 포탄이 움카타프에 쏟아졌다. 이스라엘군 역사상 최대 규모의 포격이었다. 이어 센추리언 전차를 앞세워 북단에서 지뢰밭을 돌파한 기갑부대가 이집트군 방어 진지를 타격했다. 서쪽에서는 헬기를 탄 공수부대가 이집트군 포병대를 습격했다.

겪어보지 못한 강력한 포격, 과감한 공격, 예상치 못한 방향에서의 습격 때문에 이집트군은 정신을 차리지 못하고 우왕좌왕했다. 이집트군이 믿었던 3중 참호로 이스라엘 보병이 파도처럼 밀어닥치기 시작했다.

물론 이스라엘군의 행동도 톱니처럼 정교하진 못했다. 전투에서 정밀함이란 무사고, 무오류를 말하는 것이 아니다. 다시 말하지만, 이 작전의 성공은 전술의 기발함이 아니라 전술을 실천하는 능력, 타이밍과 신속함, 과감함이 관건이다. 게다가 이스라엘 장교들은 유연성이 있었다. 그들은 빠르고 적절하게 취약 지점을 찾아 돌격하고, 여차하면 우회해서 측방이나 후면에서 습격했다. 반면 이집트군은 자리를 사수하며 전면에서 싸웠다. 그들은 용감하고 완강했지만, 밀려드는 이스라엘군과 좌우에서 벌어지는 혼란을 이겨낼 수는 없었다.

두 번째 비수

이집트군에게도 기회가 있었다. '선 방어, 후 반격'이란 교리에 따라 강력한 이집트군 기갑 여단을 엘아게일라 후방, 야벨 리브니라는 곳에 배치해두었다. 적의 야포 사정거리 안에 병력을 밀집시켜놓는 것은 어리석은 짓이므로, 2선에 강력한 반격 부대를 두고 전투가 개시되면 즉시 엘아게일라로 진격할 예정이었다.

야벨 리브니에서 엘아게일라로 가는 길에 비르 라판이라는 교차로가 있었다. 직진하면 엘아게일라이고, 좌회전해서 북쪽으로 가면 엘아리시가 나온다. 이스라엘군은 이 비르 라판 교차로에 또 하나의 비수를 꽂을 예정이었다. 이미 2개의 비수가 준비되어 있었다.

해안길과 엘아게일라 도로 사이에는 황량한 지형이 펼쳐져 있었다. 이집트군은 이곳을 전차가 통과할 수 없다고 판단했다. 그러나 전쟁에서는 어떤 일도 일어날 수 있다. 이집트군은 병력은 배치하지 않았지만, 촘촘하고 세심하게 지뢰를 설치했다.

요페 사단의 사명은 통과할 수 없었다고 알려진 모래언덕 지형과 지뢰밭을 가로질러 비르 라판 교차로를 점령하는 것이었다. 1956년부터 이스라엘군은 이 지역의 와디◆를 연구했고, 장비를 개발하고 훈련을 계속해왔다. 요페 부대는 조심스럽게 지뢰를 제거하면서 전진했다. 무려 9시간이나 걸려 그들은 비르 라판에 도착하는 데 성공했고, 이곳에 주둔 중인 이집트군 진지를 가볍게 빼앗았다.

전투가 시작되자 야벨 리브니의 이집트군이 출동했지만, 비르 라판에 도착하자 기다리고 있던 요페 사단의 센추리언 전차들이 포격을 퍼부었다. 이스라엘군은 야시 장비를 갖추지 않은 탓에 야간에는 적을 볼 수 없었다. 전차장들이 "적이 보이지 않는다"라고 보고하자 "무조건 발포하라"라는 명령이 떨어졌다. 그러는 바람에 좁은 도로를 따라 다가오던 이집트군 차량 몇 대가 직격탄을 맞았다. 불타는 차량이 주변을 밝히고, 이집트군은 주변 모래언덕으로 대

◆ 건조 지역에서 평소에는 마른 골짜기이다가 비가 내리면 물이 흐르는 강

피했다.

이집트군 지원 부대는 정지했다. 엘아게일라 진격을 포기하고 엘아리시 쪽으로 향할 수도 있었지만, 탈은 엘아리시를 점령하고 라파로 향하면서 7기갑 여단장 슈무엘 고넨에게 비르 라판으로 가라는 명령을 내렸다.

이집트 전차대 일부는 고넨의 전차와 조우했다. 짧은 교전 끝에 이집트군은 물러섰다. 야간 전투임에도 이집트군이 1 대 10으로 패했다.

요페 부대의 교전은 오전까지 계속되었지만, 10시가 되자 이스라엘 공군기들이 다가왔다. 그다음은 일방적인 살육이었다. 전투기들이 떠나자 불탄 쇳덩이들만이 광야에 널려 있었다.

엘아게일라에서는 짧은 시간이지만 이집트군도 용감하게 버텼다. 어떤 장교는 포병에게 자신들의 머리 위로 포격하라고 요청하기도 했다. 하지만 지도자는 전쟁보다 정치를 먼저 생각했고, 지휘부는 무능했다. 아메르의 처신은 절망적인 수준이었다. 개전 전날까지 아메르는 최선을 다해 이스라엘을 '도왔'다. 전쟁이 일어나기 직전에 아메르는 시나이 담당 사령관 살라 무신 대장을 해임하고 자신의 심복 무르타기 대장을 임명했다. 그것도 무르타기를 살라의 사령부로 파견한 것이 아니라 별도의 본부를 설치했던 것이다. 졸지에 시나이의 이집트군에는 2개의 사령부가 생겼다.

이런 무모한 조치가 없었다면 살라가 훌륭하게 지휘했을까? 물론 그건 알 수 없다. 하지만 무르타기는 야전 경험이 전혀 없었다. 게다가 전쟁을 벌이려면 최소한 6개월 이내에 지휘관을 교체해서는 안 된다. 연대장, 대대장급이라도 말이다. 그런데 무르타기는 시나이 전역에 대한 아무런 준비와 정보도 없이 사령관이 되었다.

나중에 한 이집트 장성은 이렇게 탄식했다. "공군 사령관, 육군 사령관 모두가 제자리에 없었다."

기분 나쁜 후퇴

6월 5일 단 하루 만에 이집트 공군이 전멸하고 탈의 사단이 엘아리시에 도달하자, 이집트는 대혼란에 빠졌다. 그런데 다음 날인 6일, 이스라엘군을 당황하게 만든 상황이 벌어진다.

이스라엘의 삼지창 중 비교적 수월한 전투를 벌이며 전진했던 요페 사단의 부사령관 아브라함 브렌은 믿을 수 없는 광경을 목격했다. 자신의 눈앞에서 엄청난 규모의 이집트군 병사들이 사막과 모래언덕으로 새까맣게 흩어져 후퇴하고 있었다. 브렌은 분명히 싸울 여력이 있는 거대한 군대가 총 한 발 쏘지 않고 흩어지는 장면이 결코 유쾌하지 않았다고 증언했다. 분명 그 덕에 수많은 이스라엘 젊은이가 목숨을 구했는데도 말이다.

이집트의 진짜 전사인 샤즐리 장군(샤름 엘셰이크에서 최정예 공수부대를 거느리고 있던 장군)은 이런 수치스러운 광경은 2차대전 때도 본 적이 없다고 통분했다.

진상은 이랬다. 6월 6일, 시나이의 이집트군에 명령이 내려왔다. "지금 즉시 무조건 철수하라." 이때까지 2선에 있던 2개 사단은 이스라엘군을 보지도 못했다. 진지에 있던 병사들은 어리둥절해했고, 어떤 병사들은 울분을 터트렸다. 이 후퇴 명령을 내린 사람이 나세르인지 아메르인지는 끝내 밝혀지지 않았다. 물론 앞으로도 밝혀지지 않을 것이다.

후퇴도 작전이므로 조직적인 행동이 필요하다. 기습으로 무너졌지만, 시나이는 넓고 이집트군은 반격할 수 있는 충분한 역량과 병력이 있었다는 주장도 있다. 야전 경험이 전무했던 신임 사령관 무르타기조차 아메르에게 사단 단위로 서로 엄호하는 철수 작전을 제안했다. 하지만 아메르는 이렇게 소리를 질렀다. "철수 명령을 내렸잖소."(그렇다고 해서 후퇴 명령의 책임이 아메르에게 있다는 말은 아니다.)

아무튼 이 명령으로 이집트군 전체가 공황에 빠진 패주 집단으로 전락했다. 이스라엘 사령부도 당황했다. 사령부의 참모들은 이집트군이 너무 빨리 도망쳐서 이스라엘군이 추격하기 어려운 상황이라며 걱정했다. 저들을 따라잡을 무기는 전투기밖에 없었다. 요페 장군은 적이 이렇게 도망치면 앞으로 우린 4일 동안 쉬지 않고 싸워야 한다고 보고했다.

남부 사령관 가비쉬는 이런 상황은 각본에 없었으며, 이스라엘군의 대처 방안도 없음을 깨달았다. 이날 저녁 가비쉬의 소집으로 탈과 요페, 샤론, 3명의 사단장이 모여 각 사단의 진격 방향과 목표를 재설정했다. 3개 사단의 도달점은 탈, 요페, 샤론 순으로 수에즈지협의 북쪽 끝, 중간, 남쪽 끝으로 정해졌다. 요페가 미틀라 교차로를 장악하고, 샤론은 남단에 도달한 뒤 샤름 엘셰이크에서 올라오는 사즐리 부대를 매복하여 공격하라는 임무까지 떨어졌다.

6일부터 시나이 전장은 땅과 하늘의 대결로 바뀌었다. 하늘을 완벽히 장악한 이스라엘 전투기들은 마음 놓고 공대지空對地 무기로 무장하고 사냥에 나섰다. 역사적으로 전통적인 섬멸전 방법은 보병이 밀고, 기병이 측방이나 후방을 쳐서 상대 진을 파괴한 다음, 경기병을 풀어 도망치는 적군을 소탕하는 것이다.

그런데 시나이에서는 전혀 새로운 섬멸전이 벌어졌다. 철갑기병(전차)이 사납게 달려들어 벽돌 깨듯이 진을 부수자, 공중기병(전투기)이 우레처럼 달려와 후퇴하는 병사, 차량, 대포, 전차, 모든 것을 덮쳤다. 전차에 일격을 당했을 때, 이집트 병사들은 전차가 올라올 수 없는 모래언덕으로 도주했다. 등 뒤로 포격과 기관총 사격을 받으며, 어떻게든 반대편 사면까지만 도달하면 살 수 있었다. 하지만 공중공격 앞에서 시나이의 지형은 완전히 무력했다. 숲도 없고, 골짜기도 없었다.

아메르는 "무조건 신속하게 후퇴하라"라는 명령이 바로 제공권 상실을 우려했기 때문이었다고 말한다. 참호에서 갑작스러운 후퇴 명령을 받고 어리둥절했던 병사들은 이집트 공군이 사라졌다는 소식을 모르고 있었다. 무엇이 옳은 선택이었을까? 그건 아무도 모른다. 그 결과만 알 수 있을 뿐이다.

6월 7일, 전날 가비쉬의 소집으로 급하게 수정한 계획에 따라 이스라엘의 삼지창은 수에즈운하와 시나이와 이집트를 연결하는 지협의 북쪽과 남쪽 통로에 완벽하게 도달했다. 이들이 너무 빨리 진격하는 통에 아직 시나이에는 샤즐리를 포함해 10만 명의 이집트군이 남아 있었는데, 시나이에서 아프리카로 들어가는 통로는 완전히 막혔다.

이집트의 백기

6월 5일 아침 8시 50분, 공군의 공격으로 시작된 6일전쟁. 수에즈를 점령한 시각은 7일 아침이었다. 이집트는 전차 800대를 포함하여 장비의 80%를 잃었다. 이스라엘의 주장에 따르면 이스라엘 공군은 아랍 항공기 452기를 파괴했고 손실은 45기뿐이었다고 추정한다(정확한 수치는 발표하지 않았다). 50여 회 이상의 공중전이 벌어졌지만 이스라엘기는 단 한 대도 격추되지 않았다. 추락한 기체가 있고 32명이 전사했지만, 공중전이 아닌 기체 고장, 대공 무기 등 다른 요인에 의한 손실이었다고 주장한다. 기준이 모호한 주장이긴 하지만 그들이 압도적인 승리를 거둔 것만은 틀림없다.

그렇다면 이집트군이 너무 약했고 어리석었던 것일까? 그보다는 '상대가 너무 셌다'고 해야 한다. 이스라엘은 철저하다 못해 처절하게 준비했고 이집트가 이렇게밖에 대응할 수 없도록 무섭게 몰아쳤다.

"이스라엘의 신화는 과장되었다. 이집트의 실수가 없었

다면?"이라고 말하는 사람도 많다. 그러나 원래 전격전 최고의 경지는(《손자병법》에도 나와 있다) 적을 흔들고 당황하게 만들어 적이 결정적인 실수를 하게 만드는 것이다

'상대의 실수가 없었다면 전투의 결과가 달라졌을 것'이란 가정은 알렉산드로스의 전투부터 한니발의 칸나이, 웰링턴의 워털루, 1940년 독일의 전격전까지 모두 적용할 수 있다. "이 모두가 운 좋은 승리였다. 상대의 실수가 없었다면 알렉산드로스는 페르시아까지 가기도 전에 칼날에 쓰러졌을 것이고, 독일의 전차는 아르덴 숲길에서 주저앉았을 것이다."

하지만 이런 가정은 틀렸다. 이런 전투는 상대의 실수 덕에 전설이 된 것이 아니다. 적의 엄청난 실수를 유발해 패망을 대승리로 바꾸었기에 전설이 된 것이다.

6월 6일, 이집트 라디오는 계속 승전 소식을 쏟아내고 있었지만, 좀처럼 감정을 드러내지 않는 나세르가 지휘소를 찾아가 분노를 표출했다.

당시 이스라엘 영토의 6배에 달하는 광활한 요충지였던 시나이반도, 수에즈운하의 연간 매출은 5억 달러였다. 이스라엘이 시나이반도를 점령해 수에즈운하의 운영이 중단되

자, 이집트에 극심한 경제난이 닥쳐온다. 그렇다면 이제 나세르가 기댈 곳은 소련뿐이었다. 어쨌든 최후의 순간에 나세르는 소련을 믿고 전화를 걸었다.

"미국, 영국, 프랑스가 개입했다. 이젠 소련이 도와주어야 한다."

이미 소련군 군사 고문단이 버젓이 전투 현장에 있었는데 이 말이 먹힐 리 만무했다. 나세르도 이 서툰 거짓말이 먹히리라 생각하진 않았을 것 같지만, 소련에 참전 명분을 주려는 의도였을 수도 있다.

하지만 이런 배려에도 불구하고 소련의 대답은 매몰찼다. 소련군의 개입은 곧 미군의 개입을 의미하고 그것은 곧 세계대전을 뜻했다. '3차대전'. 누구나 두려워하는 이름이었다. 소련은 늘 강한 척하지만, 내심 미국을 두려워했다. 혹은 3차대전과 서방 세계의 재무장을 두려워했다고나 할까? 그것이 냉전시대의 기묘한 룰이었다. 사자와 호랑이는 절대 싸우지 않는다. 대신 자기편의 싸움에는 아낌없이 지원하고, 대가도 충분히 챙긴다.

6월 7일, 나세르는 아메르를 비롯한 고위 장교들을 불렀다. 나세르가 한 이야기는 공개되지 않았지만, 결론은 이 전쟁에서 이집트가 패했다는 것이었다.

6월 8일, 나세르는 국민 앞에 섰다.

이스라엘군의 공격으로 이집트군의 전력 80%가 소멸했다.

6일전쟁이라고 하지만, 시나이 지역 전투는 3일 만에 끝났다. 그렇다면 나머지 3일의 이야기는 바로 예루살렘을 쥔 요르단, 골란고원을 차지하고 있는 시리아와 이스라엘의 전쟁 그리고 종전에 이르는 과정이다.

歷●史 역사 다시 보기

탈의 기갑 전술 훈련

탈은 자신의 구상을 기갑 전술로 구현하기 위해 두 가지 훈련을 도입했다. 첫째는 맞춤형 전술이다. 그는 예하 부대에 최대한의 자율성을 부여하고 맞춤형 훈련을 시켰다. 과거에 이스라엘군의 놀라운 전투를 소개할 때면 정신력과 역발상을 강조하는 경우가 많은데, 이스라엘의 예상을 깨는 전술은 대부분 피나는 맞춤형 훈련의 결과였다. 예를 들어, 전차가 통과할 수 없다고 생각하고 방치했던 모래언덕이나 유사로 진입해서 적의 방어선을 통과하는 전술은 발상이 아니라 능력의 문제였다.

이런 훈련은 비단 탈의 부대만이 아니라 시나이에 투입된 이스라엘군 전체에 해당했다. 부대마다 비슷한 지형을 골라 훈련을 얼마나 많이 했는지, 실전에 투입되자 와본 곳 같다는 소감을 말하는 병사들이 많았다.

두 번째는 탈과 이스라엘 기갑군을 유명하게 만든 지침으로 장거리 사격술이었다. 전차병의 절대 교리는 '먼저 보고 먼저 쏜다'다. 탈은 기갑 학교를 졸업한 포수들의 자격증을 모조리 회수하고 800미터였던 기준을 1.5킬로미터로 끌어올렸다. 다들 말도 안 된다고 투덜거려도 탈은 이를 강행했고, 1.5킬로미터 장거리 사격술을 이스라엘군의 보편적인 능력으로 탈바꿈시켰다.

이집트 병사들은 무기를 버리고 도주했다?

이집트 장교와 병사는 보이는 만큼 무능하지도, 무책임하지도 않았다. 이스라엘군과 비교했을 때 경직성, 사명감 부족, 장교와 부대원 간의 일체감 부족 등이 지적되지만, 그건 상대적인 기준일 뿐이다.

움카타프전투의 경우 후방에서 지원이 오지 않았고, 샤론과 이스라엘 장교들도 처음 보는 엄청난 포격이 인정사정없이 퍼붓고 있었다. 날이 밝자 제공권을 장악한 이스라엘 전폭기들까지 날아와 폭탄을 퍼부었다.

이집트군의 조직적인 저항은 무너졌지만 의지까지 무너지지는 않았다. 첫날 이스라엘군 장교들은 무기를 내던지고 마구잡이로 도망치는 이집트 병사들을 많이 목격했다. 그러나 다음 날이 되자 무기를 버리지 않고 도주하는 병사들이 늘어났다. 전투에서 공황에 휩쓸린 병사들의 행동을 그들의 본모습으로 이해해서는 안 된다.

제3차 중동전쟁을 대하는 미·소의 속내

6월 5일, 개전 소식이 전해지자 미국의 존슨 대통령과 소련의 코시긴 간에 핫라인이 연결되었다. 두 사람 모두 양국이 전쟁으로 빨려 들어가기 전에 전쟁을 중재하고 휴전협정을 맺는 것이 최선이라고 생각하고 있었다. 다만 서로의 체면은 세워야 했으며, 사람들이 보는 앞에서 손을 잡고 휴전을 중재할 수는 없었다.

미국과 소련은 세계의 두 축이었다. 서로가 내뿜는 자기장이 강력하게 작동하는 가운데, 이스라엘과 이집트가 서로 도와달라고 부르짖으면 전쟁을 그쳐야 했다.

양국 정상의 머릿속에는 유엔과 복잡한 계산식이 소용돌이쳤다. 유엔이 휴전을 강요하기에 최적의 환경은 서로가 승부를 내지 못하고 교착 상태에 빠지는 것이었다. 그렇지 않고 이집트가 텔아비브를 점령한다거나, 이스라엘이 예루살렘을 점령하면 문제가 복잡해졌다. 그들은 서로 현재의 점령지를 인정해달라고 할 것이고, 빼앗긴 쪽에서는 각자 미국과 소련에 지원을 요청할 것이었다.

복잡한 계산은 이스라엘 방송의 침묵과 이집트의 과장 보도로 더 혼란스러워졌다. 유엔 회원국들은 각자가 지지하는 세력에 따라 정보를 달리 해석했다. 이집트 대사는 이집트가 대승리를 거두고 있다고 믿고 유엔의 휴전 결의안을 지연시키기 위해 노력했다. 아랍 대표단은 단체로 휴전안 논의에 반대했다. 당연히 이스라엘 대사는 무슨 수를 써서라도 휴전 결의안 채택을 지연시키라는 훈령을 받았다.

06 성지를 탈환하라

예루살렘 공방전

예루살렘의 하늘과 땅

요르단은 전쟁이 발발하면 이집트와의 방위 협정 때문에 자동으로 참전하게 되어 있었다. 이스라엘은 요르단의 참전을 막기 위해 마지막까지 "요르단은 공격하지 않겠다"라는 메시지를 보냈다. 하지만 후세인은 이스라엘을 믿지 않았고, 나세르와 협정을 맺을 때부터 참전 결심을 굳혔다.

사실 망설이지 않은 것은 아니지만, 승승장구하고 있다는 이집트 방송에 마음이 흔들렸다. 결국 후세인은 나세르와 직접 통화해 상황을 확인하는데, 나세르 역시 이집트가 이기고 있다고 말했다. 후세인은 결심했다. '피할 수 없다면 이기는 쪽에 붙으리라.'

덕분에 요르단은 이스라엘에 선공할 수 있었다. 하지만

아랍군 중에는 제일 탄탄하다는 요르단군도 속이 부실하기는 마찬가지였다. 선공의 효과는 크지 않았다. 심지어 동서로 나뉘어 몸을 맞대고 있는 예루살렘에서조차 효과가 없었다. 요르단군은 공격 계획이 마련되어 있지 않았고, 빈틈없이 대비하고 있던 이스라엘은 조금 놀랐을 뿐이었다.

여기서 형식보다는 본질을 보아야 한다는 말을 반복할 수밖에 없는데, 전쟁이든 싸움이든 선제공격은 중요하다. 그러나 선제공격이 중요한 이유는 보통 선제공격을 하는 사람은 준비가 되어 있고, 당하는 쪽은 준비가 되어 있지 않기 때문이다. 그 반대의 상황이라면 의미가 없다. 전쟁의 여신은 먼저 공격하는 자가 아니라 준비된 자의 편이다.

외교는 적대적인 국가보다 관계가 애매한 국가와 할 때 더 힘들다. 이스라엘과 요르단은 예루살렘이라는 절대적인 성지에서 대치 중이면서, 서로 우방도 아니고 그렇다고 철천지원수도 아니었다. 개전 초에 이스라엘의 기조는 가능한 한 요르단을 건드리지 않는 것이었다. 도발과 뒤집어씌우기가 이스라엘의 전문이었지만 6일전쟁 개전 초에 요르단 국경의 부대가 사소한 도발을 해도 민감하게 대응하지 말라는 명령까지 내려질 정도였다.

그러나 이스라엘이라는 전쟁 기계는 자기 뜻대로 움직이는 장치가 너무 많았다. 이스라엘 야전군의 사령관부터 중급 장교까지 중요한 야전 지휘관은 대부분 팔마, 하가나 출신들이었다. 벤구리온이 기를 쓰고 조직을 해체했지만, 조직은 사라져도 관계는 그대로 남았다. 주요한 전투 때마다 함께하는 그들은 한때 팔마의 소대장과 소년병, 대대장과 소대장 사이였다. 전 세계 어느 나라 군대도 이렇게 특수부대적 기질을 지닌 지휘관으로 가득하지 않다.

게다가 예루살렘은 로마시대부터 제1차 중동전쟁 때까지 '천추의 한'이 겹겹이 쌓인 곳이었다. 라빈을 포함해서 이스라엘의 모든 장군은 그때 예루살렘을 완전히 점령하지 못했다는 것을 '민족적 대죄'처럼 여기고 있었다.

물론 예루살렘 탈환이 자신들에게 가져다줄 '선물'도 의식하고 있었다. 장군들도 이럴진대 정치가들은 더 예민했다. 개전 3일 만에 패전의 공포, 이집트군에 대한 공포감이 사라지자 그들 모두의 눈에 예루살렘이 황금빛으로 빛나기 시작했다.

이스라엘은 비밀리에 요르단강 서안 웨스트뱅크와 예루살렘을 향해 6개 보병 여단, 3개 기갑 여단, 2개 독립 기갑 대대를 밀어 넣었다. 그뿐만이 아니었다. 그들은 전쟁에 대비해 협정을 교묘하게 위반하거나 최대한 이용하면서 싸울 준비를 해왔다. 비밀리에 군수품을 벙커 안에 숨기고, 제한 구역 바로 앞에 전차를 대기시켰다.

지휘관들은 끊임없이 탐색하고 공격을 준비했다. 중부 사령관으로 우지 기관단총에 자신의 이름을 붙인 우지 나르키스도 예루살렘 트라우마로 고통받는 사람 중 한 명이 었다. 1948년전쟁 때 시온 문을 돌파했던 하렐 여단의 부대 장이 나르키스였다.

나르키스는 예루살렘 공격을 허가해달라고 재촉했다. 그가 거느린 7개 여단 중에 예루살렘 여단이 있었다. 부대원 절반이 35~40세 사이의 예비군으로 구성된, 어쩌면 제일 형편없는 여단이었지만, 나르키스는 자신의 작전 지역이 아닌데도 불구하고 예루살렘전투를 오랫동안 준비하고 연구해왔다. 그는 예루살렘의 요르단군이 서로 정지된 위치에 고립되어 있으며, 2차 방어선은 없음을 알고 있었다. 이스라엘 공수부대는 야간 전투에 숙달되어 있지만, 요르단군은 야간 전투 훈련을 전혀 하지 않았다. 구시가지 포격이 금지되어 있는 예루살렘에서는 공군 지원을 받는 주간 전투보다 공군 지원 없이 야간에 싸우는 것이 훨씬 효과적이 었다.

요르단은 이스라엘이 침공하지 않겠다는 약속을 믿었을까? 그건 어리석은 짓이다. 후세인 국왕은 그렇게 어리석은 사람이 아니다. 아무튼 후세인은 아랍군이 압도적으로 유리하다고 전망하면서도 돌다리도 두드려보고 건넌다는 마음으로 전황을 예민하게 주시하고 있었는데, 이집트가 상상도 못 할 거짓말을 할 줄은 몰랐다.

성지의 포성

6월 5일 12시 30분, 나세르는 요르단 국왕에게 직접 전화해서 "이집트 공군이 지금 이스라엘을 폭격 중이다. 이집트는 남부 네게브사막으로 진공하고 있다"라고 말했다. 라디오에서는 이집트 최고 사령부가 이스라엘 전투기 4분의 3을 격멸했다고 보도했다. 반면 이스라엘 라디오는 전황을 보도하지 않고 침묵하고 있었다. 이 침묵은 후세인이 이스라엘이 열세라고 오판하도록 부채질했다.

후세인은 참전 결심을 이미 굳히고 있었다. 6월 5일 11시 30분, 예루살렘을 겨냥한 요르단군 포대에 발포 명령이 떨어졌다. 구시가지인 동예루살렘은 포격 금지였지만, 서예루살렘은 그렇지 않았다. 전쟁이 시작되자 유대인과 아랍인은 모두 각자의 승리를 확신했다. 그들의 염원이 이루어지고 성도 예루살렘의 치욕적인 분단은 끝이 날 것이다. 반면 외국인들은 갈피를 잡을 수가 없었다. 아랍과 이스라엘의 라디오는 제각기 다른 정보를 전하고 있었다. 외국인들은 누구 말을 믿어야 할지를 두고 논쟁을 벌였다.

눈치만 보다가 뛰어든 전쟁은 첫발부터 오판이었다. 이스라엘과 정면 대결이 두려웠던 후세인은 서예루살렘 공격 계획을 취소했다. 이건 치명적인 실수였다. 요르단군이 예루살렘에 집중했더라면 서예루살렘을 점령하거나 방어하지 못했다고 해도 전력을 예루살렘에 집중하고 동예루살렘을 요새화할 수 있었을 것이다. 구시가지는 깨지기 쉬운 계란과 같은 곳이었다. 포격도 할 수 없고 공습도 안 된다. 수류탄을 던지고 중기관총을 발사할 때도 조심해야 한다. 분노의 신 여호와와 알라는 오래된 벽돌 벽에 남은 총알 자국을 참지 못할 것이다.

예루살렘에서의 포성으로 요르단과 이스라엘의 전쟁이 개시되었다. 호전적인 이스라엘군 병사들이 장비를 챙기고 전차로 달려가는 동안, 이스라엘 제트기들이 벼락같이 요르단의 공군 기지를 덮쳤다. 애초에 목표와 먹잇감을 챙겨놓았던 이스라엘의 전투기들은 사납게 요르단의 하늘을 휘저었다. 간신히 요르단 공군이 출격에 성공했지만, 정신을 차리고 보니 그들이 돌아갈 활주로가 벌써 사라졌다. 단 하루도 지나기 전에 요르단의 공군이 하늘과 땅에서 사라졌다.

어디서든 이스라엘이 쉽게 승리하는 것 같지만 그들에게도 약점은 있었다. 동예루살렘에는 전략 요충지면서 고립된 이스라엘 거주 구역인 스코푸스산이 있었다.

예루살렘은 히브리인들이 처음 가나안 땅에 침입했을 때부터 전설적인 요새 도시였다. 십자군전쟁으로 성벽이 유명해졌지만, 공격자의 입장에서는 지형 자체가 고통이었다. 남북으로 길쭉한 분지는 해발 500~800미터 정도의 둥근 산들이 감싸고 있다. 1948년전쟁에서도 그랬듯, 무덤처럼 둥근 바위 언덕들은 고대의 전사와 현대의 소총병 모두에게 악몽 같은 곳이었다.

예루살렘 북부를 감제하는 두 개의 둥근 고지가 서쪽의 탄약고언덕, 동쪽의 스코푸스산이었다. 서예루살렘에서 진입하는 이스라엘군은 이곳을 확보하고 남쪽으로 내려가 헤롯왕의 문(과거 십자군이 돌파했던 곳)을 통과해 남북으로 이어지는 동쪽 산줄기를 장악하고 남쪽 시온 문까지 진출한다. 이 동쪽 산줄기에 기독교인들에게 낯익은 지명인 겟세

마네동산, 실로암, 감람산이 이어지는데, 시온 문을 통과해 실로암계곡을 지나 '악마의 언덕'이라 불리는 남쪽 야벨 무카베르언덕까지 장악하면 예루살렘 작전은 끝난다.

나르키스의 걱정은 동쪽의 스코푸스산이었다. 이곳에는 작은 유대인 정착지가 있고, 120명의 수비대가 지키고 있었다. 1948년 협정 후 군수품 반입이 금지되어 있었지만, 이스라엘군은 밤마다 몰래 군수품을 들여놓아 요새화했다. 나르키스는 수비대가 인근 팔레스타인 민병대의 공격쯤은 격퇴할 수 있다고 믿었다. 그러나 요르단군이 포위 공격한다면? 노후한 예루살렘 여단으로 요르단의 포위를 뚫고 수비대를 구출할 수 있을까?

아무튼 나르키스는 예루살렘전투의 가상 시나리오를 만들고, 스코푸스 수비대까지 접근하는 경로, 중간의 위험 지대, 지뢰 지대 등을 고려한 시간표를 설계했다. 전쟁이 시작되면 스코푸스산부터 공격받을 것이다. 이스라엘군은 그들을 구하고, 동예루살렘을 점령한다. 나르키스의 계산에 의하면 12시간이 걸렸다. 무리한 속도였지만, 나르키스는 예루살렘이란 특성상 유엔의 강요 때문에 조기에 휴전이 성립될 수 있다고 보았다. 시간 싸움이었다. 휴전 선언 전에 동예루살렘을 해방시키는 것만이 48년의 한, 아니, 2,000년의 한을 풀 수 있는 길이었다.

유대인의 소망이 무엇이든 예루살렘은 무슬림에게도 성지였고, 그들도 똑같은 후회와 트라우마에 시달렸다. 예루살렘의 점령은 이스라엘 군인에게도 정계와 권력으로 인도하는 성스러운 길이지만, 아랍 세계에서도 예루살렘 수호자라 불리는 나세르의 빛을 가리고도 남을 영광을 얻을 수 있는 기회였다. 요르단이 예루살렘을 탈환하고 아랍 세계에 지원을 요청하면 요르단의 위상은 달라질 것이다.

같은 소망에 따라 요르단군도 준비했다. 하지만 이스라엘만큼 철저하지 못했다. 그중에서도 최대 약점은 예루살렘에 거주하는 팔레스타인 주민을 무장하고 조직하는 데 소홀했다는 것이다. 요르단은 그들을 예루살렘의 주인으로 인정할 마음이 없었기 때문이다.

그럼에도 후세인은 꽤 멋지게 시작했다. 요르단의 예루살렘 주둔군인 탈랄 보병 여단의 아타 알리 준장이 받은 명령은 스코푸스산 공격이 아니라 야벨 무카베르 점령이었다.

야벨 무카베르는 남동쪽의 고지로 당시에는 유엔 관할이었다. 정상에서 보이는 경치, 실로암계곡을 포함해서 동쪽 산지를 아우르는 전망은 절경이었다. 영국은 이 언덕에 총독 관저를 세웠고, 당시 유엔 관사로 이용되고 있었다.

이 언덕에서 북쪽 감람산으로 이어지는 능선 사이로 동쪽에서 예루살렘으로 진입하는 도로가 있다. 야벨 무카베르는 요르단 쪽 보급선과 남쪽 베들레헴으로 이어지는 도로를 감제하는 요충지였다. 베들레헴 통로는 브엘세바에서 올라오는 이집트 기갑부대를 위해서도 중요했다.

예루살렘 공방전

예루살렘 공방전의 구도는 이렇다. 서쪽에서 진군해 오는 이스라엘군은 1948년의 격전지였던 헤르츨언덕 북부의 도로로 진입해서 예루살렘 동쪽 능선을 따라 남진한다. 반대로 요르단은 동쪽의 진입로를 굽어보는 야벨 무카베르에서 성지 전투를 시작할 셈이었다.

바디 아와드 소령은 지프에 탑재한 무반동총과 보병 2개 중대 150명을 언덕으로 올려보냈다. 이들은 언덕 정상에 있는 유엔 관사를 점령하고 유엔 직원들을 몰아낸 뒤, 관사에 기관총을 설치했다. 서쪽으로 1킬로미터 떨어진 산지가 시작되는 곳에 앨런비 병영이라고 불리는 옛 영국군 병영이 있었다. 이곳에는 예루살렘 여단의 노익장 부대에 소속된 1개 대대가 주둔 중이었다.

대대장 드리젠 중령이 포성을 들었을 때 악마의 언덕은

이미 요르단군이 점령했고, 요르단군은 앨런비 병영과 언덕 사이의 농장으로 진입하고 있었다. 34세로 부대원들보다 젊었던 대대장은 바로 박격포 포격을 지시해 농장으로 접근하는 요르단군을 저지했다. 이때까지 나르키스는 라빈에게 예루살렘 공격을 청원하고 있었다. 라빈은 세 번이나 거절했는데, 요르단군이 선제공격으로 이 고민을 해결해주었다.

선제공격을 당했든 이스라엘의 작전 계획이 무엇이든, 중년 초입의 드리젠 부대원들은 야벨 무카베르를 점령하기 위해 연습해왔다. 그는 상부에 보고하지도 않고 공격을 개시했다. 서예루살렘에 대기 중이던 전차 대대장 아론 카메라 중령도 낡은 셔먼 전차를 끌고 달려왔다. 두 중령은 서로에게 자극받아 공격을 서둘렀다.

드리젠은 공격 부대를 둘로 나눴다. 하나는 총독 관저로 직행하고, 한 부대는 옆의 안테나 언덕을 점령한다. 카메라의 셔먼 전차 반은 포대로 운영하고, 반은 총독 관저 공격에 투입했다.

공격을 선도할 보병은 드리젠의 예비군이 아닌 여단 직속의 정찰 대대였다. 정찰대 지휘관 랑고스키 소령은 흥분한 드리젠이 미덥지 않았던 모양이다. 사실 드리젠은 전투 경험이 적었다. 랑고스키는 땅에 지도를 그려서라도 공격로를 명확히 표시해달라고 요구했다. 드리젠은 "당장 진격하지 않으면 총살하겠다"라고 소리쳤다. 그러자 정찰대원인 제라 엡스타인이란 상병이 나서더니 중령에게 조용히 하지 않으면 대검으로 목을 그어버리겠다고 위협했다.

이성을 찾는 데 약간 시간이 걸렸지만, 결국 드리젠은 땅에 도면을 그려 전차와 하프트랙◇, 보병과 정찰대가 가야 할 약간은 복잡한 공격로를 표시해주었다.

연습과 실전은 다르다. 드리젠의 계획은 공격에 나선 11대의 전차 중 8대가 진흙에 빠져 기동 불능이 되면서 틀어지기 시작했다. 이것이 실전이고, 실전은 지휘관의 판단과 분투로 극복해야 한다. 철조망, 안테나 힐, 정문, 동문, 서문, 각 방향에서 공격이 혼잡하게 진행되었다. 중대장 한 명이 전사했고, 드리젠은 직접 하프트랙에 올라 50밀리 중기관총을 쏘며 공격을 이끌었다. 그는 요르단군 지프 3대를 파괴했다. 파편에 오른팔 동맥이 절단되었지만, 응급조치를 하고 전투를 계속했다.

전투 개시 후 한 시간도 지나지 않아 랑고스키 소령이 총

◇ 앞에는 차바퀴, 뒤에는 무한궤도가 달린 군용 자동차.

독 관저 정문을 폭파하고 정찰대와 함께 진입했다. 관사에서는 유엔군 장교들이 민간인이 있다며 말리고, 요르단 병사는 매복해서 사격하고, 이스라엘군은 소총과 수류탄으로 과격하게 소탕하는 난장판이 벌어졌다. 이 전투에서 이스라엘군의 피해는 사망 5명, 부상 25명이었다. 요르단군의 피해는 정확하지 않다. 마을 주민은 15명이 사망하고 30명이 다쳤다.

드리젠을 협박했던 제라 엡스타인은 이 전투의 영웅이 되었다. 그는 단신으로 관사 동쪽에 구축한 요르단군 진지에 뛰어들어 닥치는 대로 요르단 병사를 사살하며 달렸다. 10여 개 이상의 총구가 불을 뿜고 심지어 박격포까지 작렬했지만, 그는 불사신처럼 총알 사이를 누비며 요르단군을 사살했다.

전투 중에 요르단군은 이스라엘에 결정타를 입힐 기회를 두 번이나 놓쳤다. 무반동포는 적절한 위치를 찾지 못했고, 무반동총과 병력 대다수는 북쪽 언덕에서 꼼짝하지 않고 있었다. 겁이 나서 그랬을까? 아니다. 아와드의 대대는 겨우 이틀 전에 예루살렘에 도착했다. 두 달을 준비해도 시작하면 혼돈에 빠지는 것이 전투다. 요르단 병사들은 용감했지만, 있어야 할 곳을 찾지 못했다.

아와드는 포병 지원을 요청했다. 악마의 언덕이 포격으로 뒤덮였다. 그러나 이스라엘군에게 큰 타격을 주진 못했다. 포격이 그치자 이스라엘군은 즉시 반격해서 아와드 부대를 더 멀리 밀어냈고 요르단행 도로를 감제하는 요르단군 기지를 공격해서 점령했다. 드리젠과 엡스타인은 참호에 뛰어들어 나란히 선두에서 싸우며 길을 뚫었다. 그날 자정이 넘자, 악마의 언덕과 주변 고지는 완전히 이스라엘의 차지가 되었다.

야벨 무카베르 전투가 벌어지는 동안, 나르키스는 기갑부대를 예루살렘을 향해 진격시켰다. 시나이 전선에 투입될 예정이던 정예 공수부대 하나도 예루살렘으로 돌렸다. 라트룬을 지나 제1차 중동전쟁 전적지를 따라 진입할 이 기갑 여단의 지휘관은 벤 아리 대령이었다. 독일계인 벤 아리는 구데리안(2차대전 때 독일 전격전의 창시자)의 신봉자였다. 정작 구데리안의 전격전은 시나이에서 재현되고 있었지만, 벤 아리는 서운해하지 않았다. 제1차 중동전쟁 하렐 여단의 시온 문 돌파 작전 때 선두에서 돌파한 중대를 이끌었던 사람이 벤 아리였다.

또 한 번의 시간과의 싸움이 시작됐다. 명분은 '스코푸스 산 수비대에게 시간이 없다'는 것이었지만, 사실은 세계 각국이 간섭하기 전에 예루살렘을 얻어야 했다. 그러나 예루살렘을 휘감고 있는 지형은 험난했다. 라트룬에서 지금의 1번 도로를 따라 진군하는 것이 제일 빠르지만, 당시 그곳은 길 사정이 좋지 않았고 요르단군이 철통같이 방어하고 있었다. 어렵게 예루살렘에 도달해도 탄약고언덕에서 스코푸스산까지 가는 통로도 요새화되어 있었다.

벤 아리는 1번 도로 북쪽으로 우회해서 현재 국립공원인 네비 사무엘 능선을 통과해서 예루살렘 북쪽 도로(라멜라–예루살렘을 연결하는 도로로 현재 50번 도로)로 진입하는 계획을 세웠다. 제1차 중동전쟁부터 이스라엘군에게 눈엣가시 같았던 라트룬은 다른 부대에 맡겼다.

벤 아리 여단은 예루살렘에 진입하면 야간 전투로 스코푸스산을 점령할 예정이었다. 적은 야간 전투 훈련이 되어 있지 않았지만, 문제는 우회로였다. 벤 아리는 예루살렘 서북부를 막아주는 3개의 언덕 정상으로 전차를 밀고 갈 생각이었다. 지도로만 봐도 구불구불하고 끔찍한 고갯길인데, 더구나 당시에는 가파른 염소길이었다. 그러나 벤 아리는 사전에 이 길을 파악해두었고, 전차병들을 훈련시켰다.

좁은 고갯길에 전차 대대를 일렬로 밀어 넣을 수는 없다. 이곳이라고 요르단군의 방비가 없는 것도 아니었다. 벤 아리는 공격 부대를 3개의 제대로 쪼개는 위험한 방법을 사용한다. 구데리안의 전술에도 이런 전례는 없는데, 이것이 단순한 맹종자와 창의적인 학습자의 차이다.

수비대는 험하고 거친 지형에 포진할 때 두 가지 실수를 저지르곤 한다. 하나는 수비대를 아예 두지 않는 것이다. 이 번에는 그러지 않았다. 요르단군이 배치되어 있고 지뢰와 포대로 엄호하고 있었다. 또 하나는 지형을 믿고 유기적인 협력 시스템을 구축하지 않는 경우다. 더 쉽게 말하면 지형만 믿고 심각한 상황을 가정하고 훈련을 하지 않는 것이다. 우리가 눈을 부릅뜨고 지키면 감히 이곳을 통과할 수 있겠느냐는 식이다.

요르단군은 험한 언덕과 고지에 나뉘어 있다. 벤 아리는 4개 부대 중 하나만 돌파에 성공해도 적을 고립시킬 수 있다고 보았다.

깜깜한 야간에 수십 톤의 쇳덩이를 언덕 정상으로 올려놓는 것은 보통 일이 아니었다. 돌출한 바위 위로 전차를 올려놓기 위해 갖은 애를 쓰던 어느 중대장은 문득 전차병 경력 15년 동안 전차가 20도 경사를 극복하는 것을 본 적이 없다는 생각이 떠올랐다.

발밑에서 지뢰가 터지고, 요르단군의 포탄이 떨어지는

와중에 벤 아리의 셔먼과 센추리언은 곡예 운전을 하고 있었다. 전차는 지형에 굴복하거나 포격에 파괴되었다.

현재의 425번 도로, 즉 1번 도로에서 북쪽 비두 마을로 가는 루트에서는 요르단군의 저항이 거셌다. 이 중간에 '레이더언덕'이라는 고개가 있다. 2차대전 때 3개의 작은 봉우리마다 레이더를 설치했던 곳이다. 요르단군은 이곳에 진지를 세우고 81밀리미터 박격포대를 배치했다. 벤 아리는 제1차 중동전쟁 때도 이곳에서 싸웠다. 민병대나 있는 곳이라고 얕보고 들어갔다가 제대로 당하고 후퇴했던 아픈 기억이 있었다. 그는 출정할 때 나르키스에게 했던 부탁을 되새겼다. "이번에는 절대 중단하라고 말하지 마십시오."

악전고투 끝에 레이더언덕에 근접하자 요르단군은 다른 전선에서처럼 진지를 버리고 도주했다. 결과적으로 3개 대대가 모두 돌파에 성공했다.

탄약고언덕전투

한편 이스라엘 공수부대 대원들은 탄약고언덕으로 접근했다. 이곳에는 영국 통치 시절에 세워진 경찰학교와 탄약고가 있었다. 지금은 기념관이 된 탄약고는 석조로 된 튼튼한 지하 시설을 갖춘 건물이다. 언덕 사면에는 철조망과 지뢰, 참호, 콘크리트 벙커로 방호되고 있고, 그 사이에 돌담과 주택들이 자리 잡고 있었다.

탈랄 여단 2대대와 구르 중령이 지휘하는 이스라엘 55공수 여단 66대대 병사들이 이 언덕에서 격돌했다. 지금 보면 한국이나 일본에서 흔히 볼 수 있는 언덕의 주택가인데, 공수부대의 자부심과 예루살렘이 주는 특별한 초조감이 그들을 성급한 공격으로 몰아세웠다.

구르 중령은 이스라엘군에게 불리한 지형이지만, 요르단군도 지형에 익숙하지 않고 2차 방어선이 없으며 아랍군이 야간 전투에 약하다는 데 희망을 걸었다. 양측 모두 결사적으로 싸웠다. 예루살렘전투의 최대 격전으로 꼽히는 탄약고언덕전투는 고지전, 참호전, 시가전이 뒤엉킨 전투였다.

언덕 사면을 따라 대대는 중대로, 중대는 소대로 나뉘었다. 주택 창문에 불빛이 보이거나 벙커의 틈이 보이면 바주카포로 공격하고, 사격 진지가 있으면 주택과 벽 사이로 우회하며 길을 찾았다. 그렇게 우왕좌왕하다가 갑자기 참호를 발견하는 경우도 있었다. 이스라엘 공격대는 이렇게 어둠 속으로 조각조각 사라졌다. 이런 경우 통제와 조직력을 잃고 공격이 기세가 꺾일 위험이 큰데, 공수부대는 이스라엘 최정예 부대라는 자부심과 함께 명예를 지켰다. 요르단 병사들은 용감하게 싸웠지만, 이번에도 유연성 부족이 발목을 잡았다.

성지 예루살렘은 또 피를 머금었다. 요르단군 106명, 이스라엘군 37명이 전사했다. 세계 전쟁사에는 수만, 수십만 명이 죽은 전투가 너무 많아서 2시간짜리 전투에 이 정도 사상자가 난 것이 그리 대단해 보이지 않을 수도 있다. 그러나 여기서 주목해야 할 점은 성급하고 결사적인 전투로 양측을 몰아세운 예루살렘의 마법이다. 나중에 이 소식을 들은 벤 아리 대령은 "왜 그리 서두른 거야? 전차 부대를 보냈으면 간단하게 제압할 수 있었는데"라고 말하며 혀를 찼다.

예루살렘 시가전

단 하루 만에 이스라엘군이 예루살렘 시가로 진입하면서 복잡한 시가전이 벌어졌다. 성급한 지휘관들은 병력을 집중해서 단박에 구시가지를 점령하고 싶어 했지만, 모세 다얀이 절대 안 된다고 반대했다(다얀과 나르키스는 전투 2일째에 벌써 예루살렘에 도착해 있었다).

아무튼 길을 뚫어야 했다. 성전이 있는 구시가지 구역을 빙 둘러 스코푸스산, 겟세마네산, 감람산에서 전투가 벌어졌다. 이스라엘군은 북쪽에서 구시가지로 진입하는 나블루스 가도를 개통하려고 했다. 사람 2명이 다닐 만한 인도를 포함한 왕복 1차선인 도로를 따라 이스라엘군이 내려왔다. 요르단군은 나블루스 가도에서 가지처럼 서쪽으로 튀어나온 칼데라는 작은 골목길에 저항선을 설치했다. 칼데는 끝이 막힌 골목인데, 이스라엘군의 우회 공격을 방지하기 위해 이곳을 택한 것 같다. 칼데 저항선은 이스라엘군을 괴롭혔지만, 전차가 마지막 저항을 무너뜨렸다.

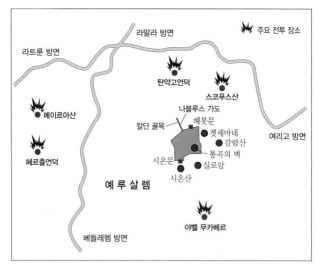

예루살렘 주변 지도와 핵심 전투 장소

예루살렘전투는 시가에서만 전개되지 않았다. 예루살렘 북쪽의 라말라, 남쪽 베들레헴, 동쪽 예리코 방면으로 이스라엘 기갑부대가 진격했다. 유물과 역사로 가득한 예루살렘 시가 전투는 최소한의 타격으로 끝내야 했다. 그러기 위해서는 요르단군에게서 예루살렘을 고립시켜야 했다.

다시 6월 5일 오전으로 돌아가보자. 요르단에는 40기갑 여단과 60기갑 여단의 2개 기갑 여단이 있었다. 전쟁이 발발하면 이들은 예루살렘 서쪽으로 진군해 웨스트뱅크를 방어하며 예루살렘 가도를 막아야 했다.

이집트 기갑부대가 남쪽에서 치고 올라올 것이라는 거짓 정보에 넘어간 후세인은 최정예인 60기갑 여단을 예루살렘-베들레헴-헤브론-브엘세바 가도로 발진시켰다. 원래 계획은 바로 라트룬으로 진격해 제1차 중동전쟁의 승리를 재현하는 것이었다.

여단장은 후세인의 사촌으로, 미 육군 참모대학 출신이었다. 이 부대는 중간에 이집트군을 만나 함께 예루살렘으로 북진할 생각이었다. 웨스트뱅크를 2개 여단으로 막기에는 전선이 너무 넓다고 생각했다는 설도 있다. 그렇다고 하더라도 이 잘못된 움직임으로 인해 웨스트뱅크는 무방비 상태가 되었다. 우방을 속여서라도 이스라엘의 전력을 흩어놓으려던 이집트의 계획에도 아무런 도움이 되지 못했다.

이스라엘군이 이 기회를 놓칠 리가 없었다. 이스라엘군은 손쉽게 웨스트뱅크를 점령했다. 요르단군은 명예를 위해서 용감하게 싸웠고, 이스라엘군 전차를 제법 파괴했다. 그러나 어김없이 이스라엘 전투기들이 나타나 방어선을 초토화했다. 이스라엘군 전차는 계속 밀려왔다. 또 뒤에서 전차들이 대거 출현했다. 요르단 지휘관은 40기갑 여단의 지원이라고 생각했는데, 이스라엘 기갑부대였다.

이스라엘군은 베들레헴과 헤브론으로 진군해 남하한 요르단군의 뒤를 끊고, 라말라, 예리코 지역 등 예루살렘 주변을 완전히 석권했다. 뒤늦게 60기갑부대 소속 일부 전차가 예루살렘으로 가라는 명령을 받았다. 스코푸스산 공격에 투입될 예정이었다. 전차 없이 탄약고언덕을 공격했던 이스라엘 공수부대의 전철은 밟지 않을 계획이었다. 그러나 이 전차들이 예루살렘에 도달하기 전에 이스라엘 전투기들이 등장해 전차 부대를 박살 내버렸다.

되찾은 통곡의 벽

6월 7일, 예루살렘에서 예리코로 가는 가도는 도주하는 요르단 병사와 차량으로 가득했다. 아직 구시가지 진지에서 버티고 있던 병사들은 밤새 장교들이 도주하고 남아 있지 않다는 사실을 발견했다. 그래도 아랍군 중에서는 제일 낫다는 요르단군의 명성이 하루 만에 무너졌다. 양심적인 장교는 병사들을 이끌고 도주했다. 탈영하는 병사도 늘었다. 요르단군 사령부는 철수를 결정했다.

수많은 팔레스타인 주민이 또다시 난민이 되어 예리코 피난길에 합류했다. 12만 5,000명이 요르단으로 갔다. 하지만 예리코로 가는 길에 이스라엘군의 전차포와 야포, 공군기가 그들을 기다리고 있었다. 병사와 민간인을 가리지 않고 길가에는 시체가 즐비했다. 일부 시체는 네이팜에 그슬려 역겨운 냄새가 났다. 예리코에서 요르단으로 가는 길, 1948년에 요르단의 국경선이었으며 요르단군이 압둘라 2세의 축복을 받으며 건넜던 요르단강의 앨런비 다리는 이스라엘군에 의해 폭파되어 형편없이 파손돼 있었다.

베들레헴에서는 전투가 벌어지지 않았지만 이날 정오에 요르단군이 철수했다. 오후에 이스라엘군은 무혈로 베들레헴에 진입했다. 후세인은 예루살렘뿐 아니라 웨스트뱅크 전체에 요르단군이 없다는 사실을 인정해야 했다. 그의 유일한 희망은 유엔이 휴전을 강요하는 것이었다. 유엔안보리가 휴전을 결의했지만, 이스라엘은 마이동풍이었다.

정오가 되기 전에 여단장의 보고가 날아들었다. "성전은 우리 것이다." 2,000년 만에 유대인은 다시 그 광장의 주인이 되어 통곡의 벽 앞에 섰다.

유대교의 신앙에 관심이 전혀 없던 병사들도 무언가의 힘에 이끌려 격한 감격을 맛봤다. 예루살렘 통치자로 내정된 헤르조그 소장은 신성한 벽 옆에 관광객을 위해 설치해 놓은 화장실이 거슬렸다. 그는 당장 저것을 철거하라고 명령했다. 이것은 바로 성전 정화 사업의 시작이었다. 그는 성전 옆에 형성된 이교도들의 빈약한 거주지(주로 모로코인들의 거주지였다)를 아무런 보상 없이 밀어버렸다.

여기까지는 점령군 총독 같은 발상이었지만, 일신교적 믿음으로 무장한 과격파 랍비들은 이교도에게 점령된 도시의 경관에 충격을 받았다. 신성한 성전을 포함해서 모든 도시의 유적 위에 이교도의 사원과 주택이 가득했다.

역사적 순간에 함께하기 위해 이미 7일부터 예루살렘에 와 있었던 다얀과 나르키스가 구시가지에 들어서자 랍비가 즉시 다얀에게 요청했다. "이교도의 예배를 모두 중지시키고, 이교 사원을 모두 파괴합시다. 지금이 기회입니다. 휴전이 성립하고 유엔이 찾아오면 이 과업을 시행할 수 없습니다."

하지만 다얀은 말도 안 되는 소리 하지 말라고 일축했다. 나르키스에게도 군종 랍비가 집요하게 따라붙어 비슷한 요구를 했다. 나르키스는 화를 내며 닥치지 않으면 영창에 처넣겠다고 위협했다.

이스라엘의 입성 소식이 전해지자 감동하는 사람(특히 기독교 세계를 중심으로)도 많았지만, 아랍과 이슬람 세계의 절망을 이해하려는 노력은 부족했다. 이스라엘의 강압적인 강제 이주 정책이 밝혀지면서(그중 일부는 이스라엘 군인들이 증언이었다) 아랍인을 동정하는 사람은 많이 늘었지만, 누군가의 편이 된다는 것이 그를 이해한다는 뜻은 아니었다.

歷●史 역사 다시 보기

예루살렘의 상징이 된 '통곡의 벽'은 왜 '통곡의 벽'이 됐나?

통곡의 벽은 지금까지도 1년 365일 성지순례자들, 여행객들에 둘러싸여 있는 영원한 명소이자 예루살렘의 상징이다. 위치는 예루살렘 원래 성전의 서쪽 벽에 해당한다. 약 3,000년 전 이스라엘 다윗왕은 예루살렘을 수도로 정했고 유대인이 예루살렘에 정착해 살았지만, 로마에 함락되며 예루살렘 성전은 완전히 불타 파괴되고 말았다. 이후 궁전의 서쪽 벽과 다 윗탑만 남게 되는데, 이 서쪽 벽이 바로 통곡의 벽이다. 그렇다면 왜 통곡 의 벽이 되었을까?

예루살렘을 점령했을 당시, 성지 예루살렘 함락은 로마 입장에서도 내 놓을 만한 자랑거리였다. 그래서 콜로세움 등지에서 예루살렘 함락을 재 연하는 공연을 하곤 했는데 실제로 예루살렘 성전을 세트로 만들어 불태 우고 로마인들이 탈출한 유대인들을 학살하는 장면까지 자세하게 묘사했 다. 당시 로마인들은 이 공연에 열광했고 유대인들은 그 모습을 여과 없이 지켜봐야 했다. 이렇게 다른 종교에 의해 철저하게 짓밟혔던 성전. 그 마지 막 흔적이 남아 있는 서쪽 벽에서 훗날 유대인들은 통곡하며 기도했다. 그 래서 붙은 이름이 '통곡의 벽'이었다.

그런데 통곡의 벽에서 이슬람교도들도 울면서 기도를 한다? 그렇다. 예 루살렘은 아랍의 성지이기도 하므로. 그래서 지금은 오전, 오후로 나누어 유대교, 이슬람교 성지순례자들에게 각각 개방하고 있다. 모두의 영원한 성지 예루살렘에서는 오늘날까지도 분쟁이 계속되고 있다.

07 골라니 여단의 신화

북부 전선

> 신이시여, 우리는 텔아비브에서, 이스라엘에서 만날 것입니다. — 아레프, 이라크 대통령

시리아의 패기

6월 3일, 시리아 남서부에 있는 골란고원의 최대 도시 쿠네이트라에는 시리아군 3개 보병 여단, 2개 포병 여단, 그리고 2개 기갑 여단이 진주해 있었다. 35사단은 골란고원의 바니아스와 텔아지트에 위치했다. 이곳은 이스라엘 쪽으로 떨어지는 급경사면의 위였다.

시리아군에게는 공격 작전 명령인 나스르(승리)가 이미 발동되었다. 소련군이 설계해준 이 작전은 첫날 3개 부대가 기습으로 돌파하여, 단숨에 티베리아스와 사파드를 장악하

는 것이었다. 이후 군을 재편성해 아풀라, 하이파, 나사렛으로 진공할 계획이었다.

이렇게 하면 이스라엘의 유일한 평야인 북부 갈릴리 평야지대가 이스라엘에서 떨어져 나오고, 이스라엘은 남부 네게브라는 모래무지에 꽂아놓은 소시지처럼 되어버린다.

시리아는 이 전쟁의 발화점이었다. 시리아는 모두가 알 만큼 기세등등했고 전쟁 준비로 분주했다. 보병들은 참호를 파고, 중장비와 수송 트럭이 이동할 수 있도록 도로가 비워졌다. 공격 개시선, 후방 보급선의 위치가 정해지고, 이스라엘군의 공습과 포격에 대비한 방호 시설과 진지가 구축되었다.

장병들의 사기는 드높았다. 이집트와 요르단이 힘을 합친다는 것이 무엇보다도 든든했다. 그들뿐이 아니었다. 이라크, 모로코, 리비아, 튀니지, 사우디아라비아 등 범이슬람권의 지원 병력이 시나이로 모여들고 있었다. 1917년 아랍의 반란 당시 사방에서 모여드는 부족들을 보며 "아랍은 이제 하나야!"라고 소리쳤던 그 전율이 시리아인들의 마음속에 번졌다.

제1차 중동전쟁의 패전은 아랍이 단합하지 못하고, 무기도 엉망이었기 때문이다. 하지만 이제는 다르다. 산뜻한 소련제 신형 무기가 병영에 가득했다. 이 무기들의 성능은 이스라엘 것보다 나았다. 그들은 단 4일이면 이스라엘을 파괴할 수 있다는 소문을 들었다.

이스라엘이 보기에 당장이라도 전쟁을 일으킬 것 같던 나라는 시리아였다. 그러나 이스라엘 지상군의 선제공격은 이집트로 향했다. 이스라엘의 노골적인 차별 때문에 시리아군은 이집트와 보조를 맞추지 못했다. 시리아의 전차가 포문을 연 때는 전쟁 2일 차인 6월 6일 새벽이었다.

시리아군이 노린 곳은 이스라엘군 기지와 쿠네이트라 방면이 아닌, 단과 야수프라는 인접한 두 개의 키부츠였다. 99번 도로 양쪽으로 붙어 있는 이 키부츠들은 U자 형으로 감싸고 있는 산곡 아래 평원에 세워진 마을로, 산비탈 위에서 내려다보면 마을 전경이 훤히 보였다. 마을의 지름은 700미터도 안 되고, 방어 지형도 전혀 없었다.

산비탈 위에서 박격포로만 포격해도 어렵지 않게 마을 전체를 초토화할 수 있는 곳을 향해 시리아군 수백 명이 돌진했다. 전투는 제1차 중동전쟁 때 이집트군의 키부츠 공격을 보는 것 같았다. 하가나를 연상시키는 마을 민병대가 돌격을 저지했다. 20분 후에 이스라엘 전투기가 날아와 기총소사◆를 하고 네이팜탄을 떨어트렸다.

놀랍게도 이것으로 시리아의 승리 작전은 종결되었다. 시리아의 요란한 전쟁 준비는 완전히 쇼였다. 이집트와 통합 국가에 실패한 뒤 시리아의 정세는 더 어지러워졌다. 바트당이 집권했지만, 쿠데타 시도가 끊이지 않았다. 지도자 살라 자디드와 국방 장관 하페즈 알아사드(현재의 시리아 대통령 바샤르 알 아사드의 아버지)는 겉으로는 성전을 치르는 척하면서 위험인물을 계속 숙청했다. 심지어 전쟁 전날에도 군부의 관심과 총구는 이스라엘이 아닌 시리아군 장교들을 향해 있었다.

저스트 고

7개국, 1억 이상의 국민이 얽힌 거대한 전쟁이 단 6일 만에 종결되었다는 사실에 세계는 놀랐다. 전쟁의 승부는 사실상 2~3일 만에 결정되었다. 그리고 더 놀라운 사실은 이 초단기 승부가 3개의 전선에서 동시에 이루어졌다는 것이다.

이스라엘군에도 3면 전쟁의 압박은 엄청났다. 공군은 멸

◆ 저공으로 비행하며 기관총, 로켓포 등으로 적의 지상, 해상 목표를 난사하는 일.

리 이라크까지 무차별적인 선제공격을 감행했지만, 지상전의 우선 순위는 시나이와 웨스트뱅크였다. 예루살렘 공격조차도 사전에는 없던 계획이었다. 시리아에 관해서는 단호했다. 방어에 전념할 것. 시리아와 대치 중인 북부 사령부는 침공을 요청했다. 모두가 싸우고 있는데, 그들만 앉아 있을 수는 없었고, 이스라엘의 생존 전략에서 골란고원은 시나이 만큼이나 중요했다.

그러나 시리아 침공은 거부되었다. 전선 확대도 부담이었지만, 이 공격이 초래할 난민 문제도 심상치 않았다. 하지만 예상외로 이집트, 요르단과의 전투가 너무 빨리 끝나는 바람에 시리아가 다시 문제가 되었다. 확전론과 신중론이 팽팽하게 대립했다. 라빈은 시리아 공격을 주장했지만, 다얀이 거부했다. 그때 북부 사령관 엘라자르가 비행기를 타고 텔아비브로 날아왔다. 그는 절차도 무시하고 회의장으로 뛰어들어와 외쳤다.

"이스라엘 북부 국경의 최종 목표는 당연히 골란고원입니다."

"그걸 누가 모르나?"

그의 도발에 마음을 접었던 다얀도 다시 흔들리기 시작했다. 끝내 다얀은 그 자리에서 결정하지 못하고 회의를 파했다. 밤새 고민하던 다얀은 날이 밝자 엘라자르에게 전화를 걸었다.

"골란고원 진공을 개시하라." 이렇게 다급히 전격 침공이 결정됐다. 온건파 다얀의 파격 반전 행보였고, 어찌 보면 이스라엘다운 결정이었다.

이스라엘이 골란고원 공격을 망설인 이유는 난민 문제 때문만은 아니었다. 골란고원은 공략하기 너무 힘든 지형이었다. 골란고원은 평균 해발고도가 1,000미터로, 시리아 쪽으로는 경사가 완만해 차량 기동도 가능하지만 이스라엘 쪽에서 보면 수직 절벽이다.

이스라엘이 공략하기에는 군사 작전은커녕 등산조차 버거운 지경이었다. 빼앗기도, 지키기도 어려운 곳이 바로 골란고원이었다. 게다가 골란고원은 화산지대라 현무암으로

골란고원 해발고도 표

구성돼 전차도 무용지물이 되고 마는, 그야말로 '마의 지대'였다. 더구나 오랜 분쟁 지역이었던 만큼 시리아군은 골란고원 위에 완벽한 진지를 구축하고 있었다. 이스라엘 공군이 있는데 무슨 걱정이냐고? 시리아군은 수없이 이스라엘 공군에 시달렸던 언덕에 학습이 되어 있었다. 1미터 두께의 철판을 깔고 그 안에 전차들을 모두 매복시킨 후 콘크리트로 덮어놓았다. 이러니 섣불리 건드렸다가는 상상 이상의 출혈을 감수해야 할 수도 있고, 자칫하면 장기전까지 각오해야 하는 상황이었다.

골라니 여단의 신화

하지만 주사위는 던져졌다. 완벽한 정신으로 무장한 이스라엘군은 속전속결을 다짐한다. 6일로 계획했던 전쟁 기간이 벌써 절반이 지났다. 언제 유엔이 개입할지 모른다. 그 전에 끝내야 한다! 속전속결을 위해 큰 희생도 각오하고 장교들이 앞장선다. "밀고 올라가자!"

그렇다고 무작정 밀고 올라가지는 않았다. 평범한 작전이었다면 자기네 영토에서 가까운 남쪽부터 밀고 올라가겠지만 이스라엘군은 북쪽, 가장 공략하기 어려운 지대를 먼저 치고 올라갔다. 과감하게 위부터 끊는 전격전을 택한 것이다. 남쪽으로 올라가면 올라가는 동안 험한 전투를 계속하고 북쪽에서 또다시 최후의 전투를 해야 했다. 그때는 독기가 오를 대로 올라서 시리아도 더 강력히 저항할 것이고 승리가 요원해진다. '아예 힘든 북쪽으로 올라가 끊어버리면 상대는 무너질 것이다'라고 생각한 것이다.

1차 진지, 2차 진지, 3차 진지, 본진이 있을 때 뒤를 돌아 본진부터 치는 것. '가장 강한 곳을 때려서 중, 약을 붕괴시킨다'는 것이 전격전의 묘미였다. 이스라엘 공병대가 골란고원의 바슬바슬 부서지는 현무암 지대를 폭파해 바위를 부수고 불도저로 밀면 전차와 장갑차가 10미터가량 진격한다. 다시 공병대가 폭파하고, 다시 진격. 이 불가능할 것 같은 작업을 반복하며 통행로를 개척했다. 장갑차를 타고 가던 병사들도 전부 내려서 장갑차를 밀어 올렸다. 장갑차를 밀고 나아갔다. 장갑차가 대전차포에 맞아서 격파되면 남은 병사들이 다시 돌을 치우며 진격했다. 죽으러 올라가는 것이나 다름없었다. 지금까지 이스라엘의 최정예부대로 알려진 그 유명한 '골라니 여단'의 신화는 바로 여기에서 시작된 것이다. 중동전쟁 사상 가장 처절한 전투였다.

하지만 골라니 여단은 그렇게 올라가다 그만 철조망에 가로막혔다. 폭약은 아래쪽에서 이미 다 소진한 상태였다.

막막해진 이스라엘군 앞에 병사 몇몇이 망설임 없이 나섰다. 그리고 철조망을 자신들의 몸으로 덮었다.

"전우여, 나를 밟고 올라가라!"

그렇게 골라니 여단은 철조망을 넘어 다시 진격하기 시작했다. 피의 등산로를 오르며 중대 병력은 대부분 10명 정도밖에 남지 않았다. 심지어 3명만 남은 중대도 있었을 정도로 수많은 희생자가 발생했다. 그렇다면 당연히 후퇴해야 할 것 같지만 이스라엘군은 그렇지 않았다. 남은 병사들이 총을 들고 시리아군을 진압하기 시작했다. 상대는 전차만 해도 30대, 2~4개 대대 이상의 병력이 있었다. 이스라엘 잔여 병력의 처절한 소탕 작전이 시작되었지만, 이 모습을 망원경으로 지켜보던 요나 여단장은 절망감에 고개를 돌렸다.

"작전 실패…."

그런데 바로 그때, 무언가가 얼핏 시야에 들어왔다. 바로 골란고원에 펄럭이는 이스라엘군의 깃발이었다. 그리고 그 뒤로 몇 안 되는 부대원들이 보였다! 요나 여단장은 통곡하기 시작했다. '골라니 여단'이 단 하루 만에, 엄청난 희생을 치르고 결국 골란고원 점령에 성공한 것이다. 영화보다 더 영화 같은 전투였다.

대체 어떻게 이런 일이 가능했던 걸까? 전쟁에서 가장 중요한 건 '목표의식'이라는 것이 여실히 드러난 순간이었다.

골란고원 주민과 시리아군 역시 이스라엘에 점령당하면 어떻게 되는지 너무나 잘 알고 있었다. 그러나 행동으로 옮길 만큼 절박하지 않았던 모양이다. 반면 이스라엘은 골란고원을 꼭 차지해야 한다는 뚜렷한 목표를 병사들 한 명 한 명에게 심어줬고, 병사들은 이에 공감하며 목표를 가슴 깊이 새겼다. 뚜렷한 목표의식이 그 위험천만한 전투를 해나갈 수 있었던 원동력이 됐던 것이다. 훗날 1976년 20세기 최대의 인질 구출 작전 '엔테베 작전'에도 골라니 여단이 투입됐을 만큼, '골라니 여단'은 이 전투를 통해 세계 최강으로 거듭났다.

'골라니 여단'의 희생 덕에 고원으로 오르는 전차의 기동로가 확보되자, 이집트를 격파한 시나이반도의 전차 부대가 골란고원으로 쏟아져 들어오기 시작했다. 그런데 숱한 희생자를 내고 고지를 점령한 이스라엘군이 시리아 진지에 들어가보니 시리아군이 한 명도 없었다. 알고 보니 골란고원의 군사 요충지인 쿠네이트라에서 잘못된 명령을 하달했던 것이다.

골란고원이 이미 점령당했다. 모두 후퇴하라.

대체 왜 이런 중요한 상황에 이러한 일이 생긴 걸까? 당시 시리아는 집권당의 권력 다지기로 어수선한 상황이었다. 쿠데타 위협 때문에 전쟁 직전까지 집권당은 내부 숙청중이었다. 이런 상황에서 오보가 계속해서 속출했다.

이스라엘군이 다마스쿠스로 접근 중.

'여기 있다가는 다 죽는다'라는 생각에 시리아군은 쿠네이트라에서 문서만 소각한 후 몸만 빠져나왔다. 이스라엘에는 그야말로 기회였다. 그렇다면 이스라엘군은 다마스쿠스로 진군할 것인가? 과연 모세 다얀의 결정은? 그의 결정은 '스톱'이었다. "우리의 목표는 골란고원이었다. 시리아 땅은 더 이상 건드리지 않는다."

그러나 또다시 현지 사령관이 명령을 거부하는 사태가 발생했다. "길바닥에 전차가 널렸습니다. 어떻게 그냥 갑니까!" 결국 이스라엘 군대는 쿠네이트라에 입성했다. 그러나 이때 이스라엘군의 진격을 저지한 이가 있었다. 바로 소련이었다. "다마스쿠스까지 진격하면 가만있지 않겠다!"

그제야 이스라엘군은 슬슬 골란고원으로 후퇴했다. 그러자 시리아 정부는 뻔뻔한 성명을 발표했다.

　　우리의 막강한 시리아군의 진영을 보고 감히 이스라엘군이 한 발자국도 접근하지 못했다.

당시 쿠데타 위협이 도사리던 시리아에서 정부가 택한 어쩔 수 없는 선택이었다. 6일간 파죽지세로 영토를 넓힌 이스라엘의 진격은 딱 여기까지였다.

골란고원전투 시작 전과 후에 시리아군이 보여준 모습은 완전히 달랐다. 전쟁 전의 기세등등하던 모습과 사기는 온데간데없어지고 전투에서 형편없는 모습을 보였다. 시리아군은 꽤 좋은 장비로 무장했지만, 내실은 전혀 그렇지 않았다. '나스르'라는 작전명은 그럴듯해 보였지만, 그 작전을 수행할 능력이 없었다.

시리아의 신군부 독재 정권인 아마드 정권은 지속적으로 장교를 숙청했다. 그리고 군사적 소양이 아닌 정치 사상으로 뇌와 심장을 채운 인물로 대체했다. 전쟁 전에 2,000명의 장교 대체자가 군에 유입되었다. 장교는 읽고 쓸 줄을 알아야 하고 어찌 보면 가르치고 지도하는 직분이었기에 교사 출신이 많았다.

고위 장성, 정보국장 같은 주요 보직은 정치적 관계나 인맥으로 채워졌다. 벼락 승진을 하거나 군과 아무런 관련이 없는 누군가의 친인척이 이 자리를 차지했다.

이 모든 것이 군의 기초적인 기능, 훈련, 보급, 정비, 군의 사기, 모든 수준을 하락시켰다. 심지어 초고가의 장비를 운용하는 공군 조종사들마저도 45%만이 정상이었고 나머지는 평균이거나 평균 미만이었다. 병기 보유량으로 보면 이스라엘군보다 우세했지만 정상적으로 작동되는 수로 비교하면 훨씬 적었다. 조종하고 운용하는 능력으로 가면 양측의 전력은 민망한 수준으로 벌어졌다.

2,000년의 한을 풀다

정확히 개전 6일째인 6월 10일 오후, 이스라엘과 아랍 국가들은 유엔의 휴전협정 체결에 동의했고 제3차 중동전쟁이 막을 내렸다. 이스라엘은 단 6일 만에 이집트, 요르단, 시리아 영토로 동시에 진격해 2만 700제곱킬로미터에 불과하던 영토를 순식간에 6만 8,600제곱킬로미터로 늘려놓았다. 비로소 벤구리온의 목표를 100% 달성한 것이다. 이스라엘군의 인명 피해는 800명 정도에 불과했던 반면, 아랍 국가들의 희생자 수는 2만 명에 달했다. 그야말로 일방적인 전쟁이었다.

문제는 애초부터 우려했던 제2의 팔레스타인 난민, '시리아 난민'이었다. 모세 다얀을 밤새 고민하게 했던 '시리아 난민' 문제가 이제 현실이 된 것이다. 쉽게 말해 '인종 청소'를 해야 했던 건데 방법은 둘 중 하나, '죽이느냐, 쫓아내느냐'였다. 이번에는 죽이지 않고 쫓아내는 방법을 택했다. 과거 건국 이전 팔레스타인인에게 잔혹 행위를 했던 무장 단체들이 후에 죄책감을 느끼고 반정부주의자로 돌아섰던 뼈아픈 경험 때문이었다. 그래서 이번에는 좀 이상한 명령을 내렸다.

총을 들고 있으면 무조건 적이니 쏴라! 그러나 전쟁포로, 민간인은 사살 금지.

이런 모순된 명령이 어디 있을까? 민간인이 총을 들고 있을 수도 있었다. 결국 살상 없이 인종 청소를 하기란 불가능한 일이다. 그렇다고 팔레스타인에 이어 두 번째로 난민을 양산하고 만 이스라엘 정부가 학살 명령을 내릴 순 없으니 이렇게 따르지 못할 명령을 내렸던 것이다. 이 명령은 "수단과 방법을 가리지 말고 쫓아내라"라는 의미였다.

제3차 중동전쟁(6일전쟁)
후 변화된 국경

아랍은 세 번의 전쟁을 통해 엄청난 희생을 치르고 어마어마한 영토를 내주고서야 비로소 이 전쟁이 준 교훈을 깨달았다.

"이스라엘을 배우자!"

3번에 걸친 중동전에서 그야말로 대패를 맛본 나세르는 결국 정전 직전인 9일, 사임을 발표했다. 이 일은 우리나라 신문에도 보도됐을 만큼 전 세계적으로 화제였고 모두가 예상한 일이기도 했다. 하지만 그냥 물러날 나세르가 아니었다.

"우리가 그냥 진 게 아니다. 이스라엘은 미국, 영국, 프랑스가 도와서 진 것이다. 이집트 공군이 하루 만에 궤멸하다니 이게 말이 되는가!"

이 말이 또다시 먹혀들었다. 너무나 빠르고 믿을 수 없는 패전이 나세르에겐 오히려 도움이 되었다. 미국과 서방국가가 직접 개입했다는 주장이 먹혀들었다. "미국 6함대 소속 3척의 항모에서 발진한 전투기가 이집트 공격에 가담했다."

나세르는 미국인을 이집트에서 추방했다. "미국은 제1의 적이다. 미국이란 존재를 아랍 세계에서 지워야 한다." 요르단의 후세인 국왕조차 6월 5일 개전하자마자 공군이 몰락하고 자신의 궁전까지 폭격을 당하자, 이 전투기들이 영국 항모에서 날아왔다고 확신했을 정도였다.

약소국과 싸우다 졌다면 마땅히 비난받았겠지만, 세계 초강대국에 용감하게 맞서 싸우다 석패했다니. 이집트 국민과 아랍 국가들은 더욱 비장해졌다. 거짓 보도에 오랜 세월 경도돼온 결과였다. 이집트 국민과 아랍동맹은 미국 대사관에 불을 지르고 소련 대사관 앞에서 항의하는 등 격렬한 반대 시위를 벌인다.

나세르가 카이로 시내의 사원에 들어서자, 군중들이 그에게 달려들어 그를 위로했다. 결국 유엔 휴전안이 발표되던 10일, 나세르는 사임을 철회했다. 하지만 그가 집권을 이어가기 위해서는 이 엄청난 패배를 어떻게든 정리하지 않으면 안 됐다. 나세르의 복안은 평생 친구이자 자신의 오른팔인 아메르를 희생시키는 것이었다. 나세르는 모든 전쟁의 책임을 아메르에게 지우고 그를 해임시켰다. 결국 아메르는 자살하고 만다. 혁명 동지의 씁쓸한 말로를 뒤로하고 나세르는 정권을 지속했다.

전시의 옳은 판단이란?

골란고원을 점령한 후 숙고 끝에 "Go!"를 외친 모세 다얀의 결정은 훗날 제4차 중동전쟁에서 이스라엘을 살렸다. 그렇다면 그의 결정은 옳았다고 말할 수 있을까?

이스라엘의 국익, 전쟁의 목적만을 생각한다면 백번 옳은 결정이었다. 하지만 도덕적 기준으로 판단한다면? 시리아 난민이 양산될 터이니 도덕적으로는 옳지 못한 결정이다.

그러나 이스라엘이 이때 공격하지 않았다고 해서 시리아가 가만히 있었을까? 언젠가는 양국 사이에 전쟁이 일어나 시리아와 이스라엘 중 오직 한 나라만이 골란고원을 차지할 수 있었을 것이다. 이 점이 바로 국제정치의 딜레마이고 외교의 어려움이다. 역사 속 모든 결정은 도저히 이해할 수 없는 것마저도 당시 당사자의 입장을 충분히 뜯어본다면 모두 이해할 만하다.

'세계의 늪'이라고 불렸던 중동전쟁도 그렇다. 상대 입장에서 보면 다 옳지만, 내 입장에서 보면 다 그르다. 반대도 똑같다. 인생도 마찬가지 아닐까? 내가 아닌 상대방의 사정을 깊이 있게 알지 못하는 상황에서 어떠한 결정에 옳고 그름을 따지는 것은 아마 불가능할 것이다. 또 판단을 내린대도 그것이 정답일 가능성은 지극히 낮다.

08 나세르의 운명

소모전쟁

6일전쟁 후, 유엔은 아랍은 이스라엘을 인정하고 이스라엘은 점령한 영토에서 철수하라는 중재안을 내놓았다. 당연히 양쪽 모두 받아들일 수 없었다. 이집트는 이스라엘 점령 영토가 아닌 수에즈와 시나이가 더 중요했다. 그러나 대놓고 팔레스타인과 시리아를 배신할 수는 없었다.

이스라엘 내에서도 어느 정도 영토를 양보하고 평화를 얻자는 의견이 꽤 있었다. "그런데 어디를 내놓을까? 전부는 안 된다. 웨스트뱅크는 더욱 위험하다." 돌아보니 내놓으면 위험한 곳이 한두 곳이 아니었다. 결국 양측은 타협을 거부했다. 이스라엘은 더 완강했다.

이런 상황에서 나세르는 이스라엘이 협상 테이블에 나오게 하기 위한 전략을 고안했다. 개가 입에 물고 있는 고기를 놓게 하려면 이빨이 시려야 한다. 그래서 시작한 것이 이른바 '소모전쟁'이다.

나세르의 돌파구

> 나세르를 죽인 자가 누군지 압니까? 소련입니다.
> — 저우언라이, 중국 총리

나세르는 잠시 나르시시즘에 빠지기는 했지만, 방에 들어앉아서 주변의 상황을 알지 못하는 어리석은 독재자는 아니었다. 사실은 6일전쟁 전부터 나세르는 위기의 신호를 감지하고 있었다. 나세르 체제에 대한 불만이 슬슬 저항의 형태로 드러나고 있었다. 혁명의 망치를 휘둘렀지만, 이집트인의 삶은 별로 변하지 않았다. 경제는 정체하고, 구체제의 카르텔은 새로운 카르텔이 대체했다.

나세르에 대한 열광 뒤에 찾아오는 허무는 슬슬 분노로 탈바꿈하고 있었다. 나세르가 그토록 준비가 형편없는 상황에서 전쟁을 감행했던 것도 이런 위기감이 원인이었을 수도 있다. 나세르는 패전의 질책에서 벗어났지만 그것이 오래가지 못한다는 사실도 알았다. 게다가 자신의 최대 치적이었던 수에즈를 이스라엘군이 봉쇄하고 있지 않은가.

그런 나세르에게 한줄기 서광이 비쳤다. 안 되겠다 싶었는지 소련이 본격적인 지원을 시작한 것이다. 다시 풍족해진 전차와 야포를 가지고 나세르는 이스라엘을 괴롭힐 방법을 찾아냈다. 운하 서안에 포병을 배치하고, 수에즈를 지키는 이스라엘군에게 지속적인 포격을 가했다. 또 운하 넘어 이스라엘군 후방에 특수부대를 침투시켜 파괴 공작을 벌이기 시작했다. 이 전쟁을 '소모전쟁'이라고 부른다. 이 전략이 됭케르크 철수 후 궁지에 몰렸던 처칠이 행했던 소모적 습격◆과 같은 맥락인지, 이스라엘의 근원적 약점을 발견해 판을 바꿀 방법을 찾기 위해서인지는 알 수 없다.

마침 소련이 지원해준 무기는 유용했다. 그러나 소련의 지원이 나세르에겐 또 하나의 고민이었다. 미국과 소련의 관계 때문이다. 나세르는 소련에만 의존해서는 대내적, 대외적 위기를 극복하기 힘들다고 생각했던 것 같다. 혁명 직후부터 지금까지 나세르는 미국과의 관계 개선을 마음속에

◆ 처칠은 국민의 사기를 진작시킨다는 목적으로 특수부대 코만도를 결성하고, 영국해협 건너편에 있는 적들을 향해 간헐적이고 소모적인 습격을 했다. 이것이 독일군을 소모시킨 것인지, 영국군 최정예 병사들을 전략적으로 별 의미 없는 습격에 소모시킨 것인지는 판단하기 애매하다.

서 완전히 지운 적이 없다. 소련과 협력할 때마다 그것이 미국을 자극해 미국이 태도를 바꾸기를 원했다. 그리고 이것을 다시 소련에 카드로 내밀었다.

그런데 언제부터인가 이 양다리 정책이 경직되었다. 6일전쟁의 패배 후, 그리고 소모전쟁을 시작하면서 소련의 군사적 지원이 늘고 이집트가 군사적으로 소련에 완전히 의지하는 구조가 형성된 것처럼 보였다. 이것이 미국이 이집트를 완전히 포기하게 만들지 않을까? 이스라엘이 수에즈를 내놓도록 압박을 가할 수 있는 나라는 미국뿐이다. 그런데 미국이 이집트에 완전히 등을 돌린다면? 이집트의 공세가 과격해지면 반대로 미국이 이스라엘에 지원을 늘릴 가능성도 있었다.

갈등이 깊었지만 당장 수에즈운하 탈환은 너무나 중요하고, 이미 소모전쟁을 시작한 나세르 입장에서는 일단 소련의 지원이 중요했다. 소련은 또 소련대로 제법 지원을 했지만 나세르의 성에 찰 만큼은 아니었다.

정치인과 최고 사령관들이 이렇게 고민하는 동안 수에즈에서는 계속 포성이 터졌다. 이스라엘도 이 소모전쟁이 상상 이상으로 짐이 된다는 사실을 깨닫기 시작했다. 작은 교전이라고 해도 전체 전선에서 전시 상태를 유지하는 것은 군은 물론 국가에 큰 부담이 됐다.

나세르의 최후

시나이와 수에즈로 확대된 전선은 이스라엘의 국방비 부담을 크게 늘렸다. 당시 이스라엘의 경제 사정은 현재의 우리가 알고 있는 이스라엘과는 현저하게 달랐다. 경제가 정체되면서 위기가 왔다. 과도한 국방비는 전쟁 못지않게 국가와 정부에 위협적이었다.

이스라엘은 대응책을 두고 고민했지만, 이번에도 매파가 이겼다. 1970년 1월, 이스라엘은 나세르를 협상 테이블로 끌어내기 위해 카이로 인근을 폭격했다. 나세르는 즉시 소

소련제 SAM3 대공 미사일

련에 SAM3 대공 미사일을 요청했다. 소련은 이것은 방어용 무기에 해당한다고 판단해 3월까지 미사일과 기술 요원을 지원해주었는데, 지금까지와는 다르게 속도가 빨랐다.

이 미사일은 운하 상공에서 이스라엘 팬텀기를 격추하는 전과를 올렸다. 아예 소련 조종사들이 미그기를 몰고 운하 상공을 비행하기도 했다. 양측이 공중전을 벌여 소련 조종사가 전사하는 사건도 있었다.

악화일로로 치닫던 이 소모전은 1970년 8월 5일, 양측이 미국 국무장관 로저스의 중재안을 수락하면서(실제로는 유엔 결의안 242호를 수용하는 형태) 휴전안이 조인되었다. 내용은 "90일간의 정전과 양측이 만나 회담을 연다"라는 정도였지만, 일단 포성은 멎었다.

이스라엘 측에서는 폭격이라는 강경 수단이 먹혔다고 생각했다. 하지만 이집트 생각은 달랐다. 휴전 후 나세르는 크렘린으로 가서 서기장 브레즈네프와 만났다. 브레즈네프는 나세르가 미국에 협력했다고 질책했지만, 나세르는 "나는 누구와도 만나고 제안을 받아들일 수 있다"라며 반발했다. 그러나 브레즈네프는 나세르가 미국과 단절한다고 해도 대이집트 정책과 지원 방침을 바꿀 마음이 없었고, 나세르는 미국 카드가 소용없다는 현실을 깨달았다.

나세르는 나를 물끄러미 바라보고 있다가 말했다. "안와르, 소련이라는 나라는 정말로 절망적이야."… 나세르는 비로소 자신이 옴짝달싹 못 하게 되었다는 것을 깨달았다. 그는 행동할 수 있는 장을 잃고, 마침내 생존을 위해 투쟁할 수 있는 장마저 잃었던 것이다. − 사다트의 회고록 中

사다트는 자신의 친미, 친서방 노선을 옹호해야 하는 상황이었기에 이 증언을 믿을 수 없다고 말할 사람도 있다. 그럴 수는 있지만, 한 가지는 확실하다. 나세르는 이즈음 소련과 미국, 전쟁과 평화, 이집트의 이익과 아랍의 이익, 정체된 경제와 빈발하는 국내의 소요 사태, 구겨진 자존심과 체면 회복이라는 압박감, 심지어 쿠데타가 발생할지도 모른다는 공포감에 심하게 고통받고 있었다. 이 압박감이 정신을 넘어 그의 심장과 신장까지 조여왔다.

6일전쟁 후에 나세르는 당뇨가 심하게 악화되었다. 심장 발작도 발생했다. 영국과 소련 의사를 초빙했지만, 그들마저 적절한 치료법을 찾지 못했다. 유일한 처방은 '절대 안정'이었다. 하지만 지금까지 살펴봤듯이 6일전쟁 후 나세르는 더 격렬하고 고통스럽게 직무에 매달려야 했다.

1970년 9월, 카이로에서 나세르의 주관하에 아랍 국가 수뇌 회의가 열렸다. 이날의 주제는 요르단내전이었다. 위태위태하던 요르단과 팔레스타인 난민 사이에 결국 무력 충돌이 발생한 것이다.

리비아의 카다피, PLO 의장 아라파트는 요르단의 후세인 국왕을 격렬하게 비난했다. 결국 회의는 감정 싸움으로 번졌다. 나세르가 서로 잘못이 있다고 하자, 아라파트는 나세르에게까지 격하게 화를 냈다. 9월 27일, 사우디아라비아의 파이살 국왕을 배웅하느라 공항에 나간 나세르는 몸을 제대로 가누지 못했다. 그리고 결국 다음 날 자택에서 사망했다.

아메르가 살아 있었다면 후임은 아메르였을 것이다. 그러나 이제 나세르의 뒤를 이을 혁명 동지는 사다트뿐이었다. 그는 10월에 이집트의 3대 대통령으로 취임한다.

歷○史 역사 다시 보기

데탕트를 맞이하는 미국과 소련의 자세

1970년대에 들어서면서 미국과 소련은 슬슬 데탕트로 나아가고 있었는데, 이를 위해서는 베트남전쟁이나 중동전쟁같이 미국과 소련이 지원하는, 이른바 대리 전쟁은 가능하면 벌어지지 않아야 했다. 이 양국 공통의 생각은 "각자의 우방국이 방어는 가능하게 하되 공격할 능력을 주지 않는다"라는 중동에 관한 묘한 원칙을 낳았다. 물론 원칙이 제대로 시행되었느냐에는 의문이 남는다. 소련이 지원한 수천 대의 전차는? 미국이 넘겨준 팬텀기는?

적어도 양국 정부의 '전략적 방침'은 그러했다. 미국과 소련 내에서도 이 원칙의 적정선과 방침을 두고 매파, 비둘기파로 나뉘었고 이스라엘 내에서도 의견이 갈렸다. 라빈은 적극적으로 미국과 관계를 개선하고 무기 원조를 통해 이스라엘의 군사력을 한층 강화해야 한다는 의견이었고, 다얀은 과도한 미국 의존은 이집트의 과도한 소련 의존을 낳을 것이라는 의견이었다. 다얀은 양측이 강화되면 강 대 강의 대치가 지속되고 중동의 평화는 요원해진다고 생각했다.

6일전쟁, 그 후

6일전쟁 주역들의 진화

6일전쟁은 이스라엘의 전쟁 주역들에게 극적인 변화를 가져다주었다. 국방 장관 다얀은 골다 메이어 내각에서 인기 정치가가 되었다. 대중의 인기를 주체할 수 없었던 그는 결국 더 높은 곳을 바라보기 시작했다.

라빈은 거의 30년 만에 군복을 벗고 미국 대사로 발령받았다. 미국인들은 다윗의 나라에서 온 금발의 모델 부부를 열렬히 환영했다. 이 부부는 미국인들이 열광하는 대중적 영웅의 이미지를 모두 갖추고 있었다. 강연과 초대가 잇달았다. 부와 명성, 인기…. 뜬구름 잡기 딱 좋은 환경에서 라빈은 변했다. 변했다는 말은 오해의 소지가 있겠다. 전투와 승리밖에 모르던 팔마의 장비가 승상 제갈량으로 다시 태어났다는 말이 옳겠다.

다얀의 소년병이었던 라빈은 다얀의 정치적 야심까지 그대로 물려받았다. 하지만 접근 방법은 완전히 달랐다. 다얀이 감각적 지략가였다면, 라빈은 우직한 분석가였다. 다얀은 특별한 수련 과정 없이도 군과 정계(심지어 여성 편력 분야까지)에서 현란하고 유연하게 최고로 군림했다. 반면 라빈은 고지식하고 충직하게 역할을 수행하는 스타일이었다. 그래서 사람들은 라빈을 볼 때마다 '군복 입은 정치가'라는 느낌을 지울 수가 없었다.

그를 만난 미국 관리는 "막 아테네에 도착한 스파르타 전사 같은 인상"을 받았다고 한다. 하얀 토가◇를 걸친 정치가와 문관을 한심하게 보고, 그들이 벌이는 길고 지루한 토론을 경멸하는 스파르타인 같았다. 라빈은 외교관의 대화법을 무시하고 직선 화법을 선호했다. 파티에서 사람들은 이 전쟁 영웅이 훈장과 메달을 주렁주렁 달지 않은 것에 놀랐다. 이스라엘 정부가 허례허식을 싫어해서 그랬는지, 라빈을 싫어해서 그랬는지는 몰라도, 실제로 받은 메달이 없기도 했다.

◇ 고대 로마의 남성이 시민의 상징으로 입었던 크고 긴 겉옷.

하지만 라빈은 군인의 모습으로 정치가가 되어서는 안 된다는 사실을 깨닫고 있었다. 미국 대사를 원한 이유도 군인에서 정치가로 변모하기 위해서, 군에서 얻은 지식을 정치와 외교로 변환시키기 위한 자기만의 훈련 코스였다.

5년간의 워싱턴 생활 동안 라빈은 미국 정치가와 외교관을 만나고, 엄청난 양의 독서와 연구를 했다. 예의 분석적인 두뇌가 새로운 놀이터를 찾은 셈이다. 그는 정치가의 시각을 배우고 정치 외교적 지식을 향해 구조적이고 분석적으로 접근했다. 그리고 비로소 6일전쟁을 도발했던 싸움꾼의 자세를 버렸다. 군인의 목적은 승리지만, 정치가의 목적은 평화다. 이스라엘 군인의 전술은 선제공격도 불사하는 빠르고 가차 없는 전술로 상대를 제거하는 것이다. 그러나 평화는 공존을 요구한다. 공존은 분리된 두 세계를 인정하고 양보해야만 얻을 수 있다.

대사 라빈의 임무는 미국에서 최대한 군사적·경제적 지원을 끌어내고, 전쟁이 발발하면 미국이 소련의 군사적 개입을 저지하게 하는 것이었다. 이런 임무를 수행할 때는 변함없는 군인의 자세로 돌아갔다. 하지만 라빈은 분명 변하고 있었다. 그의 내면에서는 정치가의 싹이 트고 있었다. 양면적인 세상을 인정하고, 포용까지는 아니더라도 유연하게 접근하는 전술을 익혔다. 이런 전술적 변신을 가르친 사람이 헨리 키신저였다.

　우리는 이상적인 해결책을 찾지 않습니다. 문제는 무엇이 더 나쁜가 하는 것입니다. – 라빈

라빈은 키신저의 인도로 닉슨과 가까워졌다. 라빈은 여전히 강경하고 보수적이었지만, 닉슨을 통해 두 가지를 이끌어냈다. 9억 달러에 달하는 군사 원조를 얻어냈고, 미국과 이스라엘의 외교에서 미국 내 유력 유대인을 통해서가 아니라 이스라엘이 직접 교섭하는 전통을 만들었다. 사람들은 유대인과 이스라엘인이 같다고 생각했지만 라빈은 유대인 이전에 철저한 이스라엘인이었다.

라빈보다 더 위험했던 베긴은 6일전쟁으로 내각에 들어와 눌러앉는 데 성공했다. 골다 메이어는 베긴에게 직책이 없는 장관 자리만 제공했다. 하지만 놀랍게도 베긴은 이 여인에게 적대감을 보이거나 적으로 돌리려 하지 않았다. 이 무서운 사나이는 권력에 굴하지 않는 열정을 가지고 있으면서도 자기가 이룬 성취를 정확히 알았고, 타인이 자신을 어떻게 보고 있는지, 어떤 처신이 효과적인지 계속 배워나

갔다. 청년 베긴과 같은 사람들의 특징은 변치 않는 완고함이다. 망설이고 좌고우면하는 자는 테러단을 운영할 수 없다.

베긴은 젊었을 때도 그랬지만 중년 이후로 더 영악해졌다. 그는 테러단의 수장이라는 자신의 이미지를 십분 이용하면서 상대의 편견과 방심을 유도하고, 공포감도 이용하며 자기 영역을 조금씩 늘려나갔다. 어떤 이는 베긴이 과거에서 벗어나지 못한다고 했고, 어떤 이는 이미지 세탁을 위해 꼼수를 부린다고 보았다. 6일전쟁 때도 베긴은 아무런 도움이 되지 않았다. 그저 숟가락만 얹기 위해 동분서주하지 않았는가?

베긴의 최대 장점은 그가 무슨 생각을 하는지 알 수 없다는 것이었다. 유치하게 발버둥 치는 것처럼 보이는 그의 능력도 베일에 가려져 있었다. 싸움은 비장의 초식으로 하는 것이 아니다. 권투의 초식은 훅과 스트레이트, 어퍼컷뿐이다. 진짜 실력은 똑같아 보이는 세 개의 초식에 있다. 그런 관점에서 보면 베긴은 변했다기보다 적응 중이었다. 과거의 그가 피를 뒤집어쓴 애벌레였다면, 지금은 정부 내각이란 고치에 들어가 나비가 될 준비를 하고 있었다.

수에즈 수호 작전

1967년의 전쟁으로 이스라엘은 원하던 것을 얻었다. 국경 밖의 싸움터, 남쪽의 시나이와 북쪽의 골란고원이다. 이스라엘이 양보할 수 없는 교리는 "전쟁은 국경 밖에서 해야 한다"라는 것이다. 광활한 시나이반도는 주거지와 자원을 제공하는 영토라기보다는 이스라엘을 위한 싸움터였다. 3,000년 전 모세는 히브리 집단을 이끌고 40년간 시나이광야에서 살았다. 그때도 시나이는 영토가 아니라 이스라엘에 도착하기 위해 거쳐 가는 곳이었다. 지금은 이집트군이 이스라엘에 도달하기 위해서 거쳐야 하는 곳이 되었다.

그리고 1967년의 승리는 기가 막힌 선물을 하나 더 선사했다. 바로 수에즈운하다. 수에즈운하는 길이 160킬로미터, 폭은 대략 160~200미터, 평균 깊이는 12미터 정도였다. 유럽의 젖줄이자 이집트의 캐시카우였던 수에즈가 졸지에 10만 군대가 대치하는 전선이 되었다.

이스라엘은 수에즈 동편에 높이 3~10미터의 모래 장벽을 쌓았다. 나중에 이집트는 이에 대항해서 10~30미터 높이의 장벽을 쌓았다. 이스라엘은 이집트 경제에 크나큰 타격을 줄 수단을 쥐었을 뿐 아니라 거대한 인공 해자를 얻은 셈이다.

적을 너무 몰아세우는 것은 전쟁을 일으킨다. 이스라엘 내에서도 수에즈 점거를 이집트 경제의 목을 조르는 행위로 인식하는 의견이 있었다. 하지만 수에즈를 양보하면 시나이도 지키기 힘들다고 생각했다. '수에즈운하에서 벌어들인 돈으로 이집트가 군을 양성하면 오히려 전쟁이 유발되지 않겠는가?'

3대 대통령이 된 사다트는 국제 여론과 협상에 기대를 걸었다. 미국도 양보를 권했다. 그러나 말이 통하리라 기대했던 수상 골다 메이어는 외교 전문가이고 미국통이었지만, 수에즈운하 문제에는 초강경 자세를 유지했다.

사다트의 이집트, 다시 전쟁

나세르 시대의 종말

대통령이 된 후 사다트가 수에즈 전선을 시찰한 적이 있었다. 사다트는 울분에 찬 표정으로 20세기 전선이라고는 믿어지지 않는 우스꽝스러운 광경을 한참 동안 응시했다. 그 모습을 본 한 장성이 이렇게 말했다. "당장이라도 공격 명령을 내리실 것 같았습니다."

이런 표현이 바로 그동안 '이집트군의 수치'를 만들어온 전형적인 아부였다. 사다트는 분노와 굴욕감에 몸을 떨었지만, 바로 이런 감정에 지배되는 행동이 이집트군의 패전을 가져온 원인이라는 사실을 정확히 알았다. "불쌍한 나세르…." 어쩌면 사다트가 가슴속에서 가장 많이 되뇌었을 말이었다. 나세르는 훌륭한 이상주의자였지만, 체면을 너무 중요시했다.

과도한 영광이 그를 고통 속에 허우적거리게 했다. 전쟁을 벌일 때도 명분과 외형에 너무 집착했다. 위신을 잃었을 때 이를 되찾기 위해 너무 서둘렀고, 병력과 무기 같은 겉치레와 외형을 위한 외교에 에너지를 과도하게 소모했다. "불쌍한 나세르…." 사다트는 친구를 비난할 마음은 없었지만, 나세르의 실수가 무엇인지를 정확히 알았다. 사다트는 실용주의자였다. 싸움은 병력과 무기로 하는 것이 아니다. 상대의 약점을 찌르고, 현실적으로 가능한 것을 추구해야 한다. 모두가 납득하는 승리가 아니라 자신이 인정하는 승리를 얻어야 한다.

사다트는 몸을 돌려 전망대에서 내려왔다. 아래에서 올려다보던 병사들이 환호로 대통령을 맞았다. 이집트의 건조한 햇볕에 철모와 무기들이 번쩍였다. 사다트는 순간 우쭐해지는 자신을 깨닫고 다시 마음을 다잡아 나세르의 망령을 지웠다. "먼저 우리부터 바뀌어야 한다."

그는 가시를 품은 단단한 대나무 같은 인물이었다. 장미의 줄기에 돋아난 가시가 아니라 옹이처럼 뭉툭하지만 무섭게 돌변할 수 있는 가시.

안와르 사다트

    사다트는 나세르와 사관학교 동기였지만, 인상과 성격은 완전히 반대였다. 둘의 공통점은 벽촌에서 살아온 이방인 가문 출신이라는 것이었다. 아버지가 마을에서는 출세한 인물로 근대 교육을 받고, 상경해 공무원 생활을 한 것도 비슷했다. 다만 나세르는 외모가 출신을 완전히 가려주었지만, 사다트의 얼굴은 출신을 가감없이 보여주고 있었다. 사다트의 할머니는 수단 출신의 해방 노예였다. 아버지도 이집트 장교 혹은 부사관으로 수단에서 복무했다.

    나세르는 영화배우 같은 외모와 달리 침울하고 비밀에 휩싸인 사나이였다. 조직을 휘어잡는 카리스마가 있었지만, 자신의 속마음은 절대 노출하지 않았다. 비밀 조직의 수장이면서도 한 번도 체포되지 않고, 전쟁 영웅으로 꽃길을 걸었다.

반면 음모꾼처럼 보이는 사다트는 폭발적인 에너지와 열정을 지닌 행동파였다. 젊었을 때는 줄이 보이면 당겨보고, 기회가 있으면 뛰어들었다. 사다트는 역모, 스파이, 암살, 수감, 탈옥과 도망자 생활 등 혁명가라면 거칠 만한 파란만장한 경험을 모두 경험했다.

나세르가 이끈 혁명장교단은 실은 사다트가 조직한 것으로, 사다트가 수감 생활을 하는 동안 나세르가 조직을 물려받은 것이다. 나세르가 속마음을 들키지 않는 것이 신기했다면, 사다트는 고문으로 폐인이 되거나 죽지 않은 것이 신기했다. 그는 독일 스파이와 내통한 혐의와 반란, 테러로 여러 번 체포되었는데, 보통 이런 범죄는 한 번 연루되면(심지어 죄가 없어도) 무사히 벗어나기 힘들다. 사다트는 3번이나 체포되었고 수감 생활도 했지만, 고문 한 번 받지 않고 빠져나왔다. 당시 이집트 경찰과 군부의 무능일 수도, 인권 의식의 발로일 수도 있지만, 분명한 점은 그의 명석한 두뇌가 한몫했다는 것이다. 죄 없는 사람도 빠져나가기 힘든 상황에서도 그는 기막히게 빠져나갔다. 무죄 판결은 얻지 못했어도 치명적인 혐의와 거친 대우는 면했다.

사다트의 시계

이집트군은 희생자이지 패배자가 아니다. – 사다트

그렇다고 해서 사다트가 나세르와 그의 업적을 모욕하지는 않았다. 나세르의 사위 마르완을 보좌관으로 두고, 각종 사업적 특혜를 베풀어 나세르의 유족이 생활하는 데 충분한 부와 명성을 주었다. 나세르 집권 후반기에 불평분자가 늘어가면서 교도소의 수감자도 늘었는데, 사다트는 그들에게 관용을 베풀고 아직도 왕정 수준에서 벗어나지 못하던 이집트 교정 시설을 직접 헐었다.

사다트는 나세르의 사회주의 노선에도 손을 댔다. 사다트는 소련이 가난하고 인색하며, 사회주의가 가난을 구제하지 못한다는 신념이 확고했다. 이집트에는 여전히 소련제 무기와 소련인 고문관, 기술자들이 가득했지만 사다트는 미국과 관계 개선을 원했다. 미국은 이집트의 제안을 거부할 이유가 없었다. 하지만 두 가지 문제가 발목을 잡았다. 수에즈운하와 시나이 반환 문제였다. 그리고 분명한 것은 이집트가 이스라엘을 공격할 정도로 강해져서는 안 된다는 점이었다.

시나이와 수에즈 문제는 더 복잡했다. 이스라엘은 시나이와 수에즈를 돌려줄 마음이 전혀 없었다. 시나이 반환은 이집트 군대가 다시 이스라엘 국경에 주둔한다는 걸 의미했다. 1948년 제1차 중동전쟁의 기적을 또 바랄 수는 없고, 그렇다고 국경 방어를 위해 정규군을 늘리면 이스라엘 경제가 버틸 수 없다. 군역 부담이 가혹해지면, 유대인 박해도

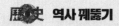

歷史 역사 꿰뚫기

미국은 이스라엘에 아낌없이 퍼준다?

미국과 미국을 움직이는 유대인 사회가 이스라엘을 무한정 지원한다는 생각은 심각한 오해다. 미국의 대이스라엘 정책의 핵심은 현상 유지다.

"이스라엘 건국과 팔레스타인의 비극은 이미 벌어진 일로 치지만, 이스라엘이 더 확대되거나 중동전쟁을 유발해서는 안 되며, 그렇다고 이스라엘이 멸망해서도 안 된다."

군사 분야에서 미국의 정책은 이스라엘이 딱 나라를 지킬 수준만큼만 무기를 제공하는 것이었다. 물론 천하의 미국이라도 이런 예술적인 수준의 조절이 가능하지는 않다. 결국 이 정책은 중동전쟁을 막지도 못할뿐더러 이스라엘에는 불만을, 아랍 국가에는 미국이 이스라엘 편만 든다는 오해를 초래했다.

사라졌겠다, 이스라엘의 유대인 2세들이 미국과 서구로 떠날 가능성도 있다.

이집트에게 절실한 건 불모의 시나이보다 돈줄인 수에즈지만, 시나이를 포기할 수 없는 이상 시나이의 해자인 수에즈를 돌려줄 수도 없었다. 결론적으로 시나이 문제는 이집트와 이스라엘로서는 타협 불가능한 난제였다. 평화에는 두 종류가 있다. 땅 밑에서 전쟁의 시계가 계속 돌아가는 평화와 그렇지 않은 평화다. 시나이의 시계는 끊임없이 빠르게 돌아가고 있었다.

결국 사다트는 전쟁을 결심했다. 수에즈운하를 되찾지 않고서는 이집트와 자신의 미래는 없었다. 시나이 탈환은 경제적 이유만이 아니라 이집트 민족의 자존심 회복에도 중요한 문제였다. 진심인지 선전인지 판별이 힘들지만, 회고록을 보면 사다트는 "위대한 이집트 민족"이라는 민족주의적인 감성과 용어에 충실하다. '영광의 이집트 시대'는 무려 5,000~3,000년 전이지만 민족주의의 장점은 물리적 시간 따위는 쉽게 무시할 수 있다는 점이다. 수만 년이라도 민족은 변치 않았으니(혹은 그렇게 믿으니) 말이다. 그저 위대한 지도자가 억눌리고 잠재된 혼을 불러내기만 하면 된다.

6일전쟁을 복기한 사다트는 이집트의 패배가 민족 역량

의 문제가 아니라 정치가와 군부의 무능 때문이었다고 판단했다. 보고서를 검토해보니 모래 속의 보석처럼 빛나는 지휘관과 병사가 있었다. "병사들은 죄가 없다. 그들도 희생자였을 뿐이다." 이것이 사다트의 결론이었다. 이제는 그런 잘못을 다시 반복하지 않을 것이다. 지금 이 자리에는 나세르가 아닌 사다트가 있다. 무능하고 사명감이 부족했던 아메르도 죽었다.

사다트는 착실하게 전쟁 준비를 시작했다. 이번에도 나세르의 유산을 활용했다. 6일전쟁의 치욕을 씻기 위해 나세르는 건강을 희생하며 절치부심했다. 소모전쟁은 감정적이었지만, 그와 별도로 '방위 계획 200'이라는 야심적인 작전 계획을 준비했었다. 그가 죽기 1개월 전에 승인한 계획이었다.

완벽한 변신

사다트는 개전 준비 명령을 내렸다. 복수 전쟁의 시작일은 1972년 11월 15일이었다. 사디크 국방 장관은 11월 1일까지면 충분하다고 자신했다. 10월 28일, 사다트는 군 수뇌부를 모아놓고 준비 상황을 점검했다. "자, 준비는 잘되고 있겠지?" 그런데 국방 장관의 표정이 이상했다. 장성들은 황당한 표정을 지었다. "각하, 무슨 명령을 하달하셨다는 겁니까?"

알고 보니 군에 전쟁 준비 명령이 하달되지 않았던 것이다. 사다트의 충격은 말로 표현할 수 없었다. "이게 대체 어떻게 된 일인가?" 국방 장관은 얼버무렸다. "보안 유지를 위해서…." 그러자 장성들은 기회를 잡았다는 듯 작심 발언을 했다. "각하, 우리는 이스라엘군의 모래 장벽을 돌파할 능력이 없습니다."

사다트는 계속 놀라지 않을 수 없었다. '방위 계획 200'을 들여다보니 도무지 실속이 없었다. 심지어 공격 계획조차 없었다. 군에는 패배주의와 보신주의가 팽배했다. 그들은 전쟁을 두려워하고 이집트군의 무능을 개선할 마음이 없었다.

사다트는 즉시 국방 장관에게 사람을 보냈다. "자네의 사직서를 받아들이기로 했다네." 후임으로 사다트가 점찍은 인물은 첩보국 장관 이스마일 알리였다. 국방 장관을 교체하고 샤즐리와 같이 검증된 전사를 참모총장으로 등용해 군 기강을 일신한다. 이스라엘군도 샤즐리의 등장 소식에 긴장했다. 샤즐리에 대한 평은 이랬다. "그는 모래를 씹을 줄 아는 지휘관이다. 지금까지의 이집트 지휘관과는 다르다."

장교들에게도 자신감을 주고, 동기 부여를 강화하는 프로그램이 진행되었다. 지금껏 병역에서 빠져나가던 대학생들도 징집해 병사의 질을 크게 높였다. 고학력자가 훌륭한 전사가 된다는 보장은 없지만, 레이더와 미사일, 전차 같은 고급 장비를 다루는 기술병, 전문 인력을 조달하는 효과, 그리고 병사들의 사기와 자존감을 높이는 효과가 있다. 고학력자의 참전은 생각보다 효과가 크다. 가난하고 배우지 못한 하층민이어서 전장에 끌려왔다는 생각, 자신의 피로 부역해 세운 나라에서 배우고 잘난 자들만 영광을 누린다는 생각은 전투 의지를 크게 저하한다. 그나마 방어 전쟁에서는 이런 생각을 잠시 잊고 싸울 수 있지만, 공격적이고 적극적인 상황에서는 기대할 수 없다. 지금껏 이집트 병사들은 그런 평가를 받아왔다.

"고정된 진지를 사수할 때는 충직하지만 융통성이 전혀 없다, 앞만 보고 사격한다, 용감하지만 한번 무너지면 걷잡을 수 없다, 장교들의 무능은 적이 보아도 혐오스럽다…."

하지만 이제는 달랐다. 이집트군의 변화는 눈부셨다. 장황하고 실속 없던 작계도 단숨에 바뀌었다. 세상을 놀라게 할 이집트의 공격 계획은 1972년 11월에서 다음 해 1월까지 3개월 만에 완성되었다. 사다트도 놀랐다. "우린 전례 없던 일을 해냈다." 그렇다. 3개월이면 할 수 있는 일을 이집트는 30년을 끌어온 셈이다.

소련에서 첨단 무기도 대량으로 들어왔다. 사다트의 친미 행위가 자극이 되었는지, 소련이 이처럼 많은 양을 빠르게 수송한 적은 처음이었다.

사다트는 다시 계획을 점검해보았다. 너무나도 완벽했다. 나의 장점을 살리고, 적의 약점을 친다는 전략의 기본에 충실하고, 초점이 선명했다. 할 수 있는 것과 할 수 없는 목표가 정확히 구분되어 있었다. '불쌍한 나세르'는 이것을 하지 못했다.

초점이 선명해지자 기발한 전술과 아이디어가 튀어나왔다. 상당수가 적극적이고 진취적으로 변한 전선의 장교와 병사에게서 나온 아이디어였다. 여기에 사다트가 직접 기발한 계략을 더했다. "이게 진짜 군대다." 사다트는 눈물이 날 것만 같았다. 작계만 보아도 전에 없던 병사들의 열의와 능력을 느낄 수 있었다. 사다트는 자신 있게 선포했다. "우리는 전례 없던 일을 해냈다. 이 계획은 이집트군 전원이 함께 만든 것이다."

나세르는 너무 일을 벌였고, 아메르는 무능하고 타락했다면, 사다트는 숨은 실력자였다. 그의 명석한 두뇌와 담력이 이제 결정적인 시험대 앞에 섰다. 그의 군 경력은 대위로 끝났지만, 지금은 10만 명의 병력, 1,000문의 야포, 2,000대의 전차가 철벽의 요새를 통과해 세상에서 가장 튼튼하기로 유명한 군대를 향해 덤벼들 참이었다.

게다가 기습공격을 성공시키기 위해 사다트는 할 수 있는 모든 기만책을 사용했다. 1973년 11월이 전쟁 개시일인데, 10월에 유엔 연설을 신청했다. 지금껏 유엔에 와서 전쟁을 선포한 사람은 없었다. 각국은 사다트가 획기적인 평화 제안을 준비한다고 생각했다.

그러나 어떤 노력을 기울여도 10만 군대의 이동을 감출 수는 없다. 1914년과 1940년에는 독일이 비밀리에 벨기에 국경에 수십만 대군을 집결시킬 수 있었지만, 이젠 정찰위성이 24시간 떠 있어 그럴 수 없는 세상이 되었다. 솔직히 위성도, 놀라운 이스라엘의 첩보망도 필요 없었다. 이집트 병력은 수에즈의 이스라엘 초소에서도 눈으로 관측할 수 있었다.

11 그들이 변했을 리 없다

이스라엘의 오판

1973년 10월 4일, 수에즈. 이집트군 병사들이 물가에 삼삼오오 모여 앉아 쉬고 있었다. 어떤 병사들은 운하에 낚싯대를 드리웠다. 어떤 병사들은 막대기 같은 것을 하나씩 들고 빨고 있었는데, 사탕수수 줄기였다. 군에서 간식으로 배급한 모양이었다(이것은 사다트의 아이디어로, 기만책이었다).

운하 건너편 모래 제방 위에 설치한 이스라엘 관측소에서는 이런 광경이 속속들이 잡혔다. "저것들도 군인이라고…." 한 병사가 망원경에서 눈을 떼지 않고 중얼거렸다. 그러나 '군기'라는 측면에서 보면 이스라엘군도 만만치 않았다.

수에즈의 모래 장벽 위에는 히브리어로 요새라는 뜻으로 '마오짐'이라고 불렸던 소대급 규모의 방어 거점이 있었다.

이스라엘군은 마오짐을 단단한 방벽으로 두르고, 대피소, 통신 시설, 철조망, 지뢰, 기관총과 박격포를 설치했다.

마오짐을 지키는 병사들은 동원 예비군으로 편성된 예루살렘 여단이었다. 텔아비브의 직장이나 키부츠의 농장에서 근무하다가 차출되어 나온 병사들은 마오짐 근무를 빠듯한 일상에서 벗어나 잠시 일탈을 맛보는 정도로 생각했다. 지루한 시간을 보내기 위해 병사들은 라디오, 잡지 등 나름대로 챙겨 올 것은 다 챙겨 왔다. 낚싯대도 있었다.

수에즈에는 모두 30개의 마오짐이 있었는데, 점차 방치하는 곳이 늘어서 이때는 16개 정도만 운영 중이었다. 병력도 정원의 절반밖에 되지 않았다. 이 작은 요새 서쪽으로 200미터 밖, 소총 사격도 가능한 거리에 10만의 이집트군이 있었다.

이건 말도 안 되는 상황이었다. 숫자로만 계산하면 마오짐 한 곳당 5,000명의 이집트군이 달려든다는 계산이 나온다. 5,000명에게 포위된 작은 요새, 그곳을 지키는 병사는 30명. 이건 중세나 서부극에나 나올 만한 설정이었다.

그런데 마오짐의 환경은 점점 더 영화를 닮아갔다. 전쟁이 터지면 30명의 전사는 모래 성벽을 새까맣게 기어오르는 이집트군을 밀어내며 후방에서 전차가 달려올 때까지 버텨야 한다. 수성전을 위해 이스라엘군은 수에즈운하 밑으로 파이프를 박아놓았다. 밸브를 열면 기름이 쏟아져 나오고 운하 수면을 불바다로 만드는 장치였다. 수에즈판 '그리스의 불◈'이다. 핵무기 시대에 그리스의 불이라니….

영화 속의 기병대는 언제나 아슬아슬한 최후의 순간에 도착한다. 그래야 영화의 절정이 완성된다. 처음에는 강철 기병대(전차 부대)가 마오짐 가까이에 있었다. 그러나 소모전쟁 동안 이집트군이 포격전을 일삼자, 기병대는 이집트군 대포 사정거리 밖으로 후퇴했다.

바레브 라인

이스라엘은 수에즈 주변은 온통 평지와 개펄이지만 10~12킬로미터 후방에는 모래언덕으로 이루어진 사구 능선이 전개된다는 사실에 착안했다. 이 지형을 효과적으로 이용할 수 있을 것 같았다.

먼저 마오짐 후방 8킬로미터에 타오짐이라는 중대 규모의 진지를 구축했다. 이집트군이 공격하면 후방의 전차 부대는 이 진지까지 달려와 반격 거점으로 삼고 마오짐을 구

◈ 비잔틴제국의 해전용 화기로 제조법이 전해지지 않은 전설의 무기.

원할 예정이었다. 신속한 투입을 위해 운하 거점까지 통하는 도로도 개설했다.

물량에서 밀리는 이스라엘군은 전술과 기동으로 부족한 물량을 대신했다. 프로이센을 군사 강국으로 만든 프리드리히 대제의 격언대로 이스라엘군의 전투는 활기차야 했다. 활기찬 전투를 치르려면 도로가 필수다. 이스라엘은 타오짐으로 통하는 도로변 중간중간에 자주포 진지를 설치했다.

이곳이 방어 거점이자, 수에즈 방벽에서 전투가 벌어지면 포병으로 엄호하고 후방에서 달려온 전차대를 투입하는 거점이었다. 이 포병 진지를 기준으로 시나이 도로망이자 방어선이 구축된다. 수에즈에서 시나이로 나가는 동서 도로는 5갈래인데, 모두 이집트가 건설한 것이었다. 여기에 이스라엘이 남북으로 3중의 도로를 추가로 건설했다. 운하 바로 동편의 마오짐을 수직으로 연결하는 도로를 렉시콘이라고 했다. 렉시콘에서 동쪽 10킬로미터 지점에 위치한 사구 능선과 포병 진지를 잇는 남북 도로는 포병 도로였다. 그 뒤 운하로부터 30킬로미터 지점에 더 크고 모래톱으로 덮여 차량이 다닐 수 없는 사구 지대가 있는데, 이 지형을 따라 또 하나의 남북 도로를 건설했다. 이렇게 해서 동서 도로와 남북 도로가 만나는 거미줄이 완성된다.

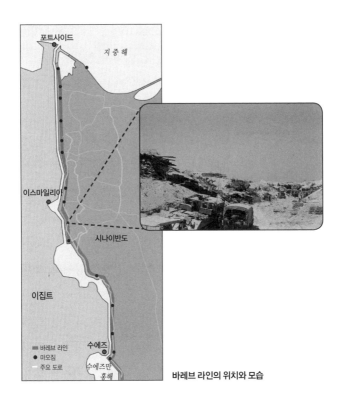

바레브 라인의 위치와 모습

시나이 같은 험지에서의 도로 건설은 쉽지 않았다. 중간에는 늪지도 있었다. 그렇다고 전술용 도로를 포기하거나 멀리 돌아갈 수는 없었다. 모든 도로는 지원 부대가 정확한 시간에 투입될 수 있도록 설계되어야 했다. 이스라엘의 공학 기술을 총동원해서 늪지와 바위언덕을 넘어 도로를 뚫었다. 이 공사를 위해 지금 기준으로 10억 달러(1973년 기준 3억 달러)에 가까운 거금을 들였다. 이 방어선을 참모총장이었던 하임 바레브의 이름을 따서 '바레브 라인'이라고 불렀다.

아무리 그래도 10만의 적군을 앞에 두고 155킬로미터나 되는 전선을 460명에게 맡긴다는 건 상상할 수 없는 발상이다. 더욱이 후방에 있는 전차 부대도 1개 사단에 불과했다. 일단 이 병력으로 48시간 동안 승리하고, 예비군을 동원해 반격한다는 시나리오였다. 참고로 대한민국이 250킬로미터인 휴전선에 배치한 병력은 42만 명 이상이다. 물론 북한군이 배치한 70만 명에 대응하기 위해서기는 하다.

이런 터무니없는 전략을 지지하는 힘은 세 가지였다. 첫째는 공군력이다. 전투기는 전투 개시 30분 안에 도하를 시도하는 이집트군에게 불벼락을 내릴 수 있다. 이집트 미그기 따위는 이스라엘 전투기를 저지할 수 없다.

두 번째는 1948년 이전부터 이스라엘에 큰 도움이 된 정보력이다. 이스라엘 정보부는 이제는 세계적인 전설이 되었다. 영화와 드라마로도 소개가 되었지만, 나세르의 사위 아슈라프 마르완은 이스라엘의 정보원이었다. 사다트는 죽을 때까지 마르완의 배신을 알지 못했다. 그렇기에 이스라엘은 절대 기습을 허락하지 않을 것이었다. 이집트가 전쟁을 시작하면 마오짐에 있는 460명의 병사 곁에는 이미 전우들이 와 있을 것이다.

세 번째는 이집트군 그 자체다. 지난 3번의 전쟁을 통해 이집트군에 대한 이스라엘 병사들의 평가는 확고해졌다. 이집트군을 단순하고 융통성이 없으며, 진지를 방어할 때만 유일하게 잘 싸웠다. 하지만 이 역시 우회 공격을 시도하면 쉽게 허물 수 있다.

공격력은 더 형편없다. 자신들의 장비를 제대로 다룰 줄 모른다. 장교들은 비겁하며, 한번 무너지면 정신없이 도주한다. 보병 대결이든 전차전이든, 이스라엘군은 10 대 1로 싸워도 이길 수 있다.

북쪽 골란고원의 상황도 별로 다르지 않았다. 유일한 차이는 시리아군에 대한 평가가 이집트군보다 더 형편없었다는 것뿐이었다.

오판의 시작

1973년 당시 시나이에 주둔 중인 이스라엘 정규 사단은 252기갑 사단뿐이었다. 사단장 아브라함 알베르트 만들러는 6일전쟁 당시 샤론 휘하의 여단장으로 샤름 엘셰이크에

서 북상하는 샤즐리 사단을 요격하는 임무를 수행했다. 샤
즐리는 이집트군 참모총장이 되었고, 만들러는 퇴역했다.

> 만들러는 명령과 규율을 중시했고, 부하들에게 공정했으
> 며, 그들의 능력을 잘 파악했다. 조직 운영을 잘했고, 훌륭
> 한 전술 감각을 지녔다. ─ 아브라함 아단

퇴역 예정일은 10월 3일이었다. 후임자인 마겐 준장이
도착하자, 만들러는 테이블 위에 이집트군의 동향을 촬영
한 항공사진을 펼쳐놓고 전황을 브리핑했다. 만들러는 이
집트군이 공격할 징후가 분명하다고 확신했고, 마겐도 이
에 동의했다.

마겐은 창의적이고 기획력이 뛰어난 장교인 데다 이타적
이고 늘 전체를 보고 건설적인 대안을 찾는 사람이었다. 그
는 타고난 성품대로 임박한 위험을 인지하고 사단장직의
인수인계를 유보하기로 합의했다. 신임 지휘관이 부대를
파악하고 효과적으로 지휘하려면 최소 6개월은 필요하다.
만들러는 좀처럼 양립하기 힘든 두 가지 장점, 조직 관리와
전술에서 모두 뛰어난 지휘관이었다. 그중에서도 그의 최
대 장점은 공정한 인사 관리를 통해 부하들의 능력을 파악

한다는 점이었다. 그러나 마겐이 아무리 유능하다 한들 만들러가 쌓아온 자산을 당장 이용할 수는 없었다.

신임 지휘관이 임지에 부임했는데 벙커 위로 포탄이 떨어지고 있다면 이런 유보적 합의가 실제로 발생하곤 한다. 그러나 지휘관의 판단 외에 객관적인 증거가 없는 상황에서 이렇게 합의할 수 있는 군대는 세상에 없을 것이다.

어쨌든 252사단은 두 명의 사단장을 품은 채 전쟁을 기다리기로 했다. 하지만 만들러가 다급하게 사령부에 요청한 전차의 전진 배치와 병력 증원은 모두 기각되었다. 황당한 일이었다. 최전선에서 두 명의 장군이 자의적으로 퇴임과 부임을 유보하고 비상 사태를 외치고 있는데, 사령부는 두 상황에 대해 모두 못 본 척하고 있었다. 마오짐에 있는 병사들은 운하로 몰려드는 이집트 병사와 장비를 보면서 몸서리를 쳤다. "이건 훈련이 아니야! 사령부는 지금 뭘 하는 거야!"

일선 장병들 사이에서 불만과 불안이 솟구치긴 했지만, 이들은 그래도 사령부를 철저히 신뢰했다. '우리가 모르는 뭔가를 알고 있겠지…. 상황이 터지면 잘 대응하겠지….' 물론 그들이 가장 믿는 것은 이집트군의 무능함이었다. 이스라엘 기갑부대가 좀 늦어도 공군이 막아줄 것이다. 전투 준비가 부실하고 전선에 구멍이 생겨도, 이집트군은 기회를 포착하고 능동적으로 이용하지 못할 것이다.

이런 믿음은 다얀을 비롯한 이스라엘군 지도부에도 만연해 있었다. 전쟁을 예감하는 지휘관들도 국지전이거나 부분적인 도발이라고 믿었다.

북쪽 전선의 상황도 크게 다르지 않았다. 9월 16일, 77기갑 대대 지휘관 카할라니 중령은 다얀의 긴급 조치로 시나이에서 골란고원으로 투입되었다. 77기갑 대대는 골란고원의 유일한 주둔 부대였던 벤 쇼함 여단에 배속되었다. 벤 쇼함은 전방의 시리아 전차가 800대나 된다는 사실을 알았지만, 국지적 도발일 것이며 골란고원을 탈환하려는 것은 아니라고 예측했다. 만약 그들의 생각이 틀렸다면 사령부에서 알려줄 것이다. 카할라니는 전투 준비에 최선을 다하면서도 당연히 그렇게 생각했다. 후에 카할라니는 말했다.

"우리 같은 야전군은 군 최고 수뇌부가 상황을 오판했으리라고는 꿈에도 상상하지 못했고, 그들의 우유부단함도 인식하지 못했다."

시나이 전역에서 활약하게 될 아브라함 아단 장군은 전쟁 발발 소식을 듣고 이렇게 말했다.

이집트와 시리아가 감히 전쟁을 일으키려 한다는 사실이 믿어지지 않았다. 이스라엘군이 자기들보다 훨씬 우월함을 모를 리가 없는 그들이 또 한 번의 고통스러운 패배를 감수하려 드는 것을 이해할 수가 없었다.

이렇게 전군에 퍼져 있는 두터운 자신감으로 인해 '전쟁 대비는 과한 것보다 부족함을 걱정하라'라는 진리를 망각하고 있었다.

장병들이 철석같이 믿는 또 하나의 비밀 병기가 있었다. 1948년부터 이스라엘이 지켜온 그것, 바로 이스라엘의 정보망이다. 당장 침공이 시작될 것 같고 눈앞의 상황이 아무리 불안해도, 장병들은 당국이 전쟁 24시간 전에 알려줄 것이라고 믿었다.

사다트의 작품

수많은 경보와 징조, 야전군의 희망에도 불구하고 전쟁 하루 전까지도 이스라엘 수뇌부는 올바른 판단과 조치를 내리지 못하고 있었다. 복잡한 사연이 있지만 결정적인 한 방은 사다트의 작품이었다. 사다트와 나세르의 결정적인 차이는 승부사적 기질이다. 전쟁을 기획할 때는 국가 전략,

전후의 국제 관계부터 일등병의 소지품까지 수백 가지 사안을 고려해야 한다. 하지만 행동으로 옮길 때는 한 가지 결정적인 단서에만 의존해야 할 때도 있다. 사다트는 그 결정적 한 방을 물었다.

6일전쟁 후, 이스라엘의 화두는 경제였다. 당시 이스라엘 경제는 생각만큼 탄탄하지 않았다. 급할 때마다 꺼내 쓸 수 있는 유대인의 금고 따위도 없었다. 국방과 산업 분야 모두 자금과 인력이 부족했다. 이스라엘의 대안은 돌려막기였다. 산업 인력을 보존하기 위해 상비 병력인 정규 사단을 최대한 축소하고 예비군 제도를 키웠다. 전시에는 대규모로 동원하고, 평시에는 1년 중 일정 기간만 근무했다. 수에즈 마오짐에 있는 병사들은 그런 예비군이었다. 동양의 부병제◆와 똑같은 시스템이었다. 다만 이스라엘 부병제는 엄청나게 실용적이며 효과적으로 운영되었다는 차이가 있었다.

사다트는 이스라엘이 동원 체제를 유지하는 이유가 '돈'임을 알았다. 그렇다면 약점도 '돈'이다. 이스라엘은 동원령을 내릴 때마다 1,000만 달러가 들었다. 그래서 사다트는 5월과 8월에 2번이나 위장 공세를 펼쳤다. 1972년 이스라

◆ 농민 중 군인을 뽑아 부병으로 하고, 농한기에 훈련을 시킨 후 경비를 맡기고 조세를 면제해주는 제도.

엘의 국방비는 14억 6,137만 3,750달러였는데, 전체 GDP
의 무려 20%에 달했다. 1,000만 달러면 전체 GDP의 0.2%
다. 2021년 한국 GDP의 0.2%면 4조 원이다. 3번 동원하면
12조 원이 든다는 말이다. 아무리 유비무환이라지만 참아
낼 국민이 몇 명이나 될까? 정보부장이나 참모총장에게 손
해배상 소송이 제기될 수도 있다.

이전이라면 "그래서 뭐 어쩌라고? 이건 전쟁이야"라고
대꾸했을 장군들이지만, 양복으로 갈아입은 후 고민이 많
아졌다. 전쟁과 승리를 겪으며 전쟁이 영웅을 만들고, 군중
은 영웅을 지도자로 추앙한다는 사실을 발견했다. 이스라
엘뿐 아니라 국내외의 기업체에서도 그들을 초빙했다.

영웅들은 자신이 전쟁 기계가 아니라 유능한 경영자임
을, 한니발이 아니라 나폴레옹임을 증명해야 했다. 그러나
예비군 동원을 자제하기 위해 정규군을 마구 증강할 수도
없었다. 산업 현장에 투입할 인력도 부족한데, 인구가 10배
가 넘는 아랍제국과 병력으로 소모전을 벌일 수는 없었다.

사다트는 이스라엘을 제대로 가지고 놀았다. 1944년 노
르망디상륙 이틀 전인 6월 4일, 노르망디 방어 사령관인 롬
멜은 부인의 생일을 축하하기 위해 사령부를 떠났다. 상륙
당일 롬멜의 궐석은 디데이 작전이 성공한 치명적인 이유

중 하나였다. 6월 6일까지 악천후로 연합군 상륙이 불가능하다는 잘못된 기상 보고서가 원인이었지만, 사실 계절상으로 6월 초순은 상륙이 가능한 마지막 시기였다. 이때를 넘기면 잘해야 9월, 아니면 내년으로 연기해야 했다. 연합군이 의도한 건 아니었지만, 그 사실 때문에 롬멜은 방심했다.

사다트는 의도적이었다. 이집트와 시리아가 전쟁을 일으킨다고 할 때 기후와 지형상 적절한 때가 5월과 8~10월이었다. 1973년 4월에 시리아의 아사드 대통령이 비밀리에 이집트를 방문해 개전 날짜를 의논했다. 아사드가 제시한 마지노선은 10월이었다. 11월이 되면 골란고원은 폭우로 뒤덮이고, 12월이면 눈이 땅을 점령한다.

사다트는 여기에서 영감을 얻었다. 전쟁의 최적기에 사다트는 2번의 위장 공세로 이스라엘의 금고를 비웠다. 10월은 마지막 기회였다. 그렇다면 이스라엘은 이번까지만 속아주자라고 할 것 같지만, 거금이 걸리면 반대로 행동하는 모양이다. '올해의 마지막 시기인데, 또 속을 수 없다'라는 심리가 작동하고 말았다. 마치 늑대가 나타났다고 소리친 양치기 소년처럼 이스라엘은 2번은 속아주었지만 세 번째는 귀를 닫았다. 닫았다기보다는 닫으려고 노력 중이었다.

12 48시간

욤키푸르의 포성

행운의 여신이 이집트에 선물을 안겼다. 침공 지역을 담당해야 하는 이스라엘 지휘부가 롬멜처럼 자리를 비웠다. 9월 30일부터 이스라엘군에 대대적인 인사 이동이 시작된 것이다. 중앙사령관부터 기갑사령관, 시나이 기갑 사단장까지 야전 지휘부 전체가 교체에 들어갔다.

그런데 더 큰 문제는 롬멜뿐 아니라 병사들도 떠났다는 점이었다. 아니, 병사들뿐 아니라 예비군, 전 국민이 삶의 현장을 떠났다. 이날은 유대교의 오랜 명절인 '욤키푸르'였다. 모세가 십계명을 받으러 시나이산에 올라가자, 엄격한 지도자에게서 벗어난 이스라엘 백성들은 금송아지로 인간의 욕구를 이해하는 신을 창조하고 향연을 즐긴다. 그 광경을 본 모세는 분노하여 들고 온 십계명을 던져 깨트리고 수천 명을 죽였다. 그리고 다시 산에 올라가 새로운 십계명을 받아 오는데, 욤키푸르는 이 사건을 기념하는 날이다. 속죄하고 다시는 잘못을 저지르지 않는다는 의미로 하루 동안 단식하면서 모든 일을 멈춘다. 욤키푸르는 유대력을 따르기 때문에 구정처럼 날짜가 매번 변한다. 1973년에는 10월 6일이었다. 이집트로서는 뜻하지 않은 행운이었다. 욤키푸르의 침묵은 전날 저녁부터 시작됐다. 침공을 앞두고 동원령이 내려지긴커녕 이스라엘 전체가 잠들었다.

운명의 48시간

전쟁의 징후가 보고될 때마다 이스라엘군 사령부와 내각에서는 여러 번 비밀 회의가 열렸다. 수상 골다 메이어가 직접 참여한 적도 있다. 군인들은 사전 대응을 요구하고, 정부 관료는 "돈이 든다", "선거가 코앞이다"라며 난색을 표하는 장면을 영화에서 익히 보곤 하는데, 이때는 반대로 돌아갔다. 수상이 동원령을 비롯해 최대한의 조치를 취해야 하느냐고 묻자, 현역과 예비역 장성들이 국민과 경제를 걱정하며 최소한의 조치를 모색하는 상황이 벌어진 것이다.

욤키푸르 이틀 전인 10월 4일, 골다 메이어와 국방 장관 다얀, 참모총장 엘라자르, 참모차장 탈, 정보부장 대리(원래

부장인 제이드는 병가로 휴가 중이었다)가 참석한 상황 분석 회의가 열렸다. 내각 관료를 제외한 비밀 회의였다. 이날의 회의록은 충격적이다. 사전에 확보된 정보는 이랬다. 이집트가 전쟁을 일으키려고 한다. 골란고원은 더 위험하다. 시리아군 배치는 통상적인 방어 수준이 아니다. 이집트와 시리아가 연합해서 동시에 전쟁을 일으키려는 징후가 있다.

수상은 불안해했지만, 회의는 전쟁을 걱정하는 75세의 할머니를 역전의 노장들이 안심시키는 식으로 내내 진행되었다. 정보부는 그럴 가능성이 낮다고 단언했다. "시리아는 우리를 두려워한다. 그들은 우리의 상대가 되지 않는다." 참모총장 엘라자르도 공격이 임박한 건 아니라고 확신했다. "정말 저들이 공격을 준비 중이라면 우리 정보부가 탐지해낼 것입니다." 정보부장도 아닌 참모총장의 확신이었다. 다얀은 골란고원을 걱정했지만, 이집트와 시리아가 동시에 공격할 것이라고는 믿지 않았다. 골란고원을 걱정하는 이유는 이집트가 침공하면 시나이가 그들의 무덤이 될 것이라고 확신했기 때문이었다. 하지만 골란고원은 기습에 취약했다.

다얀의 불안감은 6일전쟁 때 골란고원 점령의 일등공신이었던 엘라자르가 잠재웠다. "증원 병력을 보낼 필요도 없습니다. 골란고원은 현재 인원으로도 충분합니다."

앞서 9월 13일, 북부 사령관 호피 소장은 엘라자르에게 병력 증원을 요청했었다. 탈은 7기갑 여단 전체를 보내야 한다고 주장했다. 하지만 이때도 전면전이 아닌 13일에 벌어진 공중전◆에 대한 보복성 공격이라고 판단했다. 엘라자르는 시나이에 있던 7전차 여단에서 1개 대대를 골란고원으로 보내는 데 동의했다. 이 대대가 카할라니의 77전차 대대였다.

이스라엘은 좁은 국토와 효율적인 동원 체제 덕분에 48시간이면 완전히 전쟁 준비 태세를 갖출 수 있었다. 동원령이 떨어지면 보병은 약속된 집결지에서 준비된 버스를 타고 배속받은 부대로 직행한다. 기갑부대원들은 병기창으로 모인다. 택시 회사 주차장처럼 그들이 탈 전차는 완벽하게 정비된 상태로 연병장에 도열해 있고, 현역 장병들이 전차에 필요한 수십 가지 장비, 탄약, 식량, 물을 꺼낸다.

병력에 뒤이어 다른 집결지에서 출발한 수송 트럭들이 도착한다. 전차보다 트럭에 더 많은 보급품이 적재된다. 동

◆ 이스라엘의 F4 팬텀과 미라주, 시리아의 미그21이 맞붙은 전투에서 시리아기 13대가 격추되었다.

원령이 떨어지고 최소 12시간 안에 최초의 부대와 수송팀이 전선을 향해 출발한다.

이런 신기에 가까운 능력도 스위치가 눌려야 작동할 수 있다. 하지만 스위치를 눌러야 할 사람들이 만지작거리기만 하고 있었다.

10월 4일 자정, 최후의 경보가 이스라엘 정보기관 모사드에 도착했다. 이스라엘의 스파이인 나세르의 사위 아슈라프 마르완이 전쟁 경보를 알렸다. 그보다 직전에 군사정보국에 소련 군사 고문단의 가족들이 소련에서 파견한 전용기 편으로 급히 이집트를 떠났다는 첩보가 들어왔다. 두 개의 정보가 합쳐지자 비로소 스파크가 일었다. 10월 5일 아침 8시, 다얀, 엘라자르, 탈 등 고위 장성들이 긴급 회의를 열었다.

꾸물거릴 틈이 없었다. 저녁이면 이스라엘 전군이 집으로 가버린다. 1급 경계령이 발동했다. 전 장병의 외출과 휴가가 최소되었다. 77기갑 대대의 모부대인 7기갑 여단 전체에 골란고원으로 이동하라는 명령이 떨어졌다. 7기갑 여단이 이동하면서 생긴 시나이의 전력 공백을 메꾸기 위해 육군기갑학교에서 훈련 중인 생도와 장교를 즉시 현역으로 편성해서 파견하게 했다.

골다 메이어가 이들을 소집했다. 역전의 장군들은 다시 수상을 안심시키려고 노력했다. 경계령이 발동되었는데도 모두가 전면 전쟁, 양면 전쟁의 가능성을 부인했다. 다얀과 엘라자르는 상황을 악화시키고 경제에 부담을 준다는 이유로 동원령 발동에 반대했다. 골다 메이어는 이렇게 말하고 싶었을 것이다. "도대체 당신들은 무엇을 걱정하고 있는 건가요?" 하지만 수상은 월권을 하지 않기로 했다. 대신 회의를 마치면서 불안감을 떨칠 수 없었던 골다 할머니는 한 가지 현실적인 조치를 남겼다. 욤키푸르 동안 다얀에게 단독으로 동원령을 발동할 수 있는 권한을 부여한 것이다.

파멸의 시간

욤키푸르 날, 속죄 대신 파멸의 시간이 이스라엘을 향해 다가오고 있었다. 6시간? 4시간? 아니, 한 시간만 더 늦게 이스라엘이 잠들었더라면 역사는 바뀌었을지도 모른다. 침묵의 순간을 깨트린 사람은 마르완이었다. 전도양양했던 그가 자진해서 스파이가 되어준 이유는 지금까지도 알려지지 않았다. 어쨌든 전날 저녁, 런던에서 모사드 국장을 만난 마르완은 "전쟁이 오늘 시작된다"라고 알려주었다.

이스라엘은 잠에서 깼다. 하지만 이미 이스라엘 전역이

일상을 멈추고 고요와 평화 속에 잠들어 있었다. 사람이 붐비는 곳은 회당뿐이었다. 아침 8시에 총리실에서 회의가 열렸다. 하지만 이때도 동원 병력의 규모를 두고 다얀과 엘라자르가 논쟁을 벌였다. 9시, 참모총장은 급한 대로 2개 사단에 동원령을 내렸다. 골다 메이어까지 개입해서 조금 후에는 10만 명 동원으로 낙찰을 보았다. 이때가 전쟁 5시간 전이었다.

이제 전쟁을 확신한 참모총장은 공군의 선제 타격을 제안했지만 골다와 다얀은 반대했다. "우리가 선제공격을 하면 미국이 도와주지 않을 것이다."

6일전쟁 후 7년밖에 지나지 않았지만 이스라엘은 완전히 변해 있었다. 이전의 전쟁처럼 각료와 군인이 확실히 나뉘어 있었다면 군인들이 핏대를 올리고 강경한 조치를 요구하며 험악한 분위기가 조성되었을지도 모른다. 그런데 이때의 이스라엘은 군 출신 정치인이 어느 때보다 많았다. 수상은 골다 메이어였지만 주변에는 전쟁 영웅들이 가득했다. 부수상이 이갈 알론이었고, 국방 장관은 모세 다얀이었다. 내각 관료, 국회의원도 별들의 잔치였다. 라빈은 미국 대사를 지내고 막 돌아와 있었다. 퇴임 참모총장부터 현역 군 수뇌부까지 평생을 전쟁터에서 보낸 역전의 용사들이었다.

이런 구조가 되자 군인들이 문생 관료와 싸우며 자신의. 정체성을 발휘하는 구조가 아니라, 이미 정치인이 되었거나 정치인으로 변신하려고 몸부림치는 분위기였다. 내심 수상 자리를 바라는 다얀은 경제와 대중의 불만을 걱정하고, 제이드는 외무 장관을 바라는지 이스라엘이 미국과 소련이 간신히 합의한 데탕트를 깨트리는 말썽꾸러기가 될까봐 걱정했다.

참모총장 다비드 엘라자르는 라빈, 다얀과 마찬가지로 팔마에서 시작한 이스라엘 전쟁사의 산증인이었다. 1925년 사라예보에서 태어난 그는 운이 좋아 빨리 출세한 다얀과 라빈보다 더 오래 군에 있었다. 팔마 유격대부터 보병, 기갑 지휘관을 거친 그는 기갑 병과를 제일 좋아했다.

엘라자르는 강인하고 유능하고 합리적인 리더로 모두에게 신망이 높았다. 팔마 시절 동료 중에는 훗날 유명해진 군인들이 많은데, 그들이 기억하는 엘라자르는 판단력이 뛰어나고 위기 상황에도 놀랄 정도로 침착하며 낙천적인 태도를 잊지 않는 지휘관이었다.

너무 철저한 군인이었던 탓에 내각 회의실에서는 군 선배와 몸에 밴 명령 계통의 질서에 압도되었다. 6일전쟁 때 라빈은 심각한 자책감으로 판단 능력을 상실한 수준이었지만, 다얀의 아파트에서
라면 사담을 나누고 군과
행정 계통 안에서는 자유
로운 영혼으로 활동할 수
있었다. 하지만 엘라자르
는 민병대 기질이 남아
있는 다얀이나 라빈보다
더 철저한 군인이었다.
다얀이나 라빈이 자신이

다비드 엘라자르

해야 할 일을 직접 정하고 추구하는 스타일이라면, 엘라자르는 자신이 할 수 있는 일의 영역과 한계를 명확히 파악하고 행동했다.

그렇다고 해도 10월 5일까지 전쟁이 일어나지 않는다고 확신한 그의 태도는 이해하기 어렵다. 훗날 엘라자르는 자신에게 정확한 정보가 전달되지 않았다고 말했다. 침공을 확신할 수 있는 정보는 10월 6일에야 주어졌다는 것이었다.

나중에 밝혀진 일이지만, 현장에서 보낸 무수한 정보와 보고가 중간에서 걸러졌다. 심지어 제이드에게도 제대로 된 정보가 도달하지 않았다. 물론 변명일 수도 있다. 그러나 이것이 사실이라고 해도 리더의 중대한 책임이자 능력이기에 제이드가 책임을 벗어날 핑계는 되지 않는다. 리더가 정치적 욕심이 생기면 중간 관리자들은 인정사정없이 변한다.

다얀이든 엘라자르든 이런 조직의 생리를 몰랐을 리 없고, 상황의 긴박함을 인식한다면 몇 번이고 체크하고, 직접 현장과 연결되도록 노력해야 했다. 침공 직전 샤즐리는 수에즈로 와서 이스라엘군의 방심 상태를 눈으로 확인했다. 그동안 이스라엘군 수뇌부는 수상의 아들들처럼 텔아비브에 꼭 붙어 있었다. 이렇게 역전의 영웅들, 이스라엘군의 전설을 만든 주역들도 과거의 영광과 미래의 야욕 사이에서 판단력을 잃었다.

모든 전쟁이 끝나고, 민간인이 된 엘라자르가 육군 본부를 방문했다. 마침 라디오에서 이스라엘의 초기 대응 실수를 비난하는 노래가 흘러나왔다. 엘라자르는 빈방을 찾아들어가 얼굴을 감싸 쥐고 울음을 터트렸다. 2년 후, 그는 심장마비로 사망했다. 전후에 지도부를 향해 무수한 비난이 쏟아졌지만, 가장 가혹한 비난자는 그 자신이었을 것이다.

이집트군, 모래성을 돌파하다

6일 오후 2시, 수에즈운하 전역이 낮게 습격해 오는 제트기의 굉음, 폭발음, 포연으로 뒤덮였다. 야포 2,000문이 일제히 발포하는 어마어마한 포격이었지만 이스라엘군이 입은 피해는 크지는 않았다. 사정거리 내에 타격받을 만한 병력이나 장비가 거의 없었던 것이다.

460여 명에 불과한 마오짐의 병사들은 사전에 명령을 받고 대피호로 피신해 있었다. 250밀리미터 중박격포까지 불을 뿜으며 지상의 구조물을 파괴했지만, 토끼굴이라고 불린 대피호는 대부분 안전했다. 포격이 그치자 마오짐의 병사 일부는 기관총과 박격포로 달려갔다. 그들은 거점을 향해 접근해 오는 이집트군이나 운하를 도하하는 고무보트를 향해 사격했다. 그러나 이들의 시선이나 총알이 미치지 않는 지역이 더 많았다. 당연히 이집트군도 이를 알고 사각지대를 노려 도하했다. 곧 거점의 방해 시도는 금방 끝났고 거점마다 공격을 받았다. 어쩌면 고의적이었을 수도 있지만, 이집트군은 마오짐을 함락하는 데 시간과 인력을 과도하게 소모하고 싶지 않았다.

이집트군은 질서정연하게 도하할 계획을 세웠다. 선두가 고무보트로 운하를 건넌다. 사다리를 타고 모래 장벽을 넘은 다음, 이어서 넘어올 부대가 자리 잡을 위치를 확보하고 도로 표시판을 개설한다. 처음에는 경보병, 다음에는 중화기가 건너가고, 다시 탄약과 보급품이 건너간다. 놀랄 정도로 질서정연하고 체계적이었다. 이렇게 장벽을 건너간 보병들은 탄탄한 교두보를 확보했다. 이스라엘군 진지는 텅 비어있었다. 사단 교두보는 대략 폭이 7킬로미터로, 운하에서 3킬로미터 정도 돌출된 형태로 설치되었다.

보병이 건너가는 동안, 공병들을 전차와 트럭이 건너갈 수 있는 튼튼한 부교를 조립했다. 부교가 완성될 즈음, 비장의 무기가 등장했다. 모래 장벽을 허물 고압 살수기였다.

이스라엘이 쌓은 모래 장벽의 진짜 용도는 중세의 성벽 대용품이 아니라 전차와 트럭을 차단하는 것이었다. 운하에 부교를 놓고, 굴착기나 불도저를 동원해 모래 장벽에 구멍을 내기란 쉬운 일이 아니었다. 마오짐의 화력은 보잘것없지만, 이스라엘 공군이 이런 일을 두고 보지도 않을 것이었다. 이 정도면 이스라엘군이 운하에 도달하는 시간을 벌수 있었다.

처음부터 이집트군의 사기를 꺾어놓았던 이 문제의 모래 장벽을 두고 이집트군의 한 장교가 아이디어를 냈다. "고압 살수기로 물을 뿌려 모래성을 허물자." 이집트는 바로 독일에 살수 장치를 주문했다. 물론 용도는 밝히지 않았다. 당연히 소방 장비라고 생각한 독일 엔지니어는 이집트가 요

이집트군의 수에즈운하 돌파를 묘사한 그림

구하는 압력 수치를 보며 어이없어했다. "세상에 이 정도로 높은 압력이 필요한 화재는 일어나지 않습니다."

그렇다고 해서 제작을 거부할 이유는 없었다. 과연 살수차의 성능은 놀라웠다. 2시간 만에 모래성이 열렸다. 점토가 섞여 진흙탕이 되어버린 10개를 제외하고 60개의 통로가 모두 열린 것이다. 전차와 트럭이 잃어버린 땅으로 진입했다. 어둠이 내리기 전에 도하 작전과 교두보 설치가 완료되었다.

단 하루 동안에 2만 5,000명이 5개의 교두보로 나뉘어 배치를 완료했다. 이것이 끝이 아니었다. 2차, 3차 도하가 예정되어 있었다. 10월 7일 아침까지 대염호 북쪽에서만 병력 9만 명, 전차 850대, 차량 1만 1,000대를 수에즈 동쪽으로 이동시켰다. 남단에서는 4시간 후에 7사단과 25기갑여단의 도하가 완료됐다. 이스라엘의 불패 신화는 그렇게 깨졌다.

이스라엘은 그리스의 불(원래 이름은 '귀중한 불'이었다) 장치를 가동했지만 화염은 솟아오르지 않았다. 전날 이집트군 잠수부들이 연료 파이프를 미리 막아놓았던 것이다. 사실 그런 작업을 하지 않았어도 대부분이 작동 불가였다. 이스라엘의 신화가 또 한 번 깨졌다.

이집트의 도하 작전은 정신없이 돌아가는 거대한 공장 같았다. 아니, 거대한 로봇이 조립되는 광경 같았다고 해야 할까? 하늘과 땅과 바다에서 사람과 장비가 쉴 새 없이 움직였다. 이 와중에 두 개의 특별한 집단이 어둠 속으로 사라졌다. 한 무리의 보병들은 무거운 장비를 들고 땅속, 참호와 사구의 그늘 속으로 사라졌다. 좀 더 후방에서는 특수부대원들이 헬기 앞에 정렬했다. 무려 50여 기의 헬기가 대기 중이었다. 세계 최강이라는 이스라엘 공군의 방공망 안으로 침투하는 죽음의 임무였지만, 병사들은 묵묵히, 그리고 차분히 헬기에 올랐다.

아무도 이집트군이 이런 작전을 감행할 능력이 있다고는, 무능한 이집트군이 감히 5개 사단을 동원해 이스라엘에 덤벼들 것이라고는 생각하지 못했다.

사다트는 사령관실에서 군복을 단정히 입고 앉아 있었다. 그는 역사적인 순간에 침착하고, 장군들과 병사들을 믿는다는 모습을 보이려고 했다. 사다트는 운하에서 벌어지는 일을 직접 볼 수 없었지만, 여러 번 훈련을 참관했던 덕에 작전 단계마다 병사들의 모습이 선명하게 보이는 듯했다. 그는 이집트 병사들에게 깊이 감사했다.

"가거라, 병사들이여! 오늘 우리는 이집트 민족의 수치를 씻고 우리의 위대함을 증명할 것이다."

전쟁이 시작되자, 전군이 믿고 있던 이스라엘 공군이 출격했다. 공군은 F4 팬텀 130기, A4 스카이호크 250기, 구형 미라주 170기, 총 550기를 보유하고 있었다.

공군 사령부는 선제공격을 감행하지 못한 것에 크게 실망하고 있었지만, 특유의 자신감까지 잃지는 않았다. 즉시 운하에 가설 중인 부교와 미사일 기지를 표적으로 삼고 이륙했다. 하지만 그들의 자신감이 사라지는 데는 채 10분도 걸리지 않았다. 이스라엘기가 접근하자 미사일이 날아왔다. 이집트군은 운하 동쪽 대략 6킬로미터 정도를 미사일 방공 구역으로 계산해두었다. 이집트가 수에즈 서안에 구축한 미사일 기지는 촘촘하고 위치 선정도 훌륭했다. 이스라엘 전투기의 습격에 대비해 방호벽, 참호 등도 잘 갖추어놓았다.

이스라엘 공군은 미사일에 놀랄 만큼 무기력했다. 비록 격추된 공군기는 4대뿐이었지만, 방공망 안으로 파고들지 못했다. 사정거리 밖에서 돌 던지듯이 폭탄을 투하하고 기수를 돌려 사라졌다. 유도 장치도 없는 폭탄을 그런 방식으로 명중시킬 수는 없었다. 지상에 이스라엘군이 거의 없거나 전차 안에 들어가 있기에 망정이지, 보병들이 그 광경을 보았더라면 저주를 퍼부어도 할 말이 없을 상황이었다.

조종사들도 할 말은 있다. 당시 이스라엘 공군은 주력기를 팬텀으로 교체하는 과도기였다. F4 팬텀은 오랫동안 한국 공군의 주력기로 활약해서 우리에겐 낯익다. 전투기와 폭격기를 결합한 전폭기라는 새로운 개념의 항공기였던 팬텀은 육중하면서도 결코 둔해 보이지 않는 강건한 파이터

F4 팬텀(위), A4 스카이호크(아래)

였다. 반면 스카이호크는 한국에는 도입되지 않았는데, 가늘고 날렵하고 균형감 있는 훌륭한 외형을 지녔지만 아쉽게도 ECM(레이더 교란 장치)이 장착되어 있지 않았다. 이미 베트남전쟁에서 드러난 사실이지만, 스카이호크는 지대공 미사일에 극히 취약했다. 그러나 ECM을 장착한 팬텀도 소련제 신형 미사일인 SAM6 앞에서는 무용지물이었다.

첫날 공군의 활약은 보잘것없었다. 공군 사령관 호드는 굴하지 않고 대대적인 미사일 기지 공습 작전을 준비했다. 그러나 갑자기 전력을 시리아 전선으로 돌리라는 명령이 떨어졌다.

이집트군이 도하를 시작했을 때, 만들러 휘하 3개 여단 중에 전진 배치되어 있던 부대는 레세프 대령의 14기갑 여단이었다. 전차는 91대였다. 레세프 여단은 운하에서 30킬로미터 떨어진 2선 남북 도로의 정중앙인 타사에 있었다. 나머지 2개 여단은 3시간 거리인 80킬로미터 후방에 있었다. 14여단과 전초기지의 450명이 이집트군 5개 사단을 저지할 유일한 병력이었다.

포성이 울리자 레세프와 나머지 여단이 즉시 발진했다. 변치 않는 이스라엘군의 전투 교리는 '동료를 버리지 않는다. 적이 공격하면 즉시 반격해서 격퇴하고 추격한다'였다.

하지만 너무나 자신만만했던 만들러 사단의 지휘관들은 방어는커녕 반격 후의 일을 더 많이 생각했다 그들은 전쟁이 벌어지면 즉시 이집트군을 튕겨내고 이참에 수에즈를 도하하여 이집트 안으로 진격해 들어갈 작정이었다. 실제로 그것이 각 지휘관의 임무로 할당되어 있었다.

"공격해서 패한다면?" 이런 질문은 우문 중에 우문이었다. 사자는 하이에나 떼로 뛰어들 때 망설이지도, 패배하지도 않는다.

레세프가 선두에 섰다. 타사에서 운하로 가는 길을 두 갈래가 있고, 각 도로는 제1축선도로를 지나면서 각각 마오짐을 향해 두 갈래로 갈라졌다. 하지만 마오짐의 병사를 구하고 운하로 적을 밀어 넣는다는 두 가지 목표 때문에 병력이 분산되었다. 전차는 대대에서 중대로 갈라졌고, 중대는 다시 소대로 갈라졌다.

이스라엘군의 전술도, 이동로도 뻔했기 때문에 이집트군은 레세프의 행로를 훤히 알고 있었다. 마오짐의 대다수가 도하 작전 와중에도 살아남아 있었던 것이 오히려 이스라엘군을 끌어들이는 미끼 역할을 했다.

전차가 거점에 도달하기도 전에 지뢰가 터지고 RPG(휴대용 대전차 로켓)가 날아왔다. 밤사이에 건너와 매복하고 있던 이집트군 특수부대원의 공격이었다.

이집트 특수부대는 오랫동안 침투 작전을 통해 이스라엘 방어 구역의 지형과 도로의 갈림길, 차량 통과가 불가능한 지역, 고립된 도로를 엄호하기 위한 방어 진지 등을 면밀하게 숙지했다. 이스라엘은 이런 방어망과 도로 설계를 꽤 용의주도하게 해놓았는데, 이집트군은 이를 역이용했다. 적이 침입해 오면 이스라엘 전차들이 전개되기로 한 지점을 먼저 장악하거나 그리로 달려가는 요지를 장악하고 공격했다. 전차가 RPG를 얻어맞고 기동 불능이 되면 보병들이 늑대처럼 달려들었다.

깨어지는 불패 신화

이스라엘 전차장들은 해치를 열어 몸을 노출하고 지휘하는 경우가 많았는데, 이런 전차장들을 노리고 이집트군의 기관총이 불을 뿜었다.

늑대들은 사자의 포효에 놀라 도망치기는커녕 사방에서 달려들어 사자를 만신창이로 만들었다. 보병이, 그것도 이집트 보병이 전차를 향해 무자비하게 달려든다는 것은 상상도 하지 못한 장면이었다.

지뢰와 기관총 공격은 오히려 나은 편이었다. 다른 곳에

424

서는 RPG가 우박처럼 쏟아졌다. 후방에서 발사되는 야포에 얻어맞는 일도 있었다. 이집트군이 마련한 대전차 무기의 수량은 가공할 정도였다. 사단별로 대전차미사일, RPG, 무반동포 등 대략 800문의 파괴 무기가 지급되었다. 단 1개 사단의 대전차 화기가 시나이에 투입된 이스라엘 3개 기갑사단의 전차 수와 맞먹었다.

이집트 보병이 용감하게 전차에 근접해서 참호에서 몸을 일으켜 세우고 전차를 공격하는 장면은 상상할 수 없었다. 하지만 사다트의 염원대로 이집트 보병은 달라져 있었다. 그들은 모래땅에 참호를 파고 엎드려 전차를 기다렸으며, 강철 괴물과의 근접 전투를 두려워하지 않았다.

불 속에 뛰어든 병사는 상황 판단이 힘들다. 더욱이 이스라엘 병사들은 '불패', '무적' 정신이 충만했다. 예상치 못한 강한 반격에 대전차미사일의 공격을 눈치챈 전차장들도 있었지만, 목표를 포기하지는 않았다. 죽거나 다친 지휘관을 대신하면서 남은 전차들은 그들의 임무, 전초기지를 방어하고 전우를 구출하기 위해 계속 노력했다. 해치를 열고 지휘하는 전차장들은 희생당했지만, 해치를 닫고 지휘했더라면 전멸했을지도 모른다. 전차장들은 날아오는 총알은 볼 수 없었지만, 모래언덕 위의 RPG 사수나 새거(휴대용 대전차 유도미사일)의 불빛을 관측할 수 있었다. 그들을 발견하는 순간, 전차장들은 조종수에게 회전하라고 지시한다. 전차는 회피 행동을 하는 동시에 황량한 땅에서 구름 같은 먼지를 일으켜 연막 차장을 하고, 이집트군을 향해 포를 발사했다.

모든 이스라엘 전차가 이렇게 싸웠다고 말하면 거짓말이다. 전투의 증언은 살아남은 자와 영웅적인 활약을 한 병사들의 이야기다. 마오짐까지 도달한 중대는 극소수였다. 일단 자리를 잡자, 전차는 이전보다 확실한 위력을 발휘했다. 일부는 전초기지를 사수하며 영웅적인 활약을 보였지만, 대부분 하루가 지나기 전에 전차가 파괴되거나 고장났다.

지뢰와 공격을 피해 정신없이 기동하다 보니 파괴된 전차 못지않게 시나이의 펄과 모래에 빠져 기동 불능이 되는 전차도 많았다. 전차전에서는 이런 전차들을 신속하게 구난하고 수리해서 전장으로 재투입하는 것도 중요하다. 대대마다 구난 전차들이 있었지만 그들도 혼란에 빠졌고, 파괴된 전차에서 동료를 구하고 부상자를 후송하고 전차를 구난하는 순서를 두고 우왕좌왕했다.

이스라엘군 전사에서 이날의 자랑거리를 찾는다면 전차 대원들이 즉석에서 새거에 대처하는 방법을 찾아냈다는 것이다. 한 이스라엘 지휘관은 전차들이 피격되어 주저앉기 시작하자 RPG 공격이라고 생각했다. 그는 RPG 사정거리 밖으로 후퇴했다. 그런데 안전하다고 믿었던 그 지점까지도 무언가가 날아와 전차를 파괴했다. 그때 한 전차장이 동료 전차가 파괴되기 직전에 빨간 불꽃을 보았다고 말한다.

새거 미사일을 든
이스라엘 병사

그리고 전차의 잔해에서는 타다 남은 선이 발견되었다. 그제야 지휘관은 소문으로만 듣던 그것이 등장했음을 알아차렸다. 대전차 유도미사일, 새거였다.

지피지기

그다음에 벌어진 일은 대단하다고도, 당연하다고도 할 수 있다. 이스라엘군은 즉시 파훼법을 찾아냈다. 새거의 약점은 느린 속도였다. 발사해서 목표에 도달할 때까지 10~20초 가까이 걸렸다. 유선 유도 방식이므로 그동안 사수는 목표를 놓치지 않고 계속 조이스틱 같은 조종간으로 조종해야 했다. 또 하나의 약점은 사수와 목표 전차 사이에 일직선의 시야가 확보되어야 한다는 점이다. 전차장들은 새거가 은신했을 만한 곳을 관측하다가 새거의 발사광이 보이면 즉시 전차를 회전시켜 모래바람을 일으켰다. 그리고 사수가 있는 곳을 향해 기관총을 난사하고 포를 발사했다. 사수를 해치우지 못해도, 새거의 유도와 조종을 방해할 수는 있었다.

이스라엘군에 감탄하는 사람들은 전장에서, 그것도 예상치 못한 기습에 파괴되고 파멸되어가는 상황에서 이런 순간적인 대응책을 찾아내는 것은 보통 군대는 절대 할 수 없는 일이라고 극찬한다. 그까짓 게 뭐가 대단하냐고 반문할 수도 있지만, 총알이 빗발치는 곳으로 병사들을 무모하게 전진시켰던 남북전쟁과 1차대전의 사례를 보면 지휘관의 무능을 비난하기 전에 전장에서 창의력(별것 아닌 것처럼 보이는)을 발휘하는 것이 얼마나 어려운지 깨달을 수 있다. 막상 전투가 벌어지면 아무리 무모해 보이더라도 지휘관은 준비된 방식으로 대응하는 경우가 대부분이다. 지휘관이 창의력을 발휘한다고 해도, 생명이 위태로운 상황이 되면 병사들이 이해하거나 따르지 못하곤 한다. 지휘관도 병사도 기계가 되어야 하는 것이 전쟁이다.

다른 관점에서 보면 이 대응법이 창의적이지는 않을 수도 있다. 일단 이스라엘군은 대전차미사일에 대해 알고 있었고, 새거의 활약에 대해 부풀려진 소문과 다르게 이집트군이 도입했다는 사실도 알고 있었다. 단지 늘 하던 대로 '이집트군에게 신무기가 있다고 한들'이라는 식으로 경시했던 것뿐이다.

하지만 대응 방법을 찾았다고 해서 만들러의 사단을 파멸에서 구할 수 없었다. RPG의 위력도 새거 못지않게, 어쩌면 더 대단했다. 이스라엘군이 창의력을 발휘하자 이집트군도 창의력을 발휘했다. 모래 차장 방식은 야간에는 아무 소용이 없었다. 보병을 대동하지 않은 이스라엘 기갑 여단은 야간에는 야맹증에 걸린 사자였다. 이집트 보병들은 대담하게 야간에 움직여 정차 중인 전차를 공격했다. 이 또한 이스라엘군에 충격을 줬는데, 이스라엘군은 야간 전투는 자신들만의 전유물이며 이집트군은 당연히 야간에는 싸울 줄 모른다고 믿고 있었던 것이다.

전쟁이 시작된 지 3시간이 지났다. 레세프 여단은 뿔뿔이 분산된 상태에서 거의 궤멸했지만, 여기저기서 살아남은 전차들이 사투를 벌이고 있었다. 후방에서 달려온 2개 여단이 도착했다. 하나는 골란고원으로 간 7기갑 여단을 대체하기 위해 급히 편제한 기갑학교 여단이었다. 이들은 즉시 전선으로 투입되었지만, 레세프와 똑같은 운명에 처했다.

20:00 그들(이스라엘군 2개 중대)이 전진을 개시하자마자 조명탄이 떠서 하늘을 낮과 같이 비추고 아군 전차는 삽시간에 치열한 포병 화력, 소화기 및 기관총 사격, 집중적인 유도탄 사격에 휩싸였다. 전차들은 시가지에 가까워지면서 대형을 종대로 할 수밖에 없었는데, 여기서는 가로 옆 건물의 창문에서 자동화기 사격과 수류탄 공격이 가해졌다.◆

아군의 사격과 적의 사격이 결합되어 그야말로 지옥 같은 광경을 만들어냈다. − 아브라함 아단

이스라엘은 이집트의 덫에 완벽하게 걸려들었다.

밤이 되자, 전투는 좀 잠잠해졌다. 이스라엘은 아직도 이집트군이 이스라엘군의 전술을 예측하고 철저히 맞춤형 전술로 대응하고 있다는 사실을 알아차리지 못하고 있었다.

패튼을 자처하는 시나이 사령관 고넨의 고집이 비극을 더했다. 6일 오후 5시, 엘라자르는 이스라엘군이 각개 격파되는 비극을 예상하고 고넨에게 자신의 의견을 전달했다. 임무형 전술 개념에 충실했던 이스라엘에서는 참모총장이라도 단호하게 지시하기보다는 의견을 제시하듯 표현하는 습관이 있었기 때문이다. 고넨은 이 현명한 충고를 거부하고 운하를 향해 무모한 돌진을 강요했다. 밤이 되자 휘하 여단이 1개 대대로 줄어들었는데도 고넨은 이집트군이 도하에 실패했다는 망상에 빠져 있었다.

시나이의 만들러가 태풍 속에 고립되어 있을 때, 본토에

◆ 전차에 자동화기와 수류탄 공격이 무슨 소용인가 싶지만, 이스라엘 전차장들은 다치거나 해치를 닫아야 했다. 해치를 닫는 순간 전차는 RPG와 새거 공격에 무방비 상태가 된다.

서 2개의 동원 사단이 긴급 발진했다. 사단장은 아브라함 아단과 아리엘 샤론이었다. 아단은 6일전쟁 후에 구성한 시나이의 초대 기갑 사단장을 지냈고, 현재는 이스라엘 전체 기갑 사령관으로 10월에 퇴역할 예정이었다. 그의 후임이 만들러였다.

샤론은 현재 고넨이 맡은 남부 사령관을 역임하고 참모총장을 노리다가 실패하자, 퇴역해서 국회의원으로 출마를 준비하고 있었다. 두 사람 다 사단장을 휘하에 거느려야 하는 훨씬 높은 지위였지만, 기꺼이 사단장이 되어 전쟁에 뛰어들었다. 한 사람은 군인의 의무감으로, 한 명은 불타는 권력욕으로….

歷●史 역사 다시 보기

욤키푸르전쟁의 승부를 가른 RPG

　　욤키푸르전쟁은 대전차미사일이 전쟁사의 한 페이지를 장식한 전쟁
이었다. 그 충격이 엄청났지만, 실제로 전차에 더 큰 피해를 입힌 무기는
RPG였다는 분석도 있다. RPG가 훨씬 많았고 값이 쌌다. 유일한 단점은
짧은 사거리와 후폭풍 때문에 발사 전후에 사수가 노출되기 쉽다는 것이
었다. 그것이 이스라엘이 RPG의 위험성을 간과한 또 하나의 이유였다.

욤키푸르전쟁에서 쓰인 소련제 RPG-7

13 '승리의 역사'의 승리

골란고원전투

해발 2,800미터, 정상은 만년설로 덮여 있는 이 산은 히브리인들이 팔레스타인으로 침입해 들어오기 전부터 신성한 곳이었다. 산의 이름도 헤르몬, 신성하다는 의미다. 높고 톱날처럼 튀어나온 가파른 봉우리들은 이 산으로의 접근을 어렵게 한다. 덕분에 이곳은 레바논, 시리아, 이스라엘의 경계를 이룬다.

대신 신은 헤르몬산 남쪽 경계에 인간들이 살 수 있는 넓은 고원을 허락했다. 평균 고도 1,000미터의 고지인데도 얕은 구릉이 물결치는 평원처럼 보인다. 헤르몬산의 만년설 덕에 물도 풍부하다. 덕분에 이곳은 고대부터 안락한 거주지였지만, 시리아에서 팔레스타인 사이에 놓인 높은 담장 같은 지형이어서 전략적 요충지이기도 했다. 골란고원의 중심부를 지나는 도로는 다마스쿠스로 직행한다. 전쟁이 그치지 않는 중동에서 시리아–레바논–팔레스타인을 오가는 군대는 골란고원을 그냥 지나칠 수 없었다.

72시간 VS 36시간

1973년, 골란고원 앞에는 시리아군 6만 명, 전차 1,400대, 야포 800문이 집결해 있었다. 신형 T-62 600대, T-54/55 770대, 구형 T-34가 200대가 전차 전력에 포함되어 있었다. T-62의 115밀리미터 활강포는 센추리언과 패튼의 장갑을 모두 관통할 수 있는 무시무시한 무기였다.

골란고원에 있는 이스라엘군은 36사단이었다. 6일전쟁 때 미트라 공수작전을 지휘했던 라파엘 에이탄이 기갑으로 전과해 사단장을 맡았다. 말이 사단이지, 병력은 1개 지역 여단과 188기갑 여단이 전부였다. 그마저 완편이 아니었다. 지역 여단에는 골라니 여단 1개 대대, 나할 공수부대 1개 대대가 있었다. 188여단도 2개 대대, 센추리온 전차 72대뿐이었다. 추가로 1개 대대분의 비축용 전차는 있었지만 병력이 없었다.

이 적은 병력이 배치마저 형편없이 분산되어 있었다. 쿠네이트라를 중심으로 북쪽 헤르몬산 자락에서 갈릴리호수

동쪽까지 약 50킬로미터의 전선이 북부군의 방어선이었다. '퍼플라인'이라고 불린 방어선에는 대전차 장애물이나 대전차호가 구축되지 않은 곳이 많았다. 지뢰도 일부 지역에만 매설되어 있었다. 퍼플라인을 따라 북쪽에서 남쪽으로 A1~A11로 번호 붙여진 11개의 거점 진지가 있었다.

보병용 벙커와 교통호를 마련한 거점에는 12~16명 정도의 보병이 배치되었다. 앞에는 대전차호를 팠고, 거점 바로 뒤에는 전차 투입 진지를 마련해두었다. 5킬로미터 후방에는 자주포 진지가 있었다. 전쟁이 벌어지면 예비군이 투입되기까지 퍼플라인에서 72시간을 버텨줘야 했다.

하지만 지도만 봐도 72시간 동안 방어하는 것이 얼마나 말도 안 되는 상황인지 알 수 있다. 공군의 힘과 시리아군의 절대 무능이 아니라면 골란고원을 방어할 수 없다는 탈의 걱정은 혜안이 아니라 당연한 판단이었다.

시리아군의 공격 계획은 2개 기갑 사단과 3개 보병 사단으로 3개 지점에서 퍼플라인을 돌파한다는 것이었다. 돌파 지점은 당연히 거점과 거점 사이로 잡았다. 압도적인 포병 전력으로 모든 전선에 집중 포화를 퍼부으면서 이동식 포격을 시행한다. 대포의 탄막 뒤로 대전차호를 건널 가교 전차, 지뢰 제거 전차와 돌격 전차가 무리 지어 진격하고, 자주포와 새거, RPG로 무장한 보병을 태운 차량이 따른다.

200대가 넘는 전차 부대라면 겨우 전차 5~7대가 지키는 거점 따위는 설사 피해를 입더라도 인해전술로 통과할 수 있다. 퍼플라인을 통과하면 각 사단은 신속하게 방어선 후방으로 진입한 다음 부대를 나눠 남북과 동서로 달리는 도로가 만나는 교차로를 모조리 장악한다. 그렇게 바라크 여단의 퇴로와 보급로를 차단하고, 각 사단은 갈릴리호수와 요르단강을 향해 진격한다. 갈릴리호수에서 골란고원으로 들어오는 경로는 길이 뻗고 경사가 많다. 이곳의 경사는 절벽 같은 낭떠러지 험로가 아니라 고지에서 보면 시야가 확 트이는 사면이라 경사면 위에서 날아오는 포격을 피할 곳이 없다. 도로를 벗어나면 울퉁불퉁한 현무암 바위투성이 땅은 전차도 기동 불능으로 만들거나 망가뜨려버린다.

요충지를 점거하고 사계를 확보한 다음 이집트군이 했던 것처럼 전차 사냥꾼을 요소에 배치한다. 하늘의 참새 떼(이스라엘 전투기)는 지대공미사일이 몰아내줄 것이다. 6일전쟁의 패배는 재현되지 않을 것이다. 이스라엘 동원 부대가 그때처럼 겁 없이 골란고원으로 진입하려고 했다가는 이곳은 이스라엘 전차의 무덤이 될 것이다. 시리아군은 퍼플라인 돌파에서 요르단-갈릴리의 방어선 구축까지 걸리는 시간을 36시간으로 설정했다.

단언컨대, 10월 4일의 전력 상황이었다면 시리아의 공격은 성공했다. 9월 16일에 이스라엘군은 7여단 소속 77대대를 긴급 지원했다. 77대대는 운용하던 M48 패튼 전차는 시나이에 두고 골란고원으로 와서 창고에 있던 영국제 센추리언 전차 22대를 수령했다. 이렇게 말도 안 되는 방식이 이스라엘군의 저력이었다. 센추리언은 M48보다 기동성은 떨어지지만 주포가 105밀리미터이고 방호력이 더 좋았다. 이스라엘군은 시나이는 평원이고 골란고원은 현무암 암반 지대로 지형이 험해서 센추리언이 더 적합하다고 보았다.

이스라엘은 시리아가 골란고원에 투입 가능한 전력을 800대로 보고, 전차를 증원해 전력비를 8 대 1로 맞추기로 했다. 자만을 넘어 교만에 가까웠지만, 이 정도면 충분하다고 생각한 것 같다. 그나마 이들이 추가된 것도 참모총장 탈이 강력히 주장한 덕분이었지만, 탈은 이 정도로는 어림없다고 생각했다. 그는 7기갑 여단 전체와 자주포 1개 대대를 증원해야 하며, 공군의 도움이 필수라고 주장했다. 엘라자르는 동의하지 않았지만, 막판에 10월 5일에 7기갑 여단 전체, 3개 대대가 골란고원으로 이동하라는 명령이 떨어졌다.

단 하루 차이로 골란고원의 이스라엘 전력이(그사이에 시리아군도 900대 이상으로 늘었지만) 기갑 3개 대대에서 6개 대대로 변했고 총 전차 대수는 177대가 되었다.

10월 6일 10시경, 이스라엘군 대대장들에게 18시에 전쟁이 시작된다는 첩보가 전해졌다. 모두가 바쁘게 움직이기 시작했다. 하지만 이스라엘이 모르는 사이에 공격 개시 시간이 14시로 변경되었다. 그리고 카할라니의 증언에 의하면 전쟁이 시작된 것은 정오였다. 시리아의 공군기가 골란고원 상공을 휘젓고, 포병이 포문을 열었다.

승기를 잡은 시리아

시리아의 공격은 골란고원의 중심지인 쿠네이트라를 중심으로 양분되었다. 쿠네이트라 바로 북쪽에 볼록볼록 솟아오른 둥근 언덕들이 점점이 놓여 있고, 그 사이로 와디가 흐른다. 이스라엘군은 언덕들을 잇는 능선을 따라 방어선을 구축했다. 북쪽이 헤르모니트 능선, 남쪽이 부스터 능선이었다. 거점으로 따지면 A1~A3까지였다. 대전차호도 이곳에는 확실히 구축해놓았다. 이 전선을 7여단의 3개 대대와 바라크 여단의 나프시 대대가 맡았다. 이곳을 공격하는 시리아군은 7사단이었다.

쿠네이트라 남쪽 A4~A11까지는 바라크 여단의 2개 대대가 맡았다. 그중 하나는 원래 7여단 소속인 82전차 대대였다. 이처럼 순식간에 소속을 맞바꾼 것은 7여단이 막 도착한 부대인 점을 감안한 것 같다. 그렇다고 해도 소속을 바꾸면 더 엉뚱한 문제가 벌어질 수 있다. 게다가 77대대는 패튼에서 센추리언으로 갈아탄 지 1주일밖에 되지 않았다. 그럼에도 최대 전력 이상의 발휘할 수 있는 것이 이스라엘군의 무서운 능력이다.

여기서는 시리아군 9사단이 A6 지역을, 5사단이 A8과 A9 사이로 치고 들어왔다.

집중 포화와 시리아군의 엄청난 전차 무리 못지않게 이스라엘군을 당황하게 한 것은 하늘에서 떨어지는 시리아 공군기의 폭격과 기총소사였다. 병사들은 어리둥절하며 외쳤다. "우리 전투기는 어디 있는 거야!" 그들이 알기에 이스라엘 공군이야말로 아랍권이 범접할 수 없는 비대칭 전력이었다. 한참 뒤에 은빛 스카이호크들이 상공에 출현했다. "그래, 이제 오는구나." 지상의 병사들이 지켜보는 가운데 시리아의 대공 미사일이 스카이호크를 하나둘씩 격추했다. 스카이호크는 정말 잘생긴 전투기지만, 대공 미사일에는 믿을 수 없을 만큼 약했다. SAM6는 고사하고 새거처럼 이

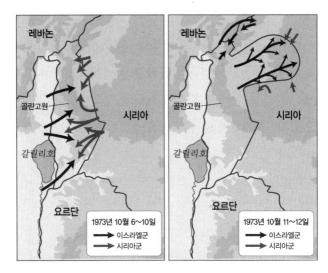

골란고원 전투 양상

제 막 발걸음을 뗀 견착식 미사일에도 당했다. 생존자들이
절뚝거리며 기지로 도주했다. 모두 믿지 않았지만 이런 일
이 두세 번 반복되자, 자신들이 이스라엘의 전쟁 역사상 처
음으로 공군 없이, 오히려 적기의 내습을 걱정하며 싸워야
하는 최초의 병사가 되었다고 인정할 수밖에 없었다.

중세의 공성전처럼 대전차호라는 해자를 향해 시리아군
이 돌진했다. 시리아군은 물량에서 압도적으로 우세했고

전술도 괜찮았지만, 실행력에 문제가 있었다. 지대공미사일과 이집트와의 양면 공세 덕분에 제공권을 장악했음에도 미그기는 퍼플라인 언덕 위에 노출된 이스라엘 전차들을 청소하지 못했다. 이스라엘 공군이었다면 전차들이 대전차호에 도달하기도 전에 언덕 진지에 있는 전차들을 박멸했을 것이다.

중동의 지상전에서는 전차가 주역이 되다 보니 대포의 위력이 무시되는 경향이 있다. 당연히 야포의 포격도 무시무시했다.

시리아군 82공수사단 소속 특공대 200명은 전쟁을 개시하자마자 헤르몬산 정상의 이스라엘 레이더 기지를 습격해 점거했다. 이 특공 작전은 영화에 나올 법한 장면을 연출했다. 이스라엘 수비대는 골라니 부대 소속 12명이 전부였고, 특별한 방어 시설도 없었다. 이스라엘 레이더병은 안전 구역으로 대피했다가 포로가 되었다. 장비도 그대로 노획했다.

헤르몬산 정상을 차지한 시리아군 관측병들이 포격을 유도했다. 전차가 기동할 때마다 어김없이 포화가 따라왔다. 이스라엘 병사들에게 포격은 공포와 동시에 짜증을 안겨주었다.

적 포병부대가 쏜 포탄들이 사방에 떨어지고 있었다. 특히 교차로 부근에 집중되고 있었다. 시리아군은 모든 화력을 동원하여 우리에게 대응했다. 전투기, 놀랄 정도로 정확한 포병 사격, 처음 대적하는 새거 미사일이 무자비하게 우리를 공격했다.◆

포격에 격파된 전차가 꽤 되었지만, 시리아군은 결정적으로 파괴하지는 못했다. 이스라엘 전차들은 화망이 전차에 가까워지면 후방 진지로 후퇴했다가 다시 전진하는 행동을 반복하며 싸워야 했다. 이런 고생을 하면서도 장거리 포격은 놀랄 만큼 정확했다. 큰 그림으로 보면 이스라엘군의 방어가 곤란한 상황인데, 이스라엘 전차들은 그 불가능을 비집고 악착같이 직격탄을 날렸다.

시리아군은 가교 전차와 지뢰 제거 전차, 일반 전차와의 호흡도 맞지 않았다. 앞장서야 했던 가교 전차는 너무 늦게 도착해서 나중에 출발했고, 지뢰 때문에 정해진 도로를 따라 달려야 했다. 이스라엘 전차병들은 이 도로를 숙지하고 있었다. 크고 실루엣이 분명한 가교 전차는 최우선 타깃이

◆ A. 카할라니, 임채상 옮김, 《전사의 길》, 세창출판사, 232쪽.

자 좋은 먹잇감이었다. 이스라엘 포수들은 6일전쟁에서 보여준 2,000미터 장거리 포격에 이어 치명적인 신기술을 장착했는데, 바로 속사였다.

전차전은 전차의 성능 못지않게 전차병의 역량과 팀워크가 중요하다. 전차전은 '먼저 보고 먼저 쏜다'는 철칙이 있다. 9일, 카할라니는 모퉁이를 돌자 시리아군 T-62 4대와 마주쳤다. 겨우 몇 미터 앞이었다. 그들은 서로 놀라 전차포를 조준했다. 카할라니의 전차가 4번이나 포를 발사하는 동안, 시리아 전차는 한 발도 발사하지 못했다. 시리아 전차가 서로 다른 방향을 보고 있었고 선제공격에 동요했기 때문이다. 물론 대대장 전차의 승무원들이 최고 대원들이기는 했지만, 이런 대응 능력은 실전에서 커다란 차이를 낳았다.

시리아군의 분투도 칭찬받아야 마땅하다. 돌격 과정에서 입은 극심한 손실에도 시리아 전차는 물러서지 않았다. 지형적 불리함, 전술적인 열세에도 불구하고 인해 전술로 쇄도한 병사들의 용기는 찬사를 받을 만하다. 전차가 파괴되어 기동 불능이 되면 그에 탄 사람은 영락없이 죽는다는 사실을 알면서도 전차포를 가동해 사격하기도 했다.

그러나 기본이 지켜지지 않았다. 전차의 배치 순서, 도달

지점, 이동 경로, 가교 전차를 엄호하는 방법, 호 통과 방법과 지뢰 제거에 대해 좀 더 숙고했어야 했다. 그나마 세운 계획마저도 제대로 시행되지 않았다.

타깃이 된 가교 전차는 거의 파괴되었다. 먼저 호에 도착한 전차들은 멍하니 서서 파괴되기를 기다려야 했다.

시리아군의 전술은 융통성이 없었다기보다는 세부적이지 않았다. 사단 단위의 계획은 현장에서 여단, 대대, 중대 단위로 세분되고, 전술적 상황에 맞춰 유연하게 움직여야 한다. 지뢰 등 자유로운 움직임을 방해하는 요인이 많았지만, 그래도 수단을 강구했더라면 이스라엘 전차의 장거리 속사포 조준경 아래로 불나방처럼 달려들지는 않을 수 있었을 것이다. 늘 하는 말이지만, 아랍 군대는 이런 융통성이 너무 부족했다.

이집트군은 절치부심해서 개선했지만, 시리아는 변함이 없었다. 군부를 견제하는 정치, 장교들의 수준도 문제지만, 전차병들의 기량과 훈련 수준도 떨어졌다. 전차병들은 골란고원의 험한 지형을 융통성 있게 헤쳐나가고 전술적 유연성을 발휘할 만한 조종 기술이 부족했다. 그것이 우직한 밀집 공격 방식을 택할 수밖에 없었던 이유였다.

물론 노력은 했다. 소련 군사 고문단은 15년간 시리아군을 교육했고, 많은 장교가 소련에서 유학했다. 독소전쟁 때부터 현재까지 소련군의 전술 교리와 장교들의 역량에 대한 평가는 극단적으로 출렁인다. 편견과 이념을 떠나서 유연성이 부족한 것은 사실이다. 경직된 정치·사회 체제, 해외 전쟁에서의 실전 경험 부족 탓이 크다. 군사 고문단 중에 뛰어난 인재가 있다고 해도 자국군이 아닌 타국군에게 유연성을 훈련하기란 쉽지 않다. 그것은 전술 교리만이 아니라 장교의 리더십과 문화, 교육 환경이 포함된다.

시리아군의 전과가 아주 없었던 건 아니다. 일부 전차는 방어선 사이로 침투했다. 쿠네이트라 진입을 막으려던 이스라엘 전차는 참담하게 패했다. 어둠이 덮이자 시리아군은 상당한 전과를 올렸다. 까막눈이 된 이스라엘군은 적 전차의 섬광을 보고 그곳을 향해 사격하는 처절한 방식으로 저항했다.

결정적 승기

방어 구역이 더 넓고 병력도 더 적었던 남부 전선에서는 시리아군이 승기를 잡았다(시리아는 북부에 2개 여단, 남부에는 4개 여단을 투입했다). 방어 구역이 넓어서 이스라엘군이 투입되기 전에 통과한 전차대도 있었다. 뒤늦게 도착한 바라크 여단 전차들은 놀라운 사격술로 엄청난 전과를 거뒀지만, 죽음을 불사하는 시리아군의 쇄도 공세를 당해낼 수는 없었다.

방어가 약해지면서 돌파 가능한 지점이 서서히 생기기 시작했다. 밤이 되자 침투에 성공한 시리아군 전차가 이스라엘군 후방에서 활동하기 시작했다. 후방이랄 것도 없었다. 남아 있는 이스라엘 전차는 15~30대뿐이었다. 그들은 시리아군의 파도 속에 고립된 채 생존을 위해 허우적거렸다.

라비노비치가 저술한 《욤키푸르전쟁》(플래닛미디어,

 歷史 역사 꿰뚫기

독재와 군대의 상관관계

'독재가 군대를 강하게 한다'는 생각은 아주 잘못된 믿음이다. 독재자가 국민의 불만을 누르고 공장과 학교를 지어야 할 돈으로 무기와 전차를 구입해 군대에 왕창 안겨줄 수는 있다.

하지만 실전 훈련을 무시하고 축제와 퍼레이드 준비에만 군대를 동원할 수도 있으며, 군대를 정권 유지와 치안용으로 사용할 수도 있다. 병력과 무기는 늘어나지만 쿠데타를 경계해야 하므로 장교의 보직을 자주 바꾼다. 능력보다 정치적 자세, 무능력을 더 애호한다.

대규모 기동 훈련 따위는 아예 하지도 않는다. 이런 군대에 전문성, 실전 능력은 기대할 수 없다. 게다가 이 공간을 병사의 피와 살로 채워 넣는다.

2022)에서는 북부보다 남부 전선이 모든 면에서 이스라엘에 불리하기도 했지만, 벤 쇼함 여단장이 전면 침공을 예상하지 못하고 첫날 내내 갈릴리호수 근처 전방 사령부가 있던 나파크에서 지휘했던 것도 중요한 잘못이었다고 지적했다.

첫날 밤, 시리아는 완전히 승기를 잡았다. 골란고원의 주요 도로, 즉 요르단강을 건너 시리아로 향하는 도로 대부분은 남서쪽에서 북동쪽까지 사선으로 나 있는데, 퍼플라인과 나파크 사이에 이 도로들을 남북으로 연결하는 도로가 하나 있다. 두 번째 종단 도로는 나파크를 가운데 두고 남북으로 시원하게 뻗어 있다. 이 도로를 탭 도로라고 하는데, 탭 도로를 따라 나파크 남쪽으로 내려가면 후쉬니아와 주하데르라는 2개의 교차로가 있다. 이 교차로가 이날의 요충지였다. 이 교차로에서 한 부대는 우회해서 탭을 따라 나파크로 향하고, 한 부대는 계속 직진해서 요단강에 있는 2개의 교량을 점거하면 작전은 끝이었다.

이날 이스라엘 생존 전차들은 사방에 고립되어 있고, 탭 도로에는 전차가 한 대도 없었다. 시리아군은 무인지경을 달리는 상황이었다. 그러나 시리아 전차 부대는 기회를 잘 활용하지 못했다. 밤거리를 우르르 몰려다니는 10대 소년들처럼, 부대별로 목표가 불확실하거나 지형과 상황 파악이 서툴렀다. 전차의 치명적인 약점이 시야다. 전차 조종은 자동차 운전과 달라서 창문 틈새로 내다보는 것과 같다. 그래서 해치에 관측 장치가 있어도 지형이나 전체적인 상황을 파악할 수는 없다. 이스라엘 전차장들은 해치를 열고 몸을 내밀고 싸웠다. 이것이 장교와 전차장의 부상률을 크게 높였다. 전투가 시작되면 중대장, 대대장은 3분의 2가 죽거나 다쳤다. 하지만 지형과 상황을 파악하려면 이 방법밖에 없었다.

이와 달리, 시리아 전차장들은 해치를 닫고 움직였다. 전차 대결에서는 서로 장단점이 있지만, 방어선을 돌파해 후방에 침투했을 때 오히려 문제가 되었다. 시리아 전차들은 길과 목표를 잃고 방황하기 시작했다. 야간에 이스라엘군 전차와 길에서 스쳐 지나간 적도 있었다. 야시 장비가 있으니 야간에 시리아군의 전술적 움직임은 훨씬 훌륭해야 했다. 첫날 바라크 여단 지휘부는 이 침공을 국지 도발로 예상했던 탓에 시리아 전차들이 깊이 침투하는 것을 인지하지도, 이해하지도 못했다. 그런데도 시리아군은 이상할 정도로 우왕좌왕하면서 이 결정적 승기를 잡지 못했다.

이스라엘의 젊은 영웅

이날 밤, 탭 도로에 이스라엘군 전차 2대가 출현했다. 막 정비소에서 시신을 꺼낸 후 수리를 마친 전차였다. 지휘관 츠바키 중위는 7기갑과 188기갑 여단에서 근무하고 전역을 한 달 앞 둔 21세의 청년이었다.

츠바키는 이 지역 키부츠 출신으로 지형을 잘 알았다. 그는 통신을 이용해 2대의 전차를 중대 규모의 전차인 것처럼 속였다(첫 전투 후, 1대는 고장으로 귀환했다). 여단장 벤 쇼함마저 그 연극에 속아 넘어갔다. 그만큼 혼란스러운 밤이었다. 이스라엘군은 상황과 지형을 확실히 파악하고 있었고, 시리아군은 그렇지 못했다. 탭 도로는 직선으로 쭉 뻗게 설계했는데, 중간중간에 능선과 경사가 있었다. 그래서 일단 경사로의 끝부분처럼 유리한 위치를 선점하면 사계가 확 열렸다. 츠바키는 이런 지형을 영리하게 이용했다. 어둠 속을 신중하게 이동해서 감제 지역에 도달하면 먼저 쏘고 사라졌다. 게다가 이 일대에 아군 전차는 한 대도 없었으므로 츠바키는 상대를 확인할 필요가 없었다.

츠바키는 적진 한복판에 있는 완벽한 저격수였다. 이날 후쉬니아 교차로에서 나파크로 향한 시리아 전차는 100여 대였다. 츠바키조차 정확한 대수는 모르지만, 거의 100대를 파괴했다는 설도 있다.

그렇게 츠바키는 1 대 100의 대결에서 승리했다. 그러나 이 전투의 교훈은 숫자가 기준이 아니다. 지형과 상황을 장악하고 어둠 속에서 방아쇠를 당기는 자와 그러지 못한 자의 격차라고 해야 할 것이다.

벤 쇼함은 뒤늦게 전방으로 나갔지만, 이미 여단은 궤멸 상태였다. 7일, 벤 쇼함은 츠바키를 포함한 생존한 전차들을 긁어모아 나파크 쪽으로 향했다. 본부를 사수하면서 방어선을 재구축하려고 했던 것이다. 본부에 거의 도달했을 때 길 옆에 버려진 시리아 전차가 있었다. 여단장, 부여단장, 작전장교가 한 전차에 타고 있었고, 모두 해치를 열고 상체를 내밀고 있었다. 벤 쇼함은 마음이 급해서 빨리 몰았고, 뒤따르던 전차들은 사격하고 멈추며 퇴각하다 보니 거리가 멀어졌다. 시리아 전차 안에서 죽은 척하고 있던 병사는 전차가 혼자인 것을 보고 기관총을 퍼부었다. 벤 쇼함 등은 즉사했고, 조종수가 놀라 급선회를 하는 바람에 전차가 전복되었다.

벤 쇼함이 전사한 직후, 시리아 전차 1개 대대와 보병부대가 나파크 기지로 침투했다. 실전 경험도 전무한 본부 요원들이 바주카포로 맞섰다. 절망적인 상황에서 난데없이 이스라엘 전차 2대가 나타나 시리아 전차를 타격했다. 시리아 전차들은 놀라 도망쳤다. 두 방면에서 기병대가 동시에 출현했다. 하나는 막 도착한 동원 예비군 기갑부대였다. 하나는 저격병 역할을 끝내고 증원 부대와 함께 주간 전투에 참여했던 츠바키였다. 주간 전투에서 이스라엘 전차가 거의 절멸되었지만, 츠바키는 이때도 살아남아 본부로 귀환하다가 기지를 구했다.

나파크와는 별도로 요단강을 향한 시리아 전차대는 탭 도로를 건너 목표인 요르단강과 도로가 나선형으로 꼬여 일렬종대로 경사를 오르는 전차대의 측면을 타격할 수 있는 요충지인 가믈라언덕까지 10킬로미터도 안 남은 지점까지 진출했다. 갈릴리호 남단을 향한 여단은 호수를 내려다보는 엘알에 도착했다. 그러나 여기서 시리아군은 알 수 없는 이유로 머뭇거리면서 결정적 순간을 놓쳤다.

시리아의 오판

이스라엘 사령부는 골란고원에서의 위기를 파악한 순간, 시나이에 집중하던 공군을 골란고원으로 돌렸다. 극단적인 선택이었지만, 대공 미사일 방어망에서 멀어지면서 전투기는 시리아 전차대에 공포를 안겼다. 절망적인 상황에서도 임무를 포기하지 않은 츠바키와 병사들의 분투도 기여했다. 또 하나 결정적인 요인은 시리아의 사령부였다. 그들은 현장에서 멀리 떨어진 곳에 있었다. 벤 쇼함 여단장마저 츠바키의 허세에 속았던 사실을 상기하자. 후방 사령부는 전체 계획은 훌륭하게 짤 수 있었지만, 골란고원의 승부는 심할 때는 15분 차이로 결정적인 국면이 벌어지곤 했다. 기동전일수록 찰나의 판단으로 승부가 바뀐다. 시리아군은 혼란을 예상하고 통제하고 극복할 준비가 되어 있지 않았다.

어둠을 싫어하는 것이 사령부의 생리다. 전선이 걷잡을 수 없이 혼란해지자 시리아군 사령부는 7일 오후 5시 부로 전 전선에 진격 중지 명령을 내렸다. 일단 상황을 파악하고 정비해 한곳에 집중하자는 생각이었다. 난전으로 가면 시리아군에게 불리하다는 생각도 했을 것이다. 그러나 그런 불리함을 인정했기에 물량 공세로 나갔던 것 아닌가?

전장에서 임기응변과 원칙은 항상 충돌을 일으킨다. 결국 어느 쪽을 따라야 하느냐는 질문은 난센스다. 절대적인 원칙은 없다. 선택의 문제다. 그 선택이 항상 성공적인 결과를 낳지도 않는다. 임무형 전술의 개발자인 2차대전의 독일군이나 이스라엘군도 이 선택에서 잘못된 결정을 내린 적이 있다. 분명한 사실은, 올바른 선택을 할 수 있게 더욱 철저히 훈련하고 준비해야 한다는 것이다. 그렇지 않을 때 결정적 순간에 오판을 내릴 가능성이 더 커진다. 아니, 준비가 부족하면 반드시 오판하게 된다.

비판적인 사람들은 임무형 전술이 현장 지휘관이 큰 그림을 보지 못하게 만든다고 말한다. 그런데 현장의 제한된 정보를 수합하는 상황실에서는 과연 전체 그림을 알 수 있을까? 파편적인 정보만 있다면 코끼리 한 마리를 6명의 거인으로 둔갑시킬 수도 있다. 21세기에도 위성과 공중의 눈으로 전황을 꿰뚫어 볼 수 있는 나라는 미국과 나토연합군 정도다.

결국 시리아 사령부는 현장과 원칙을 무시하는 결정을 내린다. 깃발을 꽂기 직전의 남부군을 멈춰 세우고, 1개 사단을 북부 지원으로 돌렸다. 처음 계획에서는 남부가 주된 목표이고 북부가 부가적 목표여서, 급하게 동원한 이스라엘 동원 사단은 남부를 향해 죽어라 달려오고 있었는데 말이다.

10월 7일, 남부 전선이 붕괴 직전일 때 북부 전선의 전황도 격렬하면서도 어두워지고 있었다. 다시 악몽의 밤이 왔다. 남부에서 이동한 3사단이 합류하면서 전력이 보강된 시리아군은 500대의 전차로 헤르모니트에서 부스터 능선 사이 15킬로미터 지점에 맹공을 퍼부었다.

전력은 10 대 1이었지만, 이곳 지형은 시리아군에게 심각하게 불리했다. 이스라엘군이 고지를 선점해 시야가 완벽하게 트였다. 더 중요한 점은 이곳이 평평한 평지가 아니라 파도처럼 굴곡 있는 지형이라는 점이다. 평지나 오르막길에 있을 때보다 완만한 내리막에 있을 때 전차는 조준선에 확실히 노출된다. 반면 시리아군은 내리막에서는 발포가 곤란했다. 평지에서도 전차포를 최대로 높여서 사격해야 하고, 이동 사격은 익숙하지 않았으며, 정지 사격은 전체 돌진에 지장을 주고 이스라엘의 포격에 맞을 확률을 높였다.

필자는 기갑전 전문가가 아니지만, 시리아군이 이곳의 지형을 좀 더 정밀하게 측정하고, 접근 계획을 더 치밀하게 세웠어야 한다고 본다. 지뢰밭을 피해 통로를 더 다양하게 개척하고, 사격 가능 지점과 피탄 확률이 높은 구간을 나누고 부분 전술을 도입했어야 했다. 내리막 구간에서는 연막 차장을 하든지, 돌격팀과 지원팀으로 나눠 각개약진하듯 서로 체계적으로 엄호 사격을 하면서 진격했더라면 어땠을까?

전차도 중대, 소대가 서로 엄호하며 전진하는 각개약진

전술이 있다. 소련도 2차대전 때 한 점에 집중 포격하고 전차로 돌파하는 돌파 전술을 잘 구사했다. 그런데 왜 소련 군사 고문단은 이런 전술을 전수하지 못했을까? 포병과 전차, 전차 소대와 전차 소대 간에 더욱 연대하여 집중적으로 정확하게 한 점씩 제압하는 전투를 했더라면 어땠을까?

모든 상황을 복기해보면, 시리아군은 준비와 훈련이 되어 있지 않았다. 세계에서 훈련이 가장 잘된 군대를 상대하면서 물량으로만 밀어붙였다. 여기서 말한 물량에는 인명도 포함된다.

부스터 능선 앞에 섰을 때 양식 있고 똑똑한 시리아군 젊은 장교의 심정은 어땠을까? 전차 안, 강철로 된 좁은 방 안에서 명령만 기다리고 있던 병사들은? 가느다란 틈, 조준경 사이로 보이는 세상이 그들이 보는 마지막 풍경일 수 있었다. 현명한 병사들도 그 순간만은 이런 말을 믿었을 것이다.

"두려워 말고 돌진하라. 적은 한 줌도 되지 않는다. 다시 말한다. 멈추지 말고 돌진하라. 그것만이 너와 동료들의 목숨을 구하는 최선의 방법이다!" 아마 누군가는 이렇게 중얼거렸을 것이다. "그래, 해보자. 으르렁대는 엔진에 목숨을 걸고."

반면 이스라엘군은 인명을 중시한다. 이런 말을 하면 "유대인의 인명만큼 타인의 인명도 중시하라"라며 비꼬는 사람이 많을 것이다. 맞는 말이다. 순전히 전술적 관점에서 보면 이스라엘은 자신의 군대와 병력에 대한 애착이 대단하고 그것을 전술에 반영한다. 지휘관이 선두에서 죽어 나가고 전선에서 부대가 녹아 없어지는 전투를 하면서도 인명을 헛되이 희생시켜서는 안 된다는 원칙을 철저히 지킨다. 이는 전술에도 반영한다. 물론 이스라엘의 인명론에는 전술적 계산도 있다. 인구 비례상 이스라엘군 전사자 10명은 아랍군 100명에 해당한다. 이스라엘은 10 대 1의 승리가 아니면 패배나 다름없다.

민주국가에서는 전쟁 영웅이 정치가가 될 수 있지만, 승리가 정권의 연장을 보장하지는 못한다. 그만큼 승리하기보다는 무모한 인명 손실을 두려워한다. 전제 국가, 독재 국가는 다르다. 시리아 대통령 아사드는 중동에서 가장 성공한 독재자다. 성공했다는 말이 민망하지만, 전쟁에서 패하고 국가가 내전으로 초토화됐는데도 2대째 정권을 유지하고 있다.

부스터 능선, 그 아래 눈물의 계곡에서 시리아 전차들의 무모한 돌격으로 인해 전투는 살육전으로 바뀌었다.

영웅들의 분전과 반전

이스라엘군은 엄청나게 선전했지만, 물량 앞에는 장사가 없었다. 이스라엘군도 녹아나고 있었다. 대대가 중대가 되고, 중대가 소대가 되었다. 그나마 버틸 수 있었던 것은 훌륭한 정비 능력 덕분이었다. 이스라엘은 국민을 장인으로 만드는 데는 이골이 난 집단이다. 숙련된 정비반들은 부서진 전차들을 끊임없이 재생했고, 살아남은 병사들은 즉석에서 팀을 꾸려 전선으로 향했다.

하지만 장교와 전차장의 손실은 메꿀 수 없었다. 카할라니 대대의 경우 성한 중대장이 한 명뿐이었다. 전사한 중대장을 즉석에서 대체했지만 대체 인원도 한계가 있었다. 또한 중대장을 대체하는 중위가 아무리 유능해도 준비된 리더의 리더십은 대체할 수 없다. 군기가 잡힌 군대는 전투 중에 지휘관이 바뀌었다고 해서 불복종하지는 않지만, 특별한 용기나 결단을 요구하는 순간에 따르지 않을 위험성은 상당히 높아진다. 새 중대장이 알렉산드로스 왕자나 롬멜 중위 같은 천재 전술가일 수 있고 그가 더 기발한 아이디어를 제시할 수는 있다. 하지만 아이디어를 실행으로 옮기는 능력, 리더십은 신뢰가 쌓여야 하기 때문에 시간이 필요하다. 롬멜조차 첫 중대 지휘 때 권총을 뽑아 들고 전진하길 두려워하는 소위를 윽박질러야 했다. 롬멜은 그 일을 평생의 수치로 기억한다고 회고했지만, 그 소위도 6개월 후에 유명해진 롬멜을 신임 중대장으로 만났더라면 자신도 그러지 않았을 것이라고 대답할 것이다.

9일 아침, 대피와 정비를 위해 능선 아래로 내려와 있던 카할라니는 부스터 능선을 향해 시리아 전차대가 맹렬하게 돌격해 오고 있다는 소식을 들었다. 아뿔싸, 치명적인 착오였다. 연대장도 시리아에게 아직 이런 힘과 용기가 남아 있으리라고는 생각지 못했다. 놀란 카할라니는 즉시 전차를 발진시켰다. 카할라니는 대대장이 전사한 71대대와 자신의 77대대를 통합 운용하고 있었지만, 전차는 15대뿐이었다.

능선 정상의 포격 진지까지 가야 하는데, 이미 죽음의 탄막 지대를 거의 통과했다. 그들의 승리가 눈앞으로 다가왔다. 하지만 이스라엘군도 인간이었다. 전차병들이 겁을 먹고 움직이지 않았다. 카할라니의 투지와 지금까지의 승리가 물거품으로 돌아갈 순간이었다.

카할라니는 사병 출신의 장교다. 그의 부모는 예멘에서 왔고, 아버지는 2차대전 참전 용사로 시골에서 전차를 몰던 아들과 함께 작은 카센터를 운영하는 것이 꿈이었다. 이스라엘인은 같은 유대인이라도 금발의 백인에서 전형적인 아랍인까지 다양한 인종이 섞여 있다. 카할라니는 다른 사람들보다도 더 까무잡잡해서 아랍인처럼 보였다. 지휘관들은 일찌감치 카할라니의 기갑병과 잠재력을 발견하고 키워주었지만, 카할라니는 결코 고분고분한 병사는 아니었다. 자존감이 너무 세고 출세욕도 굉장했으며 부당한 대우에는 타협이 없었다. 하지만 그는 최고의 기갑 장교였고, 불굴의 투지와 의욕을 지녔다. 값비싼 전차를 다루어야 하는 만큼 꼼꼼하고 엄정했고, 원칙에 어긋나는 일은 변명을 허용하지 않았다. 하지만 그는 병과와 보직을 가리지 않았고, 장병들의 애로와 심리를 이해하려고 했으며, 전장에서는 선봉에 섰다. 그는 부하들에게 경례라는 어색한 행동을 요구했지만, 휘하 중대장들에게도 항상 부하들과 함께 행동하고 스스럼없이 어울릴 것을 요구했다.

골란고원에서 이동할 때, 그는 선두에서 무전기를 들고 도로의 상태에 대해 병사들에게 끊임없이 잔소리를 했다. 그럴 만도 했던 것이 전투는 임박했고, 조종수 대부분은 이곳이 처음이었다. 그러다가 그만 자신의 전차가 구덩이에 빠져버렸다. 그는 즉시 송신기에 입을 대고 "이런 곳을 조심하라"라고 말했다. 그때 에미 중대장이 그의 전차 곁을 지나가면서 말했다. "알았다. 우린 빠지지 않겠다." 아마 모든 대원이 속으로 '에미 만세'를 부르며 웃었을 것이다.

카할라니는 또 한 번 곤혹스러운 경험을 했다. 10월 6일, 오늘 중으로 전쟁이 시작된다는 첩보를 듣고 본부 사무실에서 정신없이 지시를 내리고 있을 때였다. 작전과의 여군한 명이 카할라니에게 똑바로 다가오더니 마치 기자처럼 질문을 던지기 시작했다.

"대대장님은 우리 대대에서 6일전쟁에 참전하신 유일한 분이시죠?"

"그래."

"전쟁 경험이 있으신 분으로서 지금 기분이 어떠신가요?"

본부 요원 전체가 모두 하던 일을 멈추고 이 장면을 구경했다.

"괜찮아. 대대는 모두 준비되어 있고, 승무원의 훈련 상태도 훌륭해. 난 자신 있어."

그 여군은 부하들 앞이라서 하는 형식적인 답변이라고 생각했던 것 같다. 더 직설적으로 질문을 던졌다.

"두렵지 않으십니까? 6일전쟁 때 엄청난 상처를 입으셨잖아요. 그 트라우마 때문에 더 두려우실 것 같은데요."

카할라니는 6일전쟁 때 이집트군의 전차포에 직격을 받

아 전신에 화상을 입고 거의 폐인이 될 뻔했다. 그가 군 생활을 이어갈 수 있었던 자체가 기적이었다.

강철 같던 카할라니도 여군의 당돌함에 당황했다. 그는 부하에게서 이런 질문을 받아본 적이 없었다. '어떻게 해야 하나? 태도는? 답은? 아니, 지금 한가하게 이런 대화를 할 때인가? 방금 전까지 일분일초를 아까워하며 부하들에게 정신없이 지시하고 있지 않았던가? 부하들은 이 장면을 보면서 무슨 생각을 하고 있을까? 속으로 키득거리고 있으려나? 도대체 이 아가씨는 언제 질문 공세를 끝낼 건가?'

그래도 카할라니는 화를 내거나 소리치지 않았다. 속으로는 '이제 질문은 그만'이라고 생각했지만, 병사의 심리, 용기, 자신의 심정에 대해서 길게 답변했다. 그제야 여군이 질문을 그치고 악수를 청했다. "행운을 빕니다." 사병인지 기자인지 알 수 없는 행동이었지만, 카할라니는 화를 내지 않았고, 사무실은 다시 전쟁 모드로 돌아갔다.

대부분의 군대와 조직은 이런 순간을 참아내지 못하고 어떤 노력도 거부한다. 그 덕에 상관과 부하가 같이 무능해진다. 결정적인 순간이 오면 리더는 더 강압적이 되고, 병사들은 도피하거나 맹종한다.

카할라니는 대대원에게 인기가 많았지만, 지금 이끄는 전차병 중 절반은 다른 대대원이었다. 그리고 그들의 진짜 리더인 중대장은 한 명뿐이었다. 카할라니는 자신이 앞장서서 진격한다고 해도 이번에는 병사들이 따르지 않을 것임을 직감했다. 일분일초를 다투는 상황에서 그는 송신기를 들었고, 짧은 연설을 시작했다.

"저기 언덕을 기어오르는 시리아군을 보라. 얼마나 용감한가? 도대체 지금 우린 뭘 하는 건가? 우린 적보다 강하고 용감하지 않은가?"

테르모필레전투에서 페르시아 황제는 스파르타군에게 투항을 권하면서 이렇게 말했다. "우리 대군이 활을 쏘면 화살이 하늘을 덮는다." 이때 "너희 화살은 대나무 꼬챙이야", "하늘을 덮으면 뭘 해? 죄다 빗나갈걸"이라고 대답했다면 스파르타군의 사기는 저하되었을 것이다. 하지만 부대 최고의 전사는 이렇게 답변했다. "그럼 우리는 화살 밑에서 싸우겠다!" 이것이 전사의 화법이다.

카할라니의 한마디가 기적을 일으켰다. 눈물의 계곡에 주저앉은 전차만 250대가 넘었다. 그 사이로 시리아군이 돌진해 오고 있었다. 그들의 용기에 질린 감정이 명예심으로 바뀌었다. 제일 먼저 반응을 보인 부대는 에미 중대였다.

이것이 축적된 리더십의 힘이다. 에미마저 살아 있지 않았다면, 전사의 화법이고 뭐고 소용없었을 수도 있다.

카할라니가 막 정상 진지에 도달했을 때, 시리아군 선두 전차는 능선에 도착해 언덕 위로 올라오는 중이었다. 몇 초 차이였다. 시리아 전차의 승무원도 마음속으로 초를 세며 전진하고 있었을 것이다. "다 왔다. 승리가 눈앞이다." 바로 그때, 철갑탄이 터지며 전차를 파고들었다.

카할라니의 분전은 그를 이스라엘 최고 영웅으로 만들었지만, 그의 승리는 패배의 시간을 늦추었을 뿐이었다. 카할라니의 77대대를 포함해서 부스터 능선 근처에 남아 있는 전차는 7대뿐이었다. 포탄도 떨어졌고 더 이상 손쓸 방법이 없었다. 절망하고 패배를 인정하려 할 때쯤, 난데없이 전차 13대가 나타났다. 이 부대는 단숨에 시리아 전차 30대를 격파했다. 지휘관은 카할라니의 소대장 동기 4명 중에 유일하게 살아남은 벤 한난 중령이었다. 바라크 여단 소속이던 그는 히말라야에서 신혼여행을 즐기다가 호텔 직원에게서 고국에 전쟁이 났다는 소식을 듣고 바로 골란고원으로 복귀했다. 그리고 정비창에서 전차와 승무원을 긁어모아 달려온 것이었다.

기막힌 등장이었지만, 전체 전선으로 보면 갈증으로 죽

기 직전의 환자에게 물 한 잔을 준 것에 불과했다. 이들 외에 사방 어디에도 증원군은 없었다.

그런데 그때 기적 같은 일이 벌어졌다. 시리아군이 퇴각하기 시작했다. 그들도 지칠 대로 지치기도 했지만, 벤 한난의 증원 부대가 출현하자 '이스라엘 동원 부대가 도착하기 전에 전선을 장악해야 한다'는 트라우마가 작동하기 시작한 것이다. 이미 그들이 예상한 36시간이 지났으니 이런 생각을 한 것도 무리는 아니었다. 돌이켜 보면, 시리아군의 성급한 인해전술, 퍼플라인을 돌파하고도 우왕좌왕했던 행동의 결정적 요인은 이스라엘의 동원군에 대한 트라우마와 36시간이란 압박이었다. 놀라운 동원 체제라는 눈에 보이지 않는 기계가 이스라엘을 구한 일등공신인 셈이었다.

나는 방어를 믿지 않습니다. 공격해야 합니다.
— 무사 펠레드, 이스라엘 동원 사단장

남부 전선은 시리아가 승리했지만, 열매를 따지 않은 덕분에 여신의 가호가 이스라엘군에 넘어갔다. 7일까지만 해도 이스라엘 사령부는 골란고원은 잃은 것이나 다름없다고 생각하고 있었다.

이제 골란고원을 회복하려면 6일전쟁 때와는 비교할 수 없는 희생을 치러야 할 것이다. 아니, 회복 시도조차 할 수 없을지도 모른다. 시리아 전차대가 북부 이스라엘을 초토화시킬 수도 있다. 그러면 책임은 영락없이 자신들이 져야 한다.

이런 아이러니가 없었다. 국방상 다얀과 참모총장 엘라자르는 골란고원 점령의 주역이었고, 그 승리가 그들을 그 자리까지 이끌었다. 그런데 이제 자신들의 손으로 골란고원을 넘겨주고, 죄 없는 젊은이들의 죽음을 보상해야 할 판이다. 그들이 보기에 상황은 되돌릴 길이 없어 보였다. 절망적이고 처참한 심정이었다. 다얀은 골란고원으로 달려갔는데, 나중에 동원 사단을 이끌고 온 무사 펠레드 장군을 만나자 눈물을 줄줄 흘렸다. 반가움의 눈물이 아니라 병사들을 죽음의 자리로 들여보내야 하는 죄책감 때문이었을 것이다.

그러나 상황이 절망적이라고 손과 발까지 멈출 수는 없었다. 역전의 용사들답게 결전의 자세로 부대를 닥치는 대로 고원으로 올려보냈다. 너무 급한 나머지, 사복 차림으로 집에서 싸 온 간식을 메고 전차에 탑승한 병사도 있었다.

위험한 투입이었지만 전투 개시 9시간 만에 첫 동원부대가 골란고원에 진입했다. 이것은 후방에 있던 시리아군 사령부를 놀라게 했고, 계속 오판을 저지르는 요인이 되었다.

시리아군은 상부의 명령으로 전진을 중단했지만, 조금만 융통성을 발휘했더라면 목 좋은 사격 거점을 차지하고 고원으로 진입하는 이스라엘 전차들을 저격할 수 있었다. 동원 부대의 전차 중에는 2차대전 때 썼던 셔먼도 있었다. 주포를 105밀리미터로 교체한 것은 절반 정도였다. 나머지는 세계대전 때의 추억만을 안고 참전했다.

간간이 매복하고 준비한 전차도 있었지만, 대부분은 반대로 행동했다. 고원 평지에 주저앉아 밤을 새웠고, 막 투입된 이스라엘 전차들이 요지를 장악하고 싸움을 걸었다.

형편없을 것이라 생각했던 셔먼 전차가 의외로 괜찮은 활약을 했다. 셔먼의 놀림거리였던 껑충한 키는 굴곡진 땅의 경사 뒤편이나 바위 뒤에서 앞에 엄폐물을 두고 사격하기에 적합했다. 차고가 낮은 소련 전차들은 평원 전투에서는 유리하지만 이런 지형에서는 차고가 높은 이스라엘 전차가 유리했고, 셔먼이 그중에서도 제일 컸다.

낡은 셔먼과 함께 낡은 장군 한 명이 골란고원에 투입되었다. 전임 참모총장이며 수에즈 방어선인 바레브 라인의 입안자인 하임 바레브였다. 전역한 그는 상무장관으로 재직 중이었는데, 다얀과 엘라자르는 시찰 명목으로 그를 파견해 북부 전선 사령관인 호피 장군의 임무를 사실상 대체하게 했다. 이스라엘에서나 가능한 발상이었다.

이스라엘의 동원 예비군에는 두 종류가 있다. 사전에 전투 지역이 정해져 있는 예비군과 상황에 따라 투입지를 결정하는 전략 예비군이다. 어느 예비군이든 지휘부는 상근 상태다. 전략 예비군 146기갑 사단장은 무사 펠레드 소장으로, 잘 알려지지 않았지만 탈 장군만큼이나 기갑 지휘관으로 명성이 높았다. 두 사람의 성격은 정반대였다. 탈은 꼼꼼하고 아랫사람과 대화할 때도 항상 노트를 꺼내 메모하면서 의견을 경청하는 신사였다. 펠레드는 수염투성이인 용모 그대로 투사였다. 부하들에게도 툭툭 던지듯이 말했고, 무시하거나 비아냥거리는 것처럼 들렸다. 7일 오전에 그는 엘라자르에게서 북부 전선이 위태로우며 그가 당장 달려가야 한다는 말을 들었다.

다른 이스라엘 지휘관들과 마찬가지로 그는 부대 편성과 이동은 부하 장교에게 맡기고 현장으로 달려갔다. 이스라엘 지휘관들은 현장 파악에 강박증이 있었다. 지휘관이 누구보다 먼저 현장에 가서 상황을 파악하고 전술을 결정해야 한다. 그렇지 않은 지휘관들은 나중에 상관에게 비난을 받거나 책임을 뒤집어썼다.

펠레드의 심리전

펠레드가 북부 사령부에 도착했을 때 바레브는 먼저 도착해 있었다. 사령부의 1안은 요르단강 다리를 폭파하고 방어선을 구축하는 것이었다. 2안은 펠레드 사단을 전방 사령부가 있는 나파크로 보내 반격을 준비하는 것이었다. 그곳은 말 그대로 사령부 자리이고, 북부, 남부 전선의 중앙이어서 정세를 보고 적절한 2차 행동을 선택하기에 적합해 보였다.

싸움꾼 펠레드는 목청을 높였다. "이건 끔찍한 실수야. 나파크까지 이동하는 데만 8시간이 더 걸린다고. 늘어난 거리만큼 고장으로 탈락하는 전차도 더 늘어날 거야." 이스라엘의 동원 체제는 세계 최고라고 불리지만, 세계 최고라고 100% 가동된다는 뜻은 아니다. 막상 전쟁이 벌어지니 별별 문제점이 드러났다. 창고에 재워놓았던 2급 전차, 낡은 전차는 고장률이 높았다. 정비 인력과 부품, 전차가 소모하는 모든 물자에 대한 수급과 운반은 혼란 그 자체였다. 전투가 시작되고, 전선이 움직이면 이런 구멍들은 대혼란으로 바뀔 것이다. 그나마 시간이 충분하다면 해결될 문제겠지만, 골란고원의 전투는 초 단위로 운명이 바뀔 예정이었다.

펠레드는 대단히 현실적인 문제를 지적했지만, 진짜 본의는 '수비로는 이길 수 없다'는 것이었다. 아니면 강을 사이에 두고 벌이는 소모전은 물량이 우세한 시리아군에 더 유리한 환경을 제공할 뿐이라고 생각했을 수도 있다.

지휘관에는 전사형과 경영형이 있다. 어느 형이 더 좋다고 할 수는 없다. '닥치면 해결하면 된다'는 전사형은 상대의 공격 징후를 놓치고 투박한 싸움을 벌이다가 자멸할 수 있다. 경영형은 적의 동향에 신경 쓰고 사전 예측이 정확하지만, 상황이 불리해지거나 심리적으로 위축되었을 때 수동적으로 변할 수 있다.

전쟁사에서는 커다란 실수를 저지르는 지휘관 중에는 애초에 무능했던 인물도 있지만, 훌륭한 자질을 갖추었던 인물이 갑자기 치명적인 잘못을 저지르는 경우도 많다. 자질과 상황이 맞지 않거나 충격으로 심리가 동요했을 때다. 특히 후자의 경우는 누구에게나 발생할 수 있다. 나폴레옹도 사료를 뒤져보면 여러 번 한심한 모습을 보였다. 알렉산드로스나 카이사르는 이런 실수가 없었을까? 다만 기록이 남아 있지 않을 뿐이다.

470

이츠하크 호피는 유능한 지휘관이었지만, 24시간 동안 시달리느라 지치고 위축되어 있었다. 이 상태를 파악하고, 바레브를 급파한 것은 신의 한 수였다. 자문관처럼 호피의 옆에 앉아서 회의를 경청하던 바레브는 펠레드의 손을 들어주었다.

펠레드의 계획은 남부 전선의 최남단 갈릴리호 동쪽에서 진격해서 탭 라인을 따라 시리아군을 소탕하면서 북쪽으로 밀고 올라가자는 것이었다. 주하데르 교차로에서 갈릴리를 향해 두 갈래 길이 뻗어 있으니 두 팀으로 나누어 진격한다는 계획이었다. A팀 1개 여단은 가믈라언덕을 지나 주하데르 교차로에서 좌회전하여 탭 도로를 따라 후쉬니야까지 진격한다. B팀 2개 여단은 남쪽 엘알에서 출발하여 주하데르를 지나 퍼플라인의 A7과 A8 거점 사이에 있는 라피드로 진격한다.

라피드는 시리아군 9사단과 5사단 사이의 돌출부다. 9사단과 5사단이 양쪽 팔이라면 B팀은 두 팔 사이 몸통에 펀치를 날리고 클린치를 하는 셈이었다. 그사이에 A팀은 탭 도로를 따라 닥치는 대로 걷어차면서 나간다.

시공간을 옮겨서 노르망디에 똑같은 지형이 있었다고 가

정하면, 패튼이 이런 계획을 내놓았다면 다들 기겁했을 것이다. "그럼 주하데르는 누가 지킵니까? B팀은 단숨에 양측면에서 공격을 받으며 고립되고 말 겁니다. A팀은 탭 도로 안팎으로 시리아군 주력이 바글바글한데, 양쪽 옆구리를 드러내고 가장 탁 트인 도로를 따라 전진하자고요?"

패튼은 뭐라고 답했을까?

옳은 말이야 우리가 측면을 얻어맞는다면 정말로 자네 말처럼 되고 말겠군. 하지만 적은 사자가 아니야, 우리가 사자지. 자, 어서 가서 맘껏 달려보자고!

패튼과 롬멜의 승리 비결은 지도상의 가능성만 가지고 전술을 구상하지 않는다는 것이다. 야전 지휘관은 현장의 공기를 호흡하고, 승리의 냄새를 맡을 줄 알아야 한다. 지형, 상태, 피로, 아군과 적군의 수준을 가늠해서 적의 대응을 예측하고 작전을 실행한다. "우리가 탭 도로를 가르고 나아가면 적은 덤벼들기는커녕 무너질 것이다." 이것이 펠레드의 구상이었다. 그리고 예상대로 되었다. 결국 시리아군은 골란고원에 900대의 전차를 남긴 채 퇴각했다. 그중에는 수리하면 쓸 만한 전차도 많았다. 파괴된 전차 일부는 지금도 그 자리에 남아 있다.

歷 ● 史 역사 다시 보기

군기 빠진 이스라엘군

이스라엘군에도 비겁자, 지위에 걸맞지 않은 무능력자가 많다. 부하들에게 재떨이를 집어 던지는 지휘관도 있다. 하지만 이스라엘의 절박감이 만들어낸 최고의 작품은 버릇없고 고분고분하지 않은 병사를 참아낼 수 있는 리더십을 장교들에게 보급한 것이다.

이스라엘군의 형편없는 군기는 유명하다. 모자는 주머니에 구겨 넣고, 상관과 맞담배를 피우는 것은 익히 알려진 사실이다. 20년간 군 생활을 하면서 장군에게 경례 한 번 한 적 없다는 무용담도 돌아다닌다. 흔히 이런 분위기를 '군기 없음', '군기 무시'라고 여긴다. 하지만 이건 '군기 없음'이 아니라 군기가 드러나는 방식이 다른 것이다.

이런 무례한 태도가 모든 부대에 동일하게 적용되지도 않는다. 외면상 제일 건방진 건 공수부대이고, 장비를 다루는 기갑은 의외로 엄격하다. 그런데 샤론이나 라파엘 에이탄처럼 이스라엘 기갑 지휘관 중에는 공수부대 출신도 많다.

무엇보다도 모자를 쓰지 않고 말대답을 해도 된다고 해서 명령을 거부해도 되는 건 아니다. 명령과 책임은 절대적이다. 그리고 반대 의견을 제시해도 될 때와 즉시 행동으로 옮겨야 할 때를 정확히 판단해야 한다.

14 뒤바뀐 전황

수에즈 동편의 전쟁

전설로 남은 '사브라'

10월 6일 오전, 40대 남성 4명이 콧노래를 흥얼거리며 전차와 사람이 분주하게 움직이는 기갑 사령부에 모여들었다. 그들을 아는 병사들은 별로 이상하게 생각하지 않았지만, 젊은 병사들은 '저 아저씨들은 뭐야?'라는 표정이었다. 아버지뻘인 나이도 나이지만, 복장과 태도, 풍기는 분위기도 사뭇 달랐다. 말끔한 직장인, 학자풍의 아저씨, 시골 키부츠에서 온 것이 분명한 커다란 배낭을 둘러멘 농부, 장사꾼까지….

그들은 1950년대에 이스라엘에 동원 예비군 체제가 갖추어질 때 처음 만났다. 20대 청년들은 특기나 기술이 있다고 해도 실력이나 경력이 일천하기 마련인데, 군에서는 그

짧은 경력도 소중하다. 필자도 동원 예비군 사단에서 근무했었는데, 입대 전 직업이 택시 운전사인 사병이 있었다. 장교들은 환호성을 지르며 당장 그 친구를 사단장 운전병으로 배속했다. 나중에 들은 바로, 그 친구의 택시 기사 경력은 채 1년이 안 되었다.

동원 예비군은 고만고만한 차이지만 전자장비, 무선, 정비, 운전(키부츠 농장에서 트랙터를 몰던 정도였지만) 특기로 선발되었다. 키부츠의 신화시대라, 이들 모두가 1948년전쟁의 참전자이며 도시 출신이 아닌 키부츠에서 자란 청년들이라는 점도 감안했던 것 같다.

그들에게 떨어진 보직은 유사시 사단장이 탑승하는 지휘 차량 요원이었다. 군은 '지휘 차량 요원'이란 보직을 영구보직으로 결정했다. 덕분에 그들은 매년 동원 기간마다 만나는 평생 동지가 되었다. 20년의 세월이 흐르는 동안 키부츠 청년들은 전자공학 박사, 경제학 교수, 전자제품 상점 사장이 되었다. 여전히 키부츠에서 야생 생활을 즐기는 사람은 운전수 한 명이었다.

6일전쟁 때, 이들은 탈 장군의 지휘 차량을 몰았다. 실전까지 함께한 이들은 평생 동지가 되었다. 어쩌다 동원 훈련이 없으면 서로 연락해 자발적으로 모였다. 이스라엘군에서도 기갑은 전설적인 부서라, 온갖 유능한 장교들과 전쟁 영웅들이 거쳐 갔다. 최고 사령관 직속 팀이라 웬만한 고위 장교들과도 안면이 있었다. 전쟁터는 벌써 네다섯 번째였지만 그들은 여전히 유쾌했다. 게다가 이번 전쟁에는 아들들까지 참전하고 있었다.

이스라엘이라고 해서 모든 예비군이 이들 같진 않다. 아니, 오히려 이들이 드문 경우일 것이다. 이스라엘인의 정신력과 아랍인의 비겁함에 대한 이야기는 거짓에 가까운 신화다. 두 군대가 다르게 행동한다면, 그것은 민족의 우월성 때문이 아니라 사회 환경과 성능의 문제였다. 사다트도 말했듯이, 이전 전쟁에서 이집트군은 원인 제공자가 아니라 피해자였다. 다른 아랍 군대에도 같은 정의를 적용할 수 있을 것이다.

그렇다면 이스라엘군에는 특별한 전사들이 좀 더 많았을까? 그런 증거들만 보면 그런 것 같다. 골란고원에서 전투 중인 카할라니 중령은 어린 시절에 샤론 부대의 람보였던 메이어 하르지온의 드라마를 보고 그를 동경하며 자랐다. 그가 부스터 능선에서 격전을 치르고 있을 때, 하르지온이 한쪽 팔이 없는 상태로 자신과 같은 지역에서 싸우고 있는 줄은 몰랐다.

이스라엘 측에 이런 이야기가 가득한 이유는 그들이 전쟁을 잘 정리했고 기록 시스템이 잘되어 있기 때문이다. 반면 아랍 국가들은 지금도 공식적인 역전의 용사가 없다고 할 정도로 증언을 남겨놓지 않았다.

전쟁터에서 용감하고 남다른 행동을 하는 병사는 언제나 소수다. 그래서 적이든 아군이든 이런 병사의 비율은 비슷하다. 하지만 하나의 촛불이 어둠을 밝히듯이 전투에서 이런 병사의 역할은 놀랄 만큼 크다. 이스라엘의 장점은 특별한 정신력의 소유자가 많은 것이 아니라, 이런 자원들을 잘 발굴하고 조직화했다는 것이다.

장교들의 경우는 더욱 특별해서 할아버지, 아들, 손자가 대를 이어 장교가 되어 싸운다. 중세의 기사처럼 그들은 할아버지와 아버지의 명예를 지키기 위해서 기를 쓰고 노력한다. 이스라엘군 장교의 전사율은 놀랄 정도로 높지만, 살아 돌아온 장교들에게는 그만한 보상이 따른다.

다른 나라가 이스라엘의 방법을 따라 하기는 쉽지 않다. 이스라엘의 예비군 제도는 예상되는 부작용이 적지 않다. 그럼에도 이스라엘이 이 제도를 성공적으로 운영할 수 있는 데는 유대인의 오랜 박해, 2,000년 만에 남의 땅이 된 나라로 귀향한 점, 사방이 적이라는 특수한 사정이 작용했다는 점을 부정할 수 없다.

결론적으로 말하면, 이스라엘의 특수함은 특별한 정신력이 아니라 특별한 사회구조와 군 조직을 낳았고, 그것이 이스라엘군을 강하게 만들었다는 것이다. 아직은 한 세대 이상을 기다려야 하겠지만, 아랍과 이스라엘이 공존의 방식을 찾고 분노의 파도가 진정된다면 우리는 타락한 이스라엘을 보게 될지도 모른다.

제1차 중동전쟁 때 장갑 지휘 차량의 승무원을 선발하는 기준 중 하나가 키부츠 출신이라는 것이었다. 그 전우들 중에서도 1973년에는 키부츠에 남아 있는 친구가 한 명뿐이었다. 그후로 다시 50년이 지났다.

10월 7일 새벽, 남부군 사령관 고넨은 그제야 예하부대에 정지 명령을 내렸다. 전투를 중지하고 증원 부대를 기다리라는 것이었다. 북부 전선에서는 생존자들이 수에즈에서 20킬로미터 떨어진 발루자에 모였다. 긴급 투입된 2개 동원 사단 중 북부 지역을 맡은 아단이 발루자에 도착했다. 하지만 도착한 것은 지휘부뿐이었다. 전차는 훨씬 후방에 있었고, 도중에 이집트 특수부대에 습격당해 그들을 소탕하느라 지체되고 있었다. 겨우 100명의 이집트 특공대는 동원 사단을 3시간이나 저지했다.

이집트는 놀랄 정도로 용의주도했다. 전쟁 전에 이스라엘 전략의 약점을 지적하자, 한 이스라엘 장교가 이런 말을 했다고 전해진다. "우리의 상대는 독일군이 아니라 아랍군일세." 이스라엘은 적을 얕본 대가를 톡톡히 치렀다.

7일, 이스라엘군은 종심 방어 체제로 전환했다. 차라리 이때 이집트군이 돌진했더라면 시나이전쟁은 달라졌을지도 모른다. 1개 여단에 전차가 10대도 되지 않았다. 긴 도로를 따라 늘어서 있는 동원 사단은 오후가 지나야 1진이 도착할 것이다. 2개의 남북 도로 사구 지역을 완전히 포기해야 할 상황이었다.

이집트의 전략, 즉 수에즈운하를 건너 10킬로미터 지역 안에서 교두보를 확보한다는 방침을 몰랐던 이스라엘군은 아무런 이유 없이 전진을 멈춘 이집트군에 고마워하며, 필사적으로 방어 배치를 서둘렀다. 참담했다. 1948년 이래 이스라엘 기갑군은 고수 방어◆란 걸 해본 적이 없었다.

◆ 방어선을 최대한 유지하면서 적의 공격을 저지하는 것을 목적으로 하는 강력한 방어 중심의 작전. 중요한 지형을 확보해 아군의 반격을 용이하게 하는 데 목적이 있다는 점에서 단순 지연 전술과 구분된다.

킵고잉

이집트군에게 수에즈 돌파는 2차대전 때 마지노선을 정면으로 돌파하는 것만큼 압박감이 엄청났다. 이집트군은 물리적인 장벽만이 아니라 이스라엘군에 대한 공포, 피해 규모가 엄청날 것으로 예상된다는 정신적 압박과 싸워야 했다. 다행히 10월 6일, 이집트군은 모든 장벽을 거뜬히 넘었다. 하지만 전쟁에서 완벽한 작전은 없다.

이집트군은 세 번째 장벽, 사구 능선과 포병 도로 앞에서 머뭇거렸다. 7일까지 그들은 렉시콘 근처에 머물러 있었다. 이스라엘 공군을 지나치게 두려워했던 것이었을까? 정작 이스라엘 공군은 시나이를 포기하고 더 급한 골란고원으로 몰려가 격추되고 있었는데 말이다(이것은 이집트가 예상 못한 변수였다). 대전차 부대는 아주 잘 싸워주었지만, 막상 전차 부대의 도하가 지체되어 1,000대를 예상했던 전차가 절반 정도밖에 건너지 못한 것도 이집트군을 주저하게 했다.

역시 이집트군은 독일군이 아니었던 것일까? 그렇게 단정하기는 어렵다. 애초에 이집트군의 목적은 수에즈운하 확보이지, 이스라엘 격멸이 아니었다. 목적을 달성하고 이스라엘 공격 부대를 유인해 격멸하는 데는 방공우산인 10킬로미터의 교두보로도 충분했다. 하지만 첫날 포병 도로까지 진격하기는 무리였다. 도하 작전의 희생과 어려움을 예상해서 이집트군은 7일까지는 렉시콘 주변에 머무르고 8일까지 포병 도로를 확보하는 계획을 세웠다. 포병 도로를 확보하면 부대를 부챗살처럼 진격시켜 5개 사단을 연결하고 완벽한 방어선을 구축할 예정이었다.

사선에서

이스라엘은 결코 병사들을 유기한 적이 없소. 나는 오늘 밤 이들을 구조하고 싶소. – 아리엘 샤론

8일 오전 8시, 만신창이가 된 만들러 사단을 대신해서 싱싱한 이스라엘군 2개 동원 사단이 시동을 걸었다. 서쪽으로 향하던 기갑부대 행렬은 포병 도로가 가까워지자 갑자기 남서쪽으로 방향을 틀었다. 그와 함께 종대로 진행하던 이스라엘군 대열에서 전차들이 좌우로 튀어나오기 시작하더니 완연하게 V자 대형을 형성했다. 2개 대대가 앞에 서고, 1개 대대가 후위에 섰다. 대대는 각각 중대, 소대 단위로 전투 대형을 형성했다.

고지에서 이 광경을 지켜보던 이스라엘 장병들은 먼지를

일으키며 나아가는 강철 대오에 가슴이 웅장해졌다. "그래, 이제 진짜 시작이야." 어떤 이들은 눈물까지 흘렸다.

가장 감동한 사람이 있다면 프리드리히 2세의 영혼이었을 것이다. 지금의 이스라엘처럼 사방에 적으로 둘러싸여 있었던 프리드리히는 속전속결, 기동 방어, 내선 이동을 핵심 전술로 삼았다. 그의 군대가 전장에 등장했을 때, 장기판의 '차車'처럼 고정된 대형으로 목표를 향해 직진하며 싸웠던 유럽 군대는 프로이센군의 움직임에 충격을 받았다. 프로이센군은 어떤 군대보다 먼저, 빨리, 멀리서 발포하고, 빠르게 움직였다. 접전 행군 중에, '이동 중에는 대형을 변형하지 않는다'는 라인 배틀의 철칙을 깨고 기동 중에 종대에서 횡대로, 횡대에서 종대로 변형하면서 공격 지점을 바꾸며 파고들어 왔다.

이스라엘은 '이동 중 대형 변경'을 전차전에 도입했다. 정차 후에 대형을 정렬하고 진행한다는 방식을 버리고 이동하면서 행군에서 전투 대형으로 변환하는 방식을 1948년 기갑부대 창설 때부터 시도했다.

2개 사단이 남북에서 운하의 중심, 이스마일리와 대염호 사이로 접근했다. 렉시콘 라인이 가까워지자 이스라엘군 전차장들은 긴장했다. 전차가 보병을 무서워하기는 처음이지만, RPG와 대전차미사일만 주의하면 이집트 전차는 상대가 되지 않을 것이었다. 렉시콘 너머에 빨리 와서 구해달라고 소리치는 마오짐의 동료들이 있었다.

"이스라엘군은 전우를 버리지 않는다." 이스라엘군 전투력의 근원은 외부 사람들이 생각하듯이 홀로코스트의 추억이나 유대인의 속성이 아니라, 바로 이 원칙이 만든 신뢰에 기반하고 있었다.

남쪽에서 접근하던 아리엘 샤론은 전날 시나이에 도착하자마자 무전으로 대화를 나누었던 병사와의 대화를 기억했다. 그 병사는 통신 보안을 위해 샤론의 이름을 언급하지 않고 이렇게 말했다. "지금 말씀하시는 분이 누구신지 압니다. 제발 어서 와서 저희를 구해주십시오." 샤론의 눈에 눈물이 고였다.

북쪽 아단의 사단이 타오짐을 지나면서 이스라엘군의 대형은 간격이 더 벌어지기 시작했다. 그 틈을 향해 이집트군 포대가 불을 뿜었다. 독립전쟁 때부터 싸워온 장병들도 처음 겪어보는 맹렬한 포격이었다. 포탄을 피해 전차들이 회피 기동을 하면서 이산하기 시작했다. 어떤 전차는 불붙은 채로 달리기 시작했고, 여기저기 파괴되고 고장으로 주저앉은 전차들이 늘어나면서 전차들이 지형감각과 방향감각을 잃었다.

포병 진지에 자리 잡은 이스라엘 포대들이 대응 포격을 시작했지만, 물량 면에서 상대가 되지 않았다. 전투기들도 날아왔지만, 전쟁에서 공군이 쓸모없다고 느껴보기는 처음이었을 정도로 쓸모없는 지원만 하다가 돌아갔다. 순식간에 무선망이 고함, 아우성, 비명으로 가득 찼다. 이집트군의 통신 방해까지 겹쳐서 여단과 대대 간의 통신이 자주 단절되었다.

포화 사이로 RPG와 대전차미사일이 날아들기 시작하면서 혼란은 가중되었다. 고넨이 하달한 계획은 알칸트라와 이스마일리 사이를 두 개의 전구로 나누고 샤론은 남쪽 타사 교차로에서 이스마일리로 똑바로 진군하고, 아단은 북쪽에서 알칸트라에 접근한 뒤 렉시콘 라인을 따라 이스마일리까지 밀고 내려가는 것이었다. 아단이 망치가 되고, 샤론이 모루가 된다. 렉시콘 라인을 따라 종대로 가늘게 포진하고 있는 이집트군이 아단의 망치질에 쪼개지면 샤론은 (물론 그는 모루 역할에 만족할 사람이 아니었다) 적절한 지점을 찾아 운하를 도하한다.

이스라엘군은 역습을 너무 서둘렀던 탓에 제대로 공격 준비를 하지 못했다. 하지 못한 정도가 아니라 사단장들은 고녠의 구상을 제대로 이해조차 하지 못했다. '알렉산드로스처럼 달리면서 해결한다. 우리는 강하고, 강하게 몰아붙이면 이집트군의 약점이 드러날 것이다. 주도권을 쥐고 적의 종심 깊숙이 침투해서 적을 동요케 하고 실수를 유발한다.' 이것은 기갑전의 최고 경지가 아닌가.

하지만 웅장했던 달리기 중에 이스라엘 철갑 기병이 먼저 혼란에 빠졌다. 고녠은 알렉산드로스가 아니었다. 후방 사령부에 앉아서 상황을 오판하고, 불확실한 어조로 계속 명령을 바꾸었다.

사단장은 전황을 알 수 없고, 사단은 여단이, 여단은 대대가 어디 있는지 모르고, 대대는 상황이 어떻게 돌아가는지 알 수 없었다. 그 와중에 한 가지 사실만은 모두에게 똑똑히 보였다. 무수한 이집트군 전차가 운하를 건너 전선으로 쏟아져 들어오고 있었다. 모두가 애타게 지원 부대를 찾기 시작했다. '인접 대대는 어디 있는가? 샤론의 사단은 어디 있는가? 전투기는 어디 있는가?'

이 상황에서도 이스라엘 지휘관들은 자신들의 원칙을 잊지 않았다. 독일 기갑 전술의 수제자인 이스라엘군은 '주도권' 개념에 예민하다. 전투에서는 병력이 아니라 주도권을 쥐고 상황을 이끄는 자가 승리한다. 이 정도는 다 알고 있지만 막상 포성이 터지고, 전장의 혼돈, 좀 더 멋있는 말로 전장의 안개에 휩싸이면 지휘관 대부분은 목을 길게 빼고 행동을 보류한다. '상황은 어떻게 되는가? 적은 어디에 있는가? 아군은? 지원은? 장군은?' 물음표가 안개 속을 가득 채우면서 불안감이 손발을 묶는다.

이스라엘군은 지난 여러 번의 전쟁에서 언제나 과감하고 공격적인 전술로 '전쟁의 안개◇'를 극복해왔다. 그들이 기갑 전력을 중시하고, 심지어 보병의 지원도 팽개치고 전차만으로 뛰어드는 것은 속도전과 주도권에 대한 강박증적인 관념 덕분이었다. 하지만 이스라엘군은 자신들의 승리가 상대의 허약함 덕분이라는 사실은 애써 망각했다. 아랍군을 경멸하고 전투력을 거의 8 대 1로 잡고 있었지만, 상대가 변했을 때 자신들의 교리와 전술도 바뀌어야 한다는 점은 미처 생각하지 못했다.

이집트군의 강력한 반격에 직면하자, 이스라엘 대대장들은 자신들의 작전 구역이 너무 넓다는 사실을 깨달았다. 여단은 50~60% 전력으로 출진했다. 감당할 수 없는 공간에는 이집트군이 전차를 풀어놓고 있었다. 그 사이로 RPG와

◇ 저명한 군사학자 클라우제비츠의 《전쟁론》에서 등장한 개념으로, 전쟁에 내재된 불확실한 요소, 우연의 영역 등을 말한다.

새거를 장착한 보병들을 실은 장갑차와 트럭이 보였다. 전차가 전차보다 보병을 무서워하기는 처음이었다.

이 상황에서 아단 사단의 전면에 있던 2개 여단은 주도권이란 깃발을 향해 돌진했다. 하지만 얼마 나가지도 않아 선두 전차가 덜컥 주저앉았다. 이어 옆의 전차가 폭발했다. 포탄인지, 대전차 무기인지도 알 수 없었다. 대대장이 전차에서 튕겨 나오고, 중대장 전차가 불타올랐다. 한 대가 전선을 이탈했다. 고장인지, 승무원이 치명적인 상처를 입은 것인지, 겁이 나서 도주하는 것인지도 알 수 없었다. 아니, 도대체 몇 대가 이탈하는지 파악할 수도 없었다. 포탄을 피해, 죽음을 피해, 공포를 피해 전차들은 방향감각을 잃고 비틀거렸다.

무모한 돌진으로 여단마다 1개 대대를 상실했다. 대대장은 전사하거나 중상을 입었고, 한 명은 포로가 되었다.

이집트군은 첫날 만들러의 사단에 이어 동원 사단까지 격파했다. 이젠 이집트군이 무적인 듯이 보였다. 아직 이집트 전차들이 운하 너머로 다 투입된 상태도 아니었는데도 이스라엘의 두 번째 파도를 거뜬히 격파했다.

아단은 샤론에게 지원을 요청했다. 이때 샤론은 완전히

다른 생각을 하고 있었다. 아단이 벌집을 건드리는 동안 자신은 남쪽 대염호 지역으로 내려가 운하를 도하하겠다고 했다. 아단의 사단이 공황에 가까운 위기에 빠졌음에도 그는 지원 부대를 보내지 않고 전장을 이탈했다. 아단 사단에 가장 인접해 있던 아미 대대의 승무원들은 가비 부여단장이 절규하듯이 자신을 찾는 소리를 듣고 등골이 오싹했다. "우린 여기 있고 싸울 준비가 되어 있는데 왜 보고만 있는 거지?"

아미 중령은 사단장의 허가가 떨어지지 않으니 어쩔 수 없었다. 나중에 샤론의 전차를 발견하자 전차로 뛰어 올라가 샤론에게 따졌다. "양심의 가책 때문에 괴롭습니다." 샤론이 대답했다. "귀관은 그것을 사단장의 양심에 맡겨라."

샤론은 이집트군의 틈 사이로 역도하해서 전세를 단박에 뒤집는다는 엄청난 도박을 구상하고 있었다. 성공한다면 그는 세기의 지휘관 반열에 설 것이고, 남은 생의 정치적 위상은 정점에 달할 것이다. 어떤 경우는 그는 전쟁터에서 남의 조역이 될 마음은 없었다. 적이든 아군이든, 자신이 주도하고 자신이 해결해야만 했다.

중간에서 이를 통제해야 할 책임은 고넨에게 있었지만, 고넨도 샤론의 생각에 동조하고 있었다. 게다가 고넨은 과거 자신의 상관이었던 샤론에게 직접적인 지시를 하는 것을 거북해했다. 누구라도 샤론을 다루기는 쉽지 않았다. 라빈은 매일 사령부로 출근해서 상황을 경청했지만, 담배만 피울 뿐 대답은 하지 않았다.

샤론은 대염호 앞에 있는 중국인 농장 지역으로 향했다. 그곳은 관개수로가 얽혀 전투하기가 쉽지 않은 곳이었고, 이집트군이 강력한 방어선을 구축하고 있었다. 대담한 구상을 품고 있지만, 아직 이집트군과 직면하지 않았던 샤론은 자기 앞에 있는 난제의 크기를 정확히 인식하지 못하고 있었다.

원점

오후가 되자 아단 사단은 절망적인 상황이 되었다. 지휘 차량 주변에 포탄이 작렬하는 바람에 사단장의 장갑차마저 이리저리 도망 다니는 상황이 되었다. 여단과의 무선통신은 계속 끊겼고, 이집트 전차는 사방에서 물밀듯이 몰려오고 있었다. 2개 사단이 양쪽에서 아단 사단을 향해 맹공을 퍼부었다. 나중에 밝혀진 바로는 아단 사단은 정규 사단 절반의 전력으로 이집트군 3개 사단이 포진한 지역으로 뛰어들었다. 오후 5시, 아단은 스스로도 믿을 수 없는 명령을 내렸다. "역습은 실패다. 철수한다."

10분 후에 아단은 마음을 고쳐먹었다. '샤론은 올 것이고, 우리가 이 정도라면 적도 지쳤을 것이다.' 아단은 작전참모에게 여단장을 호출해 샤론이 도착할 때까지 진지를 고수할 수 있을지 물어보게 했다. 의외의 대답이 들려왔다. "그렇다. 우리는 적을 불사르는 중이다." 작전참모가 소리쳤다. "나는 그대들을 사랑한다."

이스라엘 측의 기록만으로 이 상황을 이해하기는 힘들다. 이스라엘군은 공세에서 수세로 전환하면서 혼란에 빠지고 이탈하는 전차도 생겼지만, 거의 본능적인 몸부림으로 여단과 여단 대대가 인접하는 데 성공했다. 반면 전차가 증원된 이집트군은 비로소 공세로 나섰던 것 같다. 이것은 현장 상황에 대한 반응이라기보다는 원래 계획된 움직임이었다. 8일에 이집트 전차대는 진격해서 포병 도로를 장악할 예정이었다.

짧은 순간이지만 이집트 전차대가 진격하면서 이스라엘 전차로서는 눈에 익은 표적을 제공했다. 전차포가 불을 뿜고, 전진하던 이집트 전차들이 폭발했다. 전차의 대결은 병사들이 훈련받고 준비했던 익숙한 광경을 빚어냈다. 도로

상에 검게 그을린 소련제 전차들이 늘어나고 황혼이 시작된 붉은 하늘 아래 검은 연기가 낮게 깔리기 시작하자, 이스라엘 전차병들은 몰입하기 시작했다. 뒤늦게 불타는 이집트 전차들 사이로 대전차 보병을 태운 장갑차들이 달려 나왔지만 몇 발 포탄을 얻어맞자 철수하고 말았다. 이집트군은 너무나도 잘 싸웠지만, 단기간에 바꿀 수 없는 것이 단 한 가지 있었다. 임기응변과 현장 대응력의 부재가 저녁 전투의 양상을 바꾸어놓은 것이다.

결국 8일의 전투는 무승부로 끝났다. 이집트군은 렉시온 도로를 지켜냈지만 포병 도로로의 진격은 저지되었다. 이스라엘군은 방만한 공격으로 자멸할 뻔했지만, 운 좋게 이집트군의 공세를 저지했다. 다만 시리아군보다는 더 잘 훈련되고 지형적으로도 골란고원만큼 불리하지는 않았던 이집트군이 막판에 왜 허무하게 무너졌는지는 미스터리다. 이스라엘에 대한 잠재적 공포심을 극복하지 못했던 것일까? 공군을 너무 의식했던 것일까? 혹시 샤론의 무모한 진격에 위축되거나 서둘렀던 것일까? 문서도 남아 있지 않고 고위 지휘관들도 이젠 세상에 없는 상황이라, 이 비밀은 앞으로도 밝혀지지 않을 것 같다.

최선의 방어는 공격

격렬한 하루를 보냈지만, 지휘관들은 1분도 쉴 수가 없었다. 심야에 다얀, 엘라자르까지 사령부에 모여 하루를 복기했다. 장관과 총장이 강경하게 나왔다.

무모한 공세는 중단한다. 방어선을 굳히고, 추가적인 지원을 기다린다. 그동안 유기한 전차와 낙오병의 수합에 힘쓴다.

그러나 이스라엘이 궁극적 대응을 포기한다는 뜻은 아니었다. 운하 도하는 힘을 회복한 후 적절한 시기에 감행하기로 했다. 샤론이 행운을 잡았다. 운하를 건넌다고 전장을 피해 다닌 덕분에 온전한 사단은 샤론 사단뿐이었다. 만들러와 아단을 대신해서 운하 도하를 준비해야 했다.

샤론은 만족했고, 다얀과 엘라자르는 가슴을 쓸어내렸다. 시나이 전장은 일단 진정되었다. 골란고원에서는 시리아를 격퇴했다. 양면 전쟁에서 중요한 것은 힘을 쏟을 곳을 택하는 것이다. 두 사나이는 시리아 진공을 결정했다. 공격이 최선의 방어다. 최선의 방어는 공격군을 격퇴하는 것이 아니다. 국경 너머 안전지대에 있는 적군과 집결지, 군수를 모두 파괴하거나 장악해서 공격 능력을 제거하는 것이다.

이것을 이스라엘의 호전성으로 이해할 수 있지만, 이스라엘처럼 군의 전력을 한곳에 집중해서 돌려 막으면서 양면, 3면 전쟁을 해야 하는 입장에서는 한쪽의 공격력을 완전히 제거해야 다음 목표에 집중할 수 있었다. 기동 방어의 목적은 격퇴가 아니라 섬멸이다.

이것은 원론이지만, 원론에만 의존해서 결정을 내려서는 안 된다. 시리아 진공은 범아랍권의 참전을 끌어낼 수 있었다. 소련이 막대한 지원을 준비하고 가장 두려운 상대, 이라크가 대규모 참전을 준비하고 있다는 소문도 들려왔다(실제로 사우디, 모로코, 이라크군이 참전하기는 했다). 시리아 진공이 저지되면 이스라엘은 소모전의 늪에 빠지고, 전 아랍 국가와의 확전을 감당할 수 없다.

이 불길한 전망을 더 불길한 전망이 대체했다. 이스라엘이 멈추면 아랍 국가는 이스라엘이 약해졌다고 판단할 것이다. 그들은 더 기세등등하게 나설 것이고, 사다트는 더 강경하게 수에즈운하를 고수할 것이다. 이스라엘에 제일 부담스러운 것은 소모전이었다. 시리아를 굴복시켜야 이집트에 전력을 집중할 수 있었다. 미국과 소련, 국제사회는 벌써 휴전하라는 압력을 넣고 있었다. 이것이 사다트가 바라는 것이다. 수에즈의 기습 점령과 국제사회의 압박에 의한 휴전. 이집트군을 뒤로 물리려면 협상 카드가 있어야 한다. 시리아로 진공해야 '현 상태에서의 휴전'이라는 국제사회의 상습적인 타협안을 거부할 수 있다.

시리아 진공을 진행하는 동안, 총사령부에선 수에즈운하 도하 작전을 세밀하게 구상하라고 지시했다. 간신히 전멸을 모면했고 9일 아침 수상까지 참여한 비밀 회의에서 핵폭탄 사용까지 언급했던 상황과 비교하면, 하루 만에 격세지감이 느껴지는 변화였다. 물론 이런 낙관적인 대응만 있는 것은 아니었다. 다얀은 장기전이라는 최악의 사태도 가정하고 있었다.

9일에 이스라엘이 팬텀 전폭기에 핵탄두 장착을 명령했다는 기록도 있다. 이 기록의 사실 여부는 아직 불투명하지만, 최악의 상황을 가정한 행동이었다는 해석도 있고, 미국의 지원을 유도하기 위한 술수였다는 말도 있다. 9일, 골란고원에서는 시리아를 격퇴하고 시나이에서는 일단 방어선을 구축하면서, 다얀은 미국으로부터의 무기 지원을 당면 과제로 꼽았다.

시나이의 경우, 즉각적으로 조치할 사안도 있었다. 고넨의 교체였다. 장관과 사령부는 그동안 자신들이 너무 낙관적이고 잘못된 보고를 받았다고 분노했다. 아단과 샤론의 분노는 더욱 컸다. 이날의 상황에 대해 아단과 샤론은 서로 다른 증언을 한다. 확연히 다른 두 사람의 성격과 지휘 방식 때문이기도 했지만, 조정자이자 지시자인 고넨의 우왕좌왕한 명령도 한몫했다.

고넨은 거친 만큼 모험적이고 집착이 강한 성격이었다. 두뇌 회전도 빨랐다. 저돌적으로 목표를 탈취할 때, 상황이 명료할 때는 이런 성격이 장점이 된다. 하지만 기습을 당하거나 적군의 전투력이 예상치를 훨씬 상회하고 사전에 세워놓은 계획이 무용지물이 된 상황에서 고넨은 버려야 할 것과 붙들어야 할 것을 구분하지 못했다. 목표에 집착하는 바람에 시시각각으로 들어오는 조각 정보를 아전인수격으로 해석하고 계속 명령을 바꿨다. 샤론이 화가 나서 외쳤다. "현장에 나와서 상황을 보란 말이야."

하지만 어떤 이유인지 고넨은 상황실을 떠나지 않으려고 했다. 엘라자르가 "왜 아직 거기 있느냐?"라고 다그쳤지만, 고넨의 엉덩이는 무거웠다. 하루가 지나면서 의구심이 실망으로 바뀌었다. 리더십 관점에서 보면 그 자리가 고넨에게 버거운 자리였을 수 있다. 부하들에게 재떨이를 집어던지고, 일이 잘 풀리지 않으면 해결책을 제시하기보다 "넌

해고야!"라고 소리친 것은 자신이 감당할 수 없는 직책의 무게에 대한 과잉반응이었을 가능성이 크다.

고넨의 후임으로 선택한 사람은 골란고원에 해결사로 투입되었던 바레브였다. 골란고원은 이제 후배들에게 맡길 수 있다. 고넨은 바레브 라인의 부사령관으로 유임시키기로 했다. 이로써 시나이 전장은 완벽히 은퇴한 올스타들의 복귀전이 되었다. 누구도 이해하기 힘든 이 희한한 방식의 이유와 교훈에 대해서는 뒤에 서술하도록 하겠다.

15 되살아나는 잠룡

전세 역전

10월 9일, 다시 골란고원 전선. 카할라니 중령은 눈물의 계곡에서 기적적인 승리를 경험하고, 히말라야에서 달려온 절친 요시 벤 하난과 상봉했다. 둘은 소대장 동기로 4형제 그룹의 한 명이었다. 그중 두 명은 6일전쟁과 소모전쟁에서 전사했다.

정비창으로 내려와 겨우 한숨을 돌리고 있을 때, 처음으로 188여단의 벤 쇼함과 이스마일리 중령이 전사했다는 소식을 들었다. 이스마일리는 바로 전에 그의 직속 상관이었다. 믿어지지 않지만, 그제야 현실을 깨달았다. 4일 동안 한숨도 자지 못하고 시리아 전차 500여 대와 격전을 치르면서 이 전쟁의 규모에 대해 생각해볼 틈이 없었다.

여단 정보 장교가 카할라니에게 다가와 말했다. "내일 시리아로 진격해 들어간답니다." 그러자 죽을 만큼 지친 카할라니는 이렇게 말한다. "자기들끼리 하라고 해!" 불굴의 투지를 지닌 전쟁 영웅의 입에서 튀어나올 말은 아니었지만, 당연한 분노였다. 중대장 생존자는 한 명뿐이고, 전차는 20대도 남지 않았다. 후방에 사는 사람들은 종종 군인과 살인자를 구분하지 못하는데, 어둠 속에서 대검으로 소년병을 해치우고 다니는 대원이라고 해서 그가 살인마는 아니며, 피를 뒤집어쓰는 임무에 무한한 의욕을 발휘하는 전투 기계도 아니다. 살인적인 전투를 버텨내는 사람들의 에너지는 책임감과 의무감이다. 그 의무감 중에는 전우들이 고향의 가족, 연인에게 돌아가도록 해야 한다는 의무도 있다. 전쟁은 일상의 상식과 기준이 통하지 않는 곳이지만, 그러기에 더더욱 맹목적인 희생을 강요할 수도, 강요해서도 안 되는 곳이다. 물론 전쟁 중에 벌어지는 일은 모두 일상과 비교하면 불합리와 맹목의 영역에 있다는 점은 인정해야 한다.

다마스쿠스를 쏴라

10일, 7기갑 여단은 생존한 장교와 전차, 병사를 모아 공격 준비를 하는 데 하루를 소모했다. 바레브를 시나이로 보내고 기운을 되찾은 호피는 야심 찬 계획을 세웠다. 이스라엘군도 녹초가 되어 있었지만, 시리아군도 지쳐 있을 것이었다. 이스라엘의 회복 시스템은 시리아보다 월등히 빠르다. 그렇다면 적이 기운을 되찾을 시간을 줄 필요가 없다.

하루 동안 7기갑 여단은 예비군을 받았고, 188여단 생존자를 통합했다. 공격 개시일은 11일 11시였다. 호피는 공격 부대를 둘로 나눴다. 골란고원에서 다마스쿠스로 향하는 최상의 도로는 쿠네이트라─다마스쿠스 고속도로로, 정확히 북동쪽으로 45도 각도로 놓여 있다. 반면 7기갑 여단 앞에 놓인 지형은 구릉과 언덕이 촘촘하게 막고 있었다. 당연히 시리아군의 방어 진지도 셀 수 없이 많았다.

7기갑 여단을 포함한 라파엘 에이탄의 36사단은 방어선 최북단으로 진격한다. 7기갑 여단이 선봉이자 최북단을 맡아 A-1과 A-2 진지를 통과해 진공한다. 새로 투입된 라너 사단이 고속도로를 따라 진격하며, 그 남쪽을 펠레드의 사단이 맡는다.

공세로 돌아서자 이스라엘의 전쟁 기계들은 무섭도록 냉정해졌다. 보통 이런 지형에서 작전을 구상할 때는 주 공격로를 평탄한 남쪽에 두고, 북쪽 험지는 코를 무는 역할을 맡긴다. 수사자가 물소의 코를 물고 고착시키면 다른 사자들이 뒤에서 달려드는 방식이다. 이때는 뒤에서 달려드는 대신 다마스쿠스로 질주하는 역할이었지만, 어쨌든 공세로 전환할 기회였다.

호피는 역으로 판단했다. 시리아의 방어력은 취약 지대에 집중해 있을 것이다. 가장 험한 곳이 방어가 제일 약하다. 에이탄 부대가 그곳을 치면 시리아 방어선 전체가 동요한다. 이때 남부의 라너와 펠레드가 진격하면 다마스쿠스는 전의를 상실할 것이다. 골다 메이어는 굳이 다마스쿠스를 점령할 필요는 없다고 지시했다. 대도시는 모든 전쟁에서 늪이다. 그것은 자신의 손자를 포함한 더 많은 젊은이들의 피와 민간인 희생, 약탈 등 쓸데없는 곤경을 야기할 것이다. 단지 다마스쿠스를 향해 창을 겨누기만 하면 된다.

이스라엘의 창은 포병이었다. 다얀은 지상군이 다마스쿠스를 야포 사정거리 안에 둘 수 있는 지점까지 진격하라고 했다. 이스라엘이 다마스쿠스를 장기간 점령할 수 없다고 하더라도 수도 상실은 통치자에겐 치명적인 결함이 된다. 시리아는 군부 쿠데타의 위험이 상존하는 나라이고, 아사드는 군 출신이었다.

36사단의 진로는 난관이 만만치 않았지만, 이스라엘이 믿는 것은 시리아군 전력이 거의 와해되었다는 점이었다. 이번에는 무적의 공군과 증강된 포대의 활약을 기대해도 좋다고 판단했다.

걷히는 사다트의 장막

9일까지 사다트는 전황에 만족하고 있었다. "이스라엘아, 너희들은 졌다. 이젠 패전을 준비해야 할 것이다."

그런데 10일부터 11일 사이에 시리아의 상황이 급변했다. 아사드가 보낸 특사가 다급하게 사다트를 찾았다. 특사의 방문 목적은 듣지 않아도 알 수 있었다. 사다트는 화가났다. 전쟁을 시작하고 보니 시리아는 전혀 도움이 되지 않았다. 이스라엘군을 시리아로 양분하는 효과도 없다시피했고, 골란고원을 정복하기는커녕 이스라엘군을 붙들어두지도 못했다.

3개 사단과 공군이 골란고원으로 몰려갔지만, 그들이 시나이로 투입되었다고 해도 그들이 도착하기 전에 이집트는목적을 달성했다. 오히려 소련이 시리아에 준 전차 1,200대와 야포, 온갖 군수물자가 이집트로 왔더라면 이집트는 시나이를 석권할 수도 있었다. 지금도 아랍의 지원 부대가 시리아로 들어왔고, 이라크 정예 기갑 사단이 시리아를 위해발진할 예정이었다.

사다트는 자신이 했던 말을 되뇌어보았다. "과거 전쟁에서 이집트군은 희생자이지 패배의 원인이 아니다." 자신이 그 말을 신뢰하지 못하고 있었던 것은 아닐까? 자신이 이스라엘에 대한 두려움을 극복하지 못하고 있었던 것은 아닐까? 위대한 이집트 민족의 잠재력에 무한한 신뢰를 보냈어야 했던 것은 아닐까?

그렇게 생각한들 소용없었다. 현재에 집중해야 한다. 성공을 눈앞에 두고, 사다트는 난데없이 나타난 스핑크스 앞에서 시험을 받는 느낌이었다. "위대한 지도자여, 그대 앞에 두 개의 돌이 있다. 하나는 영광, 하나는 좌절의 돌이다. 그대는 어느 것을 선택하겠는가?"

"이미 우리는 성공했다. 우리는 축배의 잔을 들 자격이 있다"라고 소리쳐도 소용없었다. 지금 이 순간, 사다트는 마지막 운명의 끈을 당겨야 한다.

이제 슬슬 국제사회의 압력이 들어올 때가 되었다. 중동 문제에 대한 전가의 보도는 '현 상태에서 휴전'이거나 '뒤로 돌아 출발 지점으로'였다. 이집트가 원하는 것은 현 상태에서 정지였다. 미국이고 소련이고, 중동은 그저 현상 유지가 최선인 만큼 이스라엘에 수에즈운하를 포기하고 정전하라고 압력을 넣을 것이다. 엄청난 손실을 입은 이스라엘은 미국의 지원 없이는 전쟁을 계속할 수 없다. 다만 애매한 것이 미국의 태도였다. 이스라엘에게 포기를 강요할까? 아니면 지원할까?

미국이 이스라엘을 지원한다고 해도 이집트는 공세를 이겨낼 자신이 있었다. 샤즐리는 방어를 자신했다. "우리는 어떤 이스라엘의 공격도 격퇴할 수 있습니다." 한 번 더 공세에 실패하고 이집트가 이스라엘 본토를 공격하지 않는 것이 확실하다면, 정전을 강요할 것이 분명하다. 미국은 이집트를 다시 보고 사다트에게 생색을 내고 싶어 할 것이다. 그때 사다트의 염원인 미국과의 관계 개선과 경제성장을 추진할 수 있다. 사다트는 소련의 지원을 거부하지 않았지만, 나세르와 달리 공산주의와는 확실히 선을 그었다.

문제는 시리아의 분노였다. 이 전쟁의 목적이 시나이의 회복도, 팔레스타인 국가의 회복도 아닌 수에즈 점령이란 사실이 만천하에 드러나면, 시리아뿐 아니라 전 아랍권이 배신감을 느낄 것이다. 그리고 이렇게 말할 것이다. "나세르는 저러지 않았다. 그는 아랍을 대변하는 이상이 있었다. 나세르에 비하면 사다트는 그냥 이기주의자일 뿐이다."

명성의 추락, 명분의 붕괴, 이집트인들은 그 현실을 어떻게 받아들일까? 누가 뭐래도 우리의 이익을 제일로 추구하는 훌륭한 지도자라고 칭송할까? 이집트의 권위와 자부심을 나일강의 진흙에 처박았다고 비난할까? "저런 자가 위대한 이집트 민족의 부흥을 얘기해? 뭐, 그럴 만도 하지. 그는 수단인이잖아!"라며 비아냥거릴까?

전쟁을 시작할 때 사다트는 나세르식 '구름 위 행보'를 철저히 경계했다. 9일까지의 성공은 철저한 현실주의와 디테일에 집중한 결과였다. "불쌍한 나세르! 보고 있는가?" 사다트는 이렇게 자신 있게 말할 수 있었다. 적어도 9일까지는.

그런데 갑자기 사다트는 10월 6일의 서사시가 쓰인 전선의 장막을 걷어버렸다. 그 이유는 아무도 정확히 모른다. 사다트의 회고록에도 이 기간에 대한 언급은 없다. 13일의 기록부터 사다트는 나세르로 변한다. 회고록에 의하면, 그는 10월 13일까지 미국의 키신저와 소련 수상 코시긴에게 현 상태에서 정전할 것을 요청받았지만 단호히 거절했다. 사다트는 이스라엘이 점령한 웨스트뱅크, 시나이, 골란고원에서 완전히 철수할 것을 요구했다. 소련 수상 코시긴이 직접 카이로까지 날아와 사다트와 논쟁을 벌였다. 사다트는 한발 물러서서 제안을 검토해보겠다고 했지만, 그 대가로 소련이 약속한 무기 지원을 속행하라고 요구했다. 소련은 미국만큼 신속하지는 못해도 11월까지 화물선 가득히 약속한 무기를 실어 보냈다. 그러나 사다트는 11일경부터 이미 국방 장관 알리를 통해 시나이를 향해 진격하라는 지시를 내려놓은 상태였다.

샤즐리는 경악했다. 모든 이집트 야전군 지휘관도 마찬가지였다. 그들은 사다트의 결심을 돌려보려고 노력했지만 허사였다. 사다트가 못 박은 13일보다 겨우 하루를 연기한 것이 유일한 성과였다.

마치 사다트가 두 번째 돌을 선택한 순간 스핑크스가 시간을 뒤집어버린 것 같았다. 10월 6일의 승리는 이집트의 철저한 준비, 이스라엘의 방심, 이집트의 전략, 지형, 무기, 수준이 완벽히 일치한 결과였다. 이집트군은 자신들이 할 수 있는 최선의 전투를 가장 적절한 조건에서 수행했다. 하지만 14일의 대공세는 아무것도 준비된 바가 없었다.

아무래도 사다트는 예상치 못한 승리에 너무 고무되었던 것 같다. 이스라엘은 1개 사단이 완전 격멸되고 사단장이 전사했다. 동원 2개 사단도 하나는 반파되었고, 하나는 온전치 못했다. 이집트 보병들은 강철 괴물을 두려워하지 않고 보이는 대로 사살했다. 이스라엘 공군기는 대패했고, 시나이의 하늘에서 사라졌다. 이대로 전쟁을 끝내면 다른 아랍국들은 이집트를 뭐라고 비난할까? 국민들은 다시 나세르를 그리워하고, PLO는 이집트를 배신자로 선언하고, 적대적으로 돌아설지도 모른다.

이스라엘이 시리아를 침공하면 요르단, 사우디, 모로코, 이라크가 참전한다. 특히 이라크는 이스라엘과 맞먹는 기갑 사단을 투입할 것이다. 그들이 이스라엘을 격퇴하지는 못해도 충분히 저지한다면, 이집트의 배신에 대한 저들의 비난은 더 거세질 것이다. 차라리 격전 끝에 피투성이가 되어 수에즈운하를 확보했다면 이 상태로 전쟁을 끝낼 명분이 있었을 것을.

사다트의 가슴 깊은 곳에서 외침이 터졌다. "망할 놈들." 지난 전쟁에서도 도움이 안 되더니, 이번에도 이집트의 발목만 잡고 있다. 언제나 피는 우리가 흘렸다. 지난 30년간 전쟁에서 피해의 99%는 우리의 몫이었다. 우리가 국력을 기울여 이스라엘과 싸우는 동안 너희들은 소련에게서 우리에게 올 무기만 빼 가며 정권 투쟁에만 몰두하지 않았나?

그러나 사다트는 이런 감정을 발산하지 않았다. 전면에 나서지도 않았다. 참모총장과 장군들을 독촉하는 건 국방장관 알리에게 일임했다.

깨어나는 휴화산

반면 이스라엘은 그동안 잠자던 정보부가 활약을 시작했다. 이집트의 공격 징후를 정확히 찾아냈다. 사실 그들은 이미 전략 목표를 달성한 상황이었고, 앞으로는 수에즈운하를 사수하면서 소모전으로 나올 것이라고 예상했다. 다얀은 "이집트군이 공세로 나오는 건 우리가 바라는 바다. 만약 그렇게 해준다면 우린 그들을 격파하고 역으로 운하를 도하할 수 있다"라고 말했다. 하지만 예언이 아니라 9일 이후로 시나이 함락은 걱정하지 않아도 되는 상황이 되었다는 의미였다.

그래도 이스라엘 고위 장성 중에서는 가슴이 쓰린 사람들이 많았다. 소년병 시절부터 4~5번의 전쟁을 치른 이 역전의 용사들은 모두 이 전쟁과 관련해서 심각한 실수와 오류를 저질렀다. 남부 사령관이 된 바레브는 마지노선 못지않은 실패작으로 드러난 바레브 라인과 대패를 안겨준 '침공 즉시 반격한다'라는 역습 전략의 설계자였다. 다얀과 엘라자르는 침공 징후를 오판했다. 탈은 기갑부대의 능력을 과신했다. 수에즈 역도하 전략을 지지하면서 신속한 역습과 도하를 위해 보병과의 협력을 포기하고 기갑 전력만으로 대업을 이룰 수 있다고 자신했다. RPG와 새거의 위험에 대해서도 콧방귀를 꼈다.

모든 장군에게 만회할 기회가 주어졌다. 이들의 주도하에 시나이전투에 대한 잘못된 예상과 전술적 오류를 수정했다. 실수를 저질렀던 장군들이 한결같이 냉정해지고 올바른 통찰을 쏟아내기 시작했다. 심지어 고넨마저 바레브의 부사령관이 되더니 평소의 영민하고 재빠른 모습을 보이기 시작했다. 모두 군 생활의 마지막 혹은 정점에서 뒤집어쓴 치명적인 오명을 만회하기 위해 이를 악물었다.

싸우기도 전에 승리를 확신한 이스라엘군은 아예 도하작전 계획까지 세웠다. 공격을 격퇴한 뒤 역습 작전을 시행할 사단을 선정해두고, 후방 창고에 넣어두었던 비장의 도하 장비를 운송해 왔다. 유일한 불운은 13일에 만들러 사단장이 전사한 것이었다. 임박한 전투를 앞두고 전선을 시찰하던 그는 이집트군의 포화를 무릅쓰고 달려가다가 그가 탄 지프가 포탄에 맞았다. 그러나 사다트의 바람과 달리, 지휘 공백이 생기지는 않았다. 원래 만들러 사단을 인수하기로 했던 마겐이 사단을 바로 인수했기 때문이다.

14일, 이집트군의 공세는 장엄했다. 2군과 3군, 병력 10만명, 전차 1,000대가 수에즈 북단에서 남단의 수에즈만까지

160킬로미터 전선 전체에서 기다란 횡대를 이루며 진격을 시작했다. 대전차 무기를 장비한 보병들이 장갑차와 트럭에 올랐다. 이집트 특수부대는 이전처럼 헬기에 탑승해 이스라엘군 후방에서 날았다.

실제로 이 장면을 봤다면 블록버스터 영화를 보는 기분이었을 것이다. 그러나 샤즐리는 공격 명령이 사형선고처럼 느껴졌다고 말했다. 침묵을 강요받은 모든 이집트군 장병의 심정도 그랬을것이다. 이 웅장한 진군은 이집트군이 전혀 준비 없이 전투를 시작한다는 의미였다. 능선 진지에서 망원경으로 이 광경을 지켜보던 이스라엘군 중위 중에는 분명 이렇게 중얼거린 사람도 있었을 것이다. "봐, 이집트군이 본래의 모습을 되찾았어."

산타클로스의 승리

동쪽으로 10킬로미터 떨어진 하늘에서는 미사일 공포를 벗어난 이스라엘 전투기들이 으르렁거리며 대기하고 있었다. 전차들은 포병 도로 능선과 진지에 포진했다. 포수들은 전진해 오는 이집트군을 내려다보며 포의 조준선을 정렬했다. 그 뒤의 축선 도로 능선에서는 포병들이 도열했다.

이집트군의 공격 계획은 정확히 알 수 없지만, 전투기와 야포가 포병 능선을 두드리는 동안 전차의 엄호 아래 보병이 전진하면서 새거 부대를 전방에 배치하고, 더 전진해서 RPG 부대를 하차시키고, 전차와 미사일, RPG의 조직적이고 연속된 공격으로 이스라엘 전차를 능선에서 밀어낸다는 구상이었을 것이다.

하지만 그 모든 것이 마음먹은 대로 되지 않았다. 공군과 포대는 6일처럼 압도적인 우위를 유지할 수 없었다. 이스라엘 조종사들은 완벽하지는 않았지만 SAM 포대를 제압하는 방식을 찾아냈다. 고공에서 SAM 방어선의 경계로 살짝 침투한다. 미사일이 발사되면 발사 위치를 탐지하고, 미사일 사거리 밖에서 공대지미사일을 발사하거나 폭탄을 투사해서 기지를 파괴한다.

13일부터 미국이 긴급 공수를 시작했고 ECM을 장착한 신형 팬텀 40대와 스카이호크를 선사했다. 이외에도 하늘이 열린 것처럼 전차, 포탄, 부품, 군수물자가 쏟아져 들어왔다. 이 산타클로스의 선물은 14일의 전투를 패전에서 승리로 바꿀 만한 수준은 아니었지만, 이스라엘군의 사기를 높이고 앞으로 전개될 전쟁의 양상에 커다란 영향을 미친 것은 사실이다.

지상에서는 전진하는 이집트군 대열 사이로 이스라엘군

의 포탄이 터지기 시작했다. 그 포격의 일부는 6일전쟁 때 이스라엘이 노획한 소련제 다연장포였다. 능선에 대기 중인 전차 중에는 소련제 T-55 계열 전차들도 있었다. 이스라엘이 노획해서 수리한 전차들이었다.

이집트 전차들은 움찔했지만 멈추지 않고 전진했다. 하지만 보병을 태운 장갑차나 트럭은 사정이 달랐다. 회피 기동을 하면서 대형은 엉망이 되었고, 전차와 대전차 무기의 협공은 실현 불가능해졌다.

전차들이 더 나아가자 직격탄이 작렬하기 시작했다. 이스라엘군의 전차포였다. 포격술의 차이는 이미 여러 번 설명했지만, 이집트 전차는 이동 중이고 이스라엘 전차는 고지에서 시계를 확보한 채 고정 진지에서 발포하고 있었다. 골란고원전투의 재현이었다.

포성이 멎었을 때 시나이광야는 이집트 전차의 무덤이 되어 있었다. 격파된 전차만 260대였다. 이스라엘군의 손실은 20대에 불과했다. 그나마 전차포에 파괴된 것은 거의 없고, 대부분 큰 희생을 무릅쓰고 접근한 대전차 무기에 의한 것이었다. 헬기로 투입된 특수부대원들은 3분의 2가 헬기째 격추되었다. 이미 이 수법을 경험한 이스라엘은 방공 레이더망을 철저히 가동하고 있었다. 무사히 착지에 성공한 대원들은 이스라엘군 최정예 공수대원에게 제압되었다. 전쟁 첫날, 이스라엘은 보병의 지원 없이 기갑 전력 단독으로 전투를 수행하다가 큰 피해를 입었다. 실수를 깨달은 사령부는 신속하게 보병을 투입했고 전차와 보병이 협력하는 교과서적인 전술로 전환했다. 패주하는 이집트군 머리 위로 이스라엘 공군기들이 날아왔다.

14일을 기점으로 전장의 주도권이 이스라엘로 넘어왔다. 샤론은 기뻐서 펄펄 뛰었다. 운하 도하는 샤론 사단의 몫이었다. 다른 사단에 주었더라도 샤론은 제멋대로 도하를 시도할 사람이었다. 자신은 구국의 영웅이 될 것이고, 스포트라이트를 한 몸에 받을 것이다. 샤론은 기자들을 잔뜩 데리고 다녔고, 그들을 위해 최대한의 편의를 베풀었다.

이스라엘의 재도하, 그리고 휴전

아직도 많은 죽음과 전투가 남았지만, 이미 승부는 났다. 시리아에서 이스라엘군은 파죽지세로 진군하지 못했다. 다른 전쟁에 비하면 너무나 촉박하게 전쟁이 진행되었기에 손쉽게 끝난 것처럼 보이지만, 실제로는 그렇지 않았다. 카할라니의 4형제 중 남은 친구 벤 하난은 무리하게 고지 공격을 시도하다가 고지를 눈앞에 두고 피격되어 전사하고 말았다. 다른 지역에서도 보병의 지원 없이 성급하게 진격하던 부대는 대전차 무기에 상당한 피해를 입었다. 전쟁의 신은 교훈을 무시하는 지휘관을 용서하지 않았다.

10월 13일부터 라너 사단은 이방인 구원자들과 마주친다. 이라크와 요르단 기갑 사단이었다. 이스라엘의 평에 따르면 요르단군의 수준이 제일 높았지만, 요르단군조차 이스라엘군에 상대가 되지 않았고 이라크는 더 형편없었다. 첫 번째 전투에서 이라크군은 이스라엘군이 앞에 있는지도 모르고 무턱대고 전진하다가 전차의 40%를 잃고 후퇴했다. 이스라엘 전차는 한 대도 파괴되지 않았다. 시리아·요르단·이라크 연합군은 다마스쿠스를 방어하기 위해 노력했지만, 두어 번의 교전이 실패로 돌아간 후 다시 공격하지 못했다. 마침내 이스라엘 장사정포가 다마스쿠스 시내에 떨어졌다. 10월 22일, 시리아는 유엔의 정전 권고안을 받아들였고, 이스라엘군은 퍼플라인으로 돌아갔다.

수에즈 전선은 더 치열했다. 공세로 나선 이스라엘군은 기필코 도하에 성공해서 아프리카로 진군하고야 말겠다는 각오를 다졌다. 다만 그 영광을 누가 가져갈 것이냐를 두고 아단과 샤론은 논쟁을 벌였다.

16일부터 22일까지 운하 도하를 두고 처절한 전투가 이어졌다. 특히 격전이 벌어졌던 곳은 대염호로 통하는 미주리, 중국인 농장 지역이었다. 샤론은 16일 새벽에 예하 부대를 최초로 도하시키는 데 성공했지만, 중국인 농장 지역에서 상당히 고전했다. 어쨌든 샤론은 최초의 운하 도하자라는 명성을 얻는 데 성공했고, 이스라엘이 실수를 거듭할 때 용기와 강공으로 전세를 역전시키고 나라를 위기에서 구한 용장으로 세계적인 명성을 얻었다. 1973년에 중학생이었던 필자는 일간 신문에 보도되는 전쟁 기사를 열심히 읽었는데, 샤론이 다얀을 대신하는 이스라엘의 새로운 전쟁 영웅으로 소개되었던 것을 기억한다.

아단 장군은 당연히 못마땅했다. 그는 저서에서 "샤론 부대는 한 것이 없다. 8일 전투부터 운하 도하, 그 이후의 중요한 전투는 나와 부하들의 헌신으로 이룬 것이다"라고 주장했다. 샤론이 수에즈의 공을 독차지한 것은 확실히 언론 플레이와 대중의 기대가 결합한 것이다. 그러나 신중하고 정확한 아단의 판단은 군사적으로 귀감이 되었다.

물론 샤론의 공이 아주 없다고는 할 수 없다. 전혀 다른 두 스타일의 장군을 선두에 세우는 방식은 잘못된 결과를 초래하기도 하지만, 적에게 감당하기 힘든 딜레마이기도 했다. 우리가 당시 이집트군의 판단과 토의 과정을 좀 더 정확히 알 수 있다면 샤론의 움직임이 의외의 효과를 보았다고 할 수 있을지도 모른다.

18일부터는 주 전장이 수에즈 서안으로 옮겨 갔다. 동안에 이집트군이 남아 있었지만, 이스라엘군은 그들을 고립시키고, 겁 없이 전진했다. 이때부터 사다트와 샤즐리의 갈등이 격화되었다. 한순간의 판단 착오로 모든 것을 잃을 위기에 처한 사다트는 동안에 머물며 운하를 사수하라고 말했다. 샤즐리는 빨리 부대를 철수시켜 이젠 카이로로 오는 길을 막아야 한다고 주장했다.

분노한 사다트는 샤즐리를 해임했고, 19일부터 샤즐리의 신경에 이상이 생겼다며 극언을 했다. 샤즐리는 회고록을 남겨 이 주장에 반박했다.

결국 23일에 양측은 휴전에 합의했고, 24일에야 진짜로 포성이 멎었다. 이스라엘군은 동안으로 철수했다. 훗날 사다트는 13일에 공격했더라면, 미국의 무기 지원이 없었더라면, 수에즈 동안을 결사적으로 방어했더라면, 미국의 휴전 압력이 없었더라면 성공할 수 있었다고 주장했다. 한편으로 장군들이 오판했고, 미국과 싸울 수는 없었다고 말했다. 이것은 자국민들만이 아니라 아랍 세계를 의식한 발언이기도 하다.

욥키푸르전쟁이 남긴 것

전쟁사의 교훈

순수하게 전사적 관점에서 이 전쟁은 아주 중요한, 그리고 전쟁사에서 수없이 반복되는 여러 교훈을 부여주고 있다.

한 치의 땅도 내어줄 수 없다

이 비장한 문장은 군인이 아니라 정치인의 말이다. 《손자병법》의 손자는 정치(손자가 살던 시기에는 군주)가 전쟁에 개입해선 안 된다고 했다. 그러나 어쩌랴. 클라우제비츠의 말처럼 "전쟁은 정치의 연장"인 것을. 그러나 정치와 전략은 떨어질 수 없어도, 정치와 군사의 불륜 관계는 언제나 가장 끔찍한 비극을 낳는다.

이스라엘의 초기 패전은 바레브 라인에 대한 과도한 집착 때문이었다. 다얀은 바레브 라인이 이스라엘에 과도한 부담이 된다고 보았다. 예비군을 투입하기에는 너무 멀고, 상비군을 증강하는 것은 이스라엘로서는 무리였다. 인구와 군, 경제력의 한계를 넘어서는 영토는 지킬 수 없다. 따라서 유연히 후퇴해서 이집트군을 끌어들인 후에 격멸하는 종심 방어론을 주장했다.

그러나 정치인과 정치를 동경했던 군인들은 바레브 라인의 비현실성을 아랍인에 대한 경멸과 이스라엘군에 대한 자신감으로 메웠다. 그리고 이스라엘의 자신감을 위협하는 모든 현실적 증거, 이집트군의 변화, 대전차미사일과 지대공미사일의 위협, 신속 대응이 불가능한 거리와 시간의 장벽은 무시했다.

이스라엘을 파멸시킬 뻔했던 또 하나의 요인은 야시 장비의 경시였다. "저들은 야간 전투를 못한다. 야간은 우리들의 전쟁터다"라는 믿음이 야시 장비의 필요성을 무시하게 만들었다. 물론 ECM 장비와 마찬가지로 예산 부족과 이스라엘의 공격력을 제한하려는 미국의 제한적인 원조 정책도 결정적이었다.

이 모든 일이 전쟁을 경험하지 못하고 과거의 전쟁을 교과서로 배운 후예들이 아니라, 그 모든 전쟁을 통해 성장한 주역들에 의해 자행되었다는 사실은 놀랍다. 바레브 라인

을 설계한 바레브는 그 순간만 빼고는 최고의 판단력을 지
닌 전략가였다. 6일전쟁에서 기갑 전술의 교과서를 다시 쓴
탈은 보병의 지원 없이 기갑 전력만으로 승리를 거둘 수 있
다고 확신했다. 그 확신이 지나쳐 대전차미사일의 위험성
을 무시했고, 그가 키워냈던 수많은 젊은 장교와 병사를 죽
음으로 몰았다.

이 모든 실패의 배후에 정치와 권력이라는 괴물이 도사
리고 있었다. 사람들은 전쟁을 인간이 만들어낸 최악의 괴
물이라고 생각하고 싶겠지만, 진짜 괴물은 정치라는 탈을
쓴 권력욕이다.

전쟁이 피에 굶주린 악마로 변하는 순간은 "한 치의 땅도
내어줄 수 없다"라는 말처럼 정치 논리를 전장에 떨어트릴
때다.

중동전쟁에서 아랍권은 언제나 정치의 과도한 희생자였
다. 상대적으로 이스라엘은 갈등을 최소화했고, 전시에는
더욱 자제했다. 사람들은 이를 유대인의 미덕, 유럽 문화의
덕으로 찬양했지만, 욤키푸르전쟁에서 이스라엘 장군들의
판단 착오는 정치라는 탐욕이 그 어떤 차단막도 뚫고 들어
가며 건전한 판단도 부식시킬 수 있음을 보여준다.

인맥일까, 능력일까

욤기푸르전쟁을 다루는 책에서 빠짐없이 언급하면서도 평가를 유보하는 부분이 있다. 바레브 라인을 고집한 것이 '치명적인 실수'라는 사실이 판명된 상황에서 총사령부는 은퇴한 바레브를 골란고원으로 파견했고, 다시 시나이 전역의 사령관을 맡겼다. 아단과 샤론은 예전에 사단장 복무를 마치고 은퇴한 고급 장성이었다. 전쟁 2~3일 만에 이스라엘군은 야전 사령관부터 총사령관까지 6일전쟁 동창회 모임으로 바뀌었다.

초반의 실수에도 불구하고 이스라엘 사령부는 쉽게 기회를 박탈하지 않았다. 참모차장 탈은 전쟁 후반부에 현명한 판단과 조언으로 전쟁에 훌륭히 기여했다. 다얀과 엘라자르는 한발 늦게 움직였지만 이후로는 현명하고 침착하게 전쟁을 요리했다. 고넨도 후반부에는 괜찮은 활약을 했다.

아무리 예비군의 비중이 높다고 해도 이렇게 말도 안 되는 방법으로 전쟁을 치르는 나라는 이스라엘 말고는 없다. 이는 군이 철저히 인맥으로 움직이며, 그 인맥이 전역 후의 정치, 경제, 사회까지로 뻗어 있다는 의미다. 전쟁을 포함하여 가장 훌륭한 인사는 형식적 절차와 장애에 구애받지 않고 적재적소에 가장 적절한 인물을 투입하는 것이다. 하지만 어떤 나라도 이스라엘과 같은 방법을 쓰진 않는다. 정실 인사, 인맥 인사는 후유증이 장점을 덮고도 남기 때문이다.

이것이 이스라엘의 시스템을 부러워하면서도 모든 나라가 쉽게 도입하기 꺼리는 이유다. 6일전쟁 이후로 이스라엘 총리와 정계에서 군 출신의 비중이 크게 높아졌다. 언젠가는 그 후유증을 겪을지도 모른다. 벌써 그 후유증을 겪고 있다고 주장하는 사람도 있다.

이스라엘 방식을 도입할 수는 없다고 하더라도, 이스라엘의 사례는 전쟁에서 인재의 양성과 적절한 배치가 얼마나 중요한가를 보여주기에는 충분하다. 우리 사회는 모든 부분에서 규제가 너무 많다. 그 모든 규정이 정의와 부정부패 방지를 내세우지만, 알고 보면 책임 회피가 진짜 목적이다. 그 약점이 드러나거나 비교될 것을 걱정해서 기업 같은 민간 영역에까지 관이 규정을 강요하고 정의라는 이름으로 협박을 해댄다. 분쟁도, 소음도, 부정도, 차별도 없는 세계는 죽은 자들의 공간뿐이다.

실전 능력

퍼레이드용 군대는 소용없다. 실전에 강한 군대를 만들어야 한다. 모든 군대는 그렇다. 내가 만난 많은 의욕적이고 능력 있는 장교들은 한결같이 이런 말을 했고, 자신이 이를 위해 기울인 노력을 들려주곤 했다.

그러나 단언컨대 실전 능력을 갖춘 군대보다 퍼레이드용 군대가 훨씬 많다. 실전 능력이란 무엇일까? 실전 능력을 갖춘 군대는 어떤 군대일까? 상당히 많은 요건이 있지만, 이스라엘군에서 찾자면 균형과 전문성이다.

사다트가 14일에 대공세를 명령했을 때 결정적인 오판은 이스라엘의 손실에 관한 것이었다. 변명인지, 판단 착오인지는 알 수 없지만, 이집트는 이스라엘에 입힌 손실을 계산할 때 이스라엘의 정비 능력을 고려하지 못했다. 파괴했거나 기동 불능이 되었다고 생각한 차량의 60~70% 이상이 놀라운 속도로 회복되어 전선에 재투입되었다. 사다트가 미국의 무기 지원을 과대평가한 것도 핑계가 아니라 이런 계산 착오가 원인일 수 있다.

이스라엘 정비팀이 고장 난 전차 5대 중 4대를 수리해서 전선으로 돌려보냈다면, 아랍 군대는 회수 및 정비율이 1대도 되지 않았다. 따라서 초반에는 8 대 1의 전력비를 갖추었지만, 전투가 지속되면서 이 격차는 급속히 줄어들었다.

아랍권 상황은 국가마다 제각각이지만, 문맹률과 교육 수준은 이스라엘과 월등한 차이가 난다. 이런 사정이 정비

팀의 능력 차이를 만든 원인이라고 한다. 그렇지만 그보다는 전쟁터라는 무수한 돌발 상황과 오류가 속출하는 상황에서 군 시스템, 훈련과 조직 운영 방식, 사전 대비와 조직 구성 능력이 더 큰 원인이었던 것으로 보인다.

이스라엘과 아랍은 똑같이 초보적인 상태에서 전쟁을 시작했다. 제대로 군생활을 경험한 전문 군인은 오히려 이집트나 시리아에 더 많았다고 할 수 있다. 그러나 4차 중동전이 벌어질 때까지도 가장 준비가 잘되었다는 이집트군마저도 이런 대비가 부족했다.

오늘날 미군이 강한 이유는 그들이 실전을 가장 많이 경험해서가 아니라, 그 실전 경험을 제대로 소화하고 반영하는 시스템이 가장 잘되어 있기 때문이다.

17 끝나지 않는 비극

욤키푸르전쟁, 그 후

평화의 대가

욤키푸르전쟁은 이스라엘이 자존심을 만회한 상황에서 종결되었다. 하지만 이스라엘군의 희생과 충격이 적지는 않았다.

이스라엘은 약 2,500~2,800명이 전사하고 8,000여 명이 다쳤다. 사상자 중에는 장교가 가장 많았다. 격전을 치르며 대대장, 중대장급 지휘관 절반 이상이 죽거나 다쳤다.

이집트군은 최소 1만~1만 5,000명이 사망했다. 시리아군도 3,500명 내외가 사망했다고 알려져 있다. 다만 이 통계는 완전히 신뢰하기 힘들다. 이스라엘 사상자 수가 훨씬 적은 것 같지만, 인구 비율로 보면 더 큰 희생이라고 할 수 있다. 이스라엘 지도부는 충격을 받았고, 이것으로 이스라엘은 소모전을 두려워하기 시작했다.

이스라엘 국민들도 큰 충격을 받았다. 차라리 제1, 제2차 중동전쟁이나 6일전쟁에서 이런 희생이 나왔더라면 국가적인 문제가 되지 않았을 것이다. 그러나 전 국민이 이스라엘의 전투력을 확신하고 정치인과 군인이 찬사를 받았던 사회에서는 이 희생이 용납되지 않았다. 사람들은 급속히 늘어난 희생자에 충격을 받았다. 카할라니 중령이 고향에 돌아왔을 때, 고향 사람들은 그를 둘러싸고 영웅의 귀환을 외치는 대신 이 전쟁에 이런 희생을 낸 이유를 추궁했다.

이스라엘에서는 이 전쟁을 '아버지와 아들의 전쟁'이라고도 부른다. 대를 이어 참전한 사람들이 많았기 때문이다. 전사자들의 아버지 중 상당수는 참전 용사였고, 고위 장군들도 예외 없이 아들을 잃었다. 카할라니도 막 결혼한 동생을 잃었다.

키부츠에서 소총과 수류탄만 들고 이집트군 전차에 맞섰던 아버지들도 아들의 죽음은 참기 힘들었다. 카할라니의 아버지에겐 두 아들이 남았는데, 한 번 더 전쟁이 벌어졌다간 둘 중 한 명은 분명히 잃을 것이란 생각이 들지 않을 수 없었다.

황무지를 개간하고 목숨과 신체를 잃으며 싸웠던 이유가

자신의 아이들에게 이런 비극과 고통을 물려주지 않기 위해서가 아니었던가? 그들은 놀라운 기적을 이루었고, 빈손으로 이스라엘을 군사 대국으로 만들었다. 그런데 왜 자신의 옛 상관들은 내 자식의 생명을 지켜주지 못한 것일까?

키부츠가 아니라 도시에서 성장했고, 상관이 상관일 뿐 옛 전우는 아니었던 젊은 참전 용사들은 귀환 후에 책임자 처벌을 요구하며 시위를 벌였다. 이스라엘 1세대도 우리의 한국전쟁, 베트남전쟁 세대와 똑같은 고민이 있다. 우리는 굶주리며 싸우고 일했지만, 우리 아이들은 과연 그런 근성이 있을까? 이집트나, 시리아, 요르단, 어쩌면 팔레스타인 아버지들도 똑같이 생각했을 것이다. 그리고 똑같은 결론을 얻었을 것이다.

젊은이들도 전쟁터에서 아버지 못지않은 헌신과 용기를 보였다. 더 대단한 용기를 보인 젊은이들도 많았다. 하지만 달라진 부분도 있었다. 이스라엘로 귀환한 젊은 장병들은 책임자 처벌을 요구하며 시위를 벌이기 시작했다. 그들은 구세대가 지닌 전우애가 없었다. 정부는 이 압력을 무시할 수 없었다. 진상조사위원회가 열리고 책임자 색출 작업이 벌어졌다. 다행히 이것이 마녀사냥으로 발전하지는 않았다. 실수를 저질렀던 사람들은 대부분 후반부에 그것을 만회할 만큼 공을 세웠기 때문이다.

그래도 대중들의 실망감은 남았다. 대중은 이전처럼 무조건 관용을 베풀지 않았다. 책임을 지적받은 사람들은 사회적으로 매장되지는 않았지만, 정치적 욕심을 접어야 했다.

평생 군인이 되어보지 못하고 테러리스트였다는 약점을 안고 살던 베긴은 이 틈에 우파 성향의 리쿠르당을 이끌고 정치적 성장을 노렸다. 그러나 1974년 선거에서 이스라엘 국민은 겨우 5석을 더 안겨주었을 뿐이었다.

대중의 관용이 노동당을 살렸지만, 위기감이 노동당을 덮었다. 78세였던 골다 메이어는 사임했다. 10월 6일과 7일의 비극만 없었더라면 후임의 자리가 확실했던 다얀도 수상의 꿈을 접어야 했다. 사실 그는 수에즈운하 점거와 바레브 라인 전략에 반대했는데, 본인으로서는 억울함이 적지 않았을 것이다.

이 능청맞고 얄미울 정도로 매끈매끈한, 그러나 정말로 드물게 강인하고 비상한 군인이면서 정치가의 자질을 모두 지녔으며 이스라엘의 강성 정치인보다도 아랍권과 유화책을 시도할 자세가 되어 있던 다얀이 수상이 되었더라면 어땠을까? 사다트도 평화 협상의 파트너로는 베긴이나 라빈보다 다얀을 더 높게 평가했던 것 같다. 그러나 다얀을 마지막 계산에서 넘어지게 만든 건, 보기 드문 장점인 타협적이고 매끈한 처신이었다. 만약 그가 국방 장관이 아닌 참모총장이었거나 정치적 야심이 없었더라면 다얀은 전쟁 전에 바레브 라인의 포기를 포함해서 좀 더 과감하고 혁신적인 조치를 취했을 것이고, 그것은 초기 패전을 방지하는 정도가 아니라 전쟁 자체를 막았을 수도 있다.

　이런 것을 운명이라고 한다. 다얀은 수상직을 자신의 수제자이자, 이젠 완전히 정치적 라이벌이 된 라빈에게 넘겨야 했다. 라빈은 52세로 이스라엘 역사상 최연소 총리가 되었다. 라빈은 미국 유학 동안 다얀의 수제자에서 키신저의 수제자로 탈바꿈했다. 전쟁 중에 라빈은 매일같이 총사령부로 출근했고, 아무런 간섭도 하지 않았지만 끊임없이 담배를 피우며 언론에 노출되었다. 전쟁이 끝나자 노동당은 이 전쟁에 공헌도 없지만 잘못도 없는 라빈을 골다 메이어 여사의 후계자로 내세웠다. 물론 라빈이 무기 지원을 꺼렸던 미국을 설득하는 데 적지 않은 공을 세웠다고 선전해서 이스라엘의 무모한 자신감의 배경이 되었다는 지적도 가능하다. 아무튼 라빈은 수상이 되었고, 다른 나라와 다르게 이스라엘 노동당 내에서 가장 큰 세력은 전·현직 군인들이었다. 이들이 주축이 된 노동당 혁신파들은 라빈을 지지했다.

6일전쟁의 영웅은 모두 침몰하고, 라빈과 샤론이 새로운 영웅이 되었다. 샤론은 베긴의 리쿠르당에 가입해서 정계로 입문했고, 나중에 장관을 거쳐 총리까지 되었다.

수상이 다얀이든 라빈이든, 이스라엘은 욤키푸르전쟁으로 중대한 깨달음을 얻었다. 누가 이집트를 저렇게 변화시켰는가? 아랍도 얼마든지 강해질 수 있다. 이후로 6일전쟁 같은 일방적인 승리는 없을 것이다. 아랍이 다시 단결하고 양면 전쟁과 소모전을 되풀이한다면, 이스라엘은 견딜 수 없다. 사실 이스라엘이 제일 무서워한 것은 소모전쟁이었다. 이스라엘 국민도 전쟁에 승했다고 무조건 관대하지 않았다. 이스라엘의 경제력은 소모전을 버텨낼 수 없으며, 승리를 해도 후유증이 너무 컸다. 1974년 물가상승률은 56%였다. 국민도 이런 삶이 자식과 손자 세대로 이어지기를 원하지 않았다.

아랍권이 이 사실을 더 명쾌하게 인식하지 못한 것이 이상할 정도다. 불쌍한 나세르는 마지막 순간에 이스라엘을 괴롭힐 방법을 찾았지만, 그것을 깨닫지 못하고 사망했다.

이스라엘은 군사 대국이 아니다. 전 국민의 무장과 이웃 국가들의 무능함과 우방국의 원조 덕에 간신히 버티고 있을 뿐이었다. 당장 경제를 안정시켜야 하고, 그러기 위해서는 국방비 부담을 줄여야 했다. 국방비를 줄이려면 아랍권을 분열시켜야 하고, 그러기 위해서는 갈등을 줄이고, 협력 파트너를 구해야 했다.

사다트는 욤키푸르전쟁에서 패하고 실패했다. 그러나 바로 새로운 전쟁터를 찾았다. 사다트에 대해서는 상반된 평가가 존재하지만, 모두 인정하는 바는 작고 비쩍 마른 체구에 어울리지 않는 강인한 정신력, 성급한 혁명가였던 젊은 날과 작별한 유연한 현실 감각이었다.

끔찍한 패전 후에 사다트는 "우리가 왜 아랍인의 전쟁을 도맡아야 하는가?"라는 의문으로 되돌아왔다. 그가 추구했던 위대한 이집트 민족의 자존감 회복은 나세르가 추구했던 제3세계의 영웅과 무엇이 다른가? 본인은 다르다고 생각했지만, 방법과 결과는 똑같지 않은가?

이스라엘 주변국들이 아랍의 명예를 위한 전쟁을 치르는 동안, 중동의 중심은 사우디, 쿠웨이트, 이라크, 이란과 같은 오일달러 벨트로 옮겨 갔다. 1973년의 오일쇼크는 우리에겐 경제적 악몽으로만 기억되지만, 사다트에겐 참호에서 머리를 들어보니 자신들의 머리 위에는 찢어진 깃발만 나부끼고, 저 멀리에서는 오일달러로 색칠한 황금색 욕조를

들이고 있는 광경을 보는 격이었다.

"우리는 도대체 무엇을 위해 싸우고 있는가?" 사다트는 사회주의와 소련은 이집트의 경제발전에 도움이 되지 않는다는 생각이 확고해졌다. 특히 소련에 대한 불길한 예감은 옳았다. 베트남전을 끝으로, 소련은 세계 혁명을 지원하는 일이 자신을 파괴시키고 있다는 사실을 깨닫기 시작했다 (구소련의 붕괴를 알리는 페레스트로이카는 1985년에 시작되었다). 군대는 국경을 지키는 방탄막이지만, 경제는 국가를 유지하는 기둥이다.

사다트는 이집트의 변화를 위해선 미국과의 관계 개선이 절실하다고 생각했다. 수에즈 탈환 시도는 나세르를 위한 것이 아니었다. 운하의 개통으로 가장 큰 이득을 볼 나라는 미국과 서유럽의 자본주의 국가들이다. 이집트는 수에즈를 매개로 이스라엘을 압도하는 국방력이 아니라 미국의 원조와 서구 세계와의 경제 협력이라는 끈을 붙들 수 있다.

전쟁 전에 사다트는 미국에 그런 암시를 충분히 흘렸고 미국도 냄새를 충분히 맡았지만, 미국이라고 해서 이스라엘을 마음대로 주무를 수 있는 것은 아니었다. 희한하게도 이 전쟁은 승패를 떠나서 이집트와 이스라엘 모두 이런 전쟁을 한 번 더 일으키면 양쪽이 함께 파멸할 것이며, 경제

개발 없이는 생존도 없다는 각성을 낳았다.

신임 수상 라빈도 거의 같은 결론에 도달해 있었다. 그는 노동당이었지만, 이스라엘이 과도한 사회주의적 유제에 묶여 있다고 보았다. 취업자의 3분의 1이 공공부문 종사자였다. 이것은 6일전쟁까지 이스라엘인의 단합에는 크게 기여했지만, 앞으로의 전쟁은 우정으로 극복할 수 없었다. 원조는 불확실하고 타이밍을 놓칠 가능성이 크며, 이번 전쟁에서 보았듯이 가족의 시신 앞에서 우정은 무용지물이었다.

피로 쓴 평화

기회를 잡은 미국은 수십억 달러의 장기 원조와 키신저를 앞세워 중재에 나섰다. 라빈은 웨스트뱅크에 팔레스타인 자치 기구 수립을 고려하기 시작했고, 이스라엘의 암살 대상이었던 PLO 의장 아라파트를 협상 대상으로 인정했다. 수에즈운하와 시나이 문제에 대해서는 평화를 조건으로 이집트에 양도할 의향이 있다고 밝혔다. 자신들이 철수한 영토는 반드시 비무장지대가 되어야 한다는 원칙도 버렸다. 병력의 주둔을 인정하고 타협으로 병력의 질과 양을 조정하기로 했다.

이 시기의 라빈의 정책이 유화적이긴 했지만 여전히 보

수적이었다고 평가하는 사람들이 많은데, 라빈이 TV에서 시나이 철수 제안을 발표했을 때, "내 입안에 권총을 넣고 방아쇠를 당기는 것 같았다"라는 반응을 보이는 사람도 많았다.

세상은 개혁을 너무 쉽게 생각한다. 쉬워 보이는 개혁은 너무 늦게 시작한 개혁뿐이다. 인간은 변하지만 그 속도는 느리며, 모두 똑같이 변하지도 않는다. 아들의 시신을 붙잡고 우는 사람이 모두 반전주의자가 되지는 않는다. 선각자란 조금 빨리 변한 사람들이지만, 자신이 바뀌었을 뿐이지 다른 사람을 설득하는 능력까지 갖춰지는 건 아니다.

1973년의 전쟁이 없었더라면 라빈이 이런 제안을 할 생각도 하지 않았을 것이고, 점진적이지만 이 정책에 호응하는 사람도 나타나지 않았을 것이다. 이스라엘 강경파는 분노했고 그 선두에 베긴이 있었다. 그는 국회 농성을 불사했으며, 평생 이스라엘을 지킨 수상 앞에서 이스라엘의 구원자임을 자처했다.

1977년에 라빈은 부인 레아가 불법적으로 해외 계좌를 소유했다는 스캔들에 휘말려 사임한다. 불법 자금 유출 같은 무시무시한 단어가 붙을 만한 대단한 것은 아니었지만, 실수든 고의든 잘못은 잘못이었다. 부인의 실수로 넘어갈 수도 있었지만 라빈은 부부의 책임을 아내에게 떠넘기지 않겠다는 이유로 사임했다.

1977년 선거에서 베긴이 페레즈를 이기고 승리했다. 사다트는 힘들게 성사되어가던 협상 파트너가 베긴으로 바뀌었다는 사실에 내심 실망했다. 그러나 베긴도 수상이 되자 평화협정을 거부하지 않았다. 1978년, 젊은 날의 테러리스트 두 사람이 카터 미국 대통령의 주재로 메릴랜드주에 있는 미국 대통령의 전용 별장인 캠프데이비드에서 만났다.

'캠프데이비드협정'으로 팔레스타인 자치국가 성립이 기정사실이 되고, 이집트는 수에즈운하와 시나이를 되찾았다. 노벨상 위원회는 사다트와 베긴에게 노벨 평화상을 수여했다. 두 사람의 경력, 특히 베긴의 경우 2년 전에 한 행동만 보아도 두 사람이 최종 협상에 조인했다는 것이 아이러니하기는 하다.

사다트는 이 협정으로 아랍권의 배신자 취급을 받았다. 베긴은 당연히 진의를 의심받았다. 사람들은 그가 평화를 선택할 리가 없으며, 그가 노린 것은 아랍권의 분열과 미국의 원조, 자신의 장기 집권이라고 믿었다.

그렇다면 베긴의 갑작스러운 변신은 어떻게 설명해야 할까? 역사가에게 가장 힘든 요구가 있다면 정치가의 변신을 명확하게 설명하라는 것, 외교관의 말과 협정의 문구로 국제정치를 분석하는 것이다. 여기에는 말과 현상만 있지, 진실이 없다. 모든 역사 기록이 마찬가지지만, 이 둘은 특히 힘들다. 너무나 많은 배려와 이해관계, 상식과 몰상식, 정의와 부정, 단기적 꼼수와 장기적 꼼수가 뒤섞여 있기 때문이다.

세상에서 제일 한심한 일이 동기를 이해해야 할 일을 결과로 비판하고, 결과로 이해해야 할 일에 동기를 추궁하는 것이다(동기를 분석하는 것과 추궁하는 것은 다르다).

이집트와 이스라엘은 무수한 실패와 희생을 통해 겨우 공존의 길을 찾았다. 물론 그 공존은 팔레스타인과 시리아, 요르단, 레바논, 이라크 이란에는 여전히 요원하고 불만족스러운 것이다. 중동−이스라엘 문제의 만족스럽고 실현 가능한 해답이 무엇인지 우리는 모른다. 미래에 그들이 어떤 답을 찾아내고 어떤 비극을 경험할지도 알 수 없다.

우리가 아는 사실은 이런 불완전한 평화마저도 먼 길을 돌아와야 했고, 절대 변할 것 같지 않던 사람들의 변화와 깨달음이 필요하다는 것이다. 그리고 더 중요한 깨달음은 인간의 어리석음과 결합한 증오와 편견은 평화를 향한 의지보다 더 강하고 질기다는 것이다.

1977년, 사다트는 이스라엘을 방문했다. 사다트는 공항에서 골다 메이어와 만나 포옹했다. 샤론을 만났을 때 사다트는 이렇게 말했다.

"만약 자네가 또 한 번 수에즈의 서쪽 기슭에 도하하려고 한다면 난 자네를 감옥에 처넣겠어."

샤론은 이렇게 대답했다.

"아, 죄송합니다. 저는 지금 농업상Ministry of Agri-culture입니다."

11월 20일, 사다트는 이스라엘 국회를 방문해서 역사적인 연설을 했다. 다음은 그 연설문의 중요 내용이다. 상당히 길고 감상적인 부분도 없지 않지만, 인간적 고민과 정치적 고민이 충분히 투영되어 있다.

건축물의 폐허나 희생자의 발자취에서는 승자도, 패자도 나오지 않습니다. 항상 패자는 인간입니다. 과거 30년 동안 우리는 4차례나 격렬한 전쟁을 경험했으며, 지금도 역시 그 결과 속에서 고통받고 있습니다. 아랍인이건 이스라엘인이건, 전쟁에서 잃은 생명은 똑같은 생명입니다. 우리는 흉금을 털어놓고 전 세계에 우리의 동기와 목적을 이해시키고, 실제로 우리가 정의와 평화의 구현자라는 사실을 믿어주기 바란다고 호소했습니다. 우리는 영속적인 평화를 어떻게 이룰 수 있을까요? … 여기서 나는 말하고 싶습니다. 우리는 완전하게 평화와 안전을 보장하며, 당신들(이스라엘)을 우리 안으로 기꺼이 환영한다고. … 우리는 여태까지 당신들을 거부해왔습니다. 우리는 나름대로 이유가 있었으며, 마음에 걸리는 점이 있었습니다. 우린 세계의 어느 곳에서도 당신들과 만나는 것을 거부해왔습니다. 그렇지만 오늘 저는 당신들과 전 세계를 향해 항구적인 평화 속에서 함께하는 삶을 받아들인다고 선언합니다. 당신들이 전혀 당신들의 것이 아니었던 땅에 민족 향토의 수립을 정당화하는 도덕적, 법적인 이유가 있다고 한다면, 국가를 재건하려는 팔레스타인 사람들의 주장도 이해하지 않으면 안 됩니다. 나는 평화를 달성하고 그것을 지키기 위해 팔레스타인인의 권리 승인을 요구한 이스라엘 사람들의 주장을 환영합니다. 평화란 쓰인 문자의 나열을 단순히 승인하는 말이 아닙니다. 오히려 평화란 역사를 바꾸어 쓰는 일입니다.

또한 사다트의 회고록은 이렇게 끝난다.

나의 존재 증명과 이집트의 존재 증명은 하나다. 나의 존재 증명을 위한 여행은 성공했을까?

사다트가 이 회고록을 쓴 지 3년 후인 1981년 10월 6일, 카이로 근교에서 거행된 욤키푸르전쟁 8주년 기념식 도중, 군 장병 암살자들이 달려나왔다. 그들은 중앙에 마련된 단상으로 달려가 수류탄을 던지고 자동소총을 난사했다. 사다트는 그렇게 생명을 마감했다. 그의 여행은 성공했을까? 이집트는 아직도 독재와 저성장의 악순환에서 벗어나지 못하고 있다. 어떤 이들은 지금도 그것을 사다트의 배신 때문이라고 조소한다.

이츠하크 라빈은 총리 사임 후에도 국회의원으로 활동하며 정계에 머물렀다. 1992년, 그는 두 번째로 총리가 되었다. 1993년, 그는 팔레스타인 해방기구와 가자 지구와 웨스트뱅크 지역에서 이스라엘군이 물러나고 자치정부를 수립하는 역사적인 협정을 맺었다. 이 공로로 그는 팔레스타인 해방기구 의장인 아라파트, 평생 정적이었던 이스라엘 외무 장관 시몬 페레스와 함께 노벨 평화상을 수상했다.

사다트와 마찬가지로 라빈도 전쟁으로 시작한 인생을 평화로 마무리했다. 그리고 자신을 평화의 제물로 바쳤다. 1995년 11월 4일, 중동 평화를 위한 모임에 참석해 연설을 마치고 자동차에 오르려던 라빈은 강경파 유대인 청년이 쏜 총에 맞아 쓰러졌다.

지금

욤키푸르전쟁 이후 50년이 지난 지금, 격전지였던 두 지역의 풍경은 확연히 다르다.

지금, 쿠네이트라

골란고원의 중심지이자 격전이 벌어졌던 쿠네이트라는 고대 도시의 유허처럼 완전히 폐허가 되었다. 도로의 형체는 완연한데, 건물과 회당은 폭풍에 쓸려간 듯이 밑동만 남아 있다. 전차의 잔해도 그대로 방치돼 있어 꼭 시간마저 떠나버린 듯한 느낌을 준다. 제3차 중동전쟁(1967년)과 제4차 중동전쟁(1973년) 이후로 이곳을 떠난 주민 중에는 이제 살아 있는 사람이 별로 없다.

지금, 발로자와 중국인 농장

8일 대전투가 벌어졌던 발로자에서 대염호 부근 중국 농장까지의 길에는 경지와 도로가 정비되고 마을이 들어섰다. 중국인 농장 지대는 넓은 경작 지대가 조성되었고, 종합병원과 쇼핑센터가 들어선 읍이 있다. 발루자에서 알칸트라, 중국인 농장 지대를 지나 샤름 엘셰이크까지 고속도로가 달리고 있으며, 알칸트라와 이스마일리에는 수에즈를 건너는 교량이 가설되어 있다.

이스라엘에는 유전이 없지만, 앞바다에서 천연가스와 셰일가스층이 발견되었다. 천연가스 개발은 가속되고 있으며, 그중 일부는 이집트에서 액화 처리된다. 이집트는 '민주화'라는 과제를, 이스라엘은 팔레스타인과 이집트를 제외한 주변 국가에 대한 강압적 태도를 아직 해결하지 못했다.

가자 지구와 웨스트뱅크 지역에서는 지금도 간혹 충돌이 발생한다. 박격포 대신 이스라엘군 드론이 사냥감을 찾아 돌아다니고, 이스라엘을 향한 로켓포 공격이 일어난다.

오래전이나 지금이나 유럽 국가와 미국, 소련, 20세기의 선진국, 강국은 중동 문제에 책임이 있다. 전 세계 사람은 이념, 종교, 이해관계 중 하나로 자신이 응원하는 나라를 선택할 수 있다. 덕분에 이곳의 분쟁은 언제나 대리 전쟁이 된다. 모순과 편견에 찬 응원과 비난은 테러리즘을 강화하고, 테러는 다시 중동의 문제를 우리들의 삶까지 끌고 온다.

중동전쟁의 역사는 현재의 중동 문제에 해답을 줄 수 있을까? 아니다. 선과 악을 나누고 근원적인 책임과 비난을 퍼붓는 것이 해답을 줄 수 있을까? 아니다. 그렇다면 우리는 무엇을 얻을 수 있을까? 이곳에는 20세기의 모든 문제와 인류의 모든 고뇌가 녹아 있다.

필자는 인류가 추구하는 이상에 조금이라도 다가서는 데는 선의의 이해가 아니라 현장의 이해에서 출발한다고 생각한다. 한 줄의 지식, 교훈, 이념은 인간을 더 잔인하게 만들 뿐이다. 역사, 특히 전쟁의 역사는 인간이 얼마나 불완전한지, 인간이 평화와 정의를 바라는 마음만큼이나 얼마나 쉽게 이기심과 이해관계에 굴복하는지 보여준다. 바로 그 불완전한 인간이 이해관계가 충돌하는 현장에서 더 나은 세계를 만들기 위해 몸부림치는 것이 인류 역사의 과정이다. 우리의 목표는 우리가 이루어야 할 것에 두자. 또한 우리의 한계를 인정하고, 우리가 이루어놓은 것에서 방법을 찾자.

INFOGRAPHY

유대인 디아스포라

서유럽
🧍 983,200(명)

프랑스	483,500(명)	(49%)
영국	292,000(명)	(30%)
독일	119,000(명)	(12%)
벨기에	30,300(명)	(3%)
네덜란드	30,000(명)	(3%)
이탈리아	28,400(명)	(3%)

🧍 **전세계 유대인 인구** (2010년 기준)
약 13,580,000(명)

러시아
🧍 205,000(명)

동유럽
🧍 120,100(명)

우크라이나	71,500(명)	(59.5%)
헝가리	48,600(명)	(40.5%)

이스라엘
🧍 5,703,000(명)

유대인의 이주 분화

- 아슈케나짐(독일계)
- 스파르딤(이베리아 반도계)
- 미즈라흐(중동·아시아계)
- 베타 이스라엘(아프리카계)

오세아니아
🧍 107,500(명)

남아프리카
🧍 70,800(명)

유대인의 분화

유대인은 오랜 표류와 이산 끝에 혈통·종교·문화가 아주 다양해졌다. 분파는 크게 유럽 기반의 아슈케나짐(독일계 유대인)과 스파르딤(이베리아 반도계 유대인), 중동과 아시아에 거주하던 미즈라흐와 아프리카계의 베타 이스라엘로 나뉜다. 지역과 문화에 따라 이보다 더욱 다양한 분파가 있다.

유대인은 이스라엘 왕국의 멸망을 시작으로 로마 제국의 부흥과 함께 여러 지역으로 뻗어나갔다. '디아스포라'는 엄밀하게는 이 헬레니즘 문화 시대와 초기 그리스도교 시대의 그리스 근역과 로마 세계에서 유대인의 이산을 가리킨다. 하지만 민족적 배타성과 계층적 특성이라는 내부적 요인은 전쟁, 공황 등의 사태가 벌어지면 '반유대주의'로 연결되어 유대인들은 박해를 받았다. 나치의 홀로코스트 이전에도 이미 유럽, 러시아, 중동의 반유대주의는 뿌리가 깊었으며 유대인들은 자의 반 타의 반으로 바다를 건너 미국, 호주까지 이동했다.

북아메리카

5,689,400(명)

미국	5,275,000(명)	(92.7%)
캐나다	375,000(명)	(6.6%)
멕시코	39,400(명)	(0.7%)

지역별 인구 변화 (단위: 백만 명)

(막대그래프: 1900, 1939, 1948, 1970, 2010(년), y축 0~18)

범례:
- 이스라엘(1948년 이전 팔레스타인)
- 서유럽
- 아시아
- 오세아니아
- 동유럽·발칸
- 북아프리카
- 남아메리카
- 러시아(구 소련)
- 남아프리카
- 북아메리카

남아메리카

298,400(명)

아르헨티나	182,300(명)	(61%)
브라질	95,600(명)	(32%)
칠레	20,500(명)	(7%)

자료 출처: *Jewish demographic Policies*, Sergio DellaPergola

이스라엘-팔레스타인 지역의 국경선 변화

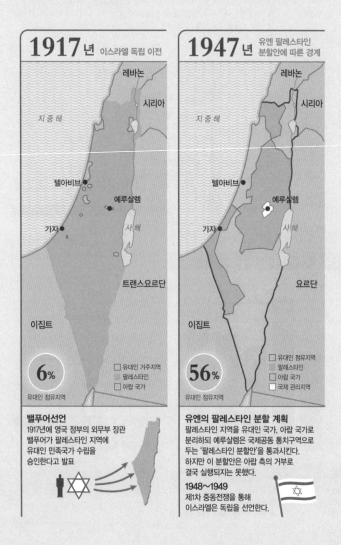

1917년 이스라엘 독립 이전

레바논
시리아
지중해
텔아비브
예루살렘
가자
사해
트랜스요르단
이집트

6%
유대인 점유지역

☐ 유대인 거주지역
☐ 팔레스타인
☐ 아랍 국가

밸푸어선언
1917년에 영국 정부의 외무부 장관 밸푸어가 팔레스타인 지역에 유대인 민족국가 수립을 승인한다고 발표

1947년 유엔 팔레스타인 분할안에 따른 경계

레바논
시리아
지중해
텔아비브
예루살렘
가자
사해
요르단
이집트

56%
유대인 점유지역

☐ 유대인 점유지역
☐ 팔레스타인
☐ 아랍 국가
☐ 국제 관리지역

유엔의 팔레스타인 분할 계획
팔레스타인 지역을 유대인 국가, 아랍 국가로 분리하되 예루살렘은 국제공동 통치구역으로 두는 '팔레스타인 분할안'을 통과시킨다. 하지만 이 분할안은 아랍 측의 거부로 결국 실행되지는 못했다.

1948~1949
제1차 중동전쟁을 통해 이스라엘은 독립을 선언한다.

이스라엘과 팔레스타인 세력은 거의 한 세기에 걸쳐 영토 분쟁을 해왔다. 양측의 주장은 역사적·종교적 관계와 깊게 얽혀 지정학적 전쟁에 큰 영향을 끼쳤다. 수십년 간의 전쟁을 통해 이스라엘의 점유지는 1917년 3퍼센트에서 오늘날 87퍼센트까지 확장되었다.

1967년 제3차 중동전쟁 이후

레바논
시리아
골란고원
지중해
텔아비브
서안 지구
예루살렘
가자
사해
가자 지구
요르단
이집트

78%
이스라엘 점유지역

☐ 이스라엘
☐ 팔레스타인
☐ 아랍 국가
☐ 이스라엘 점령 지역

제3차 중동전쟁(6일 전쟁)
1967년 이스라엘이 이집트, 요르단, 시리아를 상대로 선제공격을 감행, 단 6일 만에 대승을 거두어 이집트의 시나이반도와 시리아의 골란고원 그리고 요르단의 서안 지구를 포함한 엄청난 영토를 획득했던 전쟁.

1995년~현재

레바논
시리아
골란고원
지중해
텔아비브
서안 지구
예루살렘
가자
사해
가자 지구
요르단
이집트

87%
이스라엘 점유지역

☐ 이스라엘
☐ 팔레스타인
☐ 아랍 국가
☐ 이스라엘 점령 지역

오슬로 협정
1993년 팔레스타인과 이스라엘은 오슬로 협정을 맺고, 서로의 존재를 인정하고 국경선을 지키기로 한 '평화의 약속'이었다. 그러나 이 평화는 오래가지 않았다. 2000년 이스라엘의 샤론이 무장병력을 이끌고 무슬림 성지이자 유대교 성지인 알아크사를 예고없이 방문하자 팔레스타인에서 민중봉기가 일어나면서 짧은 평화의 시기는 끝나고 말았다.

6일전쟁(제3차 중동전쟁) 상세 전황

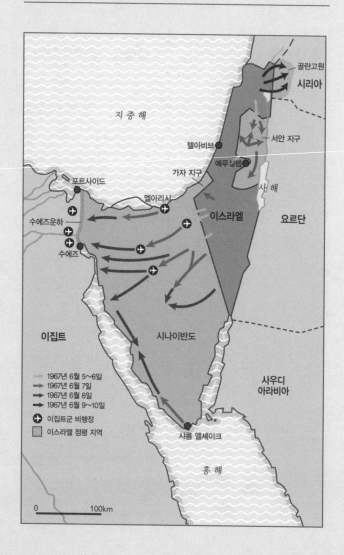

골란고원
시리아
지중해
텔아비브
서안 지구
가자 지구
예루살렘
포트사이드
사 해
엘아리시
수에즈운하
이스라엘
요르단
수에즈
이집트
시나이반도
사우디
아라비아
1967년 6월 5~6일
1967년 6월 7일
1967년 6월 8일
1967년 6월 9~10일
이집트군 비행장
이스라엘 점령 지역
샤름 엘셰이크
홍 해
0   100km

6일전쟁 타임라인

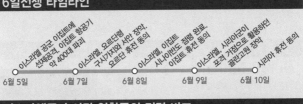

| 6월 5일 | 6월 7일 | 6월 8일 | 6월 9일 | 6월 10일 |

이스라엘 공군 이집트에 선제공격, 이집트 항공기 약 400대 파괴

이스라엘, 요르단령 서안 장악, 요르단 휴전 동의

이스라엘, 이집트 시나이반도 점령 완료, 이집트 휴전 동의

이스라엘, 시리아군이 포격 거점으로 활용하던 골란고원 장악

시리아 휴전 동의

이스라엘군과 아랍 연합군의 전력 비교

이스라엘 🇮🇱

병력	264,000명 (정규군 50,000명, 예비군 214,000명)
전방배치	100,000명
전투기	300기
전차	800대

아랍 연합 (이집트 🇪🇬 시리아 🇸🇾 요르단 🇯🇴 이라크 🇮🇶)

병력	547,000명 (이집트: 240,000명 / 시리아, 요르단, 이라크: 307,000명)
전방배치	240,000명
전투기	957기

피해

👤 =100명

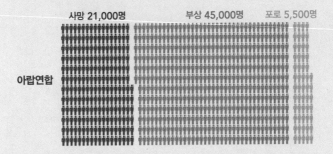

이스라엘 사망 800명   부상 4,500명 • 포로 15명

사망 21,000명   부상 45,000명   포로 5,500명

아랍연합

이스라엘−팔레스타인 지역 정보 (2020년 기준)

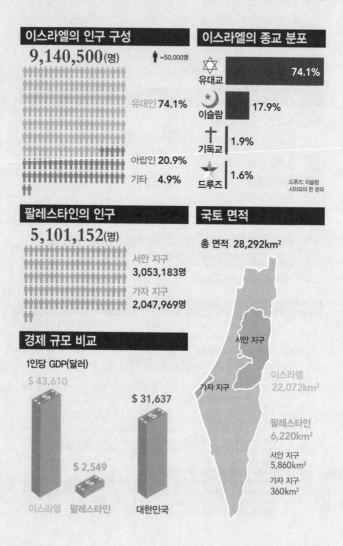

이스라엘의 인구 구성

9,140,500(명)   👤 =50,000명

유대인 **74.1%**

아랍인 **20.9%**

기타 **4.9%**

이스라엘의 종교 분포

유대교 **74.1%**

이슬람 **17.9%**

기독교 **1.9%**

드루즈 **1.6%**

드루즈: 이슬람
시아파의 한 분파

팔레스타인의 인구

5,101,152(명)

서안 지구
3,053,183명

가자 지구
2,047,969명

국토 면적

총 면적 28,292km²

서안 지구

가자 지구

이스라엘
22,072km²

팔레스타인
6,220km²

서안 지구
5,860km²

가자 지구
360km²

경제 규모 비교

1인당 GDP(달러)

$ 43,610

$ 2,549

$ 31,637

이스라엘   팔레스타인   대한민국

참고문헌

해외 단행본

Abraham Rabinovich, *The Battle for Jerusalem June 5-7, 1967*, Varda books, 2001.

Avi Shilon etc., *Menachem Begin: A Life*, Yale University Press, 2012.

Benny Moris, *1948-A History of the First Arab-Israel War*, Yale univerity Press, 2008.

Clarence E. Olschner III, *The Air Superiority Battle in the Middle East, 1967~1973*, USAF US Army Command General Staff College Fort Leavenworth, Kansas, 1978.

David Tal, *War in Palestine, 1948: Israeli and Arab Strategy and Diplomacy*, Routledge, 2004.

Fauzi Al-Qawuqji, *MEMOIRS, 1948: Part 1*, JOUNAL OF PALETINE STUDIES vol. 1, 1972.

Jonathan Adelman, *The Rise of Israel: A History of a Revolutionary State*, Routledge, 2008.

Leslie Derfler, *Yitzhak Rabin: A Political Biography*, Palgrave Macmillan, 2014.

Michael B. Oren, *Six Days of War*, Oxford, 2002.

Raphael Cohen-Almagor (Editor), *Liberal Democracy and the Limits of Tolerance: Essays in Honor and Memory of Yitzhak Rabin*, University of Michigan Press, 2000.

Yehuda Avner, *The Prime Ministers: An Intimate Narrative of Israeli Leadership*, The Toby Press, LLC., 2010.

국내 단행본

A 카할라니 / C 헤르조그, 임채상 옮김, 《골란고원의 영웅들》, 세창출판사, 2000.

A 카할라니, 임채상 옮김, 《전사의 길》, 세창출판사, 2021.

D. 아이젠하워, 오정환 옮김, 《세계의 대회고록전집 28: 아이젠하워 회고록》 한림출판사, 1971.

T. E. 로렌스, 최인자 옮김, 《지혜의 일곱기둥》, 뿔, 2006.

가말 압둘 나세르, 편집부 옮김, 《낫세르》, 대한서적공사, 1984.

니키타 흐루시초프, 전홍진 옮김, 《세계의 대회고록전집 24: 흐루시초프》, 한림출판사, 1971.

마틴 쇼이블레 / 노아 플룩, 유혜자 옮김, 《젊은 독자를 위한 이스라엘과 팔레스타인의 역사》, 청어람미디어, 2016.

사다트, 편집부 옮김, 《사다트》, 대한서적공사, 1984.

사이먼 던스턴, 하워드 제라드 그림, 박근형 옮김, 양욱 감수, 《욤키푸르 1973 1, 2》, 플래닛미디어, 2007.

아론 브레그먼, 정희성 옮김, 《6일 전쟁 50년의 점령》 니케북스, 2016.

아브라함 라비노비치, 이승훈 옮김, 《욤 키푸르 전쟁》, 플래닛미디어, 2022.

아브라함 아단, 김덕현 옮김, 《수에즈 전역》, 한원, 1993.

안소니 이든, 박관숙 옮김, 《세계의 대회고록 전집 21: 이든 회고록》, 한림출판사, 1971.

일란 파페, 유강은 옮김, 《팔레스타인 비극사》, 열린책들, 2017.

제러미 보엔, 김혜성 옮김, 《6일 전쟁》, 플래닛미디어, 2020.

폴 존슨, 김한성 옮김, 《유대인의 역사》, 포이에마, 2014.

그 외

http://www.palestine-studies.org/enakba/Memoirs/에 수록된 인터뷰 자료들

도판 및 사진 출처

표지 - the National Library of Israel

255쪽 - the National Library of Israel

283쪽 - the National Library of Israel

292쪽 - 동아일보

2

중동전쟁
전쟁이 끝나면 정치가 시작된다

1판 1쇄 발행 2022년 11월 30일
1판 4쇄 발행 2024년 5월 26일

지은이 임용한 조현영
펴낸이 김영곤
펴낸곳 ㈜북이십일 레드리버

인생명강팀장 윤서진
인생명강팀 최은아 황보주향 심세미 이수진 유현기
외주편집 한흥
디자인 02정보디자인연구소
인포그래픽스 02정보디자인연구소
출판마케팅영업본부장 한충희
마케팅2팀 나은경 정유진 백다희 이민재
출판영업팀 최명열 김다운 권채영 김도연
제작팀 이영민 권경민

출판등록 2000년 5월 6일 제406-2003-061호
주소 (10881) 경기도 파주시 회동길 201(문발동)
대표전화 031-955-2100 이메일 book21@book21.co.kr
내용문의 031-955-2403

ISBN 978-89-509-4297-7